4차 산업혁명 시대의
기업과 사회

양성국

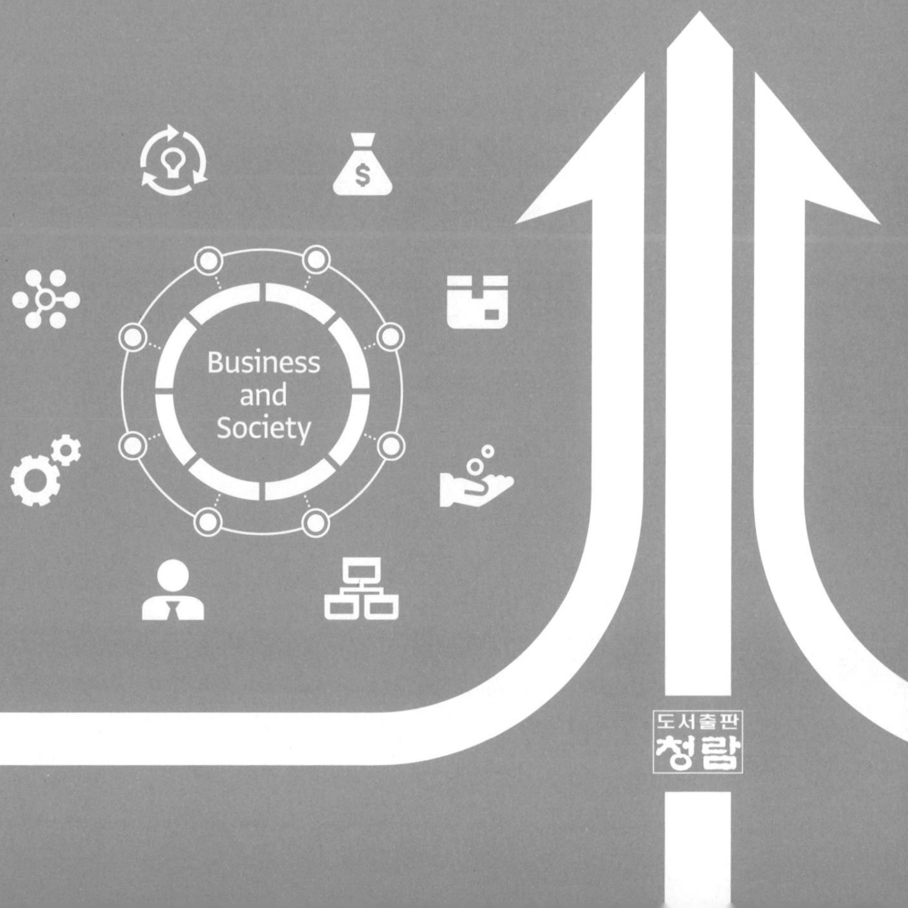

도서출판
청람

| 머리말 |

많이 망설였습니다,
코로나 이전부터 책을 쓰기 시작했는데, 코로나가 장기화되면서 생각이 복잡해졌습니다.
코로나가 진도는 더디게, 마음은 바쁘게 만들었습니다.

도서출판 청람 **이수영** 대표님이 몇 년에 걸쳐 꾸준히 협박(?)을 하였습니다.
'웃으면서 협박(?) = 이수영 대표님'이라고 생각합니다.
협박에 못이기는 척하고 책을 세상에 내보냅니다.
4번째 책입니다.
두 번째부터는 청람입니다.

이제부터는 이번 책에 대한 내용입니다.
두루 신경을 많이 썼습니다.
일단 페이지를 줄였습니다.
요즘은 미디어가 대세이고, 종이는 한참 뒤로 밀리고 있다고 생각했기 때문입니다.
12장으로 마무리하고 나머지는 가르치는 선생님들에게 맡기려는 꼼수를 썼습니다.
이해해주시면 고맙겠습니다.
한 학기 수업을 해보면 대충 11~12장 정도가 적합하다고 생각해 왔기 때문입니다.
밀레니얼 세대들이 좋아할 수 있도록 구성하려고 노력하였습니다.

머리말의 형식? 도 고민했습니다.
길게 쓰는 재주가 없어서 이렇게 써 봅니다.
이런 형식도 '새로운 시도'구나 정도의 반응이면 좋겠습니다.
대부분의 책에는 다
부족하지만 책을 썼다는 말이 나옵니다.
사실입니다.
책을 술술 읽히게 써야 하는데 재주가 없어서.
다음에는 더 노력하겠습니다로 대신합니다.
또 출판사 대표님, 편집장님. 가족, 부모님께 감사드린다고 합니다.
고마움은 마음 속 깊은 곳에 담아두고자 합니다.

학교에서 수업을 하면서 매학기 고민을 합니다.
학생들 변화가 보이기 때문입니다.
그래서 이번에는 '경영산책'에 신경을 많이 썼습니다.
여러분들이 관심 있게 읽어보면 알게 됩니다.
그림을 중심으로 편집했습니다.
그림 밑에는 그림을 보고 떠오른 생각을 간단하게 적었습니다.
수업시간에 많이 사용하는 패턴 중 하나입니다.
예를 들면, 그림 설명에 뜬금없이 '여러분은 부모님의 자부심'이라는 내용이 나올 겁니다.
수업 중에 자주 학생들을 세뇌하는 내용입니다.
제목과 그림, 설명을 보고 흥미가 동하면 관련기사를 볼 수 있도록 출처를 명시했습니다.
물을 먹여줄 수도 있지만 최소한 물을 컵에 따르는 노력은 해야 한다고 생각했기 때문입니다.

제가 대학을 다닐 때보다 요즘 학생들은 훨씬 더 다양한 스펙을 쌓기 위해 노력합니다.
열심히 하는데도 자꾸만 어깨가 처지는 것을 보게 됩니다.
이것을 풀어주기 위해 말로라도 항상 '자부심'을 가지라고 자주 위로합니다.
모르겠습니다.
학생들이 볼 때는 이게 '꼰대'로 보일지도요.

12장은 '경영산책'이 없습니다.
왜냐하면 그림과 표를 많이 사용했기 때문에,
더 나오면 눈이 아프고 육두문자가 나올지도 모르기 때문입니다.

책은 3년 아니 더 많은 시간이 걸린 것 같습니다.
이유는 게으름과 능력이 모자랐기 때문입니다.
초고를 써 놓고 마지막 장을 완성하지 못해 헤맨 것이 2년이라면 믿겠습니까?
사실입니다.
마지막 장은 결국 코로나가 도움을 줬습니다.
코로나가 발목을 잡기도 했지만 도움을 주기도 했네요.

제가 볼 때도 한심합니다.
그래도 이제는 홀가분합니다.
이수영 대표님하고 약속을 지켰기 때문입니다.
그리고 이 분야 과목을 가르치면서 기다려준 선생님들에게 조금이나마 보답했다고 생각하기 때문입니다.
착각일지도 모르지만요.
책을 쓰면서 많은 책, 논문, 뉴스, 잡지 등등의 내용을 인용하였습니다.
꼼꼼하게 출처를 명시하려고 노력했습니다.

요즘 세상에는 비밀이 없다고 생각하기 때문입니다.
감출 수 있는 것이 없다는 뜻도 됩니다.
출처가 없어도 이 책을 읽으시는 분들은 클릭 몇 번이면 다 알게 됩니다.
'출처를 안 달았네…'라고 해도 드릴 말씀은 '죄송…'밖에 없습니다.
고의는 없었기에.
혹 미처 밝히지 못한 부분이 있어 저작권 관련 문제가 있다면 전적으로 저의 책임입니다.
너그럽게 용서해 주시면 고맙겠습니다.

책이 많이 안 팔리면 이수영 대표님은 속이 상합니다.
최소한 손익분기점 이상의 책은 팔려야 출판사가 존재할 수 있습니다.
많이는 아니더라도 반갑게 인사할 수 있을 정도에는 도달했으면 합니다.

요즘 출판되는 책들은 친절하게도 거의 다 '강의안'을 제공하는 추세입니다.
저도 대열에 동참했기 때문에 출판사에 연락하면 제공됩니다.
약간의 덤도 있습니다.

'부자아빠 가난한 아빠'를 쓴 저자의 동영상 강의를 봤습니다.
학교에서는 말로만 가르친다고 하는 내용도 들어있던 것으로 기억합니다.
그리고 가르쳤으면 행동으로 옮기라는 내용도 있었던 것 같습니다.
약간 억울하기도 하지만 분발하라는 것으로 이해하고자 합니다.
동감이 가는 부분도 있었습니다.
저는 강의실에서 학생들에게 '하루 1%'만 변해보라는 얘기를 자주 합니다.
아주대 심리학과를 퇴임하신 이민규 교수님이 쓴 책 제목이기도 합니다.
그렇지만 저는 이렇게 하고 있는지 반성할 때가 많습니다.
앞으로는 더 노력해 보겠습니다.

언행일치를 위해서요.

넋두리가 길어지고 있습니다.
슬슬 짜증이 나기 시작할 겁니다.
스팀이 더 이상 분출되지 않도록 마치겠습니다.

밑에 한자는 평소에 연구실 책상 위에 붙여두고 쳐다보는 단어입니다.
한자 단어와 반대로 살 수 있었으면 좋겠습니다.

진짜로 마지막입니다.
강애양 · 김병우 박사에게 고마움을 전합니다.
내용에 대한 조언도 해주고 원고도 읽어주었습니다.
항상 감사요.

개인적으로 희망하는 것이 있습니다.
이 책으로 강의를 하시다가 제안사항, 오류는 언제든지 보내주시면 고맙겠습니다.
환영합니다.

이 책을 선택해주신 교수님과 학생들에게 좋은 일이 계속 생기기를 기원합니다.
제주도 말로 '구짝'이라는 단어가 여기에 해당됩니다.
감사합니다.

2021년 겨울 2월
눈 덮인 한라산 정상이 조금 보이는 연구실에서

忙(바쁠 망)

마음(心)을 잃고(亡) 있음

남을
생각할 여유나
마음이 없어지는 것을
'바쁘다'라고…

| 차례 |

Part 01
기업경영의 이해

Chapter 01 | 기업

1. 기업이란? | 2
1.1 개념 2
2. 기업의 목적은? | 5
2.1 개념 5
2.2 유형 6
3. 기업은 어떤 활동을 하는가? | 11
3.1 영업활동 11
3.2 자금조달활동 12
3.3 투자활동 12
3.4 기업활동의 상호관계 13
4. 기업의 형태 | 14
4.1 개인기업 16
4.2 인적 공동기업 16
4.3 주식회사 17
4.4 공기업과 공사합동기업 17
4.5 기타 18
5. 비즈니스 3.0 시대의 기업 | 22
5.1 비즈니스 1.0 시대 22
5.2 비즈니스 2.0 시대 23
5.3 비즈니스 3.0 시대 23
5.4 플랫폼 비즈니스 26
6. 경영이란? | 31
6.1 경영을 보는 세 가지 관점 31
7. 경영자원에는 어떤 것들이 있는가? | 33
7.1 개념 및 특징 33
7.2 구성요소 34

7.3 신경제의 경영자원 40
8. 경영관리과정이란? | 41
8.1 3단계 경영관리과정 42
8.2 4단계 경영관리과정 43

Chapter 02 | 경영자

1. 경영자는 어떤 사람? | 46
2. 경영자는 어떻게 구분되는가? | 50
2.1 직무활동범위에 따른 분류 50
2.2 기업지배구조에 따른 분류 53
3. 경영자는 어떤 역할을 해야 하는가? | 56
3.1 대인관계 역할(interpersonal roles) 57
3.2 정보관리 역할(informational roles) 59
3.3 의사결정 역할(decision roles) 60
4. 경영자에게 요구되는 업무기술 | 62
5. CEO 패러다임의 변화 | 64
5.1 CEO 1.0 세대 64
5.2 CEO 2.0 세대 65
5.3 CEO 3.0 세대 65
6. CEO의 장수조건 | 66
7. 창조형 CEO | 69
7.1 부단한 성장추구 69
7.2 인재확보 및 후계자 육성 70
7.3 글로벌 시장개척 70
7.4 사회와의 공생관계 구축 70

Chapter 03 | 기업환경

1. 기업환경이란? | 73
1.1 산업혁명과 디지털혁명 74
2. 기업환경은 어떤 특성을 갖는가? | 76
2.1 질적 변화 77

2.2 양적 변화 78
2.3 시간적 변화 79
3. 기업환경은 어떻게 구분? | 79
3.1 외부환경 80
3.2 내부환경 96
4. 기업환경 변화와 기업의 대응 | 97
4.1 사회 · 문화환경 변화 97
4.2 경제환경 변화 105
4.3 기술환경 변화 107
4.4 정치 · 법률환경 변화 110
4.5 자연환경 변화 112
5. 우리나라 기업의 환경경영 | 115
5.1 지속가능한 개발 개념의 등장 117
5.2 국제 환경규제 강화 117
5.3 국내 환경규제 정책의 변화 117
5.4 환경소비주의 등장 118
5.5 환경시장의 확대 118

Part 02
기업과 사회의 공생

Chapter 04 | 기업윤리

1. 기업윤리란? | 122
1.1 개념 122
1.2 기업윤리와 기업이익 123
2. 기업이 윤리적 행동을 해야 하는 이유는? | 126
2.1 사회기대 충족 126
2.2 피해예방 126
2.3 종업원 만족 및 보호 127
2.4 기업보호 127
3. 기업윤리는 어떤 요인 때문에 등장하였는가? | 130
3.1 개인적 이익과 이기심 130
3.2 이익추구에 대한 압력 131
3.3 기업목표와 개인가치 상충 131
3.4 문화차이 132
3.5 사회요구 변화 132
4. 기업윤리에는 어떤 것이 있는가? | 132

4.1 대인접촉윤리 132
4.2 기업정책윤리 133
4.3 기능별 윤리 133
5. 기업윤리의 발전단계와 경영방식 | 137
5.1 기업윤리의 발전단계 137
5.2 기업윤리에 따른 경영방식 138
6. 기업윤리를 효율적으로 실천하려면? | 140
6.1 최고경영자의 의지 140
6.2 윤리의 제도화 140
6.3 교육강화 141
6.4 윤리감사 142
7. 윤리경영 | 144
7.1 윤리경영이란? 144
7.2 윤리경영을 해야 하는 이유 145
7.3 윤리경영에 대한 보상 147

Chapter 05 | 기업의 사회적 책임

1. 기업과 사회의 관계 | 151
2. 기업은 왜 사회에 책임을 져야 하나? | 152
2.1 개념 152
2.2 등장배경 153
2.3 기업의 사회적 책임에 대한 관점 156
3. 사회적 책임의 범위 | 159
3.1 경제적 책임 160
3.2 법적 책임 160
3.3 윤리적 책임 161
3.4 자선적 책임 161
3.5 사회공헌 책임 162
4. 기업의 사회적 책임의 내용 | 164
4.1 기본적 기능의 수행 165
4.2 기업능력의 사회적 활용 167
4.3 기업활동의 자제 169
5. 사회적 책임에 대한 기업의 반응 | 169
5.1 방어전략 169

5.2 수용전략 170
5.3 사전대처전략 170
6. 우리나라 기업의 사회적 책임 수행 | 172
6.1 사회적 책임의 수행 단계 172
6.2 우리나라 기업의 사회적 책임 수행 단계 174
7. 공유가치창출 | 178
8. 소셜임팩트 | 182

Chapter 06 | 기업문화

1. 기업문화란? | 188
1.1 개념 188
1.2 구성요소 191
2. 기능 | 193
2.1 기업성과에 영향 193
2.2 정체성 부여 194
2.3 기업의 안정성 제고 194
2.4 구성원의 행동지침 194
2.5 조직의 변화 195
3. 유형 | 196
3.1 인큐베이터형 기업문화 197
3.2 유도미사일형 기업문화 197
3.3 가족형 기업문화 197
3.4 에펠탑 스타일의 기업문화 198
4. 형태 | 199
4.1 이념문화 199
4.2 제도문화 199
4.3 행태문화 200
4.4 표현문화 200
4.5 네트워크문화 200
4.6 메세나문화 200
5. 일하고 싶은 회사의 기업문화 | 201
6. 망하는 회사의 기업문화 | 203
6.1 성공에 대한 자만 203
6.2 구성원의 신뢰상실 204

6.3 1/N 문화 204
6.4 계획만 있고 실행은 없는 문화 204
6.5 장벽의 문화 205
6.6 위기 불감증 문화 205
7. 우리나라 기업의 기업문화 | 207
8. 기업문화의 변화 | 211

Part 03 이해관계자 경영

Chapter 07 | 기업과 종업원

1. 인적자원 | 216
2. 사람관리 | 220
2.1 인간중심적 사고 220
2.2 전략적 사고 220
2.3 미래지향적 사고 221
2.4 신뢰구축 221
3. 채용 | 224
4. 배치와 이동 | 231
4.1 승진 231
4.2 전보 232
4.3 이동 232
4.4 이직 232
4.5 정년퇴직 233
4.6 해고 233
5. 교육훈련 | 235
5.1 직무현장 교육훈련 236
5.2 직무현장외 교육훈련 237
5.3 경영자 계층별 교육훈련 237
6. 업적평가 | 238
7. 노동조합 | 240
8. 성과보상시스템 | 242
8.1 보상 내용 242
8.2 객관적 성과표준 설정 243
8.3 지급기준 명확화 243
8.4 공감대 형성 243

9. 미래의 인적자원관리 | 245
11.1 인적자산의 중요성 인식 245
11.2 프리 에이전트 시대 246
11.3 프리타족 증가 248
11.4 유연근무제 활성화 248
11.5 공동체의식 중요 250
11.6 내부고발자 보호문제 251
11.7 다문화족 채용문제 253
11.8 글로벌 경쟁 254

Chapter 08 | 기업과 소비자

1. 마케팅활동 | 255
1.1 개념 255
1.2 제품전략 257
1.3 가격전략 258
1.4 유통전략 260
1.5 촉진전략 262
1.6 경제환경 변화와 마케팅 264
2. 기업과 소비자의 관계 | 266
2.1 성격 266
2.2 소비자행동 267
2.3 소비자문제 270
2.4 소비자주의 270
2.5 윤리적 소비 271
2.6 소비자의 권리보호 274
3. 고객만족경영 | 275
4. 고객관계관리 | 276
5. 고객경험관리 | 278
6. 블랙컨슈머 | 282
7. 펀슈머 | 285
8. 디지털 마케팅 | 287
9. 온택트 마케팅 | 288
10. 구독경제와 마케팅 | 292

Chapter 09 | 기업과 주주

1. 주주란? | 294
1.1 개인투자자 294
1.2 기관투자자 296
1.3 대주주와 소액주주 297
2. 주식을 구입하는 목적은? | 299
2.1 경제적 목적 299
2.2 사회적 목적 300
2.3 혼합목적 301
2.4 기업통제 301
3. 주주의 의무와 권리 | 303
3.1 주주의 의무 303
3.2 주주의 권리 304
4. 기업과 주주와의 관계에서 나타나는 문제 | 307
4.1 정보의 불성실한 공시 307
4.2 내부자거래 309
4.3 이사회의 비효율적 운영 309
5. 주주와 경영자의 갈등 | 311
5.1 개념 311
5.2 갈등유형 312
6. 주주행동주의 | 314
6.1 개념 314
6.2 우리나라 기업의 주주행동주의 315
7. 주주관계활동 | 317
7.1 개념 317
7.2 IR 활동의 목적 320

Chapter 10 | 기업과 정부

1. 기업과 정부의 관계 | 322
2. 정부의 역할 | 326
2.1 제품과 서비스의 생산촉진 326
2.2 기업의 경쟁력 강화 지원 326

2.3 적정한 경제성장 유지 327
2.4 공정거래제도 확립 327
2.5 컨트롤타워 역할 수행 327
3. 정부의 지원과 규제 | 329
3.1 정부의 지원 329
3.2 정부의 규제 332
3.3 직접 · 간접 규제의 문제점 333
4. 규제완화 | 335
4.1 규제완화 필요성 336
4.2 목표 337
5. 기업의 책임 | 338
5.1 법률과 정부규제의 준수 338
5.2 세금의 납부 339
5.3 정부에 대한 협력 340
5.4 정부계약의 성실한 이행 340
6. 기업의 대정부활동 | 340
6.1 로비 341
6.2 지지광고 341
7. 4차 산업혁명 시대의 기업과 정부 | 342

Chapter 11 | 기업과 자연환경

1. 기업과 자연환경 | 345
1.1 천연자원과 관련되는 문제 346
1.2 환경오염 346
2. 환경오염 | 348
2.1 개념 348
2.2 유형 348
2.3 기업활동과 환경오염 350
2.4 환경오염에 대한 기업의 대응 352
3. 환경오염 리스크 | 354
3.1 개념 및 유형 354
4. 환경경영 | 357
4.1 개념 357
4.2 환경경영의 도입 필요성 358

4.3 환경경영의 유형 362
4.4 환경경영의 흐름 365
5. ISO14000 시리즈 | 368
6. 자발적 협약 | 372
7. 그린뉴딜과 기업경영 | 374
7.1 개념 및 등장배경 374
7.2 그린뉴딜 정책과 기업 대응 376

Chapter 12 | 넥스트 뉴노멀

1. 뉴노멀의 개념 및 구분 | 380
2. 넥스트 뉴노멀 2.0 시대의 비즈니스 모델 | 383
3. 넥스트 뉴노멀 2.0 시대의 변화 | 385
3.1 디지털 가속화 386
3.2 탈세계화 387
3.3 신뢰의 중요성 제고 388
3.4 소비행태의 변화 390
3.5 사무실 개념의 변화 391
3.6 재택근무의 일상화 392
3.7 성과기반 평가 393
3.8 포퓰리즘 논란 증가 394
3.9 기업의 사회적 역할 변화 395
3.10 ESG(Environment, Social, Governance) 경영 396
3.11 글로벌 기업의 대응전략 397

◆ 마무리 | 399

◆ 참고문헌 | 405

◆ 찾아보기 | 409

Business and Society

PART 01 기업경영의 이해

CHAPTER 01 | 기업

CHAPTER 02 | 경영자

CHAPTER 03 | 기업환경

CHAPTER 01 기업

1 기업이란?

1.1 개념

우리들은 소비자로서 기업이 만든 제품이나 서비스를 구입하여 소비하거나 기업이 만든 각종 시설을 이용하면서 생활을 하고 있다. 이때 어느 기업이 만든 것인지를 확인하지 않고 구입하는 경우도 있지만 제조한 기업을 의식하는 경우가 더 많다. 이처럼 우리에게 많은 영향력을 행사하고 우리 생활과 밀접한 관련을 가지고 있는 조직이 기업이다.

기업은 사회의 구성원으로서 사회의 모든 부분과 깊은 관련을 가지면서 많은 영향을 미치고 있다. 그러므로 기업이 제공하는 제품이나 서비스가 부족하다면 생활에 어려움을 겪게 될 것이다. 이처럼 우리들의 생활과 기업 간에는 밀접한 관계가 있기 때문에 현대 사회에서 기업의 중요성은 더욱 커지고 있다.

기업이 만들어내는 제품이나 서비스는 우리의 생활수준에 영향을 미친다. 여기서 제품(goods)은 판매를 목적으로 만들어낸 것으로 자동차, 휴대폰, 냉장고, 세탁기, 컴퓨터 등 유형의 형태를 갖는 것을 말한다. 서비스는 우리 인간들에게 편리함을 주는데 필요한 간호, 교육, 여행 등을 상품으로 만들어 판매하는 행위로 손에 잡히지 않는 무형의 생산품을 말한다.

한 국가의 생활수준은 국민들이 갖고 있는 돈으로 살 수 있는 제품과 서비스의 양으로 결정된다. 동일한 소득을 얻더라도 그 국가의 물가수준에 따라 살 수 있는 제품이나 서비스의 양이 달라지기 때문에 생활수준은 달라진다.

경영산책 | 여러분은 행복하세요?

Q. 한국인, 가장 행복한 세대는?

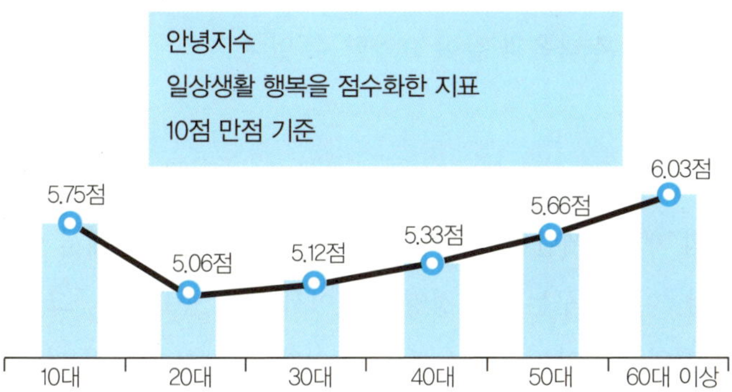

Q. 성별 행복 순위는?

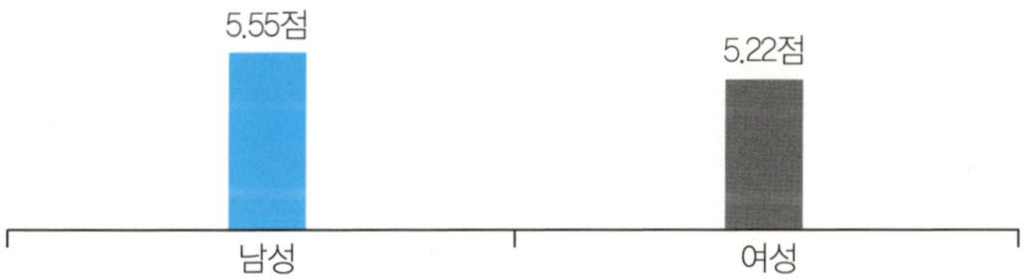

자료 : 서울대 행복연구센터　기준 : 안녕지수(10점 만점)
대상 : 카카오 '마음날씨' 플랫폼 1004만 여명 조사(2018년 1월 1일~12월 31일)

여러분들이 거주하고 있는 도시는 행복한 지역인지 궁금하지 않나요?
자료를 찾아보면 확인할 수 있어요.
세계 또는 다른 지역과 비교도 가능하고요.
중요한 것은 숫자보다 마음속의 진짜 행복이겠지요!!!
'여러분의 행복 = 나의 행복'

자료 : 조선일보, 한국인 행복지수 '60대' 최고 20대 '최저', 행복감 높은 도시와 낮은 도시는? 2019.4.12.

기업은 보는 관점에 따라서 미시적 관점과 거시적 관점에서 구분할 수 있다. 우선, 미시적 관점에서는 기업을 '이윤을 추구하는 조직', '부가가치를 창출해 내는 조직' 등으로 보고 있다. 그리고 거시적 관점에서는 '국가경제의 견인차,' '고용을 창출하고 생활수준을 향상시키는 데 기여하는 조직' 등 사회발전을 위한 측면에서 기업을 파악하고 있다.

기업에 대한 다양한 정의를 종합하면 기업은 "이윤추구를 목적으로 제품 및 서비스를 생산 · 판매하는 개별경제의 단위"라고 할 수 있다.

이러한 기업의 본질은 다음과 같이 요약할 수 있다.

1) 이윤추구

기업은 하나의 개별경제단위로서 경제활동을 수행하는 과정에서 이윤을 추구하려고 노력한다. 이윤추구는 기업경영에 있어서 매우 중요하다. 그러나 이윤은 기업이 존재하기 위한 제약조건으로 볼 수도 있다. 따라서 사회적 저항이나 희생을 전제로 한 이윤추구는 바람직하지 못하다.

2) 효용창출

기업은 생산활동을 효율적으로 수행하는 과정에서 소비자들의 욕구를 충족시킬 수 있는 효용가치를 창출한다. 기업이 창출하는 가치는 기업의 존속과 발전에 대한 사회적 정당성을 확보할 수 있는 하나의 수단으로 볼 수 있다.

3) 법률적 인격체

기업은 독립적인 하나의 법률적 인격체로서 기업 존재에 대한 사회적 정당성 획득과 기업에 대한 사회적 요구가 있는 한 계속해서 존속 · 성장을 하게 된다. 이러한 계속기업[01]이라는 본질이 유지되어야 이윤추구의 주체, 효용창출의 주체

---

01 계속기업(going concern)은 기업이 기업주나 구성원과는 상관없이 하나의 영속적인 실체로서 영위

로서의 본질도 유지된다고 볼 수 있다.

한편, 우리나라 상법에서는 회사를 '상행위 기타 영리를 목적으로 설립한 사단법인'이라고 규정하고 있다. 이 규정에 따르면 회사를 구성하는 3대 요소는 사단성, 법인성, 영리목적임을 알 수 있다. 여기서 사단성은 동일한 목적을 지닌 복수의 구성원으로 이루어진 단체를 의미한다. 그리고 법인성은 사람처럼 법으로 권리와 능력을 부여한 단체를 말하며, 영리목적은 이익을 내고 그 이익을 사원들에게 배분하는 것을 의미한다.

2 기업의 목적은?

2.1 개념

기업목적은 기업활동을 통해 달성하려고 의도하는 성과나 결과를 말한다. 즉, 기업목적은 사회 속에서 기업이 담당해야 할 역할로 볼 수 있다. 이러한 기업목적은 기업경영활동의 명확한 범위와 방향을 제시해주고, 복잡한 의사결정이나 기업활동의 기준으로 활용되며, 종업원의 동기부여, 경영자의 리더십 발휘를 위한 방향 제시는 물론 성과평가의 기준으로도 이용된다. 따라서 기업목적은 각 기업의 특성에 맞게 설정되어야 하며 기업목적 설정시 고려해야 할 사항은 다음과 같다.

- 현재의 상황분석과 미래에 대한 예측을 바탕으로 기업목적을 설정하여야 한다.
- 이용 가능한 자원과 노력을 가장 효율적으로 활용할 수 있도록 설정되어야 한다.
- 이해관계자집단의 다양한 요구가 조화될 수 있도록 설정되어야 한다.

되어가는 것을 의미한다.

- 기업의 모든 영역에서 기업이 갖는 특성이 반영되도록 설정되어야 한다.

기업은 환경변화에 적응해야만 성장할 수 있기 때문에 기업의 존재가치와 목적도 시대의 흐름에 따라 변화한다. 사회가 성숙되고 환경이 변화함에 따라 기업 목적에 관한 이론도 다양하게 전개되고 있다.

2.2 유형

기업의 목적은 이윤극대화, 기업가치의 극대화, 고객창조, 가치창출, 사회봉사 등으로 다양하지만 가장 근본적인 목적은 기업의 생존과 성장 · 발전에 있다.

기업의 역할과 기능을 계속적으로 수행하기 위해서 생존목적은 중요하다. 이러한 생존목적에는 경쟁력을 통한 경쟁우위 확보, 지속적인 이익창출, 연구개발 강화, 불리한 환경변화로부터 기업을 보호하는 것 등이 포함된다. 또한 계속해서 기업이 존재하게 될 때 양적 성장과 질적 발전이 가능해진다.

따라서 기업생존은 그 자체가 가장 중요한 기업의 기본적 목적인 동시에 다른 목적달성의 전제조건이 된다. 기업목적은 기업본질을 실현하려는 경제적 목적과 기업본질에서 파생되는 사회적 목적으로 구분할 수 있다.

기업은 이윤과 주주가치 제고라는 눈앞의 이익을 넘어 고객, 납품업체, 커뮤니티 등 모든 이해당사자에 대한 사회적 목적을 강화해야 한다. 예를 들면, 근로자에 대한 투자, 고객으로의 가치 이전, 환경보호, 납품업체들에 대한 윤리적 대우, 커뮤니티에 대한 지원 등이 있다.

이러한 활동이 필요한 이유는 소득불평등, 열악한 노동환경, 기후 변화 등 사회적 문제와 관련된 기업들을 비난하는 목소리가 커지고 있기 때문이다. 정치권에서는 소득불평등 해소를 위한 기업들의 역할을 촉구하고 있으며, 정부에서는 반독점 조사에 신경을 쓰고 있다.

1) 경제적 목적

기업의 경제적 목적은 사회가 필요로 하는 고품질의 제품과 서비스를 효율적으로 생산 · 공급하여 이윤을 추구하는 것을 말한다. 즉, 제품과 서비스의 생산 · 제공, 취업기회 확대를 통한 생활기반의 제공, 재생산을 위한 이익의 창출 등이 포함된다.

기업이 이러한 경제적 목적을 얼마나 효율적으로 수행했는지 여부는 기업활동의 결과로 획득한 이윤에 의해 측정된다. 따라서 기업이 추구하는 경제적 목적은 기업존속에 필요한 기본적인 책임으로도 볼 수 있다.

경제적 목적 추구를 위한 기업의 활동은 때로는 사회로부터 지탄을 받기도 했지만, 기업의 건전한 이윤추구활동은 사회의 번영과 발전에 공헌해 왔다. 기업이 경제적 목적을 추구한 결과로 얻게 되는 이윤은 기업확장에 필요한 내부자금으로 사용될 수 있을 뿐만 아니라 외부에서 자금을 조달하는 것을 용이하게 해준다.

이윤을 통한 기업규모의 확장은 기업의 성장을 의미하는 것이다. 따라서 가능한 한 극대이윤을 얻는 것이 필요하다. 그러나 현실적으로 기업은 극대이윤이 아니라 주어진 상황에서 달성 가능한 이윤의 최대화를 추구하고 있다고 볼 수 있다.

경제적 목적은 경쟁우위 확보를 통해서도 달성할 수 있다. 따라서 경쟁기업보다 우월한 경쟁력을 확보하고 유지하기 위해서는 경쟁기업들이 쉽게 모방할 수 없는 핵심역량을 확보할 수 있어야 한다.

2) 사회적 목적

기업의 사회적 목적은 기업활동으로 인해 발생하는 부정적인 영향을 최소화시키려는 노력과 사회 전체의 이익을 추구하는 것을 의미하는데, 사회가 기대하는 역할을 기업이 자발적으로 수행함으로써 달성된다. 이러한 사회적 목적은 기업의 사회적 책임, 기업윤리, 사회적 반응, 사회봉사 등의 개념으로 나타난다.

3) 경제적 · 사회적 목적의 균형추구

현대의 기업은 경제적 목적뿐만 아니라 사회적 목적을 동시에 균형있게 추구해야 한다. 이러한 것은 기업목적의 변화과정에서도 알 수 있다. 기업목적은 다음과 같이 변화되어 왔는데 단계별 특성을 요약하면 [표 1-1]과 같다.

표 1-1 기업목적의 변화단계별 특성

구분	1단계	2단계	3단계
경영단계	이익극대화경영	수탁경영	생활의 질 경영
기업목적	경제적 목적	사회적 목적의 추가	균형적 다원목적
추구이익	순수한 사적 이익	사적 이익 및 공헌자의 이익	사적 이익, 공헌자의 이익, 사회의 이익
이윤관	나에게 좋은 것은 나의 국가에도 좋음	우리 기업에 좋은 것은 우리 국가에도 좋음	사회에 좋은 것은 우리기업에도 좋음
추구가치	이윤극대화	돈이 중요하지만 인간도 중요함	인간이 돈보다 중요함
경영책임	소유자	소유자, 고객, 종업원 및 기타의 공헌자	소유자, 공헌자 및 사회
추구이윤	극대이윤	만족이윤	적정이윤

자료 : 신유근(2002)

[표 1-1]에서 1단계 이익극대화경영은 경제발전의 초기에 나타났다. 즉, 산업화가 시작되는 경제발전의 초기에는 자본가 또는 기업가 개인의 목적을 기업의 목적으로 보는 이익극대화 경영이 추구되었다. 여기서 경영자의 역할에 대한 평가는 기업활동의 결과로 획득한 기업이윤에 의하여 행해졌다.

2단계 수탁경영은 경제발전 성장기에 나타났다. 기업이 성장함에 따라 규모가 확대되고, 기업과 이해관계를 갖는 이해관계자집단이 증가함에 따라 이들을 고려하는 경영이 행해진 것이다. 따라서 경영자는 주주뿐만 아니라 이해관계자집단의 요구를 충족시켜 줄 책임이 있으며, 경영자의 역할은 이해관계자집단의 이해관계를 조정하는 데 있다.

3단계 생활의 질 경영은 경제발전 성숙기에 나타났다. 기업이 발전하면서 공정한 기회보장, 소비자주의, 환경보호 등 생활의 질에 대한 관심이 크게 증가하였다. 생활의 질 경영이란 기업목적으로 사회적 책임까지 고려하는 것을 말한다.

경영산책 | 우리는 기업을 어떻게 생각하고 있을까?

최근 3년간

기업호감지수 추이

※ 2018년 12월 10일~17일
전국 20세 이상 성인 남여
1,000명 대상 전화조사

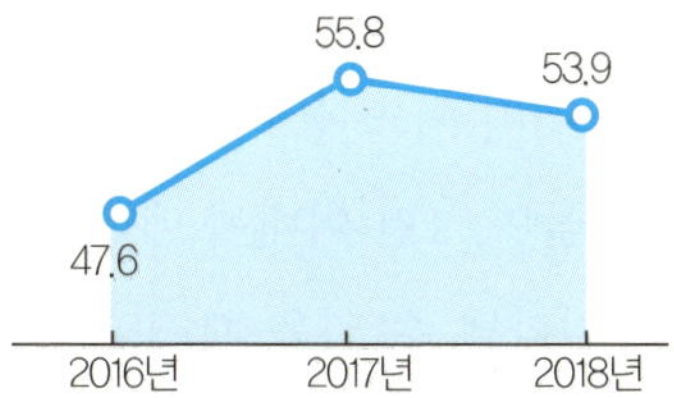

기업규모별

기업호감지수

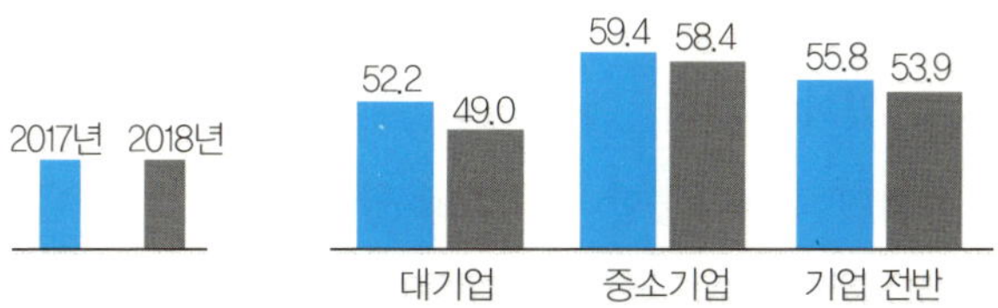

부문별

기업호감지수

※ 2018년 기준

대한상공회의소는 매년 발표하던 기업호감도지수 발표를 중단했습니다.
이유는 다양하니까 곰곰이 생각해보세요.
궁금하죠?
우리나라 국민들은 여러분과 동일하게 생각하고 있는지?
기업에 대해 호감을 갖는 국민들이 늘어나면 좋겠는데요.

자료 : 중앙일보, 국민의 기업 호감도 또 떨어졌다…왜? "일자리 안 만들고 규범도 안 지켜" 2020.1.18.

현대의 기업은 전문경영자의 등장, 정부규제의 변화, 경제의 글로벌화, 기업과 관련된 사회적 압력 증가 등의 문제에 직면해 있다. 따라서 기업은 기업의 내적 환경 요인변화와 경제 · 기술 · 사회 그리고 정치 등 기업 외부환경의 변화에 대응할 수 있도록 목적을 변화시켜 나가야 한다.

목표를 설정하는 단계에서 중요한 것은 내용의 구체성이다. 목표는 다음과 같이 스마트(SMART)하게 설정되어야 한다(팀장을 위한 재무관리기술, 박종성 역, 지식공작소, 2008, 186 이하 참고).

- 구체성(Specific) : 목표는 구체적으로 나타낼 수 있어야 한다. 즉, 기업이 달성하려는 것이 어느 정도인지, 그리고 언제까지인지가 명확하게 나타나야 한다. 예를 들면, 1년 이내에 매출액 100억, 순이익 20억, 가맹점 100개 달성 등으로 나타낼 수 있을 때 명확해진다. 이처럼 목표가 구체적일 때 구성원들은 목표의 달성 여부를 확실하게 알 수 있게 된다.
- 측정가능성(Measurable) : 기업이 이용가능한 자료에 기초하여 달성 여부를 측정할 수 있어야 한다. 예를 들면, 내년에 시장점유율 20% 달성 목표는 매우 구체적이며 측정가능한 목표라고 할 수 있다. 그러나 경쟁기업들의 점유율을 측정할 수 있는 자료가 없다면 이러한 목표 설정 의미는 낮아진다.
- 달성가능성(Achievable) : 목표는 현실적으로 달성가능하게 설정되어야 한다. 왜냐하면 구체적이고 측정가능하게 설정되었다고 하더라도 구성원들이 달성 불가능한 것으로 느끼게 되면 처음부터 포기할 것이기 때문이다. 목표는 실제 달성가능한 수준보다 약간 높게 설정되어야 한다.
- 관련성(Relevant) : 목표는 기업의 비전, 전략과 관련성을 가져야 한다. 목표가 이렇게 설정될 때 기업이 갖고 있는 모든 자원과 노력을 가능한 집중시켜서 달성하려는 노력을 하게 된다.
- 추적가능성(Trackable)[02] : 목표는 달성하는 과정을 추적할 수 있게 설정되

02 T를 Time-Based 또는 Time-bounded(시기 설정)으로 사용하기도 한다.

어야 한다. 왜냐하면 목표에는 시간과 자원의 제약이 있기 때문이다. 시간의 제약은 목표를 달성하기 위한 행동을 촉진하는 역할을 하게 된다. 예를 들면 '영업부 연매출액 120억 달성'이라는 목표는 추적가능한 목표가 될 수 있다. 계절적 변동은 무시하더라도 구성원들은 한 달에 10억 매출을 위해 노력할 것이며, 이렇게 하면 구성원들이 업무를 잘 수행하고 있는지를 알게 될 것이고 필요한 경우 자원을 재배정하는 행동을 취하게 될 것이다.[03]

3 기업은 어떤 활동을 하는가?

기업경영에서 행해지는 활동들은 매우 다양하지만 다음과 같이 세 가지로 구분할 수 있다.

3.1 영업활동

기업이 자재를 구매하여 생산하고 판매하는 가장 핵심이 되는 활동을 말한다. 영업활동은 고객의 욕구를 충족시킬 수 있도록 적절하게 가격을 설정하는 것뿐만 아니라 선택한 시장에서 성공하기 위해 투자된 자금을 효율적으로 활용하는 것과도 관련이 있다.

영업활동과 관련된 주요 의사결정 변수로는 시장선택, 가격결정전략, 경쟁지위 유지, 생산효율성, 경쟁기업에 대한 벤치마킹, 제품의 공헌이익분석 등을 들 수 있다. 따라서 기업은 모든 자원의 효율적 이용을 통한 이익획득이 가능하도록 영업활동을 전개해 나가야 한다.

03 기업목적은 Dr. Robert Quinn : "How to Live a Purpose-Driven Life"을 참고하세요.

3.2 자금조달활동

자금조달활동은 투자와 영업활동에 필요한 자금을 조달하는 방법을 결정하는 것이다. 자금조달환경과 관련된 주요 결정사항은 자본구조의 결정과 이익의 배분이다. 자본구조의 결정과 이익의 배분은 기업의 장기 생존가능성과 직결되므로 신중하게 결정되어야 한다.

기업활동에 필요한 자금은 자기자본과 타인자본으로 구분할 수 있다. 타인자본에는 1년 이내에 상환해야 하는 단기부채와 상환기간이 1년 이상인 장기부채가 있다. 자기자본은 주식을 발행하여 조달한 자본으로 이자를 지급하지 않는 대신에 정기적인 배당을 지급해야 한다.

이러한 자금조달활동은 기업에서 수행하는 투자결정 및 기업의 모든 활동에 영향을 미치므로, 자금조달시 발생하는 위험의 증가와 조달된 자본을 활용하여 얻을 수 있는 수익을 비교하여 결정하여야 한다.

3.3 투자활동

투자활동은 기업의 가치창출을 위한 기본적인 기능이다. 기업의 가치는 미래에 창출하는 현금흐름에 의해 결정되며 이 현금흐름을 결정하는 기본적 요인이 바로 투자이다. 따라서 투자활동은 기업이 현재 보유하거나 새로 조달한 자금을 경영계획에 기초하여 실제로 수행하는 것을 의미한다.

투자활동은 자금조달활동에 의하여 영향을 받게 되며 영업활동에 영향을 준다. 따라서 투자활동에 대한 의사결정시 산업의 구조와 경제상황, 금융 및 법적인 규제 등을 고려하여야 한다.

투자결정을 위한 판단은 투자된 자금과 여기에서 창출되는 현금흐름 간의 관계를 이용하여 분석하는 순현재가치법[04](NPV : Net Present Value) 또는 내부수

04 투자결과 발생할 미래의 현금흐름을 적절한 할인율로 할인한 현가로 나타내어 투자결정에 이용하

익률법[05](IRR : Internal Rate of Return) 등 합리적인 경제성분석방법에 기초하여 결정하는 것이 좋다. 그리고 기업이 보유하고 있는 자산을 얼마나 효율적으로 사용하고 있는지를 측정하는 기준으로 투자수익률을 이용할 수도 있다.

3.4 기업활동의 상호관계

경영자는 투자 · 영업 · 자금조달활동 간의 상호관련성을 이해하여야 한다. 왜냐하면 어떤 한 가지 활동만을 지나치게 강조하는 것은 숲은 보지 못하고 나무만 보는 것과 같기 때문이다.

예를 들면, 어떤 기업이 보수적인 재무정책을 유지하면서 공격적인 영업활동을 수행하는 것은 거의 불가능하다고 볼 수 있다. 왜냐하면 공격적인 영업활동을 위해서는 경제적 자원이 필요하며, 이것은 계속적인 자금조달을 요구하기 때문이다.

그리고 급격하게 성장하는 시장에서 영업활동을 하는 기업이 지나치게 타인자본에 의존하는 재무정책을 유지하면서 영업활동을 계속 수행하는 것도 어려운 일이다. 왜냐하면 급격하게 성장하는 시장에서 시장점유율을 유지하거나 높이기 위해서는 지속적인 투자가 필요한데, 지나치게 타인자본에 의존하게 되면 기업의 재무적 유연성이 감소되므로 장기적으로는 기업의 성장은 물론 존속도 어려워질 수 있기 때문이다.

따라서 가치창조경영을 위해서는 합리적인 경영전략을 수립하고, 이에 따른 투자, 영업 및 자금조달활동과 관련된 정책을 수립하여 이들이 상호 유기적으로 운영되도록 해야 한다. 그리고 투자 · 영업 · 자금조달과 관련된 정책은 상호 간의 상충관계에 대한 분석에 기초해서 수립되어야 한다.

는 방법을 의미함.

05 내부수익률은 투자안의 순현재가치를 0으로 하는 할인율을 의미하므로 내부수익률이 자본비용보다 큰 투자안을 채택하게 됨.

4 기업의 형태

기업은 자본을 제공하는 출자자에 따라 사기업과 공기업으로 구분할 수 있다. 사기업은 개인이 출자한 기업으로 영리추구가 목적인 반면에, 공기업은 공익을 목적으로 국가 및 공공기관이 출자한 기업이다.

사기업은 다시 출자자수에 따라 1명이 출자한 단독기업과 2명 이상이 공동으로 출자한 공동기업으로 구별된다. 그리고 공동기업은 출자자들의 관계에 따라 인적 공동기업과 자본적 공동기업으로 구분된다.

그리고 우리나라 상법에서는 회사를 합명회사, 합자회사, 유한회사, 주식회사 등 4가지로 분류하고 있는데, 분류기준은 출자자의 책임범위의 차이에 근거하고

표 1-2 | 기업의 형태

<table>
<tr><th rowspan="3">구분</th><th rowspan="3">개인 기업</th><th colspan="4">법인(회사)기업</th></tr>
<tr><th colspan="3">비주식회사</th><th rowspan="2">주식회사</th></tr>
<tr><th>합명회사</th><th>합자회사</th><th>유한회사</th></tr>
<tr><td>소유주</td><td>한 명</td><td>둘 이상의 무한책임사원 (general partners)</td><td>무한책임사원, 유한책임사원 (limited partners)</td><td>둘 이상의 유한책임사원</td><td>주주 (일반적으로 다수의 소유주)</td></tr>
<tr><td>기업의 수명</td><td>소유주의 사망시</td><td>사원의 선택 또는 사망시</td><td>사원의 선택 또는 사망시</td><td>사원총회의 결의</td><td>주주총회의 결의 또는 무한함</td></tr>
<tr><td>경영책임자</td><td>소유주</td><td>무한책임사원</td><td>무한책임사원</td><td>사원총회에서 선임된 이사</td><td>주주총회에서 선임된 이사</td></tr>
<tr><td>기업채무에 대한 개인의 책임</td><td>소유주의 사적 책임</td><td>무한책임 사원의 사적 책임</td><td>무한책임 사원의 사적 책임</td><td>유한책임 사원의 사적 책임 없음</td><td>주주의 사적 책임 없음</td></tr>
<tr><td>회계실체와 소유주 관계</td><td>회계실체는 소유주와 분리</td><td colspan="3">회계실체는 사원과 분리</td><td>회계실체는 주주와 분리</td></tr>
</table>

자료 : 고완석 · 강효석 · 송연수, 알고 보면 무척 쉬운 회계와 재무의 비밀, 엘도라도, 2008. 40.

있다. 참고로 민법에서는 영리를 목적으로 하지 않는 공익법인을 사단법인과 재단법인으로 구분하고 있다.

경영산책 | **기업이 주는 면접비는 기업선호도에 영향을 미칠까?**

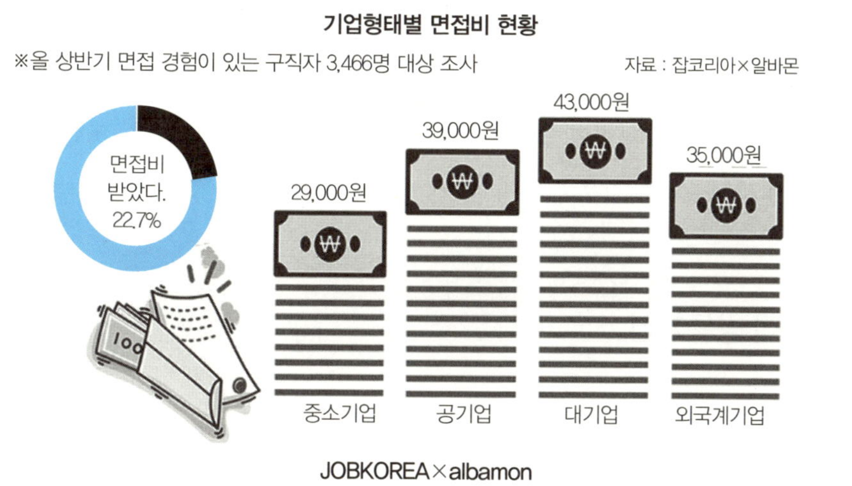

저자가 대학 졸업반일 때는 면접이 끝나면 현금이 들어 있는 봉투를 받았습니다.
수고비로.
여러분들이 취업 면접을 봤는데, 쌩하고 찬바람이 불면 곤란하겠지요?
수고했다는 덕담도 해주고 면접비도 주고 이러면 조금은 위안이 되겠지만.
면접비 액수에 따라 기업 이미지가 달라질까?
무지 궁금하네이,
왜?
사람이니까!
조사결과가 궁금하다면 여러분들이 먼저 생각해보고 접속해서
여러분의 생각과 차이가 있는지를 확인하세요.

자료 : 프라임경제, 올 상반기 면접 본 구직자 77.3% "면접비 못 받았다", 2019.6.10.

4.1 개인기업

개인기업은 혼자 출자하여 경영권 및 지배권을 행사하는 기업을 의미한다. 개인기업은 사업의 위험을 개인이 부담하기 때문에 소매점, 서비스업 등 영세기업에 많다. 장점은 설립 및 폐쇄가 쉽다는 점과 경영과 관련한 의사결정이 신속하다는 점이다.

반면에 단점으로는 개인이 출자할 수 있는 자본규모의 한계, 경영능력의 한계, 개인의 수명 등으로 기업의 영속성을 보장하기 어렵다는 점이 있다. 또한 개인이 부담하게 되는 무한책임은 위험이 크다는 점이다.

4.2 인적 공동기업

1) 합명회사

합명회사는 2인 이상의 무한책임사원(無限責任社員, general partners)만으로 구성되는 회사로서 전사원이 회사 채무에 대하여 직접 · 연대 · 무한책임을 진다. 그리고 원칙적으로 각 사원이 업무집행권과 대표권을 가지는 회사이다. 합명회사는 2인 이상의 사원이 공동으로 정관을 작성하고, 설립등기를 함으로써 성립한다.

합명회사의 각 사원은 회사의 채무에 직접 책임을 지므로 인적 신용이 중요하고 사원 상호간의 신뢰관계가 중요하다. 합명회사는 개인기업을 공동으로 경영하는 것과 유사하며, 사단법인이면서도 실질적으로는 조합의 성격을 띤다.

2) 합자회사

합자회사는 무한책임사원과 유한책임사원(有限責任社員, limited partners) 각 1인 이상으로 구성되는 이원적 조직의 회사이다. 경제적으로는 무한책임사원이 경영하는 사업에 유한책임사원이 자본적 참가를 하는 형식이며 이러한 뜻에서 인적 요소와 물적 요소의 결합 형태라고도 볼 수 있다.

무한책임사원은 합명회사의 사원과 같이 회사 채무에 대하여 직접 · 연대 · 무한책임을 지지만, 유한책임사원은 그 출자금액에서 이미 이행한 부분을 공제한 금액을 한도로 하여 회사 채무를 변제할 책임이 있다.

합자회사는 사원 간의 개인적 신뢰관계에 기초하는 조합의 성격이 존재한다는 점에서 합명회사와 공통점이 많으나, 주식회사와는 차이가 있다.

3) 유한회사

유한회사는 최소한 2인 이상의 사원이 출자액에 한하여 책임을 지는 회사이다. 유한회사는 설립이 용이하고 설립비용이 소액인 동시에 주식회사보다 조직이 간단하고 공개의무도 없는 것이 특징이다.

유한회사는 사원 전원의 책임이 간접적이며 유한인 점, 분화된 기관을 가지는 점 등 많은 점에서 주식회사와 유사하나, 복잡하고 엄격한 규정이 완화되고 지분의 양도가 자유롭지 못한 점이 주식회사와 다르다.

4.3 주식회사

주식회사는 출자한 한도 내에서 유한책임을 지는 2인 이상의 출자자에 의해 설립되는 기업형태로서 대규모 기업에 적당하다. 주식회사는 유한책임제도, 자본의 증권화제도, 소유와 경영의 분리 등의 특징을 갖는다.

4.4 공기업과 공사합동기업

1) 공기업

국가나 지방자치단체 및 공공단체가 공익을 목적으로 출자하고 경영을 책임지는 기업형태를 말한다.

2) 공사합동기업

공기업과 사기업을 혼합한 기업형태이다. 즉, 공기업의 공익추구 목적과 사기업의 이윤추구 목적 모두를 추구하기 위한 기업형태이다.

4.5 기타

1) 사회적기업[06]

우리나라의 「사회적기업육성법」에서는 사회적기업을 취약계층에게 사회서비스 또는 일자리를 제공하여 지역주민의 삶의 질을 높이는 등의 사회적 목적을 추구하면서 재화 및 서비스의 생산 · 판매 등 영업활동을 하는 기업으로써 고용노동부 장관의 인증을 받은 기관으로 정의하고 있다.

사회적기업의 유형은 취약계층에게 일자리를 제공하는 일자리제공형, 취약계층에게 사회서비스를 제공하는 사회서비스제공형, 지역사회에 공헌하는 지역사회공헌형, 취약계층 일자리 제공과 사회서비스 제공 혼합형, 사회적 목적의 실현 여부를 계량화하여 판단하기 곤란한 기타형으로 구분한다.

사회적기업의 목적은 사회적기업 육성을 통해 지속가능한 경제발전 및 사회통합을 구현하는 데 있다. 구체적으로 취약계층에게 보람되고 좋은 일자리를 지속적으로 제공하고, 사회적투자 확충을 통한 지역경제 발전 및 지역사회 활성화, 새로운 공공서비스 수요충족을 통한 사회서비스 확충, 기업의 사회공헌과 윤리적 경영문화 확산을 통한 윤리적 시장 확산에 있다.

---

06 한국사회적기업 홈페이지 자료

경영산책 | 우리나라 사회적기업은 10여 년 동안 얼마나 성장했나?

지역별 현황
(2021.5.21 기준)

사회적기업 취약계층 고용

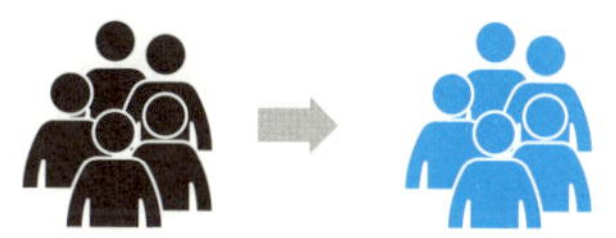

자료: Lifein, 2020통계로 보는 사회적경제

사회적목적 실현 유형별 현황

한국사회적기업진흥원, 2020.11

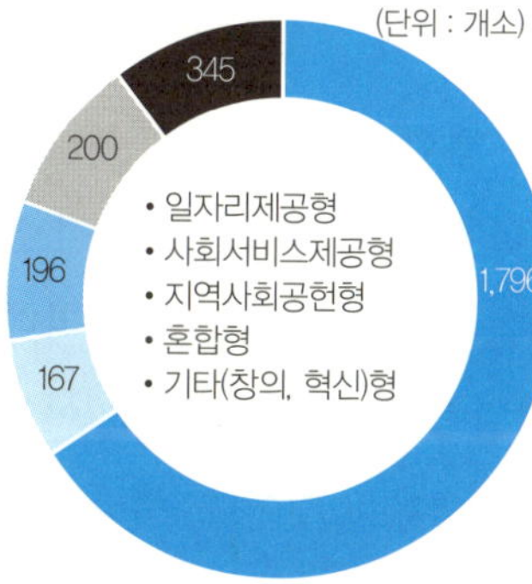

자료: Lifein, 2020통계로 보는 사회적경제

사회적기업 설립 경로별 현황

한국사회적기업진흥원, 2020.11

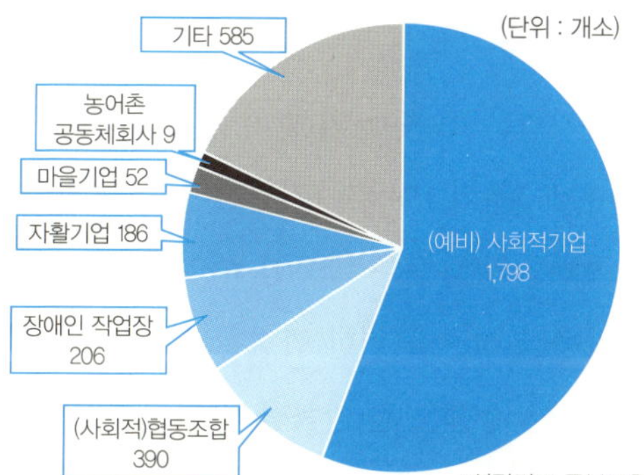

*설립경로 중복포함

자료: Lifein, 2020통계로 보는 사회적경제

2007년 사회적기업 육성법이 제정된 이후 사회적기업이 증가했습니다.
10년도 더 지났는데
사업적기업들이 정부와 지자체의 보조금 없이도
생존가능할지도 궁금하고,
나만 이런가?
궁금한 내용이 있으면 사회적기업진흥원 홈페이지로 고고씽!

자료 : Lifein, "2020 통계로 보는 사회적경제", 2020.12.20.

2) 협동조합[07]

우리나라의 「협동조합기본법」에서는 협동조합을 재화 또는 용역의 구매 · 생산 · 판매 · 제공 등을 협동으로 영위함으로써 조합원의 권익을 향상하고 지역사회에 공헌하는 사업조직으로 정의하고 있다. 외국의 스페인 축구팀인 FC 바르셀로나, 미국의 썬키스트와 AP통신, 우리나라의 서울우유협동조합, icoop 생협 등이 있다.

협동조합의 사업범위는 공동의 목적을 가진 5인 이상이 모여 조직한 사업체로서 금융 및 보험을 제외하면 사업의 종류에 제한이 없다. 협동조합의 의결권은 출자규모와 관계없이 1인 1표제이다. 조합원의 책임은 출자자산에 한정한 유한책임이며 가입과 탈퇴는 자유롭다. 마지막으로 배당은 투자금액이 아닌 이용 실적 등에 따른 배당을 한다.

3) 가족기업[08]

가족기업은 가족에 의해 소유 · 경영되는 기업을 말한다. 전 세계 1,000대 기업 가운데 3분의 1이 가족기업이며, 유럽은 물론 미국에도 많은 가족기업들이 있다.

가족기업의 장점은 확고한 주인의식, 가족 전통을 바탕으로 한 강력한 리더십, 지속가능한 성장을 위한 과감한 투자, 신속한 의사결정 등을 들 수 있다. 이 중에서 가장 큰 장점은 긴 안목을 가지고 전략을 세울 수 있다는 것이다. 즉 가족기업의 경영진은 상대적으로 단기적인 성과에서 자유롭다. 왜냐하면 가족기업은 분기나 연간 실적보다 창업자가 제시한 기업가정신을 유지하는 것이 더 중요한 과제이기 때문이다

한편 단점으로는 가족 내 갈등, 기업가정신 약화, 외부인력 활용 미흡, 경영권 승계 문제 등이 제기되고 있다. 창업자가 제시한 기업가 정신이 현실에 부합하지 않는 경우도 문제가 된다. 그리고 가족기업의 경영진은 실적이 저조한 자산을 처

07 협동조합 홈페이지 자료
08 두산백과 자료

리할 때 의사결정이 느려지는 문제도 발생한다.

한국의 가족기업은 '재벌'이라는 고유 명칭이 있을 정도로 독특한 문화를 자랑한다. 이재용 삼성전자 부회장이 구속된 이후 미국 뉴욕타임스(NYT)가 '돈, 권력, 가족 : 한국의 재벌 내부'라는 기사를 냈을 정도다.

뉴욕타임스는 한국의 재벌에 대해 "경제가 성숙하면서 한국에서는 재벌에 대한 우려가 커지고 있다"며 "정치권에서 재벌의 지배구조를 투명하게 만들고, 후계자들이 부를 물려받는 것을 어렵게 만들기 위한 법을 제정하고 있다"고 설명했다.

경영산책 | 가족기업은 우리나라에만 있을까요?

순위	기업	설립연도	기업공개여부	매출액	직원수	국가
1	월마트 Walmart	1962년	공개	4,857억달러	220만명	미국
2	폴크스바겐	1937년	공개	2,317억달러	59만 1,425명	독일
3	버크셔 해서웨이 BERKSHIRE HATHAWAY	1955년	공개	1,999억달러	36만 1,270명	미국
4	포드 Ford	1903년	공개	1,496억달러	19만 9,000명	미국
5	엑소르 EXOR	1927년	공개	1,481억달러	30만 3,247명	이탈리아
6	카길 Cargill	1865년	비공개	1,204억달러	15만 3,000명	미국
7	BMW	1916년	공개	1,001억달러	12만 2,244명	독일
8	코크 Coca-Cola	1940년	비공개	1,000억달러	10만명	미국
9	슈바르츠	1930년	비공개	931억달러	36만명	독일
10	알디 ALDI	1913년	비공개	822억달러	16만 2,579명	독일

※ 2016년 기준

전 세계에서 가장 큰 기업들의 순위를 보여주는 포천 500에서
가족기업은 2005년에는 15%, 2014년에는 19%까지 증가.
미국의 경우는 가족기업이 전체 노동자의 60%를 채용하고
신규 일자리의 78%를 만들고 있어요.

버핏은 가족기업의 최고경영자들을
"운 좋은 정자를 물려받는 이들에 불과하다"고 비난했어요.
반전은?
버핏은 자기 회사인 버크셔 헤어웨이를 장남인 하워드 버핏에게 물려줄 예정이래요.
내로남불!!
이쯤되면 가족기업을 맏드는 이유가 궁금해지지요?

자료 : 조선일보, 급증하는 가족회사, 2017.10.23.
한국일보, 그들은 왜 가족회사를 만드나? 2016.9.19 등을 찾아보세요.

5 비즈니스 3.0 시대의 기업

미국의 경제 전문지 포브스가 1917년 창간 당시에 뽑은 100대 기업 중에서 100년이 지난 2017년까지 존재한 기업은 AT&T와 제너럴 일렉트릭(GE) 2개뿐이었다. 워런 버핏의 버크셔 해서웨이를 제외하면, 1967년 당시 시가총액 상위 6대 기업 중 2017년까지 살아남은 기업은 단 하나도 없다. 2017년 시가총액 6대 기업의 1/2은 역사가 25년도 되지 않는 상대적 신생기업이다.

지난 100년간 미국 최고 기업 순위 변화를 보면 시장의 환호를 받던 기업이 어느 순간 나가떨어지는 일이 발생하였고, 창조적 파괴와 혁신을 통해 새로운 형태의 기업과 직업이 나타나는 것을 확인할 수 있었다.

기업들은 대량생산체제와 효율성을 강조하던 시기를 넘어 창조의 능력을 중요시하는 '비즈니스 3.0' 시대를 지나고 있다. 비즈니스의 패러다임은 기업환경 변화에 따라 다음과 같이 구분할 수 있다(창조적 전환, 삼성경제연구소, 2009, 참고하여 재작성).

5.1 비즈니스 1.0 시대

비즈니스 1.0 시대는 분업과 표준을 강조했던 시기로 1910년대부터 1970년까지 이어진 시기였다. 이 시기는 1911년 과학적 관리법을 제창한 프레데릭 테일러의 '테일러리즘'과 1913년 헨리 포드가 확립한 컨베이어 시스템으로 상징되는 '포디즘'을 기반으로 대량생산 체제가 확립된 시기였다. GM 과 Ford가 이 시기를 대표하는 기업이었다.

5.2 비즈니스 2.0 시대

비즈니스 2.0 시대는 고객과의 끊임없는 대화를 통해서 진보와 혁신을 강조했던 시기였다. 즉, 피터 드러커와 마이클 포터 등 경영학의 대가들이 주창한 전략과 혁신 경영이 기업경영의 패러다임을 지배하던 시기를 말한다. 이 시기는 리엔지니어링, 벤치마킹, 다운사이징, 6시그마 등 다양한 경영기법들이 적용되었기 때문에 경영의 르네상스기였다고 할 수 있다. GE 와 Intel 이 이 시기를 대표하는 기업의 예이다.

이 시기는 경영성과 달성을 위한 효율의 중요성이 강조된 시기라고 할 수 있다. 그러나 효율향상을 위해 생산성과 비용절감에 지나치게 집중하면서 지역사회, 근로자, 환경에는 문제가 발생하기 시작했다.

5.3 비즈니스 3.0 시대

비즈니스 3.0 시대는 창조와 혁명적 변화의 시기로 나타낼 수 있다. 비즈니스 3.0 시대로의 변화는 고효율성을 최고의 경영가치로 추구해온 비즈니스 2.0 시대의 전략만으로는 더 이상 성장할 수 없고 생존 자체도 위협받게 되었다는 것을 의미한다.

급변하고 있는 글로벌 경영환경은 창조와 혁신을 요구하고 있다. 기업을 고효율의 기계로 만드는 시대에서, 창의와 상상력을 바탕으로 새로운 사업기회를 만들어 나가는 것이 경영의 키워드로 등장한 것이다. Google Google 과 Apple 등이 비즈니스 3.0 시대의 대표적인 기업이라고 할 수 있다.

비즈니스 3.0 시대는 기업이 나눔과 사회봉사를 통해 이익 이상을 사회에 환원해야 한다는 시대적 사명을 알려주고 있다. 이러한 현상을 빌 게이츠는 '창조적 자본주의'라고 하였다(Bill Gates, https://biz.chosun.com/site/data/html_dir/2008/01/25/2008012500020.html). 이것은 조직문화, 리더십 그리고 경영전략 등을 미래의 기업환경 변화에 맞춰 전환해야 함을 의미한다.

표 1-3 비즈니스 패러다임의 변화

구분	비즈니스 1.0	비즈니스 2.0	비즈니스 3.0	비즈니스 4.0[08]
핵심(경영전략)	분업과 표준	진보와 혁신	창조와 혁명	?
대표인물	테일러, 포드	드러커, 포터	게이츠, 잡스	
관리대상	제품	프로세스	비즈니스 모델	
대표기업	GM, Ford	GE, Intel	Google, Apple	
시기	1910~1969년	1970~2007년	2007~현재	
이념	대량생산체제	효율화	신사업기회창출	

자료 : 김계수, 비즈니스 3.0 시대의 사회적 책임활동과 경영성과 간의 구조관계 분석, 2009, 한국고객만족경영학회, 고객만족경영연구, 11권 1호의 내용을 보완

이러한 비즈니스 패러다임의 변화가 기업에 주는 시사점은 다음과 같다.

첫째, 성공에 안주하는 순간 기업의 생존은 위협받을 수 있다는 점이다. 낡은 엔진은 아무리 뜨겁게 달구어도 속도에 한계가 있을 수밖에 없다. 현재의 성공에 만족하여 점진적인 변화만을 추구하다보면 경쟁자와의 격차가 벌어지게 되고, 새로운 엔진을 갈아 끼울 기회마저 잃어버릴 수 있다는 것이다.

09 비즈니스 4.0 시대는 이 과목을 강의하는 교수님과 수강하는 학생들이 다 같이 생각해보기를 바라는 의미에서 물음표로 남겨둡니다.

둘째, 기업의 경쟁력은 변화에 대응하는 능력에 따라 달라질 수 있다는 것이다. 변화는 기업이 시장을 파악하고 시장점유율을 유지하는 능력, 기업을 성장시키는 능력, 수익성을 유지시키는 능력, 그리고 궁극적으로 생존하고 번영하는 능력에 영향을 준다.

셋째, 생존을 위해서 창조와 상상력으로 경영에 새로운 바람을 일으켜 새로운 소비문화와 사업기회를 찾는 노력을 꾸준히 할 때 지속가능한 성장 및 공생의 성장이 가능하다는 것을 보여주고 있다.[10]

경영산책 | 우리나라 기업의 브랜드 가치는 얼마나 인정받고 있나?

글로벌 브랜드 평가 기관인 브랜드 파이낸스(Brand Finance)는
매년 '세계 500대 브랜드'를 평가해 발표합니다.
기업들은 자신의 브랜드 가치가 전 세계적으로 인정받고 있는지 궁금해 하고요.
삼성이 우리나라를 대표해 5등 정도를 차지합니다.

10 그래프로 보는 브랜드 가치 세계 순위 변화 2000-2020
https://www.youtube.com/watch?v=bf0wnh5LRyY 참고.

> 대단한 성과입니다.
> 삼성 외에도 우리나라 기업들의 브랜드 가치 순위가 궁금하세요?
> 궁금하면 행동으로 옮기세요.
>
> 자료 : 조선일보, 삼성 '브랜드 가치' 세계 5위 …. 1,000억 돌파. 2021.1.27.

5.4 플랫폼 비즈니스[11]

플랫폼 비즈니스를 설명하기 전에 〈플랫폼 제국의 미래〉에 나오는 내용으로 시작하고자 한다(플랫폼 제국의 미래, 17–18).

① 어떤 소매유통업체가 매출에 따르는 세금을 내지 않고 직원들을 홀대하며 일자리를 수십만 개나 파괴하면서도 기업혁신의 모범으로 칭송받는다면?

② 어떤 컴퓨터 회사가 국내에서 일어나는 테러 정보를 수사기관에 알리지도 않았는데, 한 무리의 열성적인 팬들이 이 회사를 마치 종교를 대하듯 바라보며 절대적으로 지지한다면?

③ 어떤 소셜미디어 회사가 당신 자녀의 사진 수천 장을 분석하고 당신의 휴대전화를 도청장치처럼 활용하며 그 모든 정보를 포춘 선정 500대 기업에 팔아먹는다면?

④ 어떤 광고 플랫폼 회사가 미디어 분야에서 돈벌이가 가장 좋은 부문의 90%를 차지하면서도 공격적인 소송과 로비활동으로 반독점규제를 교묘하게 피해간다면?

①번에서부터 ④번까지 기업 이름이 머릿속에 떠오르는가? 기업 이름은 여러

11 플랫폼 비즈니스에 대해서 궁금하다면 "4차 산업혁명 미래는 공유경제 플랫폼 경제" 사이트(예 : https://www.youtube.com/watch?v=1YXLdmsS52w)에 접속해서 확인하세요.

분들이 예상했던 것과 같이 순서대로 아마존, 애플, 페이스북, 구글이다.

사전적 의미로 플랫폼(platform)은 '승객이 열차를 타고 내리기 쉽게 철로 옆에 지면보다 높여서 설치해 놓은 평평한 장소'를 뜻한다. 기차역이나 공항에 들어가면 플랫폼 몇 번이라고 기재되어 있다.

산업, 기업 측면에서 플랫폼은 '다수의 생산자와 소비자가 연결되어 상호작용하며 가치를 창출하는 기업과 산업 생태계의 장'으로 정의하고 있다. 예를 들어, 서울역에는 음식점, 편의점, 커피전문점 등 승객들을 대상으로 부가적 수익을 창출하는 비즈니스가 형성된다. 왜냐하면 다른 지역으로 이동하기 위한 유동인구가 모이며 상권이 형성되기 때문이다.

그림 1-1 플랫폼 비즈니스의 일반적인 구조

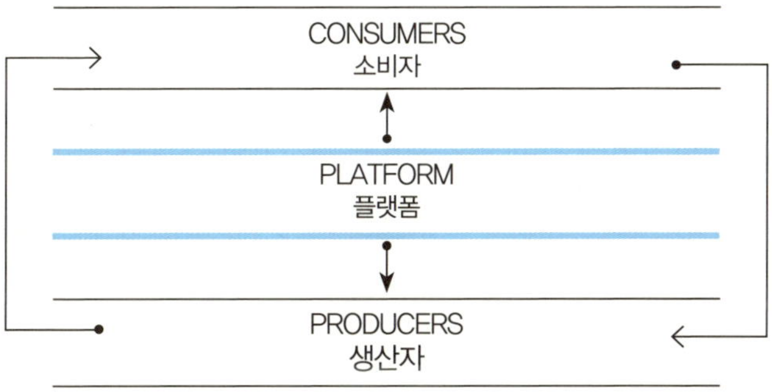

자료 : www.applicoinc.com

콘텐츠 플랫폼 기업인 페이스북은 2004년, 숙박공유 플랫폼 에어비앤비는 2008년, 차량공유 플랫폼 우버는 2009년에 설립되었다. 이들과 비교할 수 있는 전통적 기업으로 월트 디즈니는 1923년, 메리어트호텔은 1927년, BMW는 1916년에 설립되었다.

표 1-4 전통적 기업과 디지털 플랫폼 기업 비교

기업	창업	직원수(2019년)	시가총액(2020년 12월)
BMW	1916년	133,778명	584억 달러
우버 Uber	2009년	26,900명	967억 달러
메리어트호텔 Marriott	1927년	174,000명	439억 달러
에어비앤비 airbnb	2008년	6,300명	1,007억 달러
월트 디즈니 Disney	1923년	223,000명	2,790억 달러
페이스북 facebook	2004년	52,500명	7,966억 달러

전통적 기업인 BMW, 메리어트호텔, 월트 디즈니의 시가총액보다 기업 역사가 짧은 우버, 에어비앤비, 페이스북의 시가총액이 훨씬 높다. 이러한 결과는 기업들의 가치창출 형태와 이에 대한 평가가 전환되고 있음을 보여주는 것이다. 즉, 전통적 기업들의 가치창출은 파이프라인에서 발생해 왔지만, 플랫폼 기업들의 가치창출은 플랫폼을 통해 발생하고 있다.

전통적 기업들의 파이프라인 비즈니스는 생산자와 공급자, 소비자와 사용자로 구성된다. 반면에 플랫폼 기업들의 플랫폼 비즈니스는 소유자, 공급자, 생산자, 소비자 등 4가지 유형의 플레이어가 필요하다.

전통적 기업은 자원을 통제하고, 내부 프로세스를 최적화하고, 고객가치를 확대해 이윤을 독점하는데 집중하여 가치를 창출해 왔다는 특징을 갖는다. 반면에 플랫폼 기업들은 자원을 조정하고, 외부 상호작용을 촉진하고, 생태계 가치를 극대화시키면서 가치를 창출하는 특징이 있다. 이것은 파이프라인의 범위는 한정되어 있지만, 플랫폼의 범위는 한정되지 않는다는 것을 의미한다. 즉, 가치창출을 위한 범위가 무한대로 확장될 수 있다는 특징을 갖는다.

기존 기업과 플랫폼 기반 기업의 전략을 비교하면 [그림 1-2]와 같다.

그림 1-2 기존 기업과 플랫폼 기반 테크 기업의 플랫폼 전략

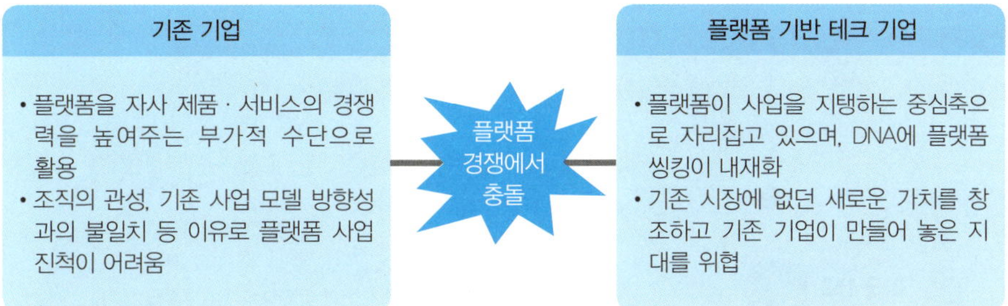

자료 : https://assets.kpmg/content/dam/kpmg/kr/pdf/2019/kr-insight67-platform-20191121.pdf

1) 플랫폼 비즈니스 사업자의 수익모델[12]

플랫폼 비즈니스의 수익모델은 크게 중개수수료, 구독료, 광고료, 라이센싱, 아이템 판매 등으로 구분할 수 있다.

표 1-5 플랫폼 비즈니스의 수익모델

구분	기업 및 서비스	방식
중개 수수료	애플 앱스토어	유료 어플 판매시 금액 30%를 수수료로 가져가는 방식
	우버	드라이버가 올린 매출의 20~30%를 수수료로 가져가는 방식
	에어비앤비	호스트와 게스트로부터 일정 부분의 중개 수수료를 가져가는 방식
	알리바바	상품 판매시 중개수수료의 일부를 가져가는 방식
광고료	페이스북	페이스북 가입자 데이터를 기반으로 타깃 광고를 통해 수익 창출
	구글	광고 프로그램 애드센스, 애드워즈 등을 통해 수익 창출
구독료	링크드인 Linkedin	기본 서비스는 무료, 프리미엄 구독료는 월 $22.99~99.95까지 과금
라이센싱	아마존 웹 서비스	IT 서비스를 사용한 시간만큼 비용을 지불하는 방식
아이템 판매	카카오, 라인	사용자 집단에 게임과 캐릭터 아이템 등을 판매해 수익 창출

자료 : 세상을 연결하는 플랫폼의 가치-플랫폼 비즈니스는 어떻게 수익을 창출하는가?

12 한국콘텐츠진흥원 상상발전소 내용의 일부를 요약 · 수정하였음.

경영산책 | 100년 이상의 역사를 가진 세계의 장수 기업

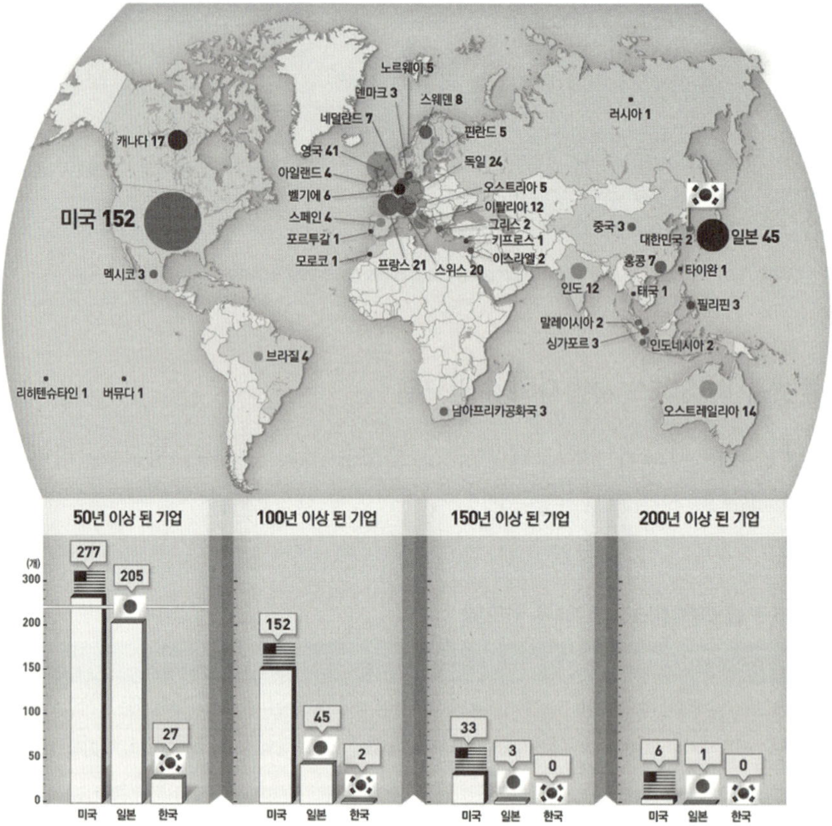

포브스가 기업의 매출, 수익, 자산, 시장가치 등 4개 항목의 2012년 자료를 가지고 평가한 것입니다.

최근 정보를 찾지 못해 쏘리.

여러분이 찾아서 메일로 알려주면 감사하고요.

우리나라도 백세시대에 들어갔는데 기업도 장수기업이 되면 좋겠다.

여러분이 나중에 창업하면 2백년 장수기업으로!!!

자료 : 그래프로 보는 기업 시가총액 세계 순위 변화 2001-2021.4.
https://www.youtube.com/watch?v=fiu9XrYhqk8 참고.

6 경영이란?

경영에 관한 일반적인 정의를 내리는 것은 어려운 일이지만, 경영은 "가용자원의 유한성, 정부의 규제, 사회와의 관계, 경쟁상태 등 여러 가지 제약조건하에서 경영자원을 활용하여 기업의 목표를 추구해 가는 일련의 과정"이라고 할 수 있다. 즉, 기업목적을 달성하기 위하여 환경변화에 창조적으로 적응해 가는 과정에서 "경영자원을 고객이 인정하는 새로운 가치로 변환시키는 기능"을 의미한다. 따라서 현재 보유하고 있는 경영자원을 활용하여 미래의 경영비전을 달성해 가는 과정이라고 할 수 있다.

예를 들어, "어떤 사업에 진출할 것인가?", "필요한 자금 · 인력을 어떻게 조달 · 확보하는 것이 유리한가?", "고객에게 효과적으로 접근할 수 있는 유통경로는 무엇인가?", "어떤 상품과 서비스를 가지고 타사와 경쟁할 것인가?", "고객의 잠재욕구를 어떻게 파악할 것인가?", "경쟁사의 새로운 전략에 어떻게 대응할 것인가?", "기존의 업무처리방식을 더욱 효율적으로 개선할 수 있는 방안은 무엇인가?", "새로운 환경변화에 어떻게 능동적으로 대처할 것인가?" 등 기업경영에서 발생하는 많은 문제들을 해결하여 기업목표를 달성해 나가는 과정을 의미한다.

6.1 경영을 보는 세 가지 관점

경영을 이해하는 세 가지 관점은 경영의 관리적 기능을 나타내는 과정측면, 업무성격별로 구별하는 업무측면 그리고 경영에 대한 의사결정측면으로 구분할 수 있다.

첫째, 전통적으로 경영의 개념은 관리를 하는 과정의 측면에서 이해되어 왔다. 즉 과정측면에서의 경영은 경영목표를 설정하고 경영자원을 조달 · 배분하여 경영활동을 수행하고 통제하는 활동으로 이해되었다. 이러한 관점은 기업규모가 커지고 업무가 복잡해짐에 따라 더욱 강조되는데, 여기에는 계획, 조직, 지휘, 통제활동이 포함된다.

둘째, 경영활동을 업무성격별로 구분하는 것이 업무측면에서 보는 관점이다. 즉, 경영활동을 재무관리, 인사관리, 생산관리, 마케팅관리 등 4가지 기능에 중점을 두고 설명하는 관점을 의미한다. 기업이 부서를 만드는 경우 이러한 업무별로 분리하는 관점을 일반적으로 이용하고 있으며, 경영학의 전공분야도 이러한 관점에서 구분된 것으로 볼 수 있다.

셋째, 의사결정측면은 경영활동을 의사결정이 이루어지는 계층과 의사결정 유형별로 구분하는 관점이다. 여기서는 크게 최고경영층에서 하는 전략적 의사결정, 중간경영층에서 하게 되는 관리적 의사결정 그리고 현장경영층에서 하게 되는 기능적 의사결정으로 구분할 수 있다.

그림 1-3 경영을 보는 관점

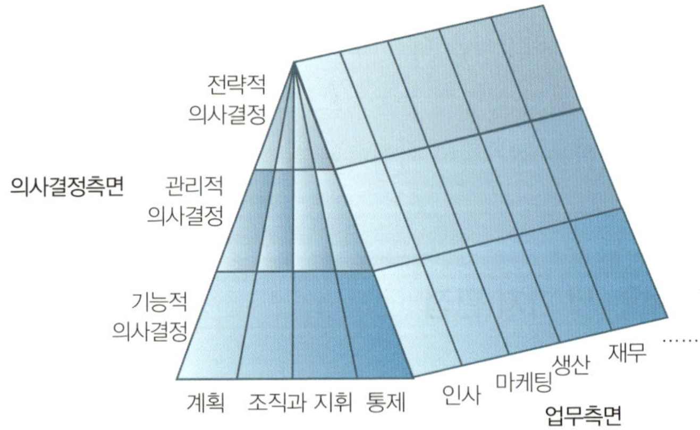

자료 : 지호준(2001)

7 경영자원에는 어떤 것들이 있는가?

7.1 개념 및 특징

경영자원은 "효율적인 기업경영을 위해 필요한 기업 내 · 외부의 자원이나 요소"를 의미한다. 이러한 경영자원은 기업목표 달성의 수단이자 관리의 대상이 된다.

전통적으로 기업은 3M(Material, Money, Man)으로 불리는 경영자원, 즉 원재료 · 토지 · 설비와 같은 물적자원, 자본 및 자금과 같은 재무자원, 그리고 육체노동 · 정신노동 · 관리노동을 수행하는 인적자원을 중시해 왔다. 물론 이러한 자원들은 지금도 기업경영에 절대적으로 필요한 경영자원이다.

과거에는 토지, 노동, 자본 등이 가장 중요한 생산요소였지만 지식과 정보가 중요한 비즈니스 3.0 시대에는 기업활동에 필요한 정보, 기업의 노하우와 명성, 기업문화, 사람과 사람 간의 관계성을 의미하는 사회관계자본 등의 경영자원이 새로운 가치를 창출하는 원천이 되고 있다. 즉 비즈니스 3.0 시대에는 창조적이면서 혁신적인 방법으로 기업의 이해관계자와 지속가능한 관계를 설정하는 것이 중요해지고 있다.

다른 기업과의 경쟁에서 기업이 보유하고 있는 자원이 경쟁우위의 원천으로 작용하기 위해서는 다음과 같은 특성을 가지고 있어야 한다.

1) 사용가능한 경영자원의 제약

이용가능한 경영자원의 유한성 및 제약은 경영자원의 효율적인 활용과 개발의 필요성을 발생시킨다.

2) 환경변화에 대한 대응력의 원천

환경에 변화가 발생했을 때 경영자원의 확보 유무에 따라 기업의 대응력에 차이가 발생하며, 이것은 기업의 운명을 결정하게 된다.

3) 위기관리의 원천

기업에 경영위기가 도래하거나 또는 위기가 예상될 때에 회피할 수 있느냐의 여부는 경영자원에 달려 있다. 따라서 기업이 적절한 여유인력이나 재무자원을 보유하면서 유연성을 확보하는 것이 위기관리의 출발점이 된다. 왜냐하면 적정 수준의 여유자원은 외부충격에 대한 완충장치인 동시에 창조적 혁신 부분에 사용할 수 있기 때문이다. 여유자원 확보는 효율성 추구와 상충되기 때문에 기업 전체 차원에서 결정되어야 한다.

7.2 구성요소

1) 인적자원

기업은 다양한 욕구를 지닌 인재들이 모여 있는 집합체로 볼 수 있으므로 경영은 인재경영이라고 할 수 있다. 즉, 기업경영의 행동주체는 인적자원인 것이다. 기업은 창의력을 가진 인적자원의 구성요소이므로, 자발적인 협조와 노력에 의하여 목표를 추구하고 달성해 나갈 수 있는 것이다. 그러므로 기업이 추구하는 목표를 효율적으로 달성하기 위해서는 올바른 윤리의식과 창의력을 바탕으로 도전적이고 목표지향적이며 강한 성취의욕을 가진 구성원이 필요하다.

인적자원이 다른 경영자원과 구별되는 가장 중요한 특성은 기업의 성과가 구성원의 가치관과 사고방식에 의해서 영향을 받는다는 점이다. 즉, 구성원들의 가치관과 사고방식은 기업문화를 형성하는 동시에 기업성과에도 영향을 미친다.

특히 디지털 시대에는 기업구성원들의 창의력과 자발적 협력이 매우 중요하므로 인적자원의 중요성은 점점 증가하고 있다고 할 수 있다.

2) 자본

자본은 일반적으로 기업활동을 수행하는 데 필요한 재무자원을 말한다. 기업이 창업된 후에 계속적으로 존속하기 위해서는 더 많은 자본을 필요로 한다. 이때의 자본은 자기자본일 수도 있고 타인자본일 수도 있다. 어떠한 형태로 자본을 조달하든지 조달된 자본에 대해서는 그 자본의 제공자에게 자본이용에 대한 대가를 지급하여야 한다.

재무담당자와 기업경영자에게 중요한 문제 중의 하나는 기업의 자본구조[13] 변경에 따른 기업가치의 변화이다. 즉, 자본의 조달방법에 따라 기업가치에 어떤 영향을 주게 될 것인가 하는 것이다. 그러므로 자본구조와 기업가치의 관계를 분석할 때에는 타인자본을 사용함으로써 얻게 되는 수익에 의한 기업가치의 증가와 타인자본의 사용으로 인한 위험의 증가로 초래되는 기업가치의 하락을 동시에 검토하여야 한다.

3) 기술

기술은 "기업의 내 · 외부로부터 투입되는 원재료나 정보를 제품이나 서비스로 변형시키는 데 이용되는 지식 · 기법 등의 활동"을 의미한다. 그러나 기술은 독립된 별개의 것이 아니고, 기업의 여러 활동과 관련되어 있거나 이들을 연결시켜주는 것으로 파악해야 한다.

한편, 기술혁신은 기존의 기술이나 모델을 응용하는 것이거나, 기존의 기술적 요소들을 창의적으로 결합함으로써 기존의 것과는 다른 독특한 제품을 만들어내는 것이다. 제품과 서비스, 생산공정 등에서 신기술을 개발하고 수용할 수 있

13 자본구조(capital structure)란 타인자본과 자기자본의 구성상태를 의미함.

는 능력에 의해 기업의 경쟁력이 결정되므로 기업의 생존과 성장은 기술혁신과 변화에 달려 있다.

커즈와일은 〈The Singularity is near : 특이점이 온다〉라는 책에서 기술이 가진 중요한 속성을 지적했다. 커즈와일은 정보 기반의 환경에서 기술의 발전속도는 기하급수적으로 증가하는 성장곡선을 가지므로, 가격 대비 성능비는 매년 또는 2년마다 두 배가 된다고 주장했다(살림 이스마일 외 2인 공저, 이지연 역, 기하급수 시대가 온다, 41). 즉 정보 기반 환경이 근본적으로 파괴적 속성을 지닌 혁신의 기회를 가져온다는 것이다.

예를 들면, 최초로 인간 게놈이 분석된 2000년의 분석 비용은 27억 달러였다. 이후 DNA 염기서열 분석 비용은 무어의 법칙보다 5배나 빠르게 하락해 왔다. 2014년에는 1,000달러 수준에 할 수 있게 되었고, 앞으로는 페니 수준으로 하락할 것으로 예상하고 있다. 기술이 발전하면서 비용이 급락하고 있는 기술 분야의 예는 다음과 같다.

표 1-6 비용이 급락하고 있는 분야

분야	동일한 기능 구현에 드는 평균 비용	감소폭
3D 프린팅	2007년 4만 달러 ⇒ 2014년 100달러	7년간 400배 ⇓
산업용 로봇	2008년 50만 달러 ⇒ 2013년 2만 2천 달러	5년간 23배 ⇓
드론	2007년 10만 달러 ⇒ 2013년 700달러	6년간 142배 ⇓
태양에너지	1984년 (kw/h) 30 달러 ⇒ 2014년 0.16달러	20년간 200배 ⇓
센서(3D LIDAR)	2009년 2만 달러 ⇒ 2014년 79달러	5년간 250배 ⇓
DNA 염기서열 분석	2007년 1000만 달러 ⇒ 2014년 1000달러	7년간 10000배 ⇓
뇌공학(BCI장치)	2006년 4천 달러 ⇒ 2011년 90달러	5년간 44배 ⇓
의학(전신스캔)	2000년 1만 달러 ⇒ 2014년 500달러	14년간 20배 ⇓

자료 : 살림 이스마일 외 2인 공저, 이지연 역, 기하급수 시대가 온다, 43.

4) 정보

정보는 특정한 문제 또는 특수한 상황의 해결에 이용할 수 있는 자료로서 목적 달성에 공헌하는 지식을 의미한다. 오늘날 기업의 경쟁력은 정보에 의해서 결정될 정도로 정보의 중요성은 증가하고 있다. 그러나 계속해서 새로운 정보가 나오고 있기 때문에 정보의 가치는 양보다는 질에 의해서 판단해야 한다.

정보자원에는 제품이 가지고 있는 상표 이미지, 기업이 보유한 신용력, 경영 및 기술적인 노하우 등이 있다. 특히 노하우 등의 정보자원을 인적자원, 기술, 자본 등의 경영자원과 효과적으로 결합시킴으로써 기업성과를 향상시킬 수 있다.

5) 정보통신기술

최근 세계경제는 정보통신기술(ICT : Information Communication Technology)에 기반한 산업 융합을 통해 새로운 가치를 창출하는 쪽으로 진화하고 있다. 기업들도 ICT를 활용한 융·복합 전략을 구사하고 있다. 즉 기업이 보유하고 있는 인적자원이나 핵심역량 등을 ICT와 연계하여 성과를 향상시키려는 노력을 하고 있다.

ICT는 기업의 미래를 좌우할 만큼 중요한 요소가 되었다. 초고속인터넷, 고감도센서, 빅데이터 분석 등의 기술을 바탕으로 사물인터넷(IoT : Internet of Things) 시대가 도래하면서 모든 산업 분야에 변화가 일어나고 있다. 따라서 기업들은 ICT를 활용하여 새로운 융합 제품이나 서비스를 제공하면서 고객의 요구에 대응하지 않으면 생존을 지속할 수 없게 되었다(리질리언스, 52–53).

6) 기업가정신과 혁신

기업가정신은 기업가들이 자원을 사용해서 비즈니스를 시작하는 도전정신을 말한다. 만약 이러한 기업가정신이 없다면 모든 자원들은 가치를 갖지 못하게 된다. 그리고 기업가정신은 기업에 혁신을 가져와서 소비자들이 요구하는 것들을 빨리 결정하게 하고 적절한 제품과 서비스를 제공할 수 있게 해준다.

오늘날 경영자원 중에서 가장 중요한 요소 중 하나는 기업가정신과 혁신이라고 할 수 있다. 왜냐하면 부유한 나라들을 만든 원동력은 기업가정신의 발휘와 혁신 노력의 결합으로 볼 수 있기 때문이다.

7) 소프트자원 vs 하드자원

기업의 경영자원은 하드자원과 소프트자원으로 구분할 수도 있다. 하드자원은 제품과 서비스를 통해 시장지배력을 강화하는 경쟁력을 의미한다. 반면에 소프트자원은 기업이미지와 신뢰를 바탕으로 다양한 기업 이해관계자와의 공생을 지향한다. 즉 소프트자원이란 기업과 관련되는 다양한 이해관계자를 지지세력으로 끌어들이는 능력을 의미한다.

기업의 소프트자원에는 기업의 제품개발 경험, 적정한 기술 보유, 지속성장 모형, 이미지, 브랜드, 혁신 등이 포함된다. 기업의 소프트자원은 크게 사회적 책임 이행, 사회적 이슈의 선점, 사회적 공감대 형성이라는 3가지 요소로 구성된다(소림사에서 쿵푸만 배우란 법은 없다, 228-238).

최근에는 기업경영에서 소프트자원의 중요성이 부각되고 있다. 특히 창의성이 강조되는 사회에서 구성원의 능력을 최대한 발휘할 수 있도록 하기 위해서는 자발적인 노력과 참여를 이끌어내는 것이 필수적이다. 이러한 소프트자원은 기업이 지속가능한 성장을 달성할 수 있도록 하는 원천이 된다.

소프트자원 측면에서 보면 우리나라 기업들은 아직까지는 취약한 실정에 있다. 왜냐하면 서비스의 경쟁력은 세계적인 수준으로 향상되었지만, 이해관계자로부터 인정받고 사랑받는 매력적인 기업이 되었는가는 의문이기 때문이다. 이러한 문제는 우리나라의 높은 반기업정서와 맞물리면서 조그마한 사건 · 사고 · 스캔들에도 심각한 위기를 가져올 수 있다.

경영산책 | 펭수 캐릭터가 사랑받는 이유를 경영학적 관점에서 생각해본다면?

다 잘할 수 없어요. 펭수도 달리기는 조금 느립니다.
그래도, 잘 못한다고 너무 속상해 하지 마세요. 잘하는게 분명히 있을 겁니다.
그걸 더 잘하면 돼요.

눈치 보지 말고 원하는 대로 살아라. 눈치 챙겨!

힘든데 힘내라 이것도 참 어려운 일이거든요. 내가 힘든데, 힘내라고 하면 힘이 납니까?
힘내라는 말보다 저는 '사랑해'라고 해주고 싶습니다.
여러분들 사랑합니다. 펭_러뷰

자신감은 자신에게 있어요. 그걸 아직 발견하지 못한 것입니다.
거울보고 난 할 수 있다. 난 멋진 사람이라고 생각하면 충분히 가능합니다.
자신을 믿고 사랑하세요.

펭수가 사랑받는 이유를 경영학적 관점에서 분석한 내용이 궁금하다면
아래의 사이트에 접속해서 궁금증을 해결하면 좋겠지요.
이 외에도 여러분이 평소 좋아하는 캐릭터를 찾아봐도 좋구요.

자료 : 이미지출처 EBS '자이언트 펭TV' / 인스타그램 @giantpengsoo
산업일보, 펭수가 사랑받는 경영학적 관점 셋, 탈격식, 스토리, 디지털소통, 2020.2.19.

7.3 신경제의 경영자원

경제학에서 배우는 3대 생산요소는 토지, 노동, 자본이다. 토지는 고정되어 있기 때문에 노동과 자본의 함수로 부가가치 창출을 고민해 왔다. 즉 노동 투여를 많이 하느냐, 자본 투여를 많이 하느냐는 산업별 · 국가별 · 임금별 차이에 의해 결정되었다(젊은 노인의 탄생, 128-129).

그림 1-4 구경제와 신경제의 생산요소

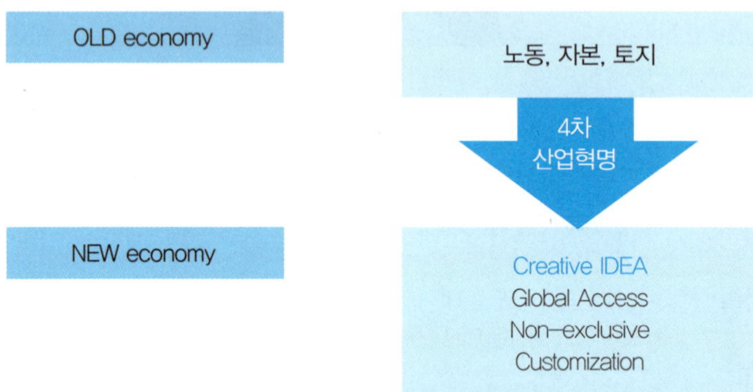

그런데 이제는 새로운 개념의 자원들을 이용한 산업이 등장하고 있다. 노동의 투입, 막대한 자금, 고도화된 생산설비에만 의존하는 시대가 아니다. 새로운 경영자원에는 창조적 아이디어, 글로벌 접근성, 비배타성 소비, 고객맞춤형 상품 등이 있다.

여기서, 비배타성(non-exclusive)이란 특정한 대가를 지불하지 않고도 소비할 수 있는 재화 또는 서비스를 말한다. 예를 들면 일광욕을 즐기려는 사람에게 햇볕을 쪼이지 못하게 할 수 없는 것을 생각하면 된다(정준모, 미술은 사치일 뿐인가?, CNB저널, 2012.2.6).

에어비앤비(Air B&B)와 우버(Uber)가 대표적인 사례이다. 숙박업은 대규모의 토지에 건물, 좋은 입지, 많은 호텔, 부가시설 등 3대 생산요소 모두를 크게 필요로 하는 산업이었다. 그러나 에어비앤비는 이러한 생산요소들 하나 없이 세계 190여 개국, 3만 4천여 도시에서 숙박서비스업을 하고 있으며 기업가치는 300억 달러를 넘어서고 있다.

그림 1-5 구 경제학적 생산요소와 특성을 뒤집은 우버

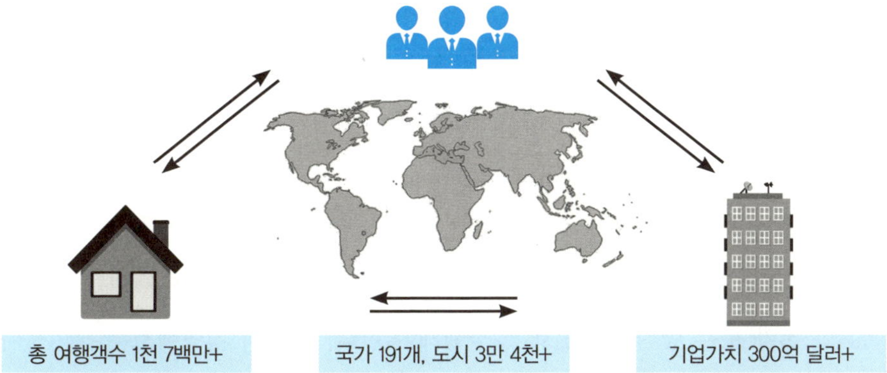

자료 : 젊은 노인의 탄생, 130.

또한 우버는 기존의 생산요소인 노동과 자본을 들이지 않고 아이디어 하나로 운송사업의 새로운 패러다임을 제시한 기업이다. 우버는 스마트폰이 갖는 초연결성과 보편화된 플랫폼을 기반으로 성공을 이끌어가고 있다.

8 경영관리과정이란?

기업의 규모 및 형태에 관계없이 모든 경영자들은 기업의 목표를 달성하기 위해 기본적인 경영관리과정을 수행하고 있다. 이러한 경영관리활동 또는 경영관리기능은 경영자가 수행할 기본적인 기능을 말하며, 일반적으로 경영관리과정이라고 한다.

우리는 관리(管理, Administration)와 경영(經營, Management)이라는 표현을 동일한 의미로 사용하고 있다. 국어사전에서는 경영을 "기업이나 사업 따위를 관리하고 운영함"으로, 관리를 "어떤 일의 사무를 맡아 처리함, 또는 시설이나 물건의 유지 · 개량 따위의 일을 함"으로 정의하고 있다. 즉, 경영은 사전에 미리 정해 놓고 일을 처리해 가는 것이고, 관리는 주어진 일이나 자원을 잘 유지하는 것을 말하는데 구체적으로 살펴보면 다음과 같다.

관리는 위험을 최소화하면서 업무를 효율적으로 진행시키는 것을 말한다. 예를 들면 투입요소 대비 생산성 향상, 원가 절감 등의 소극적 · 통제지향적 활동이 있다. 즉, 주어진 목표를 전략이나 방침에 따라 잘 운영하면 되는 것이다.

반면에 경영은 제품의 생산 및 서비스를 제공하는 활동을 효과적으로 하기 위해 계획, 실행, 조직, 평가의 과정을 거치는 것을 말한다. 즉 경영은 관리와 달리 목표와 전략 또는 방침을 만들어서 실행해야 한다. 따라서 경영에서는 창의성이 중요하다.

경영관리의 일반적인 과정은 크게 3단계 경영관리과정과 4단계 경영관리과정으로 구분할 수 있다.

8.1 3단계 경영관리과정

경영은 조직의 목적을 달성하기 위한 활동이나 과정을 말한다. 현실적으로 이루어지는 경영활동은 다음과 같은 연속적인 과정으로 이루어진다. 이러한 경영의 순환과정을 PDS사이클이라고도 한다.

첫째, 계획(plan)

둘째, 실행(do)

셋째, 평가(see) 및 피드백(feedback)

8.2 4단계 경영관리과정

계획-실행-평가의 3단계로 구성되는 경영의 순환과정은 이해하기가 쉬운 반면에, 실행단계에서 이루어지는 활동이 무엇인지를 구체적으로 나타내주지는 못한다. 경영의 순환과정을 좀 더 세분화하면 다음과 같은 4단계의 관리과정으로 나타낼 수 있다.

첫째, 계획

둘째, 조직화

셋째, 지휘

넷째, 통제

4단계 관리과정은 활동을 구체적으로 명시하고 있기 때문에 경영관리과정을 설명할 때는 4단계 관리과정을 이용하는 것이 일반적이다. 4단계 경영관리과정의 구체적인 내용은 다음과 같다.

1) 계획

계획은 기업의 목표를 달성하는 방법을 선택하는 의사결정을 말한다. 즉 계획은 미래의 트렌드를 예측하고 목표를 달성하기 위해 최선의 전략과 전술을 결정하는 과정이다.

기업활동에 영향을 미치는 요소들이 너무나 많기 때문에 과거처럼 경영자의 '직감에 의한 경영'만으로는 한계에 직면하게 된다. 그러므로 기업이 지속적인 발전을 하기 위해서는 계획을 수립하여 '무엇을', '언제', '어떻게' 할 것인가를 명확하게 설정하여야 한다.

즉, 계획기능은 기업의 목적을 명확히 한 상태에서 '가장 높은 성공가능성으로 이동'할 수 있도록 도와주는 공식적 · 구조적인 접근방법을 의미한다. 그리고 계획수립 후 상황이 달라진다면 상황변화에 따라 계획을 다시 조정할 수 있는 유연성을 갖추고 있어야 한다.

이러한 계획과정에는 기업목표 설정, 목표달성에 영향을 미치는 기업환경 파악, 목표달성을 위해 필요한 행동방침 결정, 실제 수행, 평가 방법 등의 내용이 포함된다.

2) 조직화

조직화는 기업목표를 달성하기 위해 수립한 계획을 실제로 수행하는 데 필요한 준비과정을 말한다. 조직화 단계에서는 기업활동에 필요한 자원의 수집, 수집된 자원의 배분, 권한과 책임을 표시하는 조직도 설정, 인원 선발 · 훈련 · 적재적소 배치 등 작업을 구조화하는 기능 등이 포함된다. 이러한 과정을 통해 기업의 모든 활동들이 목표 달성을 위해 함께 작동하는 체계를 구축하게 된다.

예를 들면, 어떤 과업이 수행되어야 하고, 이러한 과업을 누가 수행하며, 보고체계는 어떻게 구성하며, 의사결정은 어디에서 이루어져야 하는지 등의 활동을 체계화하는 것이 필요하다. 따라서 이러한 활동을 효율적으로 하기 위해서는 권한구조의 체계화, 구성원에 대한 업무할당 명확화, 의사소통경로 체계화 등이 이루어져야 한다.

3) 지휘

지휘는 비전을 수립하고 목표를 효과적으로 달성하기 위해 의사소통, 훈련 등을 통해 종업원을 지도하거나 의욕을 고취하는 행동을 말한다. 즉, 경영자가 경영활동을 실행하기 위하여 구성원들을 지휘 · 지도 · 감독하는 기능이다. 따라서 지휘는 동기부여, 리더십, 의사소통 등 인간관계적인 측면과 밀접한 관련이 있다. 지휘의 개념은 단순한 것 같으나 실제로 관리직능 중에서도 매우 중요한 요소이다.

지휘의 최근 트렌드는 직원들에게 더 많은 권한과 동기를 부여하여 스스로 결정할 수 있는 폭을 확대하고 있다는 점이다.

4) 통제

통제는 미리 설정한 계획 및 표준과 실제 경영활동을 비교하여 검토 · 평가 · 수정하는 기능을 말하는데, 통제의 결과는 다음에 수립할 계획에 반영시키게 된다. 통제는 평가를 위한 표준을 설정하고 직원들의 성공적인 업무수행에 대해 보상하며, 표준과 차이가 많이 나는 경우 수정조치를 취하는 행동을 포괄하는 개념이다. 즉 통제는 실제 행해진 활동들이 목표와 부합되는지를 확인하는 과정이라고 할 수 있다.

그림 1-6 경영관리과정

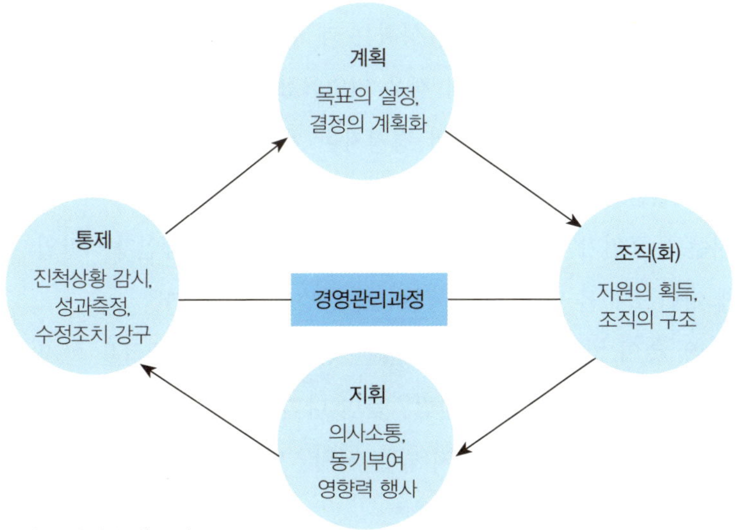

자료 : 유필화 외(2001)

통제의 과정은 성과표준의 설정→성과측정→평가→조정으로 이루어진다. 그리고 경영활동의 결과가 사전계획보다 높아서 정(正)의 차이가 발생한 경우는 조직구성원에 대한 보상을 해주어야 하고, 반대로 결과가 계획보다 낮아 부(負)의 차이가 발생한 경우는 원인파악 및 문제해결방법의 모색이 필요하다.

CHAPTER 02 경영자

1 경영자는 어떤 사람?

경영은 기업이 설정한 목표를 달성하는 데 필요한 활동들을 계획하고 실행하여 평가하는 일련의 과정이다. 이 경우 기업목표 달성에 필요한 활동을 직접 수행하는 주체가 경영자이다. 따라서 경영자는 기업을 이끌어 나가면서 경영활동의 결과에 책임을 지게 된다.

'경영자는 누구인가?' '경영자는 도대체 무엇을 하는 사람인가?' 만일 기업구성원들에게 이런 질문을 던진다면 무엇이 가장 먼저 떠오를까?

빌딩 높은 층의 가장 크고 전망이 좋은 방에서 최고급 책상을 차지하고 있는 사람? 좋은 자동차에 비서를 둔 사람? 틈만 나면 골프를 치러 가는 사람? 그러면서도 가장 많은 연봉에 보너스까지 받는 사람? 막강한 권력을 가진 보스(boss)? 혹시 이렇게 생각하고 있지는 않을까?

그리핀(1993)은 "경영자는 조직의 인적 · 물적 · 재무적 · 정보적 자원을 계획 · 조직 · 지휘 · 통제하는 사람"이라고 정의하였으며, 헬리에겔과 슬로컴(1996)은 "경영자란 인적 · 물적자원을 할당하고 전체 조직이나 특정 부서의 운영을 지휘하는 사람"이라고 정의하고 있다.

현대 경영학의 아버지라고 불리는 피터 드러커는 〈프로페셔널의 조건〉에서 "경영자는 지식을 행동으로 구체화하는 데에 책임을 지는 사람이다." 다시 말하면, "지식의 적용과 성과에 책임을 지는(responsible for application and performance of knowledge)사람"으로 정의하였다(이동락의 경영편지, http://www.sbiz.news/news/articleView.html?idxno=7871).

즉, 경영자는 지식을 적용하여 새로운 가치를, 더 나은 성과를 창출하는 것에 책임을 지는 사람이라는 것이다. 그리고 이러한 과정을 통해 조직의 목표를 달성하는 사람으로 보았다. 결국은 기업이 속해 있는 사회를 발전시키는 원동력이 되는 그런 중요한 존재가 경영자라고 설명하였다.

요약하면 경영자는 기업목적을 달성하기 위해 필요한 경영활동을 수행하는 과정에서 중요한 의사결정을 행하며, 기업의 활동이나 기업구성원의 활동을 지휘 · 조정하는 권한과 책임을 지닌 사람이라고 할 수 있다.

예를 들면, 재벌그룹의 회장, 사장, 부장, 차장도 경영자이고, 대학교 총장, 동네 구멍가게 주인 그리고 집안 살림을 꾸려 나가는 주부도 경영자라고 할 수 있다. 그러나 여기서는 기업경영과 관련된 활동을 수행하는 주체를 경영자의 개념으로 사용하고자 한다.

경영자에게는 기업경영활동의 핵심적 역할을 수행할 수 있는 권한과 책임이 주어진다. 권한이란 직무를 수행할 수 있는 공식적 권리로서 기업구성원의 행동에 영향을 미치는 능력을 의미한다. 또한 경영자에게는 권한에 상응하는 책임이 부여되는데, 경영자의 책임은 기업목표를 달성하기 위하여 능률적이고 효율적인 방법을 계획하고 결정하는 것이다. 즉, 기업을 유지하여 종업원에게는 고용기회를 안정적으로 부여하고 주주에게 배당을 할 수 있을 정도의 이익을 얻으려는 것이다.

경영자는 구성원들이 상황을 이해하고 문제에 대처할 수 있도록 준비시키는 역할을 수행하여야 한다. 특히 기업이 어려운 때일수록 구성원에게 비전을 제시하고, 현재의 고통을 구성원과 같이 극복함으로써 밝은 미래를 보여줄 수 있어야 한다.

또한 경영자는 노블리스 오블리제[01](noblesse oblige)를 실천하여야 한다. 즉 경영성과가 향상된 경우는 금전적 보상을 포함하는 보상을 받고, 반대의 경우는 직위에서 물러나는 것을 포함하는 응분의 책임을 져야 한다.

경영자가 계획 · 조직 · 지휘 · 통제의 관리기능을 효율적으로 수행할 때 기업의 목표달성 가능성은 증대된다. 그러므로 경영자는 단독으로 모든 일을 처리한다기보다는 "다른 기업구성원을 통하여 경영활동과 관련된 일을 수행하는 사람"이라고 할 수 있다. 즉, 현대 기업에서 좋은 경영자는 다른 사람에게 일을 맡길 수 있는 사람이다. 예를 들면, 기술부문은 기술전문가에게, 광고부문은 광고전문가에게, 정보부문은 정보전문가에게, 개발부문은 개발전문가에게, 영업부문은 영업전문가에게 맡길 수 있어야 한다.

스텐퍼드대학교 로버트 서튼 교수는 "훌륭한 경영자는 인간미와 성과창출능력을 균형 있게 갖춘 사람"이라고 제시하였다. 따라서 경영자는 언제나 종업원에게 동기를 부여하고 기업의 전반적인 생산성 · 능률 · 효율성 · 서비스 · 품질 · 기술 등을 향상시킬 수 있는 방법을 계속해서 모색해 나가야 한다.

좋은 경영자란 무엇인가? 라는 질문은 경영학에서 가장 어려운 질문 중의 하나이다. 머리가 좋다고 경영자가 되는 것은 아니다. 머리가 좋고 이성적이라고 해도 그것만으로는 부족하다. 경영자에게는 다른 무언가가 필요하다. 좋은 경영자가 되기 위해 필요한 다른 무언가가 바로 이질성과 동질성이다. 동질성과 이질성을 동시에 겸비해야 한다는 것은 분명하다(경영학산책, 135–136).

혼다 HONDA의 창업자인 혼다 소이치로, 마쓰시타 고노스케, 헨리 포드 등은 모두 개성이 강한 인물로 강렬한 카리스마의 소유자였다. 이처럼 "그 사람은 범상치 않은 재능이 있어", "그 사람에게는 언제나 행운이 따라 다녀", "그 사람이 하는 말이라면 무조건 신뢰할 수 있지" 같은 특별함이 없다면 조직구성원들은 그를 따르지 않을 것이다. 따라서 경영자에게는 범상치 않은 이질성이 필요하다.

01 높은 신분에 따르는 도덕적 의무를 의미

경영자는 이질성을 가져야 될 뿐만 아니라 '우리는 동지'라고 느낄 수 있는 부분도 있어야 한다. 경영자와 구성원 사이에 일체감이 형성되지 않으면 구성원들은 경영자를 따르지 않게 된다.

이질성과 동질성이라는 상반된 자질을 갖추지 않으면 리더십을 제대로 발휘할 수 없게 된다. 이 두 가지 요소를 모두 갖추고 있을 때 이해관계자들은 경영자에게 매력을 느끼게 된다.

경영산책 | 고(故) 구본무 회장이 실천한 '노블리스 오블리제' !!!

1995년 2월 회장 취임식
구자경 전 회장으로부터 LG그룹의 깃발을 넘겨받는 구본무 회장

1998년 임원 간담회
구본무 회장이 임원들 앞에서 이야기를 하며 웃고 있다. 구 회장은 존중과 배려의 리더십을 발휘했고, 이웃집 아저씨같이 소탈했다.

2020년 전기차 배터리 테스트
구본무 회장은 20년 넘는 연구 · 개발을 통해 이차전지를 핵심 사업으로 키웠다.

2014년 시진핑과의 만남
구본무 회장이 2014년 7월 한국을 방문해 LG 전시관을 찾은 중국 시진핑 주석과 악수하고 있다.

구본무 회장의 어록 중
"자기를 속이는 사람은 더 이상 속일 데가 없다",
"신용을 쌓는 데는 평생 걸리지만 무너지는 건 한순간",
"편법과 불법을 해야 1등을 할 수 있다면 차라리 1등을 안 하겠다",
"국가와 사회정의를 위해 힘쓴 의인(義人)에게 기업이 보답한다"는 철학으로
'LG 의인상(義人賞)'을 제정 등에서 철학이 보인다.
저자는 LG와 아무런 관련이 없고,
굳이 관련을 찾으려면 LG에서 만든 제품을 쓰고 있으니까 관련은 있겠네요.
그렇지만 여러분들이 아래 기사나 기타 구본무 회장 관련 기사를 읽어보고
본받고 싶은 내용을 마음에 새겨두면 좋겠다는 생각이 드는 이유는 무엇일까?

자료 : https://blog.daum.net/goodcyk/17509205

2 경영자는 어떻게 구분되는가?

일반적으로 경영자는 기업 내에서 근로자를 지휘 · 감독하는 관리자로부터 가장 중요한 의사결정을 담당하는 최고경영자까지를 의미한다. 이들은 직위 계층에 따라 서로 다른 권한과 책임을 가지고 부여된 기능과 역할을 수행한다.

경영자는 관리의 폭과 감독의 폭을 나타내는 직무활동범위에 따라 최고경영자 · 중간경영자 · 현장경영자로 구분되며, 기업의 발전과정 또는 경영체제에 따라 소유경영자 · 고용경영자 · 전문경영자 등으로 구분된다.

2.1 직무활동범위에 따른 분류

경영자는 기업 내의 위치에 따라 최고경영자, 중간경영자, 현장경영자로 분류할 수 있다. 예를 들면, 금융기관의 출장소는 1명의 책임자와 2~3명의 직원으로

구성된다. 그러나 재벌의 본사에는 명예회장, 회장, 사장, 부사장, 전무, 상무, 이사, 부장, 차장, 과장, 대리, 사원 등 많은 사람이 근무하고 있다. 이 경우 경영자를 어떻게 구별할 것인가? 일반적으로 금융기관 출장소의 직원, 재벌그룹 본사의 사원 등을 제외한 모두를 경영자에 포함시킬 수 있다. 그러나 이러한 구분은 어디까지나 상대적이라는 점에 유의해야 한다. 즉, 경영자의 구분은 기업의 규모와 성격에 따라 달라질 수 있기 때문에, 기업에서 어떤 경영자에 해당하는가는 경영자가 수행하는 직무의 내용에 따라 판단해야 한다.

1) 최고경영자

최고경영자는 기업경영에 대하여 궁극적인 책임을 지는 경영자로서 최상층에 속하는 경영자를 말한다. 따라서 이들은 기업경영 활동의 계획과 의사결정기능을 수행하고 기업의 사회적 책임도 수행하게 된다.

최고경영자에는 최고경영자(CEO : Chief Executive Officer), 최고재무책임자(CFO : Chief Financial Officer), 최고마케팅책임자(CMO : Chief Marketing Officer), 최고운영책임자(COO : Chief Operating Officer), 최고정보책임자(CIO : Chief Information Officer), 최고전략책임자(CSO : Chief Strategy Officer), 최고위험책임자(CRO : Chief Risk Officer), 최고홍보책임자(CCO : Chief Communication Officer), 최고기술책임자(CTO : Chief Technology Officer), 최고인적자원책임자(CHRO : Chief Human Resource Officer), 최고환경책임자(CGO : Chief Green Officer), 최고법무책임자(CLO : Chief Law Officer), 최고데이터책임자(CDO : Chief Data Officer) 등이 있다.

한편, 창조성과 상상력이 미래의 새로운 경영자원으로 중요해짐에 따라 최고경영자는 최고상상책임자(CIO : Chief Imagination Officer)가 되어야 한다(창조적 전환, 82-84). 왜냐하면 창조적 신사업의 발굴은 창조성과 상상력의 토양 위에 가능하기 때문이다. 앞으로는 창의적인 인재를 뽑고 창의성이라는 바이러스를 조직에 퍼뜨려 머릿속에만 머물던 상상을 현실로 바꾸는 기업만이 생존할 수 있다. 따라서 이를 위해서는 최고경영자의 창조적 리더십과 추진력이 꼭 필요한 요소가 된다.

최고경영자들은 환경변화에 대응할 수 있는 전반적인 운영방침에 대한 의사결정을 하는데, 이러한 의사결정은 기업의 존속 및 발전에 중요한 영향을 미치게 된다. 즉, 기업의 효율적인 운영을 위해 필요한 기업의 중장기 목표와 전략의 결정, 사회와의 우호적 관계 형성 등에 대한 활동을 한다.

2) 중간경영자

중간경영자(middle manager)는 최고경영자와 현장경영자의 중간에 위치하면서 각 부문에 대한 관리책임을 맡는 경영자를 말하는데, 명확하게 정의하기 힘들 정도로 기업 내에서 다양한 지위를 차지하고 있다.

중간경영자는 최고경영자가 설정한 경영방침 · 목표 · 계획 · 전략 · 정책을 효율적으로 수행하기 위한 제반 활동을 수행한다. 즉, 중간경영자는 최고경영자가 설정한 전반적인 경영전략이나 경영방침을 구체적인 목표와 계획으로 전환시키는 활동을 한다.

상호 간의 관계를 조정하는 역할이 중요한 중간경영자에는 구매 · 생산 · 재무 · 인사 · 마케팅과 같은 부문의 활동을 관리하는 부장 · 실장 · 차장 · 과장들이 해당된다.

3) 현장경영자

현장경영자(first-line manager)는 각 부문별 중간경영자의 명령 · 지시에 따라, 생산현장 또는 업무의 최일선에서 근무하는 생산직 · 사무직 직원을 지휘하고 감독하는 계층으로서 감독자 또는 현장관리자, 일선경영자라고도 한다. 따라서 이들은 실무에 종사하는 구성원의 업무수행에 대한 책임을 지게 된다. 현장경영자에는 과장, 계장, 대리, 팀장 등이 포함된다.

2.2 기업지배구조에 따른 분류

기업이 대규모화되고 기업환경이 복잡해지면서 경영자들이 갖추어야 할 지식은 전문화되었으며, 또한 소유와 경영이 분리되면서 전문적인 경영자의 필요성이 나타났다. 경영자를 기업지배구조 또는 기업의 발전과정에 따라 구분하면 소유경영자, 고용경영자, 전문경영자로 나눌 수 있다.

1) 소유경영자

소유경영자(owner manager)는 자본의 출자와 운영은 물론 기업경영의 위험을 부담하고 기업성장에 필요한 혁신활동도 수행하는 경영자를 의미한다. 즉, 소유경영자는 자본의 조달과 운용 · 위험부담 · 의사결정 · 지휘 · 통제 · 혁신 등의 기능을 모두 담당하는 경영자를 말한다. 오늘날에도 규모가 작은 중소기업의 경영자나 대기업의 경우에 주주이면서 경영자로 기업경영에 직접 참여하는 경우가 여기에 해당된다.

대주주로서 기업을 직접 경영하는 소유경영자는 전문경영자로서의 자질과 능력을 갖추어야 한다. 즉, "나는 항상 전문경영자의 자세로 일한다," 그리고 "전문경영능력을 보이지 못하면 언제든지 물러난다"는 사고를 가지고 경영활동을 수행해야 한다.

2) 고용경영자

기업규모가 확대되고 경영활동의 내용이 복잡해지면 소유경영자 혼자서 모든 경영기능을 담당하기가 어려워지게 된다. 이에 따라 소유경영자는 경영자를 고용하여 경영활동의 일부 기능을 수행하게 한다.

고용경영자(employed manager, salaried manager)는 경영기능의 일부를 책임지지만, 소유경영자의 자본증식을 도와주는 역할을 수행하기 때문에 실질적으로 소유경영자의 성격과 크게 다르지 않다. 즉, 경영전반의 책임은 소유주인 출자자에게 있으므로 단순한 유급경영자로 볼 수 있다.

3) 전문경영자

전문경영자(expert manager, professional manager)는 소유와는 관계없이 전문적인 지식을 가지고 경영만 전담하는 경영자를 말한다.

전문경영자는 과거 소유경영자가 수행하던 경영기능 중에서 출자의 기능을 제외한 대부분의 경영기능을 수행한다. 이들은 소유와 경영이 분리된 경영체제하에서 자율성을 가지고 자신의 전문적인 지식 · 경험 · 능력을 활용하여 기업의 유지와 성장을 도모하는 경영관리 직능을 수행한다.

따라서 전문경영자는 월급쟁이 하인의식에서 벗어나 주인의식을 가지고 경영능력을 보여주어야 한다. 즉, "소유자 이상의 주인의식으로 회사경영에 충실한다"는 사고를 가지고 경영활동을 수행해야 한다.

표 2-1 소유경영자와 전문경영자의 장 · 단점

구분	소유경영자	전문경영자
장점	• 강력한 리더십 • 과감한 경영혁신 • 외부환경에의 효과적 적응	• 민주적 리더십과 자율적 경영 • 경영관리의 전문화, 합리화 • 기업의 안정적 성장 도모
단점	• 가족경영, 족벌경영의 위험 • 개인의 이해와 기업적 이해의 혼동 • 개인의 능력에 대한 지나친 의존	• 임기의 제한, 개인의 안정성 추구 • 장기적 전망과 투자부족 • 단기적 기업이익 및 성과에의 집착

자료 : 신유근(1997)

일반적으로 기업규모 및 기업의 발전에 따라 '소유경영자–고용경영자–전문경영자' 순으로 변화하게 된다. 물론 우리나라의 경우는 기업규모에 관계없이 아직도 대주주가 경영자로 활동하는 경우가 많아 이러한 변화단계를 그대로 적용하는 데는 무리가 있는 점도 있다.

경영산책 | 여러분이 최고경영자가 되면 연봉은 얼마나?

2019 CEO급 사내이사 1인당 평균 보수 상위 TOP 10

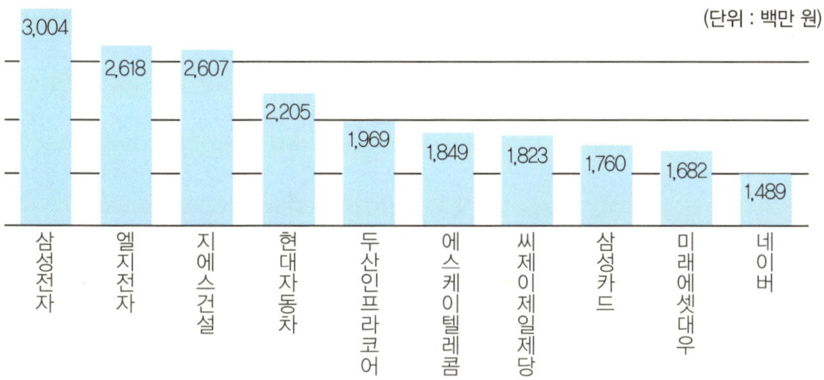

자료 : 한국CXO연구소, 20개 업종별 매출 상위 5곳씩 총 100곳 대상

2019 미등기임원 1인당 평균 보수 상위 TOP 10

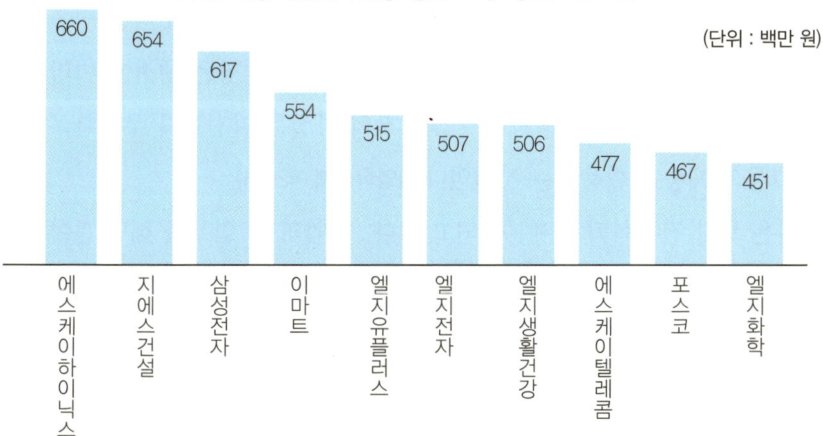

자료 : 한국CXO연구소, 20개 업종별 매출 상위 5곳씩 총 100곳 대상

이 책이 최고경영자가 되는 방법을 알려주는 것은 아니지만,
최고경영자에 가깝게 가는데 도움을 줄 수는 있겠지요.
궁금하다면 아래의 기사를 검색해서 읽어보고, 다른 관련 기사도 찾아서 메모해두세요.
미래의 꿈을 위해!

자료 : CEO들에게 평균 연봉 30억 주는 유일한 기업은?, 조선일보, 2020.4.2.

3 경영자는 어떤 역할을 해야 하는가?

일반적으로 모든 기업의 경영자가 수행해야 할 구체적인 역할에는 기업과 개인의 목적에 대한 가치의 부여, 기업과 개인의 목적 조화, 변화 추구, 권한과 책임의 명확화, 인재 중시, 구성원들과의 신뢰감 공유, 미래의 경영자 및 인재양성 등이 있다.

우리는 미국의 철강왕 앤드류 카네기의 묘비명에서 이상적인 경영자상을 찾아볼 수 있다. 묘비에는 "자신보다 현명한 인물을 주변에 모이게 하는 법을 터득한 자가 이곳에 잠들다"라는 내용이 새겨져 있다. 이 묘비명은 생전에 미리 준비해 둔 것이라고 한다. 카네기가 깨달은 경영자의 자질은 자신보다 우수한 사람들을 모아 그들의 재능을 활용하는 것이었다(경영학산책, 42-51).

기업은 보다 전문화되고 세분화되고 있다. 기업의 각 업무를 해당 분야의 전문가에게 맡기면 효율성이 높아져 실적 향상으로 연결된다. 그러나 여기에는 함정이 있다. 전문가는 전문분야에서는 최고지만, 그 분야를 벗어나면 문외한이 된다. 즉 기업은 전문가들의 집단인 동시에 비전문가들로 구성되어 있다.

전문가들이 전문분야 이외의 분야에도 관여한다면 실패할 가능성이 크다. 기업이 전문가집단으로 변모한 이상 항상 이런 위험이 존재하고 있다. 그렇다면 이런 위험을 피할 수 있는 방법은 무엇일까? 이것이 바로 경영자의 역할이다. 경영

자는 위대한 비전문가로서 전문가들을 하나로 묶는 역할을 해야 한다.

경영자가 수행해야 하는 역할이란 관리행동의 구체적인 범위를 의미하는데, 민쯔버그(1975)는 경영자들이 어떻게 시간을 소비하며, 어떤 일을 하는가를 중심으로 경영자가 수행해야 할 역할을 제시하고 있다.

3.1 대인관계 역할(interpersonal roles)

대인관계 역할은 공식적인 직위 때문에 경영자가 수행하여야 하는 대인관계 활동을 의미하는데 대표자, 리더, 연결자 역할로 구분할 수 있다.

1) 대표자

경영자의 모든 역할 중에서 가장 기본적이며 단순한 것으로, 경영자는 공식적인 의식과 상징적인 의미에서 기업을 대표하게 된다. 현장경영자들도 종업원의 결혼식 참석 또는 방문자 상담 등을 통하여 대표자 역할을 수행하지만 최고경영자에 비해 그 중요성은 낮다.

2) 리더

기업목표 달성에 도움이 되도록 부하의 활동을 이끌고 조정하는 역할을 의미하는 것으로 충원, 작업행동 지침제시, 동기부여 등이 포함된다. 한편, 자신이 수행하는 업무성격에 따라 강도는 다르지만 모든 계층의 경영자는 리더 역할을 수행해야 한다.

3) 연결자

경영자들은 기업 내부와 외부와의 접촉을 통하여 연결을 시도하는 연결자 역할을 수행한다. 이러한 역할에는 공급자와의 관계, 작업집단 간의 활동 조정, 효율적인 성과를 얻기 위해 조정이 필요한 경우 등이 포함된다.

그런데 최고경영자는 정부, 경쟁기업, 소비자 등 외부연결자(external liaison) 역할에 더 많은 관심을 가지고, 현장경영자들은 상호 관련되는 작업집단 간의 활동을 조정하는 등 내부연결자(internal liaison) 역할에 관심을 두게 된다.

경영산책 | 여러분은 어떤 능력을 가진 최고경영자와 일하면 좋을까?

직원/CEO가 꼽은 최고의 CEO 리더십

Q. 'CEO가 갖춰야 할 가장 중요한 능력'은?

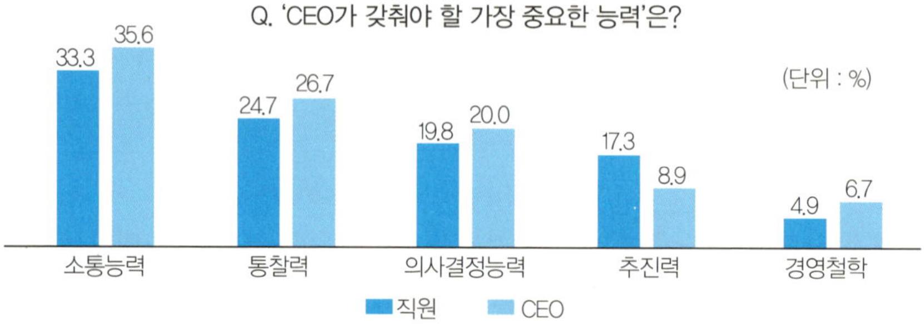

여러분이 졸업 후 취업했을 때 어떤 경영자와
근무하는지는 매우 중요합니다.
왜냐하면 최고경영자는 여러분의 능력을
키워주거나 가지고 있던 능력과 열정을
꺾어버릴 수 있기 때문입니다.
또한 여러분이 창업을 해서 종업원을 채용했을
때는 반대의 현상이 일어나게 됩니다.

여러분은 잘하고 있다고 생각하지만, 종업원들은 다른 생각을 할 수 있겠지요.
나중을 위해서 이런 기사도 읽어두면 좋겠네요.
물론 여기에 나온 내용들이 꼭 맞는다고 할 수는 없지만, 참고로.

자료 : 뉴스핌, 최고의 CEO는? 직원 · CEO 모두 '소통형 리더' 한 목소리, 2020.3.27.

3.2 정보관리 역할(informational roles)

경영자는 효율적 의사결정을 하기 위해 정보를 수집하고 활용해야 하므로 경영자의 정보관리 역할이 중요하다. 이러한 정보관리 역할은 세 가지로 구분할 수 있다.

1) 정보수집자

기업경영활동의 수행과정에서 유리하게 작용할 수 있는 정보를 기업의 내 · 외부로부터 지속적으로 탐색하는 역할을 말한다. 이러한 모니터활동을 통하여 많은 정보를 보유하게 된 경영자들은 기업성과의 향상을 가져올 수 있는 의사결정과 행동을 취할 수 있게 된다.

2) 전달자

경영자는 수집한 정보를 기업구성원에게 전달하여 공유하게 하는 것이 필요하다. 즉, 전달자 역할이란 수집된 정보 중에서 필요한 정보를 필요로 하는 조직구성원에게 효율적으로 전달하는 역할을 말한다.

여기에는 상사가 부하에게 경영계획과 목적 등을 명확하게 표현하여 제시하는 것, 그리고 부하가 상사에게 결과를 명확하게 정리하여 보고하는 것 등이 포함된다.

3) 대변인

경영자는 다른 사람들, 특히 기업 외부의 사람들에게 기업의 공식입장을 전달 · 발표하는 대변인 역할을 수행한다. 이러한 대변인 역할이 점차 중요해지고 있는 이유는 언론과 일반 대중이 보다 많은 정보를 요구하고 있기 때문이다.

3.3 의사결정 역할(decision roles)

경영자는 기업의 성과에 중요한 영향을 미치는 의사결정 역할을 수행하게 되는데, 이러한 의사결정 역할은 모든 경영자에 동일하게 요구되는 역할이다.

1) 기업가

기업의 발전과 성장을 위해 기회를 탐색하고 자원과 기술의 혁신적 사용방법을 찾아내려는 창의적인 노력을 의미한다.

2) 분쟁해결자

경영자는 예상하지 못했던 파업, 주요 공급업자의 파산 그리고 고객의 계약 파기 등의 문제가 발생했을 때 이를 해결하는 역할을 한다. 이 역할이 가장 잘 알려진 경영자의 역할이고 또한 경영자들이 가장 수행하기 힘든 역할이기도 하다.

3) 자원배분자

경영자들은 기업목적 달성을 위해 사전에 수립한 계획에 따라 적절한 자원배분을 해야 한다. 이 역할은 기업이 이용가능한 자금, 설비, 사람 및 시간이 충분하지 않기 때문에 중요시 되며, 기업가치를 높일 수 있는 부분에 우선적으로 배분할 필요가 있다.

4) 협상자

협상자 역할은 공급업자와의 계약체결 또는 노동조합과의 견해차이 해소를 위한 단체교섭 등에 기업을 대표하여 협상하는 역할을 말한다. 예를 들어, 기업의 여러 부문에서 동일한 자원을 필요로 하는 경우에 교섭력이 뛰어난 경영자가 있는 부문은 그렇지 못한 부문보다 많은 자원을 얻게 된다. 이처럼 교섭력은 기업 내 · 외부의 많은 활동에 영향을 미친다.

그림 2-1 경영자의 역할

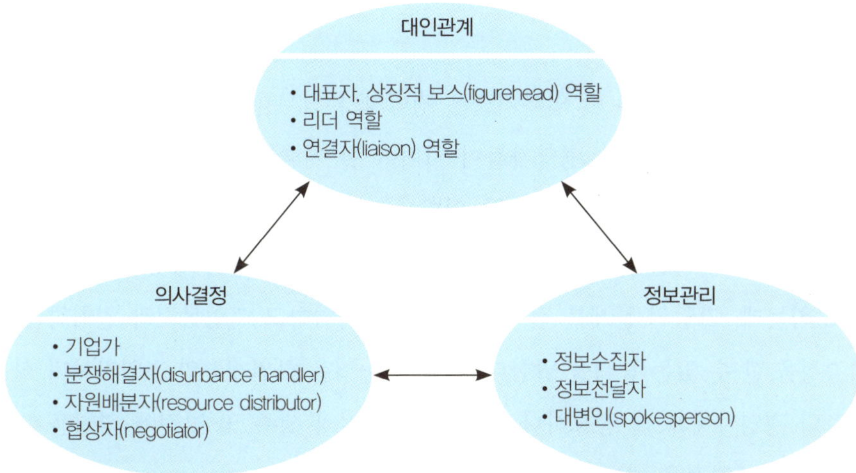

자료 : 신재정 외(2002)

경영산책 | 최고경영자가 어떤 습관을 가지고 있는지 궁금하다면?

토스트 하면 떠오르는 김석봉 대표가 가지고 있는 습관이
모든 사람들에게 맞는 것은 아니에요.
그렇지만 이런 기사를 읽으면서
자신에게 부족한 것이 무엇인가를 생각해보면 좋겠는데.
그리고 생각에 그치는 것이 아니라,
미래를 위해 새로운 것을 추구하는 노력을 한다면
더 좋겠지요.

자료 : 사례뉴스, 조직의 미래를 책임질 경영자의 3가지 습관! 2017.4.24.
https://m.post.naver.com/viewer/postView.nhn?volumeNo=19225678&memberNo=24108940

4 경영자에게 요구되는 업무기술

경영자들이 갖추어야 할 업무기술은 경영자가 직무를 수행하는 데 필요한 구체적인 능력을 의미한다. 경영자들이 지녀야 할 기술은 개념적 기술, 대인관계 기술, 사무적 기술로 크게 구분할 수 있다.

첫째, 개념적 기술(conceptual skills)은 관리적 기술 또는 상황판단 기술이라고도 하는데, 기업의 문제를 전사적 관점에서 파악하고 기업목적과 일치하는 의사결정을 할 수 있는 능력을 말한다. 이러한 능력은 하위계층의 경영자보다 상위계층의 경영자에게 더 중요하다. 왜냐하면 기업의 생존 및 발전에 영향을 미칠 수 있는 의사결정을 해야 하기 때문이다.

둘째, 대인관계 기술(human relations skills)은 조직 내 구성원들과 상호작용하면서 원활한 의사소통을 하고 동기를 부여할 수 있는 능력을 말한다. 이러한

그림 2-2 계층에 따른 경영자 능력의 상대적 중요성

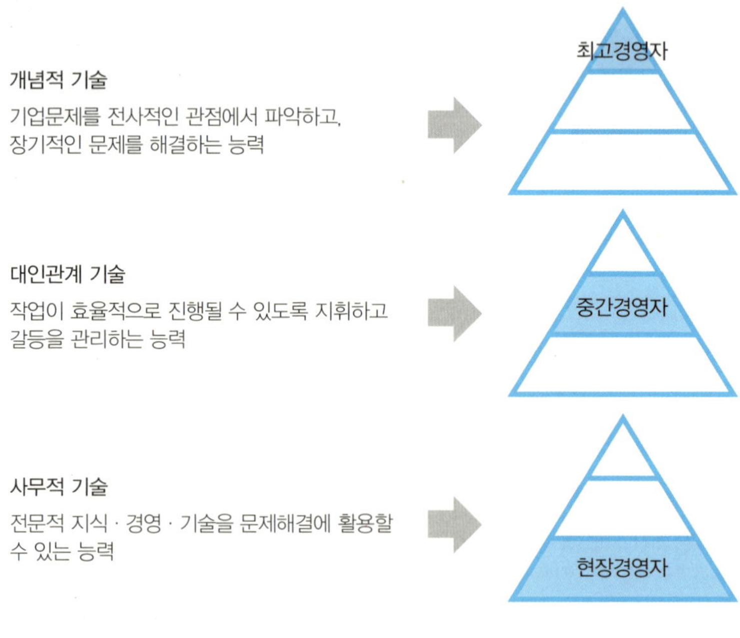

능력은 경영계층에 관계없이 모든 경영자가 갖추어야 할 중요한 능력이다.

셋째, 사무적 기술(technical skills)은 전문적 능력, 현장실무 능력이라고도 하는데, 전문적 지식 · 경험 · 기술을 업무와 관련된 문제해결에 활용할 수 있는 능력을 말한다.

한편, 조셉 엘 보워(Joseph L. Bower) 교수는 리더가 갖추어야 할 능력으로 세계 시장과 기업이 속한 시장의 흐름을 예측하는 능력, 인재를 발굴하고 신뢰성 있는 사업 파트너를 찾아내는 능력, 기업의 문제점을 파악하고 해결방안을 제시할 수 있는 능력, 마지막으로 자신의 기업을 객관적으로 잘 파악할 수 있는 능력 등 4가지로 제시하고 있다. 이 중 네 번째인 기업을 객관적으로 파악하는 능력이 새로운 CEO의 성패에 있어 가장 중요하다고 강조하였다(차기 CEO 후보 '이렇게 키워라' 3원칙. 세계경영연구원, 2009.4.28).

경영산책 | 부장 일만 하는 사장? 과장 일만 하는 부장? 이해가 되나요?

옛 어르신들이 했던 이야기 중에
"개 못된 것은 들에 나가 짖는다"라는 말이 있습니다.
이해가 되나요?
자기가 할 일은 하지 않고 쓸데없는 일만 하는 사람을 가리키는 말입니다.
기업에서도 자기 위치에 맞는 일을 해야 조직이 발전할 수 있겠지요.
그런데 직원이 승진 전에 했던 일만 계속한다면 조직은 어떻게 될까요?
여러분은 이러면 안 되겠지요?
궁금하다면 아래의 자료를 읽어보세요.

자료 : 한경비지니스, 본부장 일만 하는 사장, 과장 일만 하는 부장, 2018.4.24.

5 CEO 패러다임의 변화

급변하는 기업환경의 요구에 발맞춰 CEO의 패러다임도 진화하고 있으며 기업의 비전과 세심한 팀워크 리더십을 동시에 갖춘 'CEO 3.0' 시대의 등장이라고 뉴욕타임스는 소개한 바 있다(뉴욕타임스, CEO Evoluyion Phase 3, 2007.11.10 ; 딜리셔스 샌드위치, 88, 유병률 지음, 2009, 웅진윙스).

뉴욕타임스는 CEO도 '버전 3.0시대'로 들어서고 있다면서 기업의 외형 확대를 통해 제국을 건설한 1세대와 이들이 남긴 문제를 해결하는 데 주력한 문제해결형 2세대에 이어 "재즈 6중주단처럼 완벽하게 조화를 이루는 팀을 만들 수 있는 3세대 CEO가 부각되고 있다"고 소개했다.

5.1 CEO 1.0 세대

1950년대 조직인간의 시대에 기업을 이끌었던 경영자들이 CEO의 원형이라고 한다면 1970년대부터 시작된 경제적 격변기를 거쳐 1990년대 대규모 인수합병을 통해 기업의 외형을 확장시킨 경영자들은 1세대 CEO로 분류될 수 있다.

CEO 1.0 세대는 제국건설형 또는 황제형 CEO들이다. 강력한 추진력을 갖춘 이들은 제왕적 성격이 강했다. GE의 잭 웰치(Jack Welch), 타임워너TimeWarner의 제럴드 레빈(Gerald Levin), 시티그룹citi의 샌퍼드 웨일(Sanford Weill), 디즈니의 마이클 아이스너(Michael Eisner) 같은 CEO들이다.

5.2 CEO 2.0 세대

CEO 2.0 세대는 1990년대 말 기술주 거품(tech bubble)이 꺼지고 엔론사(社)의 회계부정 같은 기업 스캔들이 불거지면서 등장하였다. 시티그룹의 찰스 프린스(Charles O. Prince Ⅲ), 메릴린치Merrill Lynch의 스탠리 오닐(Stanley O'Neal), 타임워너의 리처드 파슨스(Richard D. Parsons) 등이 여기에 해당한다.

2000년을 전후해 자리를 넘겨받은 2세대 CEO는 1세대만큼 유명하지는 않지만 기술주 거품 붕괴와 각종 기업부정의 여파에서 회사를 지키는 등 위기관리에 탁월한 인물들이다. 이들은 전임자들의 과잉 경영이나 실수를 교정하는 '문제해결사(fix-it men)' 또는 '청소전문가(clean-up specialist)'의 임무를 띠었다.

5.3 CEO 3.0 세대

CEO 3.0 세대는 조직을 '6인조 재즈밴드'처럼 부드럽게 돌아가도록 할 수 있는 팀융화형 또는 지휘자형 CEO들이다. 예일대 경영대학원의 제프리 소넨펠드(Sonnenfeld) 교수는 제록스XEROX CORPORATION의 앤 멀케이(Anne M. Mulchay), 프록터 앤 갬블P&G의 앨런 래플리(Allen. G. Lafley), 보잉BOEING의 제임스 맥너니(James McNerney) 등을 새 시대의 대표주자로 꼽았다.

이들은 제국건설형 CEO의 비전을 가지고 있으면서도 제왕적 자의식 대신에 자만심과 오만을 버리고 조직 구석구석에까지 개인적인 따뜻함을 보여준다는 평가를 받았다. 다양한 오케스트라 단원들로부터 아름다운 화음을 이끌어내는 스타일을 보여주었다.

예를 들어, 멀케이는 구조조정을 하면서도 비열하다는 말을 듣지 않았고, 래플리는 사람들을 편안하게 해주는 겸손한 스타일이다. GE와 3M을 거쳐 보잉에 온 맥너니는 외부에서 왔지만 보잉의 문화에 귀 기울일 줄 아는 CEO로 평가받았다.

이들은 조직구성 능력과 함께 사원의 거부감 없이 조직 변화를 이끌어 낼 수 있는 인성을 갖춘 사람들이다. 이들은 변화를 선도하면서도 미움을 받지 않고, 조직구성원들을 그 변화의 중심으로 끌어들이고 있다. 조직을 융화할 수 있는 3세대 CEO의 시대가 열리고 있다는 것이 기업경영 전문가들의 대체적인 분석이다.

6 CEO의 장수조건

CEO들이 장수하려면 어떤 조건을 갖추고 있어야 할까? 'Eighteen club'은 18개월 이내에 회사를 떠나는 CEO를 의미하고, 'Revolving door leadership'은 회전문으로 들어갔다가 바로 돌아 나온다는 의미로 CEO 자리에 오래 있지 못하는 것을 비유하는 말이다(소림사에서 쿵푸만 배우란 법은 없다, 63-67).

이러한 표현들은 기업을 둘러싼 위험들이 많아서 CEO가 언제 중도하차하게 될지 모른다는 인식을 나타내는 것이다. 실제로 CEO의 재임기간은 점점 짧아지고 있다. 우리나라 대기업 CEO들의 재임기간은 3년을 넘지 못하는 경우가 대부분이었다(한창수 외, 디지털 시대 CEO 경쟁력 강화방안, 삼성경제연구소).

그러나 모든 경영자가 재임기간이 짧은 것은 아니고 장수하는 CEO들도 많다. 2000년 1월부터 2014년 2월까지 마이크로소프트사 Microsoft의 최고경영자를 지낸 스티브 발머가 밝힌 장수 비결은 열정이다. "큰 불길도 조그만 불씨에서 시작되듯이, 리더의 열정은 임직원의 가슴을 뜨겁게 지펴 조직을 성공으로 이끌고 결국 CEO 자신도 장수할 수 있게 된다"고 하였다.

에스티로더 북미 담당 CEO인 디아 브린은 장수 CEO의 비결로 '사람(people)', '열정(passion)', '성과(performance)'를 꼽았다. 교세라 창업자인 나모리 가즈오 회장은 의욕과 탐욕을 구분할 줄 아는 '마음 브레이크'를 장수 CEO의 가장 중요한 요건으로 지적하였다.

장수하는 CEO들은 열정, 사람과의 소통, 성과, 조직의 화합, 만족할 줄 아는 마음 등을 성공의 조건으로 꼽았다. 다만 이러한 요건들이 모든 사람에게 동일하게 적용되는 것은 아니다. 따라서 기업의 현실과 환경변화를 인식하고 이에 맞는 리더십을 발휘하는 것이 필요하다.

CEO 3.0 이후 모든 유형의 CEO들에게 분명해지고 있는 사실이 있다. 과거에는 효율성 증대가 중요한 예측가능한 세상에서 일했다. 앞으로는 적응가능성과 파괴적 혁신이 더 큰 경쟁우위를 가져다주는 세상에서 일해야 한다는 것이다(기하급수시대가 온다, 357).

미래 CEO들은 기존 시장 참가자들과의 경쟁뿐만 아니라 파괴적 혁신을 주도하는 스타트업들을 항상 경계해야 한다. 스타트업과 싸우는 것만이 아니라 이들과 협력하는 방안을 모색해야 한다. 즉 함께 가는 방법을 찾는 것이 최우선 과제가 될 수 있다.

경영산책 | 진격의 '카카오 CEO 공화국'에는 CEO가 몇 명일까요?

카카오 주요 계열사 현황

계열사	CEO	계열사	CEO
카카오	여민수 조수용	카카오 엔터프라이즈	백상엽
카카오페이	류영준	카카오엠	김성수
카카오뱅크	윤호영	카카오 인베스트먼트	박지환
카카오 모빌리티	류긍선	카카오 커머스	홍은택
카카오 페이지	이진수	카카오 아이엑스	권승조
카카오 벤처스	정신아	카카오 브이엑스	문태식
카카오 게임즈	조계현 남궁현	카카오키즈	김정수 김민철
카카오 페이증권	김대홍 윤기정	카카오 브레인	박승기

취업준비생들이 취업하고 싶은 회사 중의 하나로 카카오를 선택합니다.
카카오의 CEO는 100명이 넘는다고 합니다.
근무를 안 해봐서 모르지만요.
보이스톡 창시자, 성덕(성공한 덕후), 천재소년 등 카카오 공화국 CEO들에게 붙는 닉네임만큼이나 경력도 이채롭다고 합니다.
여러분들도 지금부터 풍부한 경험을 해보고
창의력을 발휘하는 연습을 꾸준히 한다면
미래에 카카오의 CEO,
더 나아가서 카카오를 능가하는 새로운 기업을 만들고
CEO가 될 수 있을 것으로 생각합니다.
물론 생각으로만 그쳐서는 안 되고
나이키 광고 문구처럼 행동으로 옮긴다는 전제하에.

자료 : 헤럴드경제, 현대차 제친 진격의 '카카오 공화국'…'CEO 100人 시대', 2020.5.22.

7 창조형 CEO

경제가 불황에 빠져 있는 경우 불황기라는 상황에 휩쓸리지 않고 미래를 조망하는 통찰력은 CEO 리더십의 핵심이 된다. CEO는 불황일수록 경쟁기업이 쉽게 모방하고 추종할 수 없는 성과를 창출하기 위해 창조지향적 사고를 해야 한다. 왜냐하면 급격하게 변화하고 있는 기업경영 환경은 CEO에게 새로운 수익의 원천을 찾을 수 있는 창조적 역량을 요구하고 있기 때문이다.

이러한 창조적 사고는 기술개발, 제품디자인, 마케팅, 생산기술, 조직관리, 인재관리 등 기업경영의 모든 분야에 적용할 수 있다. 기업에 적용되는 창조적인 사고와 관리의 범위가 확대될수록 경쟁자들과의 격차는 더 커지게 될 것이다.

창조형 CEO는 창조적 사고를 통하여 신사업, 신제품 및 신시장을 개척하는 CEO를 말한다. 창조형 CEO는 남들이 도저히 불가능하다고 판단하는 목표들을 얼마든지 달성할 수 있다고 믿고, 해당 목표를 달성할 수 있는 새로운 방법과 프로세스를 만들기 위해서 끊임없이 도전하는 CEO들이다.

창조형 CEO들에게 요구되는 조건은 부단한 성장추구, 인재확보 및 후계자 육성, 글로벌 시장개척, 사회와의 공생관계 구축 등이다. 이러한 요구조건은 경제의 저성장 지속과 불황위험 증대, 우수한 인재의 확보 전쟁, 글로벌화 및 무경계 경제의 확대, 사회적 요구의 증대 등에 따라 나타나는 것이다(불황기 경영전략, 203-216의 내용을 요약).

7.1 부단한 성장추구

창조형 CEO들은 다른 CEO들과 마찬가지로 기업의 성장을 위해 지속적인 노력을 해야 한다. 이를 위해서는 어려움을 극복하고 새로운 사업기회를 찾겠다는 CEO의 의지와, 미래를 대비한 적극적인 투자 확대, 위기관리 시스템의 도입 및 정착 등이 필요하다.

7.2 인재확보 및 후계자 육성

창조형 CEO들은 다양한 경험과 지식을 갖추고 있는 인재들이 기업의 경영이념과 핵심가치를 충분히 공유할 수 있도록 구심점 역할을 수행해야 한다. 또한 체계적인 후계자 육성 프로그램을 통하여 기업의 역량을 유지할 수 있도록 노력해야 한다. 이를 위해서는 실패를 두려워하지 않는 도전적인 기업문화를 조성하고, 직원들이 권한과 책임을 가지고 일하기 좋은 분위기를 만드는 것이 필요하다.

7.3 글로벌 시장개척

선진국의 은퇴자 시장의 확대, 삶의 질을 추구하는 신흥개발도상국가의 중산층 증가, 저소득층의 소비패턴 변화 등으로 글로벌 시장이 재편되고 있다. 따라서 글로벌 경영을 적극 추진하여 기업의 가치를 높이고 국내시장에서의 경쟁우위도 확보할 수 있도록 노력해야 한다.

이를 위해서는 기업이 보유한 핵심역량과 진출지역의 입지적 강점을 결합해 경쟁자가 모방하기 어려운 경쟁우위를 창출해 나가야 한다. 예를 들면 아모레퍼시픽은 '롤리타템피카'라는 향수를 세계 최고의 화장품시장인 프랑스에 출시시켜 성공하면서 글로벌기업의 위상 및 브랜드를 확보하였다.

7.4 사회와의 공생관계 구축

현대 CEO들에게 기업이해관계자들을 포함하여 사회와 적절한 의사소통을 통해 공생관계를 구축하는 능력은 매우 중요하다. 사회와 공생관계를 구축하기 위해서는 지금까지의 일방적이고 시혜적인 사회활동을 지양하고 기업과 사회가 공생할 수 있는 방안을 모색해야 한다.

이를 위해서 사회공헌활동을 통해 진정한 기업시민으로 태어나야 할 뿐만 아니라, 기업의 경쟁우위 창출에도 기여할 수 있는 전략적인 활동을 펼쳐나가야 한다.

힐만 교수는 주주, 종업원, 공급자, 고객과 지역사회 등 기업의 주요 이해관계자를 효과적으로 관리한 기업은 사회적 무형자산을 생성하여 장기적으로 경쟁자들에 비해 더 높은 가치를 창출하고 있다고 연구 결과를 제시하였다(불황기 경영전략, 215).

특히 전략적 활동은 주주 부 및 기업가치를 증가시킨다는 결과도 제시하고 있다. 따라서 기업과 관련을 맺는 이해관계자들과 균형적인 관계를 통해 공생관계를 구축하는 것이 장기적으로 필요하다.

그림 2-3 창조형 CEO의 조건

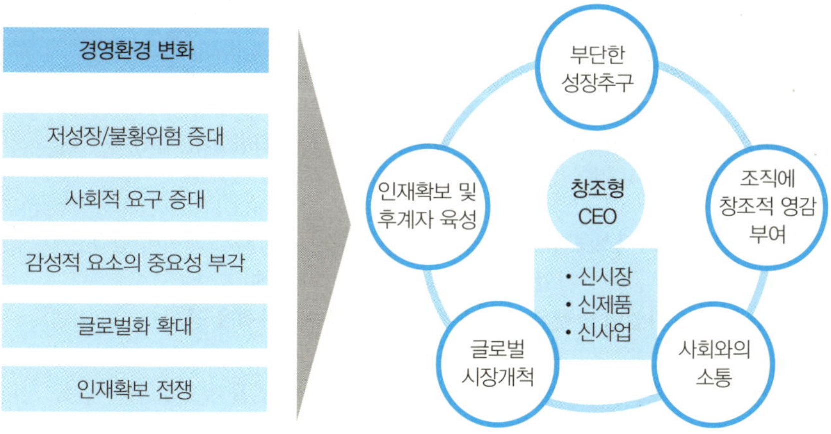

자료 : 불황기 경영전략, 203.

경영산책 | CEO는 기업 가치를 얼마나 높일 수 있을까요?

(단위 : 백만원, 년)

500대 기업 CEO 재임 이후 시가총액 증가율 상위 202

이름	기업명	재임기간	증가율	연평균 성장(CAGR)	2019.7.31. 시가총액	취임당시 시가총액
차석용	LG생활건강	14.6	4405.4%	29.8%	19,632,073	435,748
성열각	대원강업	18.4	1106.6%	14.5%	246,140	20,400
최회문	메리츠종금증권	9.4	880.5%	27.4%	3,126,002	318,812
최양하	한샘	25.1	878.2%	9.5%	1,430,862	146,272
곽선기	서희건설	14.4	760.1%	16.2%	246,426	28,650
조점근	동원시스템즈	8.4	494.8%	23.8%	968,379	162,805
이강훈	오뚜기	11.4	475.3%	16.6%	2,325,377	404,200
추성엽	팬오션	4	275.4%	38.8%	2,573,950	685,683
기우성	셀트리온	4.4	215.3%	30.1%	21,880,106	6,939,279
허민회	CJ ENM	3.1	207.4%	43.0%	3,633,660	1,182,192
백우석	OCI	13.1	179.0%	8.0%	1,795,857	643,606
최종성	유진기업	9.4	166.3%	11.0%	391,966	147,199
태기전	한신공영	14.6	160.1%	6.8%	181,660	69,854
차정호	신세계인터내셔날	2.4	159.1%	48.9%	1,213,800	468,384
정학상	팜스코	9.7	157.7%	10.3%	187,676	72,828
긴화용	현대리바트	6.2	145.0%	15.6%	319,323	130,328
이재규	태영건설	4.3	137.5%	22.0%	1,012,300	426,312
김팔수	서희건설	10.4	134.3%	8.6%	245,426	105,167
김지범	이지바이오	8.3	107.8%	9.3%	305,277	146,899
최현만	미래에셋대우	2.7	95.5%	27.8%	4,963,705	2,538,466

자료 : CEO 스코어, 2018년 결산기준 500대 기업
재임기간 1년 이상인 전문경영인 해당(분할 재상장사는 재상장일부터 재임기간 집계)
시가총액은 2019.7.31. 기준

여러분들이 최고경영자가 된다면 기업을 얼마나 성장시킬 자신이 있나요?
기업가치는 간단하게 계산하려면
기업이 발행한 주식 총수에 기업의 주식가격을 곱해
구할 수 있습니다.
여러분들은 표에 나와 있는 CEO들보다 더 잘할 수 있을 것으로 믿습니다.
왜?
이 책을 읽었으니까.

자료 : 소비자가 만드는 신문, "차석용 LG생건 부회장, CEO 중 재임기간 시총 증가율 톱", 2019.8.7.
http://www.consumernews.co.kr/news/articleView.html?idxno=532957

CHAPTER 03 기업환경

1 기업환경이란?

기업환경은 기업 내 · 외부에 존재하면서 기업활동에 직 · 간접적으로 영향을 미치는 여건이나 상황을 의미한다. 기업환경은 기업의 경영활동에 광범위한 영향력을 행사하고 있으며, 기업의 생존문제와도 직결된다는 점에서 매우 중요하다. 이러한 기업환경은 기업에 성장의 기회를 제공하거나 기업의 생존에 위협요인이 되기도 한다.

기업환경이 가져오는 성장기회와 생존위협은 기업의 대응방법에 따라 결과가 달라진다. 예를 들면, 불리한 환경변화로 위협에 직면한 기업들 중에서도 적절한 대응을 한 기업은 목표를 달성하고 성장을 계속할 수 있다. 그러나 적절하게 대응하지 못한 기업은 기업의 목표를 달성하지 못할 것이며 극단적인 경우에는 도산하는 경우도 발생할 수 있다.

경영자들이 기업환경을 중요하게 생각하는 이유는 경영활동에 영향을 미치는 환경이 계속해서 변화하기 때문이다. 즉, 기업환경은 매우 복잡 · 다양하게 변화하고 있으며 그 범위도 확대되고 있다. 따라서 환경의 중요성을 인식하고 기업환경의 분석 및 예측을 통한 적절한 대책마련이 필요하다. 기업과 환경과의 관계는 시대 또는 기업이 처해 있는 상황 및 사회환경의 상태에 따라서 달라진다.

1.1 산업혁명과 디지털혁명

우리가 알고 있는 기업환경은 급격하게 변화하고 있다. 대표적으로 1, 2, 3차 산업혁명 시대가 끝나고 지금은 4차 산업혁명과 디지털혁명 시대에 들어와 있다. 산업혁명과 디지털혁명의 물결을 정리하면 다음과 같다.

표 3-1 산업과 디지털혁명의 물결

구분	첫 번째 물결	두 번째 물결	세 번째 물결
핵심	발명	응용	혁신
산업혁명	내연기관 발명, 철과 섬유의 대량생산이 산업시대를 열었음	증기선, 전화기, 전구 등 혁신 제품을 만들어 사람들의 삶을 변화시킴	자동차, 비행기, 의약품의 대량생산을 통해 세계를 변화시킴
디지털혁명	컴퓨터 개발의 실마리가 되는 트랜지스터와 전기회로 개발	인터넷 모바일 기기와 콘텐츠를 양산	게임체인저는 전 세계를 하나로 연결했고 집단지성을 구축

자료 : 게임체인저, 47–50.

1차 산업혁명은 발명에서 시작되었다. 방적기와 증기기관 등 각종 발명품이 1차 산업혁명을 선도하였다. 2차 산업혁명은 응용에서 시작되었다. 증기기관을 응용한 증기선과 전화기와 전구 등의 발명품은 사람들의 삶을 변화시켰다. 3차 산업혁명은 혁신에서 시작되었다. 기술혁신에 기초한 자동차, 비행기의 대량생산이 가능해졌고 새로운 의약품도 많이 출시되었다. 이런 발명품들은 건강과 교육 수준을 높였으며 도시성장과 국제교역을 촉진시켰다.

디지털혁명의 1물결 역시 발명에서 시작되었다. 트랜지스터의 발명은 컴퓨터의 발명으로 이어졌으며, 비디오 게임기, 휴대전화 등 모든 기기를 소형화시켰다. 1물결은 월드와이드웹(World Wide Web)이 만들어진 1990년까지 이어졌다.

디지털혁명의 2물결은 애플리케이션에서 시작되었다. 애플리케이션이 처음 등장했을 때는 혼란스러워 했지만 자연스럽게 받아들였다. 스마트폰을 이용해 온라인으로 쇼핑하고, 온라인 백과사전 위키피디아를 이용해 전문지식에 접근하고, 페이스북 등을 이용해 국경 없는 세상에 살게 되었다. 소비자들은 이런 애플리케이션이 처음 등장했을 때 혼란스러워했지만 이제는 삶의 한 방식으로 받아들이며 사용하고 있다.

디지털혁명의 3물결은 기존의 디지털 기술이 새로운 혁신으로 이어지면서 시작되었다. 디지털혁명의 3물결이 시작된 세상에서 규모, 위치, 생산능력, 경험 등의 중요성은 과거보다 떨어진다. 힘은 기업이 아니라 소비자에게 넘어왔다. 디지털 세상은 고객을 위해 존재하는 국경 없는 세상이다. 이러한 세상에서는 누구나가 영향력을 행사할 수 있다. 즉 아이디어가 생활을 바꿀 수 있고 게임의 룰을 바꿀 수 있는 세상이다(게임체인저, 47–51).

경영산책

기업환경도 순서를 평가하고 있다는 것을 아나요?

세계은행 기업환경평가 한국순위 추이

(단위 : 위)

평가대상 190개 기준

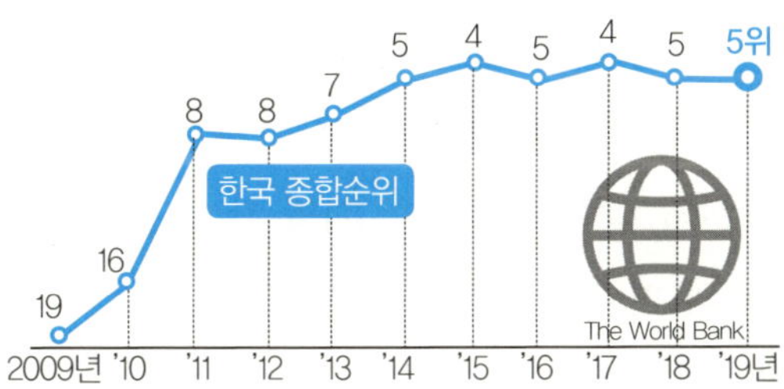

세부순위

창업	33위	(▼22)
건축 인허가	12	(▼2)
전기공급	2	(–)
재산권 등록	40	(–)
자금조달	67	(▼7)
소액투자자 보호	25	(▼2)
세금납부	21	(▼3)
통관행정	36	(▼3)
법적분쟁해결	2	(–)
퇴출	11	(–)

2019	2018	국가	2019	2018	국가	2019	2018	국가	2019	2018	국가	2019	2018	국가
1위	1	뉴질랜드	7위	6	조지아	13위	20	모리셔스	19위	19	라트비아	25위	28	카자흐스탄
2	2	싱가포르	8	9	영국	14	18	호주	20	17	핀란드	26	21	아이슬란드
3	3	홍콩	9	7	노르웨이	15	13	대만	21	27	태국	27	26	오스트리아
4	4	덴마크	10	12	스웨덴	16	11	아랍에미리트	22	24	독일	28	31	러시아

5	5	대한민국	11	14	리투아니아	17	10	마케도니아	23	22	캐나다	29	39	일본
6	6	미국	12	15	말레이시아	18	16	에스토니아	24	23	아일랜드	30	30	스페인

자료 : 기획재정부

세계은행은 매년 '기업환경평가'(Doing Business)를 발표.
세계은행이 발표하는 기업환경 순위가
근로자들이 일하기 좋은 환경과 일치하지 않을 수도 있습니다.
다만 기업환경 순위가 올라가면
점점 더 일을 통해서 행복을 찾을 수 있는 환경이 조성되지 않을까 생각합니다.
물론 모든 국민이 관심을 가지고 노력해야 한다는 전제가 있지만.
여러분들도 동참할 생각이 당근 있을 것으로 믿습니다.

자료 : 톱스타뉴스(http://www.topstarnews.net), 2019.10.31.

2 기업환경은 어떤 특성을 갖는가?

과거에는 환경 변화에 대한 대응에 별로 신경을 쓰지 않아도 기업경영을 할 수 있었다. 그러나 국가 간의 경제마찰 심화, 기업의 해외시장 진출, 외국인 노동자의 국내유입, 정보화의 진전, 기술혁신의 진전 등에 의한 기업 간 경쟁의 심화, 경제의 소프트화[01]에 따르는 산업구조의 변화가 나타남에 따라서 기업들은 환경변화에 대한 대응책을 마련하게 되었다.

만약 기업이 이러한 환경변화를 인식하지 못하고 기존에 해오던 관행을 계속 유지한다면 정상적인 기업활동이 어려워질 것이다. 따라서 환경변화의 추세를 미리 예측하고 대응하는 활동이 중요하다.

기업환경의 특징은 변화방향을 의미하는 질적 변화, 변화크기를 의미하는 양

01 서비스산업의 비중이 증가하고, 부가가치 중 소프트의 비중이 높아지며, 소비자가 상품의 소프트한 측면을 중시하는 현상을 의미하는데, 흔히 서비스화라는 말로 대체 사용되기도 한다.

적 변화, 변화속도를 의미하는 시간적 변화로 구분할 수 있다.

2.1 질적 변화

기업환경의 질적 변화는 환경변화의 방향을 예측하기가 어렵다는 것을 의미한다. 오늘날 기업경영에 영향을 미칠 수 있는 기업환경은 끊임없이 변화하고 있다. 그리고 기업환경의 범위가 확대되어서 구성요소가 다양해지고 환경요인들 간에도 서로 상호작용을 하게 되면서 환경은 더욱 복잡해지고 있다.

기업을 둘러싼 환경이 복잡해질수록 환경의 변화방향을 정확히 예측하는 것은 어려워진다. 이러한 변화방향 예측의 불확실성은 외부환경에서 어떤 상황이 전개될지에 대한 정보가 부족한 데 기인한다. 따라서 기업이 지속적으로 성장하기 위해서는 이러한 환경변화의 방향을 예측하고 적응하려는 노력과 변화방향과 관련된 특성을 이해하는 것이 필요하다.

예를 들면, 소주 매출에 영향을 미치는 제품이 무엇인지 생각해보자. 맥주, 막걸리, 양주, 청량음료 등 대체재와 경제상황 변화, 소비패턴 변화 등은 당연히 포함된다. 여기에 TV가 포함된다면 믿겨지는가? TV의 기능 향상이 집에서 TV 보는 시간을 증가시키고 회식 자리를 줄이게 되면서 생긴 현상이다(세상 모든 CEO가 묻고 싶은 질문들, 281-284).

세차장의 매출에 영향을 미치는 요인은 무엇일까? 세차장 수, 차량판매대수, 깨끗한 차를 보여주고 싶은 소비자들의 과시욕구, 환경보호 규제, 소득수준 등을 생각할 수 있다.

2013년 아르헨티나의 기업가 산티아고 빌링키스는 부에노스아이레스에 있는 세차장들의 매출이 10년간 50%나 감소한 것을 발견하였다. 아르헨티나의 중산층은 성장 중이었고 고급차량 판매도 꾸준히 증가했는데도 세차장 매출이 감소한 것이다. 세차장은 증가하지 않았고 환경보호법이 새로 도입되어 세차장 영업을 규제한 것도 아니었다. 빌링키스는 조사 결과 컴퓨터의 연산능력과 데이터가 증가한 덕분에 10년간 일기예보의 정확성이 50%나 개선되었다는 것을 알게 되었다. 비가 올 것을 아는 운전자들이 세차를 건너뛰면서 세차장 매출이 감소한 것이다(기하급수 시대가 온다, 46-47).

이처럼 예측할 수 없는 제품들이 기업의 경쟁자로 떠오르는 현상을 '초경쟁 상황'이라고 한다. 초경쟁 상황에서는 기업을 둘러싼 환경이 매우 빠르게 변화한다. 이런 상황에서는 기업이 환경을 면밀하게 분석하여 사업전략을 수립하더라도 실제 수행할 때는 상황이 완전히 변해버릴 위험이 존재한다.

2.2 양적 변화

기업환경 변화가 갖는 두 번째 특징은 변화가 일어났을 때 기업에 미치는 영향의 정도를 정확히 예측하기가 어렵다는 것이다. 즉, 변화된 기업환경이 기업의 지속적인 존속 · 성장에 얼마만큼 영향을 미치게 되는가를 예측하기가 어렵다는 것을 의미한다.

예를 들면, 니콘(Nikon) 사는 자신들이 만든 카메라가 스마트폰의 카메라로 대체되는 모습을 목격하고 있다. 그리고 지도나 지도책을 만드는 회사들은 GPS 시스템으로 대체되었으며 이 시스템은 다시 스마트폰의 지도로 대체되었다. 중국의 소매점들은 중국의 전자상거래 공룡 기업인 알리바바가 등장하면서 자리를 잃었다. 대학들은 에드엑스(edX)나 코세라(Coursera) 등의 온라인 공개강좌(MOOC)의 위협을 받고 있다. 테슬라의 전기차 '모델 S'는 자동차이면서 컴퓨터에 가깝다(기하급수 시대가 온다, 22-23).

동일한 환경에서도 어떤 기업은 환경변화를 기업에 유용하게 만들 수 있고, 또 다른 기업은 환경변화 때문에 파산하기도 한다. 따라서 변화된 환경이 기업에 미치게 될 영향력의 정도를 분석할 수 있는 능력이 기업의 중요한 생존조건이 된다.

2.3 시간적 변화

기업환경의 변화속도는 과거에는 비교적 완만하였으나, 최근에는 더욱 빨라지고 있다. 더구나 제품수명주기[02]의 단축과 정보 및 통신기술 등의 급진적인 혁신으로 인하여 기업을 둘러싼 환경의 시간적 변화는 점점 더 빨라지고 있다.

안정적인 환경에서는 환경변화의 속도가 느리지만 동태적인 환경에서는 변화의 속도가 빠르다. 안정적인 환경이란 새로운 경쟁자도 없고 새로운 기술변화도 없을 뿐만 아니라 기업에 영향을 미치는 압력단체의 활동도 거의 없는 경우를 말한다.

반면에 동태적 환경이란 다양한 환경요인들이 복합적으로 빠른 속도로 변화하면서 경영활동에 영향을 미치는 것을 의미한다. 따라서 이러한 변화속도를 정확히 예측하기도 힘들고 이에 대응하는 전략을 수립하는 것도 어려워지고 있다.

결론적으로 기업환경은 매우 불확실한 존재이며 미래는 그 불확실성이 더욱 커질 것으로 전망되고 있다. 따라서 기업이 지속적으로 생존하고 성장하기 위해서는 환경변화를 종합적으로 인식하고 기업환경의 변화에 능동적으로 대응해야 한다.

3 기업환경은 어떻게 구분?

기업환경을 분류하는 방식은 여러 가지가 있으나 우선적으로 기업의 내부환경과 외부환경으로 구분할 수 있다. 내부환경은 기업 내부에 존재하는 요소와 상황들을 의미하는데 종업원, 조직구조, 조직문화, 경영자원, 경영스타일 등이 포함

02 한 제품이 신제품으로 시장에 도입된 후 사라지기까지 거치는 과정을 말하는데, 일반적으로 도입기→성장기→성숙기→쇠퇴기의 4단계로 구성된다.

된다. 외부환경은 기업활동에 영향을 미치는 기업 외부의 모든 요소를 의미한다.

그림 3-1 기업환경의 분류

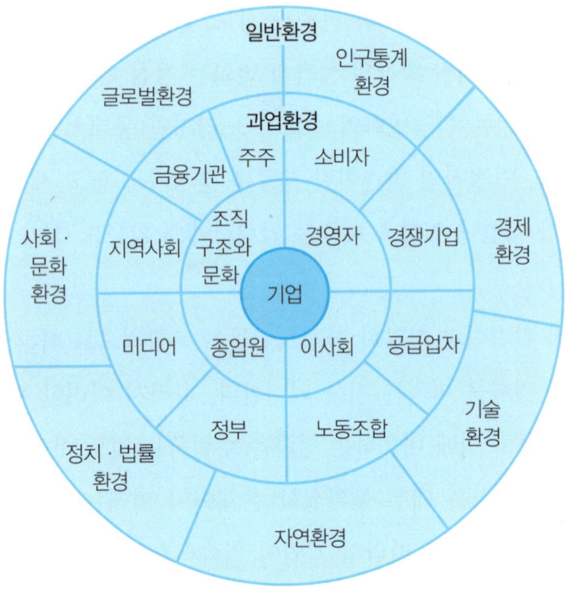

자료 : 강종열 외(2002)

3.1 외부환경

외부환경은 기업 외부에 있는 모든 환경요인을 말한다. 이러한 요인의 대부분은 기업이 통제할 수 없는 것이다. 그러나 통제할 수 없다고 해서 이러한 요인을 무시할 수는 없다. 왜냐하면 외부환경은 기업의 목표달성에 중요한 영향을 미치기 때문이다. 따라서 기업은 외부환경의 변화 추세와 영향 정도를 분석하고 적절하게 대응하여야 한다.

외부환경은 모든 기업들에게 영향을 미치는 일반환경과 특정 기업에 보다 직접적인 영향을 미치는 과업환경으로 구분할 수 있다.

1) 일반환경

일반환경은 거시환경이라고도 하는데, 모든 기업에 공통적인 영향을 미치는 환경을 의미한다. 이러한 일반환경은 인구통계환경, 경제환경, 정치 · 법률환경, 사회 · 문화환경, 자연환경, 글로벌환경 등으로 구분할 수 있다. 일반환경은 기업 외부와 사회시스템 내에서 발생하므로 특정 기업과의 관련성이 명확하지 않다. 그리고 기업은 일반환경의 변화를 직접적으로 통제할 수 없기 때문에 이런 변화에 적극적으로 대응하는 방안을 수립하는 것이 필요하다.

(1) 인구통계환경

인구통계환경은 시장을 구성하는 사람에 관한 분석이기 때문에 중요하다. 즉, 인구통계환경은 가장 직접적이고 일차적인 분석 요소이면서도 많은 기업들이 쉽게 간과하는 분석요소 중 하나이다.

인구통계환경 분석을 위해서는 전체 인구구조, 연령별 인구구조, 지역별 인구구조, 가족수에 따른 가족 유형의 변화, 출생률, 사망률, 대상고객의 규모, 나이, 성별, 직업 등을 기준으로 분류하여 관찰해야 한다.

우리나라의 경우 노인인구 증가, 출생률 감소, 1인 가구 증가, 여성의 사회진출 증가 등이 기업들에게 많은 기회와 위협을 발생시키고 있다. 예를 들어 출생률의 감소는 어린이와 관련된 산업 위축으로 위협요인이 된다. 반면에 자녀수의 감소는 자녀에 대한 관심 증가로 기회가 되기도 한다. 즉, 자녀수 감소는 가격에 구애받지 않고 구매하려는 현상을 증대시켜 상품의 고급화를 통한 대응으로 새로운 기회요인이 될 수도 있다.

(2) 경제환경

경제환경은 기업의 경영활동을 둘러싸고 있는 경제시스템 전체를 말한다. 즉, 경제환경은 기업이 국내 · 외 시장에서 현재 경쟁하고 있는 또는 앞으로 경쟁할 국가의 경제 성격과 방향을 의미한다. 즉 경제환경은 소비자의 구매력 및 소비행태에 영향을 미치는 요인들로 구성되는데, 재화 및 서비스의 생산 · 분배와 관련되는 지역 · 국가 · 국제적 여건을 의미한다. 기업은 경제적 기능인 생산을 보다 효율적으로 수행하여야 하므로, 경제환경은 다른 일반환경과는 달리 기업활동에 직접적이고 중요한 영향을 미친다.

이러한 경제환경에는 경제체제, 산업구조, 정부의 재정 및 금융정책, 경기상태, 인플레이션, 시장구조, 경제성장의 속도 및 소비성향의 변화, 대외교역조건 등이 포함된다.

(3) 기술환경

기술환경은 재화 및 서비스의 생산에 적용되는 기술뿐만 아니라 경영활동에 이용될 수 있는 모든 지식을 의미한다. 즉, 생산에 직접적으로 이용되는 기술뿐만 아니라 정보기술, 생명공학, 유통, 소재산업 등 생산과 직접적으로 관련이 없는 분야들도 포함된다.

이러한 기술환경은 환경요인 중에서 변화 속도가 가장 빠르고, 변화의 정도가 심한 환경이다. 기술환경요인은 산업의 변화와 기업과 고객 간의 관계에 변화를 초래하고 새로운 경쟁자를 만들어낸다.

(3) 정치 · 법률환경

정치 · 법률환경은 법률 및 정책 그리고 이러한 법률 및 정책들을 만들어내는 환경을 말한다. 이러한 정치 · 법률환경은 법률과 공공정책이 형성되는 과정에 영향을 미치는 정치집단 및 이해관계자집단으로 이루어진다.

정치 · 법률환경에는 상법, 회사법, 공정거래 및 독과점규제법, 노동법, 중앙정부, 지방자치단체, 기타 정치세력 등이 포함된다. 이처럼 기업의 경영활동과 관련되는 법률은 기업활동에 합법성을 부여하기도 하지만 제약요인으로 작용하기도 한다. 그리고 이러한 법률들은 소비자를 보호할 뿐만 아니라 기업 간에 공정한 경쟁이 이루어지도록 하여 기업들을 보호하기 위한 것이기도 하다.

(4) 사회 · 문화환경

사회 · 문화환경은 사회구성원들의 행동 및 사고와 관련되는 일반환경으로, 기업의 활동에 영향을 미치는 문화 · 규범 · 가치관 · 생활양식 · 전통 · 관습 등의 사회적 제도나 태도 등이 포함된다. 이런 사회 · 문화환경은 기업의 경영자나 종업원의 행동은 물론, 소비자행동에도 중요한 영향을 미친다. 오늘날 고령인구의 증가, 교육수준의 향상, 미디어의 발달 등은 사회가치관에 영향을 미치고 있으며 기업경영에 새로운 시각을 요구하고 있다.

사회 · 문화환경은 갑자기 형성되는 것이 아니라 경제환경, 정치 · 법률환경, 기술환경 등 여러 요인이 복합적으로 작용하여 생성되기도 하고 이들 환경요인과 혼합되어 영향을 미치기도 한다. 또한 사회가 다원화되고 문화의 독창성 및 다양성이 강조되면서 기업들은 사회 · 문화환경 변화의 예측에 어려움을 겪고 있다.

경영산책 | 주52시간 근무제도는 삶을 어떻게 바꾸고 있을까?

주52시간 근무제란?
1주일에 최대 52시간까지만 근무가능!
기존의 1주일 최대 68시간에서 16시간의 근로시간이 줄어들게 된 것이죠.

주52시간		주40시간		12시간
52	⊖	40	⊕	12 휴일, 연장근무 포함

정부는 근로자 소득감소 및 기업의 경영상 부담 등 산업계 충격을 완화하기 위해 단계별로 주52시간 근무제를 시행하고 있습니다.

주52시간 근무제 적용 시기	사업장 구분
2018년 7월 1일	300인 이상 사업장 및 국가, 지자체, 공공기관
2019년 7월 1일	금융업 등 21개 특례업종(300인 이상)
2020년 1월 1일	20~299인 사업장
2021년 7월 1일	5~49인 사업장

※ 단 30인 미만 사업장은 2021년 7월~2022년 12월 31일까지 특별연장근로 8시간 허용

직장인 73.9%
주52시간 근무제 도입 긍정적으로 평가

2018년 7월 1일, 300인 이상 사업장 및 국가, 지자체, 공공기관 등을 대상으로 주52시간 근무제가 도입된 이후, 직장인들에게는 어떤 변화가 있었을까요?

노동시간 단축제도에 대한 평가	근로시간 단축 이후 여가시간 변화
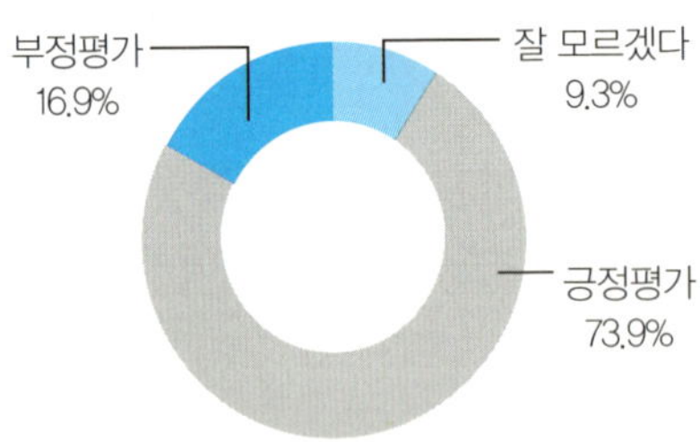	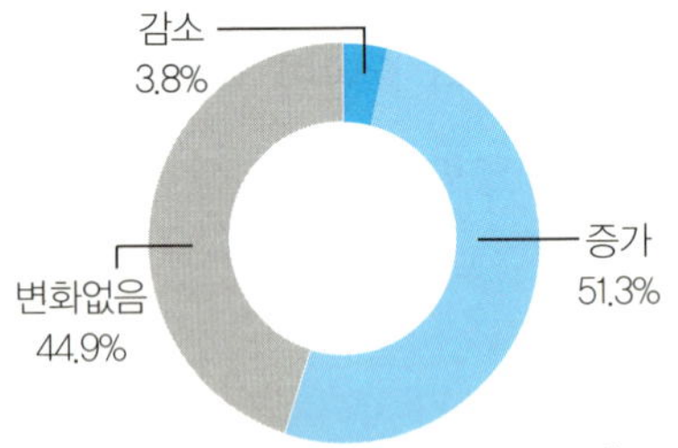
Base : [300인 이상 기업 및 공공기관 근로자 1,209명]	Base : [단축근무 시행 근무자 653명]

주 : 조사대상 300인 이상 기업 및 공공기관 근로자 1,209명, 조사기간 2018.9.3.~9.7.
자료 : 한국문화관광연구원 보도자료(2018.10.4), 노동시간 단축에 따른 국민문화여가생활 변화 실태조사 시행

여러분이 취업을 하면 주당 40시간 이하가 기본이 되겠지요?
여러분은 남는 시간을 어떻게 활용할 것인지에 대해 고민하지 않으려면
아래의 기사를 잘 읽어두세요.
물론 취업이 먼저!!!

자료 : https://m.blog.naver.com/kcti0/221790280014

(5) 자연환경

자연환경은 기업과 관련되는 자연적 조건을 의미한다. 인간은 물론 기업도 자연 속에서 생존하고 있고, 자연과 관련되지 않는 것은 없다. 이러한 자연환경에는 환경오염과 관련된 공해문제, 자원고갈의 문제, 새로운 에너지원 개발의 문제, 그리고 식량문제 등이 포함된다.

오늘날 여러 가지 복합적인 요인에 의해 생태계의 균형이 파괴되면서 자연환경과 관련된 새로운 문제들이 많이 나타나고 있다. 기업은 생태시스템의 하위시스템으로서 이러한 문제에 영향을 미치며 또 영향을 받고 있다.

따라서 경영자들은 기업활동의 결과로 발생하는 환경오염 문제를 평가하고 통제하려는 노력을 해야 한다. 즉, 경영자는 기업활동이 자연환경에 미치는 부정적 영향이 최소화되도록 경영활동을 수행해야 한다.

특히, 미래에는 환경친화적 경영활동이 기업의 경쟁력을 결정하는 중요한 요소로 작용하게 될 것이다. 따라서 기업들은 환경친화적 개념을 기업활동에 반영시켜 나가야 한다.

기후변화는 전 세계 비즈니스에서 가장 주목받는 요소 중의 하나이다. 기후변화(climate change)는 지구의 기온이 시간이 지남에 따라 올라가거나 내려가는 현상을 말한다. 이러한 기후변화는 일방적이 아니라 상황에 따라 바뀔 수 있다. 예를 들면, 태양열이 약화된다면 지구온난화가 아니라 지구냉각화가 문제가 될 것이다. 에너지를 절감하고 환경에 유해성이 적은 제품을 생산하려는 경향을 그리닝(greening)이라고 한다. 따라서 기업들은 지속가능성을 위해서 이러한 제품을 많이 생산하려는 노력을 기업 활동에 반영해 나가야 한다(경영학의 이해, 42).

(6) 글로벌환경

글로벌환경은 기업이 한 국가의 국경을 넘어 여러 나라에서 기업활동을 수행할 때 나타나는 기업환경을 의미한다. 이러한 글로벌환경에는 국경을 넘어선 경제환경, 기술환경, 자연환경, 정치 · 법률환경, 사회 · 문화환경이 포함된다. 기업과 국가의 경제규모가 확대되어 국제적인 교역이 증가하면 국내기업의 경영환경은 국제적인 영향을 받게 된다.

오늘날 정보 · 통신 · 수송수단의 발달, 기업 간 경쟁의 심화, 기업경영의 국제화 등에 따라 글로벌 환경의 중요성이 대두되고 있다. 특히 국가 간에 서로 다른 법률 · 관습 · 윤리 · 경제구조 · 문화 간 의사소통 및 갈등의 해결문제, 진출지역의 특성을 고려한 경영전략의 수립 등이 기업의 중요한 경영문제가 된다.

경영산책 | **아세안 국가에 대한 수출 환경은 좋아지고 있을까요?**

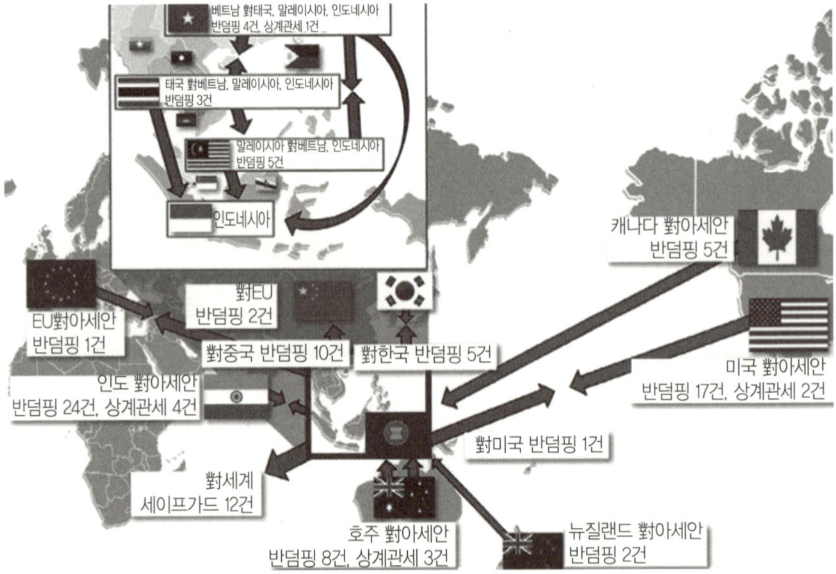

아세안은 앞으로 중요한 위치를 차지하게 됩니다.
아세안을 잘 대접해야 하는 시대가 온다는 뜻입니다.
왜냐하면 규제가 심해지고 있으니까요.
여러분이 정책을 만드는 일을 한다고 가정하면

어떤 전략으로 기업의 수출 및 투자에 도움을 줄 수 있을지 생각해보는 것도 좋겠지요!!!
그전에 관련 언어를 습득하는 것이 중요하고요.

자료: 조선일보, "아세안 둘러싼 수입규제 역대 최다, 수출 투자기업 경고등", 2021.1.12.
https://biz.chosun.com/site/data/html_dir/2021/01/11/2021011102621.html

2) 과업환경

과업환경은 기업과 교환을 통해 자원을 주고받는 활동 주체를 의미하는데, 경쟁적 환경 또는 이해관계자환경이라고도 한다. 일반적으로 과업환경은 기업경영 활동과 직·간접적으로 관련을 갖는 이해관계자들로 구성된다. 기업의 과업환경에는 주주, 노동조합, 소비자, 정부, 지역사회, 경쟁기업, 공급자, 미디어, 금융기관 등이 포함된다.

(1) 주주

주주는 기업의 자기자본에 해당하는 부분을 제공한 개인이나 투자자집단을 의미한다. 주주는 자본을 투자하여 주식을 소유함으로써 배당을 받고 파산 등의 위험이 발생한 경우 유한책임을 지게 된다. 기업의 과업환경으로 주주가 인식되기 시작한 것은 기업규모가 확대되어 많은 자본을 필요로 하는 거대기업이 출현하고 자본시장이 발달한 이후이다.

우리나라의 경우 기업의 오너가 대주주로서 기업경영에 직접 참여하는 것이 일반화되어 있지만, 선진국의 경우에는 소유와 경영의 분리가 지켜지고 있다. 이처럼 소유와 경영이 분리된 상태에서 주식을 취득한 주주는 투자수익에 관심을 갖게 된다.

또한 주주는 주주총회에서 투표권을 행사함으로써 기업에 영향력을 행사하게 된다. 즉, 주주는 기업의 전략결정에 핵심적인 역할을 하여 왔으나, 전문경영자가 등장한 이후 주주의 역할은 감소되는 추세에 있다.

(2) 노동조합

노동조합은 기업에서 노동자들의 지위향상과 권익을 보호하기 위하여 결성된다. 일반적으로 노동조합은 기업 내부구성원의 의견을 종합 · 대표하여 기업의 경영활동에 직접적인 영향을 미치기 때문에 기업의 중요한 과업환경이 된다. 노동조합이 기업경영에서 중요한 의미를 갖게 되는 이유는 기업의 목표를 달성하기 위한 실제활동의 주체가 바로 종업원이기 때문이다.

이러한 노동조합은 우호적 · 적대적 두 가지 측면에서 기업경영에 영향을 미친다. 우선 유기적인 협조 도모 · 역할 분담 · 기업 위계질서 준수 등을 통하여 우호적 관계를 갖는다. 한편, 노동조합이 적대관계를 갖게 되는 경우는 경영성과의 분배에 대한 노동조합의 주장이 수용되지 않는 경우이다.

경영자는 노사의 협력관계를 지속시키기 위하여 의사결정 · 제안제도를 통한 종업원의 경영참여와 성과배분제도, 종업원지주제도,[03] 스톡옵션, 기타 각종 혜택의 제공 등을 이용한 보상 제공 등의 방법을 이용할 수 있다.

(3) 소비자

기업환경의 이해자집단 중에서 가장 큰 영향을 미치는 환경은 소비자이다. 왜냐하면 소비자는 재화와 서비스를 구입하여 기업의 생존에 기본적인 영향을 미치기 때문이다. 오늘날 기업 간 경쟁이 치열해지면서 소비자의 중요성은 더욱 커지고 있는데, 과업환경으로서 소비자의 중요성이 더욱 부각된 것은 소비자주의가 대두된 이후로 볼 수 있다.

소비자주의는 소비자 보호를 위한 기본이념을 말하는 것으로, 기업들은 소비자 만족을 위해 고객만족경영을 수행해야 한다. 소비자의 욕구와 취향의 변화를

03 종업원의 근무의욕을 증진시키기 위해 회사가 종업원에게 자사주식을 소유하도록 하는 제도

인식하고 대응하는 것은 기업 성장에 절대적이다. 예를 들면, 소득의 증가와 주5일제 근무 등에 따라 여가 및 건강에 대한 관심이 증가하고 있는데 이러한 변화는 기업에 기회와 위협을 주게 된다. 그리고 소비자들은 소비자연맹, 소비자보호단체 등을 결성하여 소비자들이 원하는 제품이 생산 · 공급되도록 기업에 압력을 행사하기도 한다.

또한 라이프스타일[04]의 변화도 소비자의 중요성을 부각시킨 이유 중의 하나이다. 소비자의 행동에 영향을 미치는 라이프스타일은 과거에는 획일적이었지만, 새로운 라이프스타일은 다양화되고 있기 때문에 기업경영에서 차지하는 비중이 커지고 있는 것이다.

매키너니와 화이트는 〈부의 이동〉에서 기업에게 가장 중요한 역량으로서 고객의 변화에 신속하게 반응하는 능력을 제시하고 있다. 이제 기업의 핵심능력은 소비자가 원하는 종류를, 수용할 수 있는 가격에, 소비자가 택한 시간에 신속하게 제공할 수 있는 능력에 달려 있다(이태규, 2003).

04 사람들이 살아가는 방식을 의미하는데, 시간을 어떻게 소비하는가(action), 주변환경에서 특별히 중요하게 고려하는 것은 무엇인가(interest), 자신과 주위세계에 대한 생각은 무엇인가(opinion)로 나타난다.

경영산책 | **기업은 라이프스타일 변화에 어떻게 대응해야 할까요?**

라이프스타일 / **새로운 트렌드**

- 의류관리의 'Do It For Me'
- 대량 제작된 옷이 아닌 '나'를 드러낼 수 있는 맞춤화 옷 선호
- 자신의 신념과 사회적 가치관 · 정치적 성향 · 윤리관 등을 패션으로 표현

- 의류관리 가전 · 서비스
- 패션 스타일이 드러나는 개인 맞춤형 옷 선호
- 패션을 통한 자기표현 욕구

- 온디맨드 세탁 서비스, 의류구독 서비스, 패션렌탈 서비스
- 맞춤형 제품 제작, 스니커 거스터마이징 등
- 슬로건 · 메시지 패션 및 컨셔스(conscious) 패션

- 한끼 식사를 위한 식재료 구입 · 손질 등과 같은 가사노동 행위의 효율화 추구
- 식품소비의 다양화 및 취향 세분화
- 온라인을 통한 식료품 구매 · 배송의 일상화

- 요리 할애 시간의 감소
- 이색 식재료 시장의 확대
- 장보기의 외주화 확산

- 가정간편식 소비 확대
- 특수 채소, 알러지 프리 음식, 마니아층 주류 등 이색 식재료 확대
- 모바일 장보기, 식품 상품 추천 시스템 등

- 집에서 혼자 하는 '조용한 소비'
- 개성 · 취향을 반영할 수 있는 주거공간에 대한 니즈 확대
- 때로는 혼자, 가끔은 공동체적 삶을 열망

- 홈 비즈니스
- 맞춤형 주거공간
- 코디비주얼(co-dividual) 리빙 트렌드

- 홈족 증가로 홈코노미 비즈니스 부상
- 퍼즐주택, 협소주택, 나노플랫, 시티홈 등
- 코리빙(co-living) 하우스

여러분들은 앞으로 세상의 중심이 됩니다.
기사를 잘 읽어보고 생각해보세요.
그리고 여러분들이 기업의 최고경영자라면 어떤 전략을 실행에 옮길지도 고민해보고요.
잘할 수 있을 거예요.
왜?
여러분들과 관련된 이야기이고.
"라떼는 말이야"가 아니니까.

자료 : 데이터넷, 삼정KPMG "밀레니얼 · Z세대 소비 파워 확대", 2019.5.17.
삼정KPMG 홈페이지

(4) 정부

정부의 역할과 기능은 기업경영에 많은 영향을 미친다. 정부는 기업활동에 대해 통제위주의 기능을 수행하지만 기업활동을 지원하는 역할도 수행한다. 즉 시장의 효율성 제고, 환경오염 예방, 공공정책 수행 등을 통하여 기업활동에 영향을 미치게 된다.

이러한 정부의 개입은 깨끗한 자연환경과 생활수준의 향상이라는 사회적 혜택을 증진시키게 된다. 그리고 정부의 개입은 산업을 보호하는 긍정적 측면과 기업체제를 위협하는 부정적 측면도 갖는다. 정부는 노동조합, 소비자, 주주, 지역사회 등 이해관계자집단의 이해관계를 수렴 · 조정하여 기업활동에 영향을 주고 있다.

정부가 기업활동에 관심을 갖는 이유는 기업의 경제적 · 사회적 활동이 사회의 모든 부문과 불가분의 관계에 있기 때문이다. 특히 국민경제적 측면에서 물가안정 도모, 부당경쟁행위 규제, 경제력 집중 방지, 불공정행위 제한 등 기업활동에 영향을 미치는 법률 및 정책을 입안하여 실행한다. 정부의 규제가 존속하는 한 경영자는 기업에의 영향력을 면밀히 검토하고 대응하여야 한다. 또한 경영자는 정부의 활동에 순응해야 하지만 정부의 정책수립 방향 설정에도 기여해야 한다.

(5) 경쟁기업

경쟁기업이란 동일시장을 대상으로 시장점유율 경쟁을 하는 기업을 의미한다. 이러한 경쟁기업은 특정 기업의 경영성과에 직접적인 영향을 미치게 된다. 경쟁기업의 형태가 유사하고, 규모가 크며, 수가 많을수록 특정 기업이 시장에서 비교우위[05]를 확보하는 것은 어려워진다.

특히 경쟁이 심한 제품이나 서비스를 생산 · 판매하는 업종에 속한 기업일수록 경쟁기업이 미치는 영향은 커진다. 따라서 경영자는 경쟁기업의 가격, 품질, A/S, 시장점유율, 기술혁신, 인적자원개발, 연구개발 등에 대하여 지속적인 관심을 가

05 한 기업이 다른 기업보다 어떤 상품을 상대적으로 적은 기회비용으로 생산할 수 있는 능력을 의미

지고 파악한 후 적절한 대응방안을 결정해야 한다. 즉, 기업은 내적인 기업경영의 합리화 및 기술혁신을 통해 경쟁기업을 압도해야 한다.

한편 경쟁기업과의 경쟁은 단기적으로 시장질서의 교란, 가격체제의 붕괴 등 바람직하지 못한 결과를 가져오기도 하지만, 장기적으로는 기술혁신을 통한 신제품 개발, 가격인하, 시장규모의 확장 등의 긍정적인 결과를 가져오게 된다. 그러나 기업의 담합행위는 소비자의 이익을 침해하거나 국제경쟁력을 약화시키게 되므로 지양되어야 한다.

(6) 지역사회

지역사회는 기업의 이해관계집단 중에서 가장 최근에 중요성이 증가하고 있는 과업환경이다. 지역사회는 특별한 문제가 발생하거나 발생할 우려가 있는 경우에만 기업에 영향력을 행사하는 조직화되지 못한 환경에 해당된다.

지역사회가 기업의 중요한 과업환경으로 인식된 계기는 공해문제이지만, 최근에 들어와서는 공해문제뿐만 아니라 자원의 보존 · 유지, 지역사회의 개발, 지역사회 공헌 등 다양한 측면에서 기업에 영향력을 행사하고 있다.

기업과 지역사회가 원만한 협조관계를 유지할 수 있는 것은 지역사회가 기업을 자기 지역에 유치함으로써 경제적 발전을 시도하려는 경우이다. 이 경우 각종 세제혜택 제공, 저렴한 공장부지 제공, 저렴한 용수 · 전력 공급 등의 방법을 이용하여 기업유치 노력을 하게 된다.

기업이 특정 지역에 유치된 후 공해를 유발하는 기업활동을 함으로써 지역주민의 건강을 위협하거나, 장기간 세금을 체납함으로써 지방정부의 수입확보에 지장을 초래하는 등 지역사회의 기대를 무산시키거나 지역사회와의 마찰을 발생시키기도 한다.

예를 들면, 삼성전자가 영국에 현지공장을 건설할 때 또는 현대자동차가 미국에 현지공장을 건설할 때 그리고 정부가 공공기관의 지방이전을 추진할 때 국내 · 외의 지역사회가 치열한 유치전을 벌인 사실은 지역사회에서의 기업활동이 지역사회에 얼마나 중요한지를 간접적으로 나타내주는 것으로 볼 수 있다.

경영산책 | 우리나라에서 기업환경이 좋은 지역을 알고 있나요?

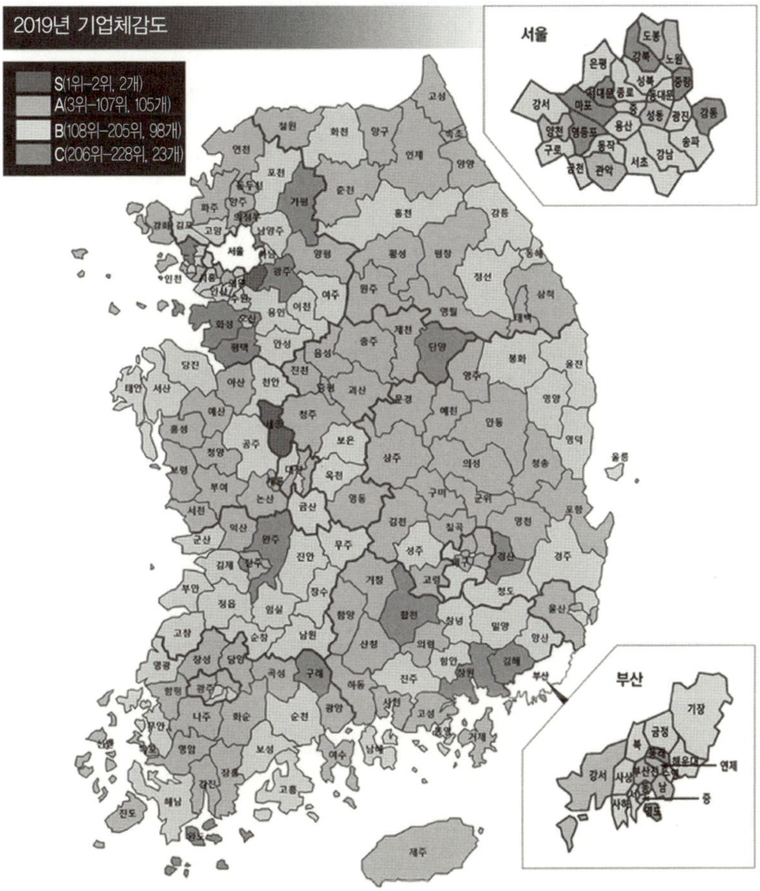

기업환경이 좋은 지역과 나쁜 지역으로 평가되는 것을 알고 있었나요?
몰랐어도 큰 문제는 없어요.
지금이라도 안다는 것이 중요하니까.
그리고 이것을 모르더라도 살아가는데 큰 지장은 없으니까요.
그래도 알아두면 써 먹을 데가 있겠지요?

자료 : 뉴시스, 혁신 쏟아낸 '성남市' 기업환경 전국 1위", 2019.12.23.

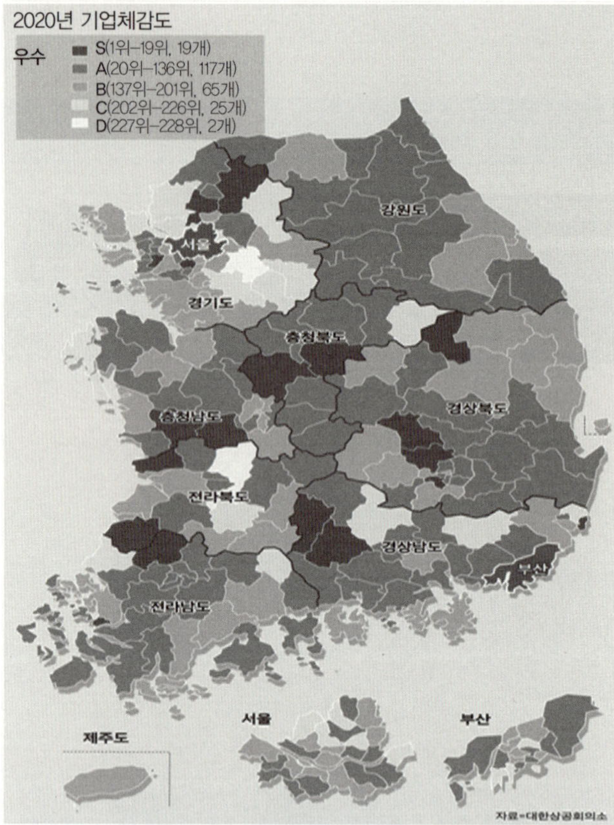

	기업체감도	경제활동친화성
1위	전남 목포시	경기 남양주시
2위	경북 구미시	경남 하동군
3위	경북 영주시	경기 이천시
4위	충남 논산시	전북 익산시
5위	전북 고창군	전북 남원시

자료 : 대한상공회의소

표에서 보면 기업이 느끼는 체감도 하고
자치단체의 경제활동 친화성은 다르게 나타나네요.
왜 그럴까요?
이유는 여러분 가슴속에…

자료 : 기업하기 좋은 지역 전국 1위는 … '전남 목포시'와 '경기 남양주시', 조선, 2020.12.26.

(7) 미디어

미디어는 기업의 경영성과에 다양한 영향을 미치는 과업환경이다. 기업의 경영성과에 영향을 미치는 미디어는 TV, 라디오, 신문, 잡지, 인터넷 등을 들 수 있다. 기업은 미디어를 이용하여 적극적인 판촉활동을 전개할 수 있다. 오늘날 소비자는 최종 소비의사결정에 필요한 정보를 주로 미디어를 통하여 입수하기 때문에, 기업이 미디어를 적절하게 활용하면 경영성과를 높일 수 있다.

한편, 미디어에 의하여 기업은 이미지가 실추당하거나 공개적인 지탄을 받는 대상으로 전락하기도 한다. 즉, 기업이 국민건강을 위협하는 제품을 생산하거나, 경영자들이 사회적 기대를 무시하고 비윤리적 행위를 하는 경우 미디어들이 이들 기업을 공개적으로 비판함으로써 미디어와 기업 간의 관계는 적대관계로 변하게 되는 것이다. 특정 기업에 대한 미디어의 공개적 비판은 경영성과를 악화시키는 것은 물론 최악의 경우에는 기업도산의 원인이 되기도 한다.

(8) 금융기관

기업의 모든 활동을 뒷받침하는 자본은 기업경영에서 필수적인 요소가 되므로 금융기관은 중요한 과업환경이다. 기업과 금융기관과의 긴밀한 유대관계는 기업의 경영활동에 중요한 영향을 미치기 때문에 경영자들은 금융산업의 변화방향을 주의 깊게 관찰해야 한다.

또한 자금의 공급보다 수요가 많은 상황하에서는 금융기관이 기업의 성장 및 도산과 직접적인 관련을 맺게 된다. 따라서 기업들은 로비에 의한 자금조달보다는 유동성, 수익성, 안정성 향상 등 재무구조의 건실화 노력을 통해 금융기관의 인정을 받는 것이 필요하다.

3.2 내부환경

기업의 내부환경은 목적 달성에 직접적으로 영향을 미치는 요인을 말한다. 이러한 내부환경의 구성요소에는 조직구조, 조직문화, 종업원, 이사회 등이 있다.

1) 이사회

이사회는 이사에 의하여 구성되며 회사의 업무집행에 관한 내용을 의결하는 기관이다. 즉, 기업의 주요 목표와 계획, 경영전략을 결정하고 적절한 수행 여부를 확인하는 역할을 한다.

2) 종업원

내부환경을 구성하고 있는 종업원들은 기업 내 일상의 업무에 종사하면서 기업의 각 활동을 수행한다. 즉, 종업원들은 기업성과와 소비자만족에 영향을 주는 의사결정과 관련된 활동들을 수행한다. 따라서 기업이 종업원들을 먼저 만족시킬 때 종업원들은 소비자들의 만족을 위해 노력하게 되고, 소비자들은 지속적으로 기업의 제품 및 서비스를 구매하게 될 것이다.

3) 조직구조

조직구조는 기업 내에 존재하는 부, 과, 계, 팀과 같은 기본적인 체계를 의미한다. 이러한 구조는 지휘계통을 설정하고 책임과 권한의 위계질서를 형성하게 된다. 따라서 기업의 전략이 변화하면 조직구조도 변화해야 한다.

조직구조를 갖추는 것은 중요한 일이지만, 구조만 바꾸는 것은 소프트웨어는 옛날 것 그대로 사용하고 하드웨어만 바꾼 컴퓨터와 마찬가지다. 따라서 이런 경우는 작동하는 데 지장을 초래할 뿐 제대로 굴러가지 않는다. 조직구조에서는 하드웨어뿐만 아니라 종업원들의 마음으로 나타낼 수 있는 소프트웨어도 무시할 수 없다(무인양품은 90%가 구조다, 122-123).

4) 조직문화

조직문화는 조직구성원들이 공유하는 신념과 가치관을 말하는데, 구성원들의 행동지침이 된다. 조직문화는 주로 과거에 뿌리를 내리고 있지만 현재 및 미래의 기대에 의해서도 영향을 받는다.

조직문화는 실제 발생한 사건들에 대한 이야기, 상징물, 의식절차, 슬로건 등에 의해 발견되어지고 전파된다. 이러한 조직문화는 구성원들에게 일체감을 갖게 하며, 보다 높은 목표달성에 공헌하는 능력을 향상시키게 된다.

4 기업환경 변화와 기업의 대응

현대 기업경영에서 기업환경이 중요한 이유는 기업환경이 끊임없이 변화하기 때문이다. 만약 기업환경이 변화하지 않거나 변화속도가 느리다면 기업경영에서 기업환경이 갖는 중요성은 감소하게 될 것이다.

그러나 기업경영에 영향을 미칠 수 있는 환경범위는 확장되고 있고, 변화속도도 더욱 빨라지고 있다. 따라서 현대 기업이 이러한 환경변화에 능동적으로 대응해 나갈 때 생존하고 성장해 갈 수 있다.

4.1 사회 · 문화환경 변화

사회 · 문화환경 변화는 사회구성원의 가치관이나 태도가 변화하고 있다는 것을 의미한다. 특히 기업과 관련된 이해관계자집단이 기업에 대한 비판과 요구를 증가시키고 있다는 데에 문제가 있다. 이러한 사회 · 문화환경 변화는 구매상품의 종류, 가격수준, 광고방법, 구매방법, 구매장소 등을 변화시켜 경영의사결정에 중요한 변수로 작용하게 된다. 사회 · 문화환경의 변화 동향은 다음과 같이 요약하여 볼 수 있다.

1) 고령화 증가

출생률의 저하와 의료기술의 발달에 따라 고령인구가 증가되어 65세 이상의 실버인구비율이 큰 폭을 차지하고 있다. 이러한 고령화 현상은 기업의 고용문제 · 인사관리체계의 전반적인 재검토를 요구하는 동시에 실버시장의 확대라는 기회를 제공하기도 할 것이다.[06]

독일은 2012년 고령화 및 불안정한 연금 재정을 대비하는 차원에서 정년을 67세로 연장했지만, 최근 정년을 69세로 연장하는 방안을 고려하고 있다. 프랑스는 2013년 60세에서 62세로, 스페인은 65세에서 67세로, 이탈리아는 65세에서 66세로 정년을 상향했으며, 영국은 2011년 정년이라는 개념을 없앴다. 일본은 대기업을 중심으로 정년을 연장하고 있다. 도요타는 정년은 연장하지 않은 채 5년간 더 일할 수 있게 했다.

반면 우리나라는 민간기업의 경우 평균 57세 전후에서 유지되고 있다. 특히 업종별 · 직무별 정년의 편차는 매우 큰 편이며 확대되기 시작한 임금피크제에 대한 갈등도 심화되고 있다. 따라서 우리도 외국의 사례를 참고하여 정년 연장을 고려할 필요가 있다. 왜냐하면 고령화사회에서 정년 연장은 시대적 흐름이기 때문이다.

06 통계청은 65세 이상 인구가 7%를 넘는 사회를 고령화사회, 14%를 넘는 사회를 고령사회, 20%를 넘으면 초고령화사회로 규정하고 있다.

| 표 3-2 | 일본 기업의 정년 연장 현황

구분	HONDA	TOYOTA	SUNTORY	MIZUHO
신제도	• 정년 65세로 연장 • 60세 이전 급여의 80% 수준	• 일정 조건을 만족하면 정년 이후 65세까지 고용 • 정년 전과 동일 급여	• 정년 65세로 연장 • 급여는 60세 시점의 60~70% 수준	• 정년 65세로 연장
구제도	• 정년 퇴직 후 희망하면 65세까지 고용 • 급여는 정년 전의 50% 수준	• 정년 전 임금의 80% 수준 지급	• 정년 퇴직 후 희망하면 최장 5년간 고용기간 연장	• 50대에 임원이 되지 못하면 정년을 채우지 못하고 거래처 등으로 이직
시행시기	2016년	2016년	2013년	2018년

자료 : 젊은 노인의 탄생, 61.

한편, 고령화 인구 증가에 따라 관광 · 레저 등 시간소비상품, 간호 · 건강상품, 실버주택, 우편주문, 실버금융 등을 중심으로 하는 실버산업 및 실버시장의 확대가 예상된다.

2) 가치관의 다양화 · 개성화

경제적 · 정신적 · 사회적으로 풍요로워지면 인간의 욕구는 고도화 · 다양화 · 개성화되어 간다. 이러한 욕구의 변화는 일에 대한 의식을 변화시키는 동시에 라이프스타일도 변화시킨다.

가치관의 다양화 · 개성화는 소비자의 욕구를 물질적 풍요로움에서 정신적 풍요로움으로, 소유욕구에서 창조욕구로 전환시키며, 소비도 재화에서 눈에 보이지 않는 서비스를 지향하는 형태로 변화된다. 따라서 지(知) · 유(遊) · 휴(休) · 미(美)에 속하는 지식 · 정보 · 레저 · 교양 · 스포츠 등의 소비욕구는 노동시간의 단축, 즉 여가시간의 증가에 따라 더욱 증가할 것으로 예상된다.

3) 여성의 사회진출 증가

고학력화, 핵가족화, 출산율 저하, 가사노동 분담 등의 영향으로 직업을 갖는 여성이 증가하는 추세에 있다. 이러한 여성의 사회적 진출이 급격하게 증가함에 따라, 과거 남성의 영역으로 생각되던 직업 분야에도 여성들이 진출하고 있다. 그리고 여성의 사회적 진출 증가는 과거 저인건비의 수단으로써 여성을 활용해 온 기업의 관행을 변화시키고 있다.

여성들의 학력 수준이 높아지면서 전문직이나 경영자로 일하는 여성들이 증가하고 있다. 여성들은 직관력, EQ, 리더십 등에서 뛰어난 능력을 보여주고 있다. 감성과 직관이 강조되는 현대 사회에서 여성이 기업과 국가의 핵심 경쟁력이 될 것이다.

따라서 여성의 전략적 활용이 중요한 문제가 될 것이다. 왜냐하면 저출산 · 고령화로 노동인구가 감소되고 있기 때문이다. OECD에 따르면 2020년 우리나라의 출산율은 0.84명으로 OECD 평균 1.63명에 크게 못 미치고 있다. 그리고 15세부터 64세에 이르는 노동인구는 2018년부터 2026년까지 10년간 218만 명 감소할 것으로 예상된다. 특히 4차 산업혁명 시대에는 IT 분야 여성인재 양성이 기업 및 국가 경쟁력 확보의 핵심 요소가 될 가능성이 크다.

경영산책 | 우리나라 노동시장 환경은 어떻게 변화하고 있을까요?

2018~2028년 중장기 인력수급전망

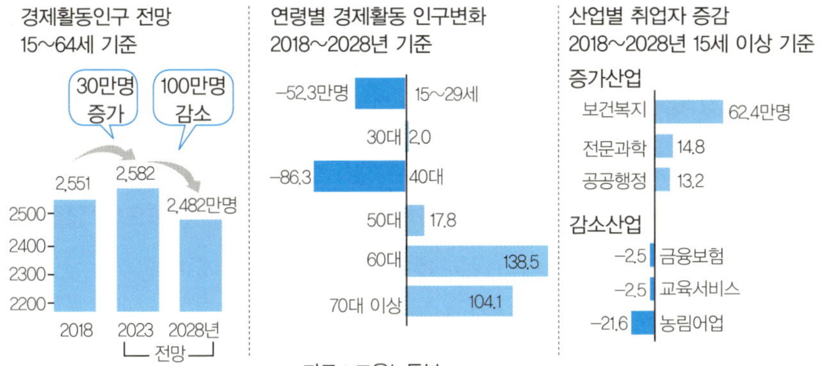

자료 : 고용노동부

주요국 노동인구 누적 증감률

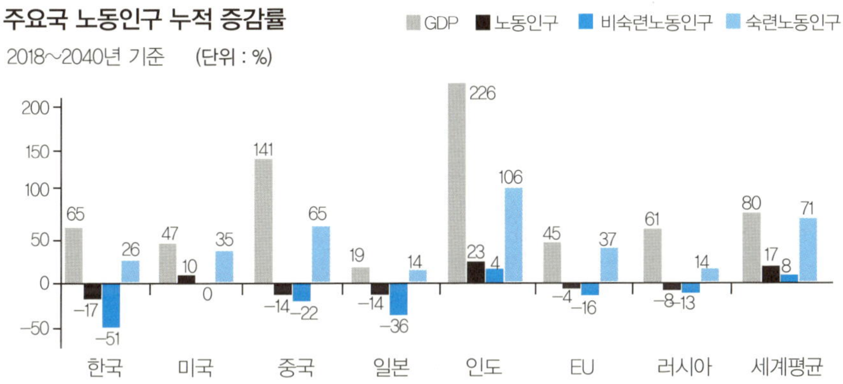

※ 세계무역보고서(World Trade Reprot) 2019
자료 : 세계무역기구(WTO)

여러분이 취업할 때쯤 상상하고 있던 모습하고 비슷한가요?
노동시장은 우리뿐만 아니라 전 세계적으로 변화하고 있다는 것은 분명합니다.
다만 우리가 어떤 준비를 하느냐에 따라서 달라지겠지요.
여러분은 잘할 수 있을 것으로 믿습니다.
왜?
여러분은 부모님의 자부심이니까요!!!

자료 : 경북일보, 저출산 · 고령화 여파 … 노동시장도 고령화 가속, 2019.12.17.
중소기업뉴스, 저출산 · 고령화로 2040년 한국 노동인구 17% 줄어든다, 2019.12.16.

4) 컴포넌트형 생활양식의 증가

개인의 활동영역이 넓어지면서 한 개인이 직업에 관계없이 서로 다른 다양한 생활양식을 한꺼번에 향유하는 복잡한 생활양식을 컴포넌트형 생활양식(component lifestyle)이라고 한다. 예를 들면, 은행원이 퇴근 후에는 인라인 스케이트 동호회 회원으로 활동하고, 근무가 없는 주말에는 자원봉사자 또는 사진작가로 변신하는 것, 또는 점심은 패스트푸드로 간단하게 먹어도 저녁에는 최고급 와인을 먹는 것, 그리고 최고급 승용차를 운전하더라도 엔진오일 교환 및 기타 정비는 직접 하는 생활이 나타나는 것을 볼 수 있게 된 것이다.

컴포넌트형 생활양식이 확산되면서 소비자의 구매 행태도 복잡성을 더하고 있다. 왜냐하면 과거에는 직업별, 생활양식별, 소득수준별로 시장이 따로 존재하여 기업의 마케팅 대상이 비교적 분명했지만, 요즘에는 고객층이 뒤섞여버렸기 때문이다. 이러한 현상이 심화될수록 기업의 의사결정은 더욱 어려워지게 된다.

5) 사이버레이션의 시대

인터넷은 이미 사람들의 관계 만들기에 엄청난 영향을 미치고 있다. 과거의 학연과 지연을 중심으로 형성됐던 인간관계는 인터넷을 통해 더 다양한 집단으로 그리고 더 빠른 속도로 확대되고 있다. 이른바 '사이버레이션(cyberlation=cyber+ relation)'이다(한국경제신문, 경제용어사전).

인터넷이 인간관계에 일대 전환을 가져온 계기는 수년 전 전국을 떠들썩하게 했던 동창회 신드롬이다. '아이러브스쿨'이라는 인터넷 사이트를 매개로 연락이 끊겼던 동창들과의 연락이 이어지면서 동창회 네트워크가 부활한 것이다.

최근에는 사이버레이션의 배타성이 강해졌다. 왜냐하면 자신의 사생활이 노출될 수 있다는 불안감, 정보를 일방적으로 취하기만 하는 무임승차에 대한 거부감, 너무 많은 인관관계를 관리하는 데 따르는 어려움 등의 이유 때문이다. 이러한 이유로 실질적으로 도움을 주고받을 수 있고, 충분한 친밀감을 가진 사람들끼

리만 따로 모이자는 욕구가 생겨났다. 즉, 소규모 이너서클(inner cycle)이 나타나기 시작한 것이다.

사이버레이션이 소규모 네트워크를 중시하는 것과 연관되어 동일 제품을 소비하는 집단의 힘도 한 단계 커지고 있다. 이른바 프로슈머(prosumer=producer+consumer)의 출현이다. 프로슈머들은 제품의 가격 · 기능 · 디자인 등에 자신들의 목소리를 적극적으로 반영할 것으로 생각된다.

한편 기업들은 블루슈머(Bluesumer = Blue Ocean + Consumer)의 동향에도 관심을 기울어야 한다. 블루슈머는 경쟁자가 없는 미개척의 새로운 시장인 블루오션에 존재하는 소비자를 가리키는 말이다. 즉, 경쟁자가 없는 새로운 시장을 의미하는 '블루오션(blue ocean)'과 소비자를 뜻하는 '컨슈머(consumer)'의 합성어로, 블루오션에 존재하는 소비자라는 의미이다(네이버지식백과). 경쟁이 치열해지면서 블루슈머를 찾아내는 일도 중요한 과제가 되고 있다.

6) 소득불균형 심화

세계 각국의 경제가 성장할수록 분배의 불평등 정도는 심화되고 있다. 각국에서는 불평등 심화에 따른 사회적 비용이 상승하면서 문제로 대두되고 있다. 왜냐하면 분배의 불평등이 심화된 결과로 저소득층의 건강이 악화되고 생산성이 떨어지면 경제성장이 어려워지기 때문이다.

전 세계적으로 상위 1%에 속한 부유층은 지난 30년간 많은 부를 축적해 왔다. 미국의 경우 2012년 기준으로 상위 1%의 소득이 전체 국민소득에서 19%를 차지하고 있다. IMF가 2016년 3월에 발표한 '아시아 불평등 분석' 보고서를 보면, 우리나라 상위 10% 고소득층은 국민 전체 소득의 43%를 벌어들이는 것으로 나타났다. 싱가포르 42%, 일본 41%보다 더 많아, 아시아에서 가장 편중이 심하게 나타났다.

7) 1인 가구의 증가

통계청이 발표한 '2016년 인구주택 총조사' 결과에 따르면 총가구수 1,984만 가구 중 2015년 최대 가구 유형으로 떠오른 1인 가구는 전체 가구의 27.9%를 차지했고 증가 속도도 0.7% 포인트 증가했다.

1인 가구는 기존의 공동체 생활방식을 거부하며 혼자를 즐기는 사람들을 말한다. 이러한 가구들이 나이, 성별과 관계없이 증가하면서 '싱글(Single)'과 '솔로(Solo)'의 'S'와 세대(Generation)를 결합한 'S-Generation', 즉 S세대가 새롭게 대두되고 있다(아주경제, 2016.5.23).

1인 가구의 유형은 나홀로족, 킨포크(kinfork)족, 네오싱글(neo-single)족, 포미(For me)족, 어번그래니(Urban granny)족, 홀로서기족 등이 있다(국가통계포털, 네이버 지식백과, 정책브리핑, 세계일보, 매일경제, 아시아경제, 라이나생명 소셜미디어 제작 · 편집팀).

대한상공회의소에서는 "1인 가구 증가가 소비시장에 미치는 영향"을 조사한 결과에 기초하여 1인 가구 소비 키워드로 'S.O.L.O' 4가지를 제시하였다.

- Self(자기지향성 소비) : 1인 가구는 가장 큰 가계지출을 식생활비로 소비하고 있으며 여행, 문화강습, 공연 · 영화 관람 등을 통해 취미생활이나 자기개발에 대한 지출을 아끼지 않는다.
- Online(온라인 소비) : 1인 가구 소비자는 무겁고 부피가 크거나 구매 빈도가 잦은 상품을 온라인으로 구매하는 소비패턴을 갖고 있다.
- Low-Price(저가지향성 소비) : 이것은 세일행사를 기다리거나, 할인매장이나 교외 아울렛 등을 방문해 구매하는 것으로 가격대가 저렴하면서도 효율성을 추구하는 1인 가구의 특성이라고 할 수 있다.
- One-stop(편리지향성 소비) : 적은 양을 간편하게 소비하려는 1인 가구의 소비성향을 이용한 상품들이 지속적인 성장을 기록하고 있다.

미국, 일본 등 선진국 경제의 특징 중 하나로 꼽히던 솔로 이코노미가 우리나라 경제에서도 특징이 되고 있다. 1인 가구가 증가하면서 1인 가구 소비자인 싱글슈머(Single+Consumer)가 등장하고, 싱글슈머들은 솔로 이코노미를 구축하고 있다. 기업들이 1인 가구들을 위한 제품을 생산하고 판매하는 현상을 솔로 이코노미라고 할 수 있으며 솔로 이코노미의 핵심요소는 4S로 설명할 수 있다.

- Small : 1인 가구는 기존의 가구와 가전보다 더 작은 것을 사용한다.
- Smart : 1인 가구는 스마트한 제품을 선호한다.
- Service : 1인 가구는 간편하고 한 번에 해결하려는 원스톱 소비경향이 강하다.
- Selfish : 1인 가구는 '나'(Selfish)를 위한 소비 행위가 강하다.

4.2 경제환경 변화

경제환경 변화는 산업구조의 고도화, 소프트화, 외환 · 금융시장의 변화 가속화로 요약할 수 있다. 산업구조의 고도화 측면에서 보면 소비자 욕구의 다양화, 정보화의 진전, 기술의 하이테크화, 국제정세의 변화 등에 의하여 산업구조의 변화가 예상된다.

우리나라의 산업구조는 서비스산업 비율이 점점 확대되는 경제의 소프트화가 급속히 진행 중이다. 경제의 소프트화는 주로 산업구조에서 서비스산업의 비중이 커져가는 현상을 의미하며, 제품의 소프트화는 상품의 부가가치 중 소프트의 비중이 하드에 비해 상대적으로 높아지는 현상을 의미한다. 즉, 1차산업이나 2차산업에서 생산되는 제품 자체의 가치보다 여기에 부가되는 정보 · 서비스 등 무형의 가치가 높아지는 현상을 의미한다. 소비자의 소프트화는 소비자의 욕구가 다양화 · 개성화되고 소비행위가 성숙되는 현상을 의미한다.

일반적으로 경기는 불황, 회복, 호황, 후퇴의 4국면으로 순환해 왔다. 그러나

2008년 금융위기 이후 글로벌 경제는 호황국면에 진입하지 못하고 있다. 불황과 회복 구간 사이에서 움직임이 반복되고 있을 뿐이다.

앞으로 경기는 장기 경제성장 추세를 중심으로 끊임없이 상승(확장)과 하강(수축)을 반복할 것으로 보인다. 왜냐하면 인구증가로 인한 수요증가가 호황 국면을 이끌던 모습은 보기 힘들어졌기 때문이다. 2008년 금융위기 이후 각국은 통화팽창 정책을 펼쳤음에도 불구하고 지난 10년간 뉴노멀(저성장, 저금리, 저물가) 속 호황은 일어나지 않았다.

금융시장에서는 핀테크를 비롯한 전자금융의 발달에 주목해야 한다. 핀테크(Fintech)는 금융(Finance)과 기술(Technology)의 합성어로 IT 기술을 활용한 금융서비스를 의미한다. 이러한 핀테크는 전자상거래 시장의 성장, 비현금지급수단 이용의 증가, 인터넷 및 모바일 보급 및 이용의 증가 등에 기인하여 발전한 것이다.

글로벌 경제환경의 변화에서는 중국 경제의 급격한 성장에 주목해야 한다. 포춘이 발표한 2019년 글로벌 500대 기업[07]을 보면 2위, 4위, 5위를 중국기업이 차지하고 있다. 이러한 현상은 세계 전체의 경제지도가 바뀌고 있다는 것을 보여준다. 즉, 중국은 미국보다 훨씬 빠르게 성장하면서 미국의 수퍼파워를 추월하기 위해 노력하고 있다.

그러나 빠르게 성장하는 과정에서 과잉설비에 따른 낮은 설비가동률, 기업의 높은 부채비율 등 후유증도 나타나고 있다. 이러한 것들이 성장 과정에서 나타나는 한 가지 현상이라고 하더라도 경제성장 속도 감소는 세계경제에 심각한 영향을 미칠 수 있다. 즉, 중국경제가 저성장 기조로 돌아서면 상품, 에너지, 원자재의 수요가 줄어들게 되므로 대중국 수출의존도가 높은 국가의 경제가 영향을 받게 된다.

07 포춘 글로벌 500은 웹스터사전에 등재될 정도로 권위와 역사를 자랑하는 세계 기업 랭킹 리스트로, 연결재무제표상 매출액 기준으로 글로벌 기업을 평가해 매년 7월 상위 500대 기업을 발표한다.

4.3 기술환경 변화

오늘날 선진기업들은 첨단산업 및 기술을 중심으로 경쟁력을 확대시켜 나가고 있다. 우리나라의 기업도 신소재 · 유전공학 · 에너지기술 · 해양개발 · 항공우주기술 · 생명과학분야의 첨단기술을 개발하는 데 적극적으로 노력해야 한다.

경영산책 | 국민의 라이프스타일을 변화시킨 과학기술은 어떤 것이?

1950년대
- 공병우타자기
- 산림녹화임목육종(현신규)

1960년대
- 배추 품종개발(우장춘)
- 나일론 생산기술
- 화학비료 생산기술

1970년대
- 한국 고유모델 국산차(포니)
- 통일벼
- 게이지 이론의 재규격화(이휘소)

1980년대
- TDX-1 상용화
- 한탄바이러스 백신(이호왕)
- DRAM 메모리 반도체

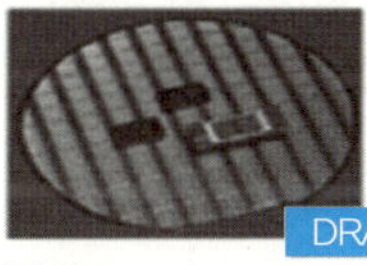

1990년대
- 우리별 인공위성
- CDMA 상용화
- 한국표준형 원전 설계기술

2000년대
- 글로벌 신약(팩티브)
- 인간형 휴머노이드(휴보)
- 초음속고등훈련기(T-50)

2010년대
- 우주발사체(나로호)

> 과학기술은 우리의 삶을 편하게 만들어줍니다.
> 우리는 무심코 지나치고 느끼지 못하지만 과학자들은 이 순간에도 우리의 삶을 조금 더 편하게 만들기 위하여 노력하고 있습니다.
> 과학자들에게 고마운 마음을 가졌으면 좋겠습니다.
> 마음의 박수를!!!
>
> 자료 : 산업일보, 국민 라이프스타일 변화시킨 과학기술, 2015.6.27.

1) 정보통신기술의 발전[08]

최근 기술적 부문에서 가장 큰 화두는 해체(unbundling) 현상이다. 이것은 급격하게 성장하고 있는 정보통신기술산업이 전통적인 산업을 해체시키는 것을 의미한다. 해체 현상을 가장 잘 보여주는 대표적인 사례가 핀테크이다.

핀테크는 정보통신기술(ICT : Information Communication Technology)과 금융서비스를 접목한 것으로 더 빠르고 편리한 서비스를 원하는 소비자들의 트렌드에 맞춘 비즈니스모델로 전통적인 금융산업을 빠르게 해체시켜 나가고 있다. 즉 핀테크는 금융회사들이 인력과 자본을 투입해 수행하던 금융서비스를 인터넷 등 정보 네트워크에 기반한 소프트웨어가 대체함으로써 나타난 결과이다.

식품분야에서는 푸드테크(foodtech)가 나타나고 있다. 이것은 식품분야 관련 서비스업에 정보통신기술을 접목한 것이다. 전통적으로 식품산업은 온라인화가 느린 특성을 보여주었지만 최근에는 서비스와 유통분야를 중심으로 온라인화가 활성화되면서 부상하고 있다. 즉, 식품산업은 품질이 균일하지 않아 가격비교가 어려우며, 유통기간이 짧아 배송에 어려움이 있던 문제를 갖고 있었지만 정보통신기술이 이러한 문제를 해결했기 때문이다. 미국 내 음식배달서비스 시장에서는 구글, 그루폰GROUPON 등 대기업들까지 가세하면서 전통적인 식품시장의 영역이 해체되고 있다.

---

08 이 부분은 삼정KPMG 경제연구원, 리질리언스, 올림, 2016, 36-38의 내용을 많이 참고하였음.

유통업에서는 유통과 기술이 합쳐진 리테일테크(retail+tech)[09]에 주목하고 있다. 이것은 소비자들이 정보를 얻고, 물건을 사고, 결제하는 행위가 이전과 달라지면서 생긴 변화이다. 기업들은 리테일테크(retail+tech)를 통해 얻어진 빅데이터를 활용하는 전략을 마련하고 있다. 예를 들면 고객별 맞춤형 쿠폰을 발행하는 등 새로운 마케팅 기법을 선보이는 기업들이 많아지고 있다.

해체 현상은 앞으로 모든 산업에 나타날 것으로 생각된다. 예를 들면 자동차산업에서는 자동차에 IT를 접목한 스마트 자동차가 출시되었으며, 향후 자동차 생산의 주체가 IT 기업이 될 수 있다는 전망까지 나오고 있다. 제조업에서도 IT의 영향으로 스마트공장이 가동되는 등 전통적인 영역이 사라지는 추세이고, 농업에서도 IT 기술을 활용한 스마트농장이 많아지면서 생산성이 높아지고 있다.

2) 혁신을 통한 초연결사회 진입

효율화는 기술혁신을 통해서 이루어진다. 19세기 후반 이후에는 미국의 기술혁신이 글로벌 경제를 지배했다. 19세기 후반 에디슨의 전구, 20세 초 포드의 T형 자동차 생산, 이후 컴퓨터 및 인터넷 시대를 주도한 것은 미국이었다. 미국은 시스코(CISCO), 오라클(Oracle) 등을 주축으로 초연결사회라는 새로운 시대를 제안하고 있다(젊은 노인의 탄생, 117–120).

초연결사회는 사물인터넷, 로봇, AI, 5G, 클라우드–빅데이터 등을 포함하는 4차 산업혁명으로 표현된다. 핵심은 인간의 신체적 능력을 뛰어넘는 컴퓨터와 인터넷 그리고 기계의 힘으로 스마트한 서비스를 제공하고 이를 통해 부를 창출하겠다는 것이다. 초연결은 사회의 자동화와 지능화를 구성하는 기본적인 요소로 노동인구 감소 및 고령화를 뒷받침할 요소이다.

---

09 리테일테크는 소매(retail)와 기술(tech)을 합성한 말로 마트, 편의점, 백화점 등 전통적인 오프라인 소매점과 이커머스, 방문판매에 이르기까지 모든 ICT 기술을 접목한 것을 뜻한다. 아마존의 무인점포시스템 '아마존 고', 알리바바의 슈퍼마켓 '허마', '이마트24 김포DC점' 등이 대표적 사례다.

4.4 정치 · 법률환경 변화

우리나라의 정치 · 법률환경 변화를 살펴보면 공정거래 · 소비자보호 · 환경보호 등 기업활동을 제한 내지 규제하는 경향이 증대되고 있다. 그리고 정보화로 인해 국민들의 여론형성 및 영향력이 강화되고 정치적 조직화, 로비활동 등 정치문화가 크게 변화하고 있다.

따라서 정치환경 변화에 위협을 받지 않도록 합법적 · 윤리적 · 도덕적으로 기업의 역할을 성실히 수행해 나가야 한다. 또한 지역사회의 발전에 기여, 삶의 질 향상, 환경문제 해결 노력 등을 홍보하는 것도 기업이 대응할 수 있는 방법이다.

최근 정치환경의 변화 중에서 가장 두드러진 것은 세계화 추세 변화이다. 세계화는 1980년대 말 이후 '탈냉전 시대(Post-Cold War Era)'에 본격적으로 전개되어 오늘날까지도 이어지고 있다. 즉, 냉전 시대가 끝남에 따라 군사적인 긴장이 완화되면서 경제 · 사회 · 문화에서의 장벽이 허물어졌고, 기업들은 새로운 시장을 개척하기 위하여 빠른 속도로 세계화를 진행하였다.

그러나 최근에 진행되는 세계화는 다른 모습으로 진행되고 있다. 중국경제가 성장함에 따라 미국과 중국의 양강 체제로 세계질서가 재편되고 있고, 높은 경제성장률과 교역량 증가로 세계시장에서 신흥국의 영향력이 점차 커지고 있다. 이러한 상황에서 각국은 경제주도권 확보를 위해서 경제 영토를 확대하는 등 국가 간, 지역 간 힘겨루기가 지속적으로 나타나고 있다.

경제 영토 확보를 위한 주도권 다툼뿐만 아니라 영토 분쟁 문제도 심화되고 있다. 아시아 지역에서는 중국이 우리나라, 일본 등의 동아시아 국가뿐만 아니라, 남중국해 영유권을 놓고 필리핀, 베트남 등의 동남아시아 국가들과 분쟁을 벌이고 있다. 또한 쿠릴 열도를 둘러싼 일본과 러시아의 영토 분쟁, 인도와 파키스탄의 대립, 북한의 핵 문제 역시 아시아의 중요한 갈등요소이다.

이처럼 세계 질서는 국가 간, 권력 간 갈등이 깊어지고 있고, 경제적으로 자국의 이익을 우선시하는 국가 이기주의가 점점 심해지고 있다. 따라서 기업들은 이

경영산책

기업들은 정부의 규제혁신 노력에 만족하고 있을까요?

지난 3년간 정부 규제혁신 노력 만족도

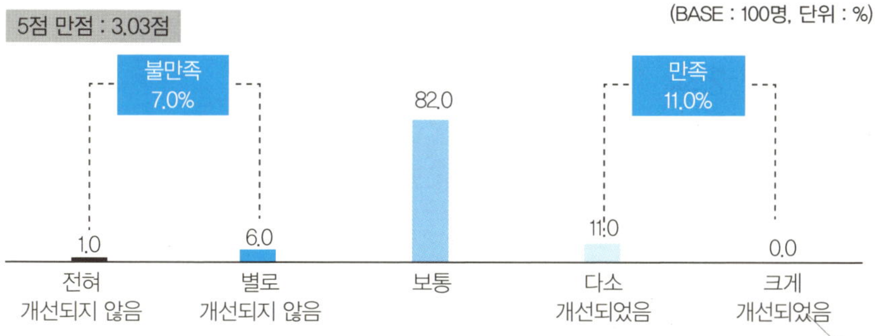

향후 정부 규제혁신 정책 성과 전망

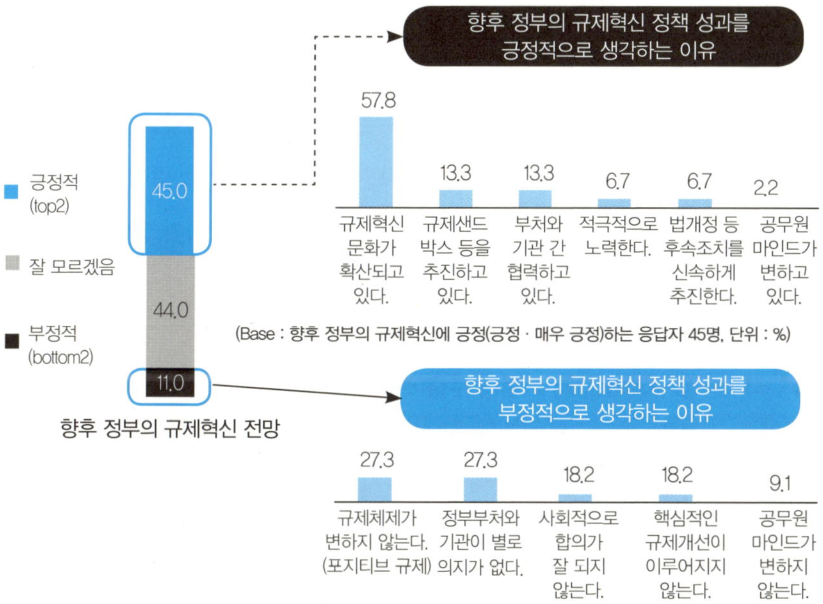

기업과 정부는 보는 눈이 달라서 차이가 항상 차이가 있습니다.
일치하면 좋겠지만.
여러분이 느끼는 것하고도 차이가 있나요?
차이가 있다면 원인을 여러 가지에서 찾아보는 노력이 필요합니다.

자료 ; 산업종합저널, 신산업 기업 규제혁신 문화 확산 중, 2021.1.28.

러한 흐름을 정확하게 면밀히 주시하지 않고 위험에 대처하지 못한다면 생존에 어려움이 심해질 것이다.

4.5 자연환경 변화

오존층 파괴, 지구온난화, 산성비 등 지구의 환경오염이 심각한 수준에 도달함에 따라 환경보존을 위한 국제적인 차원의 규제가 강화되고 있다. 즉, 환경파괴에 효율적으로 대처하기 위해 선진국을 중심으로 몬트리올의정서, 바젤협약 등 180여 건의 각종 환경협약이 체결되었거나 추진 중에 있다. 또한 환경기준에 미달하는 제품에 대해서는 수입을 규제하거나 수출국에게 폐기물 회수를 의무화하는 국가도 증가하고 있다.

각국의 환경규제 강화가 우리나라 기업의 수출에 미치는 영향을 단기와 장기로 구분해서 살펴보면 [표 3-3]과 같다. 유럽연합(EU)은 화장품에 부패방지용 파라벤 등의 유해화학물질 사용을 금지하는 한편 자동차 배기가스 배출량 기준치를 충족하지 못하면 수입금지 조치 등 불이익을 준다. 특히 중국은 보석류 및

표 3-3 국제환경 규제가 우리 기업의 수출에 미치는 영향

규제내용	시행국	업종	영향	
			단기	장기
화장품 유해물질 규제	EU	화장품	△	△
자동차 배출가스 규제	EU	자동차	△	×
백열전구(60W 이상) 판매금지	중국	조명	×	△
백열전구 판매금지	미국	조명	△	△
에너지가이드 라벨 규제	미국	전기전자제품	○	×
보석류 화학물질 허용농도 규제	중국	보석, 장식품	×	△
유전자원 사전승인 및 이익공유	전 세계	제약, 화장품, 식품	○	○

주 : ○높음, △보통, ×낮음

자료 : etnews.com, 2014.1.6, "국제환경규제 급증 추세 … 우리 수출에 변수"

장식품에 화학물질 허용농도를 개정하는 등 유럽 수준으로 규제를 점차 강화하고 있다. 미국은 냉장고와 세탁기에 의무적으로 부착해야 하는 에너지가이드 라벨을 개정했다.

또한 환경문제가 인류 생존에 영향을 미치는 요인으로 인식되면서 기업의 환경친화성을 감시하는 소비자운동이 확산되고 있다. 즉, 환경에 적은 영향을 미치는 제품을 선호하고 환경을 파괴하는 기업이 생산한 제품을 기피하는 적극적인 운동이 일어나고 있다. 이들은 환경을 파괴하는 기업에서 생산한 제품에 대해 불매운동을 벌이거나 소비자교육 등을 이용하여 간접적인 압력을 행사하고 있다.

국내기업들은 아직까지 환경문제에 대해 사고만 나지 않으면 된다는 식의 소극적인 자세로 대처하고 있다. 그러나 환경사고가 발생하면 불매운동으로 인한 매출감소, 배상금 지급으로 인한 경제적 손실, 신용저하 등의 피해를 입게 된다. 따라서 기업들은 앞으로 환경친화적인 경영을 통한 생존 · 발전을 도모해야 할 것이다. 환경규제 강화는 고성장을 지향해 온 세계경제를 환경을 중시하는 체제로 전환시키고, 또한 환경관련 산업의 출현이라는 새로운 기회를 기업에 제공하게 될 것이다.

경영산책 | 환경규제는 완화되고 있을까? 강화되고 있을까?

환경부 행정규제 추이

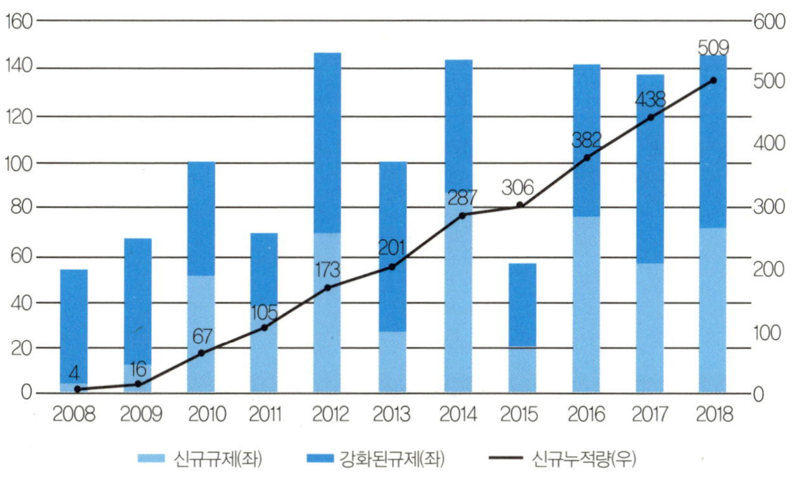

환경규제가 경영에 미치는 영향

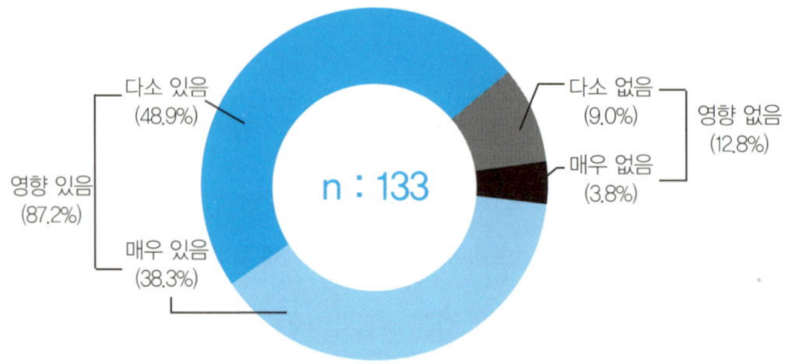

이행부담 큰 환경규제

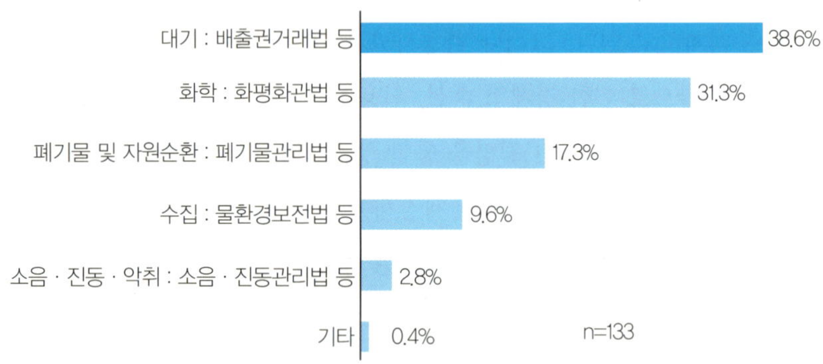

여러분은 기업환경에 대한 규제에 대해 어떻게 생각하나요?
환경규제는 강화, 완화, 유지 등 다양하게 이루어질 수 있습니다.
환경규제에 대한 생각을 나름대로 정리해 두는 것도 미래를 위해 도움이 되겠지요.
면접에서 물어볼수도 있으니까요!

자료 : 조선일보, 매년 바뀌고 늘어나는 환경규제…기업 10곳 중 7곳 "파악 어렵다" 2019.10.3.
뉴시스, 기업 87% "환경규제, 경영에 영향"…부담 큰 규제는 '대기 관련 규제, 2020.6.8.

5 우리나라 기업의 환경경영

환경경영은 기업활동에서 환경을 고려함으로써 경제적 성과와 환경적 지속가능성을 동시에 추구하는 일련의 경영활동이라고 할 수 있다. 즉, 제품개발에서 생산, 유통, 소비 및 폐기 과정에서 환경오염 물질 배출을 최소화하려는 기업의 노력을 의미한다. 따라서 환경경영은 경제적 수익성과 환경보존을 양립시키는 방향으로 기업활동을 전개하는 것을 말한다.

환경경영은 일상 업무 · 경영전략 수립에 환경 배려를 포함하는 환경시스템을 구축해 구성원을 포함하는 이해관계자들에게 환경교육을 실시하고, 각 분야에서 환경에 대한 감사(환경감사) 및 경영평가(환경회계)를 실시한다. 여기서 나타난 결과와 이후의 방향성에 관련한 정보를 공개(환경보고서 발행)하는 것이 환경경영의 기본이다. 이러한 환경경영을 그림으로 나타내면 다음과 같다.

그림 3-2 기업의 환경경영

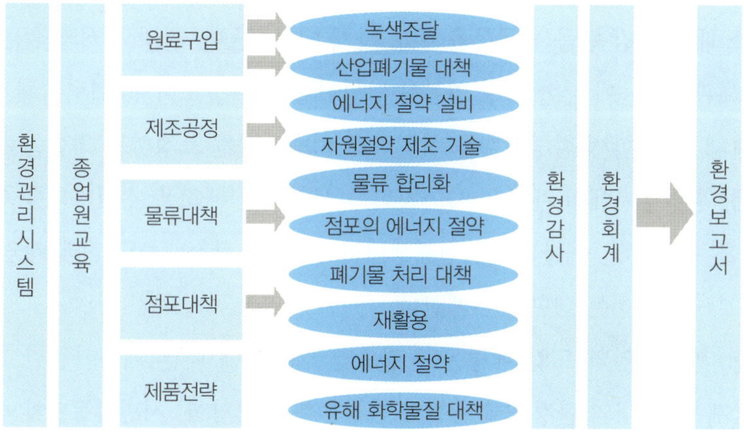

자료 : 기업의 사회적 책임, CSR 경영, 309.

기업들은 우선 환경경영 추진 수단으로 환경경영시스템을 구축하고 있다. 일반적으로 환경경영시스템은 환경효율을 추구하는 단계에서 도입된다. 도입 초기에는 기존 기술이나 설비 · 제품을 대상으로 에너지절약, 자원절약, 폐기물 발생 감소, 유해화학물질 사용 감소 등을 위해 노력한다. 이러한 활동이 정착된 다음에는 제조공정이나 제품설계, 비즈니스모델의 변화를 도모하게 된다.

다음은 녹색 구입 · 조달 단계이다. 녹색 구입 · 조달 활동도 도입 초기에는 문방구나 사무용 가구 등의 녹색화로 시작해, 이후에는 본업에 사용하는 원재료 조달 등으로 확대되는 경향을 보인다. 특히 최종 제품에 녹색 구입 · 조달을 철저하게 적용한다면 원료공급 단계까지 파급되는 효과를 기대할 수 있다.

마지막으로 환경회계는 환경경영의 실태를 확인 · 점검 · 공개 · 평가하는 시스템을 말한다. 그리고 환경경영에서는 기업의 환경문제를 총괄하는 책임자(CGO : Chief Green Officer)를 적극적으로 활용해야 한다. CGO의 존재는 환경 관련 업무의 전문성을 강화하는 동시에 소비자들에게 친환경 기업이라는 이미지를 심어주는 효과를 가져온다.

CGO의 업무는 크게 3가지로 구분된다(소림사에서 쿵푸만 배우란 법은 없다, 238-242). 첫째, 환경규제에 대한 기업 차원의 대응이다. 여기서는 에너지 효율 향상, 온실가스 배출량 감축 등의 활동을 주로 하게 된다. 둘째, 환경 문제와 관련된 기업의 이해관계자들에 대한 조정 업무를 담당한다. 주주, 소비자, 협력업체, 정부, NGO 단체 등과 함께 환경문제를 협의하고 이해관계를 조정하는 역할을 수행한다. 셋째, 환경분야에서 새로운 사업기회를 선점하여 새로운 수익기회를 창출하는 업무를 수행한다. 예를 들면, 신재생에너지 사업, 탄소배출권 거래 사업 등으로 사업영역을 넓히는 역할을 수행한다.

이러한 환경경영의 도입 배경은 환경오염 심각성에 따른 지속가능한 개발의 대두, 국제 및 국내의 환경규제 강화와 환경정책의 다양화, 시민운동단체의 성장과 환경소비주의의 등장, 환경시장의 확대 등을 들 수 있다.

5.1 지속가능한 개발 개념의 등장

오존층의 파괴, 지구온난화, 산성비, 생태계의 파괴, 황사현상 등에서 볼 수 있듯이 환경오염은 이제 심각한 단계에 접어들고 있다. 이러한 환경오염에 따라 지속가능한 개발이라는 개념이 등장하였다.

지속가능한 개발(ESSD : Environmentally Sound and Sustainable Development)은 자연과 조화를 이루면서 장래세대의 수요를 충족시키는 능력을 손상하지 않는 형태로 현세대의 수요도 만족시키도록 하는 개발을 의미하는데 개발과 보존, 경제성장과 환경보호, 인간과 자연의 조화로 설명될 수 있다. 따라서 지속가능한 개발이라는 새로운 패러다임의 등장으로 경제적 수익성과 환경적 지속가능성의 조화를 새로운 기업경영의 목표로 설정하고 있다.

5.2 국제 환경규제 강화

1992년 리우환경회의를 계기로 각종 국제환경협약이 발효되기 시작하면서 기업과 국가에 대한 국제 환경규제의 압력이 강화되기 시작하였다. 이외에도 선진국들은 환경보호를 위해 환경기준을 강화하거나 생산자에게 폐기물 회수를 의무화하는 등의 규제조치를 강화하고 있다.

5.3 국내 환경규제 정책의 변화

우리나라 환경정책의 특징은 우선 각종 규제기준이 강화되고 있다는 점이다. 그리고 사후 규제위주의 정책에서 벗어나 사전예방체제로 전환을 시도하고 있다는 점이다. 이러한 정책의 변화는 기업의 환경친화적 생산활동을 유도하는 효과를 가져오게 될 것으로 생각된다.

예를 들면, 환경부가 시행하고 있는 '환경친화적 기업지정제도'는 경제적 인센티브를 부여하여 기업이 자발적으로 환경개선을 하도록 유도하는 사전예방적인 정책으로 볼 수 있다. 그리고 통상산업부의 '환경친화적 사업구조로의 전환촉진에 관한 법률'은 기업의 생산공정개선, 청정생산기술 개발의 촉진 및 환경산업 육성을 통한 환경친화적 사업구조를 유도하려는 것이다.

5.4 환경소비주의 등장

환경운동단체의 성장과 환경소비주의의 등장은 기업의 환경경영을 가속시키는 새로운 압력으로 등장하고 있다. 이러한 압력은 윤리의식이나 규제보다 기업에 더 큰 영향을 미치게 된다.

5.5 환경시장의 확대

환경관련 규제 및 법제도의 정비에 따라 환경시장의 규모는 점점 확대되고 있다. 예를 들면, 공해방지관련 투자, 자동차 배기가스 정화기술 개발, 새로운 에너지원 개발 등 새로운 환경시장이 형성되거나 기존시장의 규모도 급속히 성장하고 있는데, 이러한 것들은 기업에 새로운 성장의 기회를 제공하게 된다.

환경규제에 따른 기업의 환경친화적 경영은 단기적으로 추가비용을 유발하지만, 기업이윤과 환경보존 활동의 양립이 가능하다는 것을 선진국 기업들은 보여주고 있다. 경우에 따라서는 환경경영이 기업경쟁력의 원동력이자 수익의 원천이 되기도 한다.

우리나라 기업들의 환경경영이 부진한 이유는 여러 가지로 생각할 수 있으나 다음과 같이 요약할 수 있다.

1) 환경경영에 대한 경영자의 인식부족

환경경영은 최고경영자의 의지 및 지원에 의존하는 경향이 강하다. 그러나 우리나라 기업의 많은 최고경영층이 '환경경영은 비용유발'이라는 인식에서 벗어나지 못하고 있다.

2) 환경위험에 대한 인식결여

기업에 대한 잠재적인 환경위험은 시장위험, 법적 위험, 경영위험, 무역위험 등으로 구분할 수 있다. 시장위험은 불매운동, 경쟁력상실, 매출감소, 시장개척의 기회상실 등으로 나타난다. 그리고 법적 위험은 기업활동 규제, 영업정지, 인허가 취소, 부담금 및 벌금 등이다. 경영위험은 오염복구 및 처리비용 증가와 가동률 하락 등으로 나타난다. 마지막으로 무역위험은 수주기회의 상실, 반품, 클레임, 현지공장 폐쇄 압력 등을 들 수 있다. 우리 기업들은 이러한 환경위험에 대한 인식이 부족하다.

3) 체계적인 환경관리시스템 미비

환경경영은 기업 내의 일부 부서 또는 전문가에 의한 기술적 방식에서 벗어나 전 구성원의 참여를 바탕으로 기업 차원에서 실시되어야 한다. 그러나 우리나라의 대부분 기업들은 환경전담 부서가 없는 경우도 많으며 있더라도 형식적인 체제만 갖춰 놓은 경우가 많다.

경영산책

환경경영을 하면 성과가 좋아질까요?

유통 · 식음료 · 패션 업계 친환경 정책

롯데마트	2025년까지 비닐 · 플라스틱 사용량 50% 감축
현대홈쇼핑	아이스팩 수거 캠페인, 접착제 없는 배송박스 도입
롯데칠성	국내 생수 브랜드 최초 무라벨 생수 출시
CJ제일제당	무색 PET병 도입, 뚜껑과 용기 사용 플라스틱 10% 감축
오비맥주	카스 병맥주 포장용 종이상자, 100% 재활용 가능 재생용지로 교체
아디다스	2020년 출시 제품, 재활용 폴리에스테르 비중 50% 이상 적용
아모레퍼시픽	화장품 공병 회수해 재활용하는 '레스 플라스틱' 캠페인 진행

에코경영의 성과는 어느 정도인가

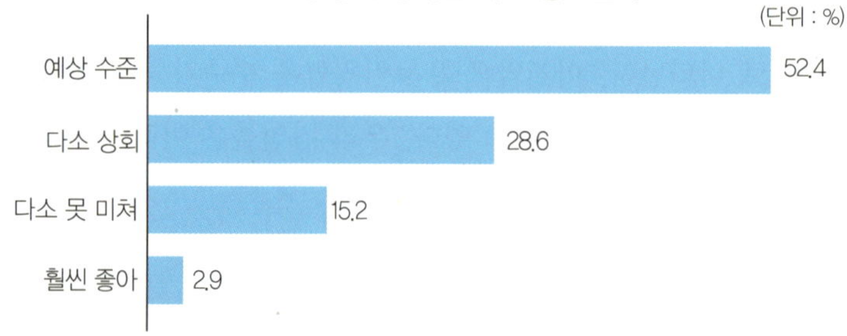

자료 : 서울경제 105개사 설문

우리나라 기업들이 환경 친화적인 경영을 이행하면 성과가 좋아지면 더 좋겠습니다.
이러한 결과가 나오면 더 많은 기업이 동참하게 되고
우리의 미래는 더 밝아질 테니까요.

자료 : 서울경제, 기업 99% "환경규제만 말고 에코경영 지원정책 병행해야", 2020.4.27.
아시아경제, 유통 · 식품업계, 친환경 정책 '强 드라이브', 2020.6.8.

Business and Society

PART 02 기업과 사회의 공생

CHAPTER 04 | 기업윤리

CHAPTER 05 | 기업의 사회적 책임

CHAPTER 06 | 기업문화

CHAPTER 04

기업윤리

1 기업윤리란?

1.1 개념

일반적으로 윤리는 인간행동의 옳고 그릇됨을 판단하는 사회의 규범을 의미한다. 이러한 윤리가 사회구성원인 기업에 적용될 때 기업윤리가 된다. 기업윤리는 일반적인 윤리와 다른 특별한 윤리규범이 아니라, 기업경영이라는 특정 상황에 적용되는 응용윤리의 하나로 볼 수 있다.

기업윤리는 "기업경영에서 나타나는 의사결정이나 행동의 옳고 그름 또는 선과 악을 구분해주는 판단기준과 도덕적 가치와 관련된 기업경영의 의사결정과정"으로 정의할 수 있다. 즉, 기업윤리는 기업활동에서 발생하는 문제들을 해결하기 위하여 도덕적 · 윤리적 원칙을 적용하는 것이라고 할 수 있다(Weiss, 1994).

사람들은 자신에게 가장 좋은 것을 옳은 것이라고 생각하고, 옳고 그름 사이에서 자신에게 유리하도록 행동하려는 경향을 보인다. 최근 기업들에서 터져 나오는 부정 스캔들은 이러한 사고방식에서 나온 것이다.

여기서 청렴, 인간생명 존중, 정직, 용기, 자기희생 등은 옳은 것이며, 부정, 비겁함, 잔혹함 등은 그릇된 것이다. 예를 들면 웹사이트에서 얻은 정보를 편집하여 출처를 밝히지 않고 사용하는 표절은 오늘날 학교에서 행해지는 가장 흔한 형태의 부정행위이다(경영학의 이해, 128-129).

한편, 윤리적 기업은 기업활동에 관한 의사결정을 하거나 활동을 수행할 때에 사회와 기업의 균형을 취함으로써 이해관계자들의 존경과 신임을 받는 회사를 의미한다.

1.2 기업윤리와 기업이익

기업이 얻게 되는 이익은 '좋은 이익'과 '나쁜 이익'으로 구분할 수 있다. 나쁜 이익은 단기적으로는 이익이지만, 장기적 이익을 희생하면서 얻어진 경우를 말한다. 예를 들면, 비용문제 때문에 고객에 대한 A/S비용을 줄인다면, 비용이 감소하니까 이익은 늘어나지만, 고객들의 불만이 커지게 되면서 장기적 이익이 희생되는 결과가 발생된다.

좋은 이익은 단기적 이익과 장기적 이익을 균형 있게 취하는 것을 의미한다. 어느 한쪽의 이익도 놓치지 않고 균형을 추구하는 것이다. 기업에 가장 나쁜 영향을 미치는 것은 계속해서 나쁜 이익만을 취하는 것이다. 이런 행동은 눈앞의 당장은 좋을지 몰라도 기업이 망하는 지름길이 된다.

기업의 임원들은 장기적 이익을 희생하더라도 단기적 이익을 추구하고 싶은 유혹을 받게 된다. 왜냐하면 임원들의 성과는 단기적 이익인 지난해의 이익에 의해 결정되는 것이 일반적이기 때문이다.

윤리적 기업은 윤리와 기업이익을 잘 조화시키는 기업이다. 기업의 윤리수준과 기업이익을 이용하여 기업을 네 가지 유형으로 분류할 수 있다.

표 4-1 기업윤리와 이익의 관계

윤리수준과 이익수준이 모두 낮은 기업	사회적으로 존재할 필요도 없고, 계속해서 존재할 수도 없는 기업
윤리수준은 낮지만 높은 이익을 얻고 있는 기업	사회적으로 바람직하지 못한 기업
이익은 등한시 하면서 윤리수준을 높게 유지하려는 기업	높은 비용부담으로 장기적으로 존재가 불가능해지는 기업
윤리수준과 이익수준이 모두 높은 기업	가장 이상적인 기업

자료 : 삼성경제연구소(1997)

[표 4-1]에서 가장 이상적인 기업은 기업이익과 윤리수준을 잘 조화시켜 사회적으로 존경받는 기업이다. 기업이 윤리수준을 높게 유지하는 경우 얻게 되는 긍정적인 측면은 기업외부와 기업내부의 두 가지 측면에서 파악할 수 있다.

우선 외부적으로는 기업이미지 향상, 고객충성도 향상, 판매증가 등의 효과를 얻을 수 있다. 그리고 내부적으로는 종업원의 자부심향상, 생산성향상, 품질향상, 판매증가 등의 효과가 발생한다. 따라서 기업이 윤리수준을 높게 유지하는 경우 기업의 장기적 이익증대에 도움이 될 것이다.

그림 4-1 윤리경영과 기업이익

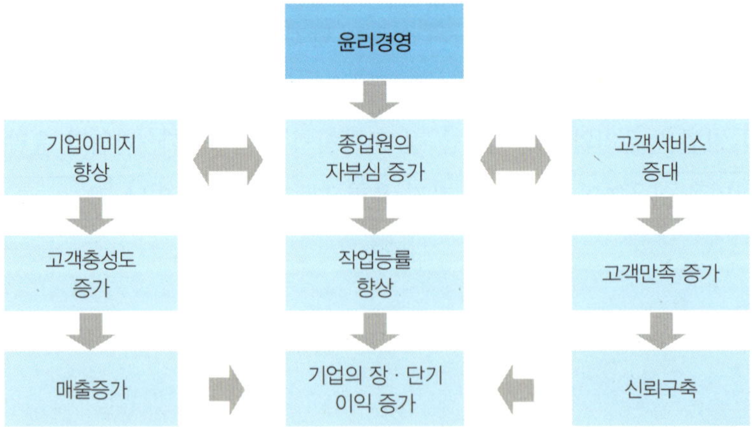

자료 : 한국보훈복지재단, "윤리경영 자유실천 매뉴얼"의 내용을 수정

기업이 윤리경영을 실천하면 단기적인 비용이 증가하면서 효율성이 악화될 수 있지만 장기적으로는 기업의 경쟁력을 향상시킨다고 할 수 있다. 윤리경영과 기업이익의 관계를 나타내면 [그림 4-1]과 같다.

경영산책 | **기업이 정직하면 손해를 볼까요?**

기업이 정직하게 소비자들을 위한 제품과 서비스를 생산하고 제공한다면
좋은 결과를 얻는 것이 당연하겠지요.
여러분이 평소에 생각했던 것과 일치하나요?
기업이 목표로 하고 있는 이익을 얻기 위해서는 허용되지 않는 수단을 써도 될까요?
'이번 한번만 하지 뭐!'라는 생각은 안 되겠지요.
검은 유혹에 넘어가지 말아야 하는데…
여러분은 어떻게 생각하는지를 간단하게라도 정리해 두는 것이 좋겠지요.

자료 : 동아일보, 너무 정직하면 손해? 부정한 기업이 성과 떨어져, 2020.8.19.

2 기업이 윤리적 행동을 해야 하는 이유는?

오늘날 기업은 기본적인 경제적 역할의 수행은 물론이고, 사회기대에 부응할 수 있는 사회적 책임과 기업윤리를 실천해 나가야 한다. 기업이 윤리적 행동을 수행해야 하는 이유는 다음과 같다.

2.1 사회기대 충족

기업의 이해관계자들은 기업이 높은 윤리기준을 가지고 사회적 책임을 완수하기를 기대한다. 따라서 기업윤리의 준수는 사회적 정당성 획득의 기반이 된다. 사회가 기업의 역할이나 활동을 인정할 때 기업은 생존 · 성장할 수 있게 된다. 즉, 사회가 요구하는 윤리수준을 기업이 유지할 경우에만 사회적 정당성을 얻게 되고, 사회의 인정을 받아서 계속기업으로 존속 · 발전할 수 있게 될 것이다.

기업이 비윤리적 경영활동을 하게 되면 사회적 불신과 비판이 증가하고, 비윤리적 활동을 규제하는 각종 법규가 많아지게 된다. 따라서 기업이 높은 수준의 윤리성을 유지하게 되면 장기적인 측면에서 기업의 신뢰성을 높여주고 수익성 · 성장성 · 안정성도 증대될 것이다.

2.2 피해예방

기업과 종업원들이 윤리적 행동을 해야 하는 이유는 기업의 이해관계자들에게 피해를 주지 않으려는 데 있다. 즉, 기업이 경영활동을 수행하는 경우 사회 및 이해관계자집단에 미치는 피해를 최소화하려는 것이다.

가장 강력한 윤리기준 중의 하나는 "피해를 주지 말라"는 단순한 문장으로 나타낼 수 있다. 많은 윤리적 기준은 다양한 형태의 피해로부터 사회를 보호하기 위해 운영되고 있다. 따라서 기업은 이러한 사회의 윤리기준을 충족시키는 행동을 해야 한다.

2.3 종업원 만족 및 보호

기업은 종업원의 생산성을 향상시키기 위해서 윤리적 행동을 하여야 한다. 종업원 개인의 양심이나 윤리적 신념에 반대되는 부도덕한 행동이 강요되는 경우에 종업원은 윤리적 갈등과 스트레스를 받아 근로의욕을 상실하게 될 것이다. 또 기업의 비윤리적 행위는 종업원의 근로태도에 영향을 주므로 불량품이 생기게 된다. 따라서 결과적으로는 기업의 이익에도 영향을 미치게 된다.

반대로 높은 수준의 윤리성이 유지되는 기업에서 일하는 종업원들은 자부심과 보람을 느끼게 되므로 생산성이 향상될 것이다. 윤리적 환경의 조성과 윤리적 안전기준의 설정은 종업원 만족 및 기업성과 향상에 중요한 요인으로 작용한다 (Staples, 1994).

2.4 기업보호

기업은 이윤추구를 목적으로 만들어진 조직체이다. 따라서 기업은 이익에 대한 확신이 없으면 투자하지 않는다. 기업이 이익을 추구하면서 윤리를 지키는 것이 가능할까? 시장경제에서는 이익과 도덕이 상충하고 사람들은 이 경우 이익을 먼저 선택한다고 가정한다. 특히 경영자들은 부가가치와 이윤을 창출해야 하기 때문에 이익을 우선적으로 생각하게 된다.

기업 경영자와 구성원들이 이익을 윤리보다 우선적으로 생각하여 행동하는 경우 윤리적 문제가 기업의 지속가능성을 해치는 상황을 발생시킨다. 기업이 반복적으로 행하는 비윤리적인 행동들은 기업이익 측면에서도 바람직하지 않다. 왜냐하면 기업의 비윤리적인 행동은 기업이익을 훼손시키기 때문이다.

다음 두 질문에 대한 답을 통하여 보면 기업의 윤리적인 행동은 경쟁력과 지속가능성 측면에서도 바람직한 기업전략이 된다는 것을 알 수 있다.

첫째, 소비자 입장에서 윤리적인 기업의 물건을 구입하겠는가? 아니면 비윤리적이고 정직하지 않은 기업의 제품을 구매하겠는가?

둘째, 구직자 입장에서 사회적으로 칭찬받는 회사에 입사를 지원하겠는가? 아니면 비난받는 회사에 지원하겠는가?

한국형사정책연구원이 국내 20개 기관 및 기업 종사자 394명을 대상으로 한 '직장절도' 실태 보고서에 따르면, 응답자 5명 중 1명은 법인카드를 개인적 용도에 사용하는 동료를 본 적이 있다고 응답했다.

그림 4-2 '직장절도' 경험률

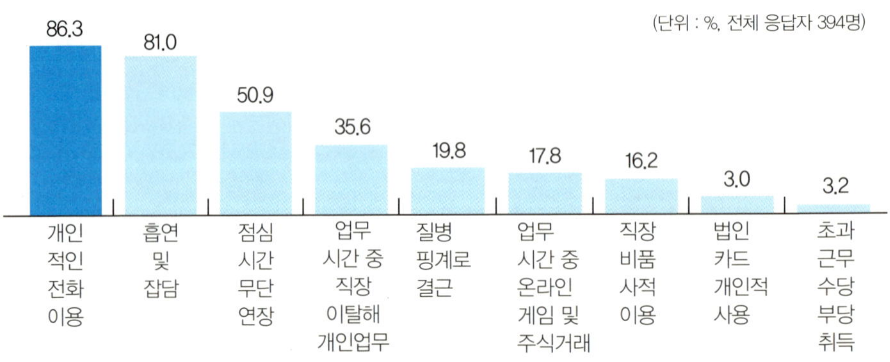

자료 : 한국형사정책연구원

직장 비품을 사적으로 이용한 동료를 본 적 있다는 응답도 31.3%, 직장의 물품을 무단 반출하는 것을 본 경험도 15.3%에 달했다. 직장절도란 근로자가 업무 수행 중 회사에 유 · 무형의 피해를 주는 각종 일탈행동을 뜻하며, 국내에서는 아직 생소하지만 서구 학계에서는 폭넓게 인정받고 있다(유홍준 · 장준오, 한국 근로자의 직장절도에 대한 태도 : 경험과 인지, 한국형사정책연구원, 2008).

경영산책 | 우리는 기업을 어떻게 생각하고 있을까?

'갑질' 키워드에 의한 뉴스 기사수

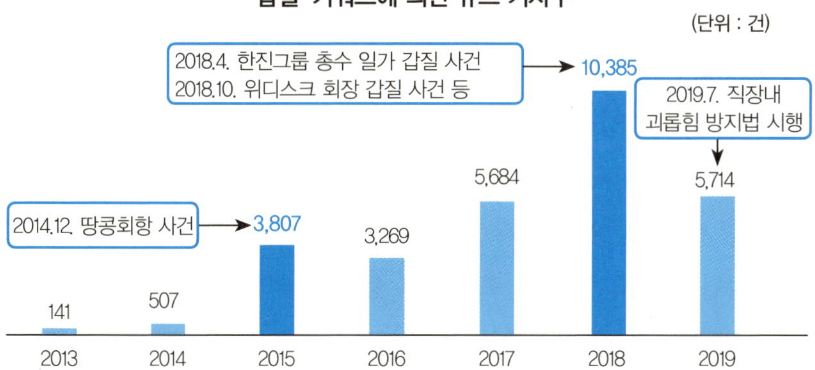

기업 규모가 커지면서 여러 가지 비윤리적인 행태가 나타나고 있습니다.
그림에 나온 것처럼 최고경영자의 도박, 성추행, 폭행, 갑질 등이 일어나면
기업에 안 좋은 영향을 미칩니다.
여러분도 분노하겠지요!
이런 일이 되풀이되지 않으면 좋겠는데.
여러분이 관심 있는 기업 중에 이런 사례가 있는지 조사해보세요.

자료 : 서울경제, 갑질 · 성추문 · 폭행… '윤리'를 버린 기업, 시장의 버림받다. 2018.4.47.
한국경제, 기업이 '갑질'로 잃게 되는 세 가지, 2020.2.19.

3 기업윤리는 어떤 요인 때문에 등장하였는가?

기업에서 윤리적 문제는 뇌물수수, 불량품 생산, 재무제표 조작, 부실시공, 환경훼손 등 매우 다양한 형태로 발생한다. 여기서는 기업이 비윤리적으로 행동하게 되는 주요한 원인에 대해서 알아본다.

3.1 개인적 이익과 이기심

다른 모든 사항에 앞서 자신의 사리사욕만을 추구하는 경영자 또는 종업원들은 다른 사람들이 수용하는 일반적인 윤리기준을 무시하는 경향이 있으며 "윤리기준은 다른 사람들을 위해 만든 것"으로 생각한다.

기업구성원 개인의 이익욕구 또는 탐욕 등이 윤리적 문제를 유발한다. 기업은 때때로 일반적인 기준에 미달하는 개인적 가치를 갖고 있는 사람을 종업원으로 고용하기도 한다. 이들은 다른 무엇보다도 개인적인 부를 우선적으로 추구하며, 다른 종업원이나 기업, 사회에 미치게 될 영향은 고려하지 않는다. 그러므로 종

업원 채용시 윤리기준을 적용하여 윤리적 소양을 측정하려는 노력이 필요하다.

또한 기업은 구성원의 윤리의식 향상을 위하여 노력할 필요가 있다. 왜냐하면 기업구성원의 윤리의식 향상은 기업성과로 연결되어 궁극적으로 기업의 경쟁력 강화에 기여하게 되기 때문이다.

3.2 이익추구에 대한 압력

기업경쟁이 치열해지면 이윤확보를 위해 비윤리적 행동을 하게 되는 경우가 있다. 즉, 이익증대를 위해 기업구성원에게 지나친 압력을 가하는 것은 결과적으로 비윤리적 행위를 유발시키게 된다. 특히, 기업의 성과가 경쟁기업의 성과나 산업평균 성과보다 낮은 기업의 경우에 기업의 생존을 위해 비윤리적 행동을 취할 가능성이 높다(McCuddy 외 2인 공저, 1993). 그러나 성과가 높은 기업도 비윤리적 행동을 할 수 있다는 점에서 본다면 지나친 기업성과의 추구는 비윤리적 기업행위를 유발하는 한 가지 요인이 됨을 알 수 있다.

3.3 기업목표와 개인가치 상충

기업이 기업구성원의 윤리적 가치에 위배되는 목표를 추구하거나 그러한 방법을 사용하는 경우에도 기업구성원의 윤리적 갈등이 야기되고 문제가 생긴다. 즉, 기업이 다른 종업원, 고객, 기업, 사회에 피해를 줄 수 있는 방법을 기업의 목적달성을 위해 종업원에게 강요할 때 윤리적 문제가 발생하게 된다.

3.4 문화차이

기업이 다른 지역 · 국가에서 경영활동을 수행하는 경우에 기존 영업활동 지역의 윤리기준과 문화의 차이에 의해 윤리적 문제가 발생한다. 따라서 경영자는 종업원들의 심리적 갈등을 없애기 위해서 지속적인 교육을 할 필요가 있다.

또한 서로 다른 지역 · 국가 간 윤리적 기준이 다를 경우 기업은 윤리적 기준을 설정하는 데 어려움을 겪게 된다. 특히 특정 사회의 관행이 다른 지역 및 국가에서 기업의 비윤리적 행동에 대한 변명으로 이용되어서는 안될 것이다.

3.5 사회요구 변화

사회의 생활수준과 의식수준이 높아짐에 따라 기업의 윤리적 경영활동과 사회적 책임수행에 대한 압력이 점차 커지고 있다. 즉, 경제수준의 향상에 따라 인간다운 삶의 질을 추구하려는 소비자의 가치관과 윤리수준은 더 높아지고 있다.

4 기업윤리에는 어떤 것이 있는가?

모든 기업의 윤리적 문제가 동일한 것은 아니다. 기업윤리는 대인접촉윤리, 기업정책윤리, 기능별 윤리로 구분할 수 있다(Vitell 외, 1987).

4.1 대인접촉윤리

대부분의 기업에서 빈번하게 발생하는 윤리문제이다. 왜냐하면 기업의 모든 활동은 인적자원에 의해 수행되기 때문이다. 예를 들어, 감독자는 종업원의 생활수준, 가족문제, 개인적 목표 등 다양한 형태의 개인적 문제에 직면하게 된다.

기업은 인적자원의 상호작용에 의해 구성되기 때문에 대인접촉 윤리문제가 항시 발생하게 된다. 경영자와 종업원들은 활동을 수행하면서 이러한 문제에 공통적으로 직면하게 된다. 경영자들은 부적절한 가격, 뇌물, 고객 기만, 종업원 부당대우 등의 비윤리적 관행을 제거하기를 희망한다. 기업의 경영자와 종업원들은 개인적인 기준과 직무에서 요구하는 윤리기준이 다를 때 갈등에 빠지게 된다.

4.2 기업정책윤리

기업은 때때로 기업의 모든 하위부문의 활동에 영향을 미치는 윤리적 문제에 직면하게 된다. 기업정책 의사결정에서 발생하는 윤리적 문제는 기업의 최고경영자에 달려 있다. 왜냐하면 최고경영자와 이사회는 기업정책의 결정과 실행에 대한 책임이 있기 때문이다. 이러한 정책에 포함되는 윤리적 내용은 기업의 모든 부문에 영향을 미치게 된다. 따라서 최고경영자는 윤리기준을 확립하고 종업원 및 외부 이해관계자에게 확고한 의지를 보여주어야 한다.

4.3 기능별 윤리

기능별 윤리는 회계 · 마케팅 · 재무 · 정보시스템 등 기업의 기능별 분야에서 발생한다.

1) 회계부문윤리

일정기간 동안의 경영성과는 손익계산서에, 일정시점의 재무상태는 재무상태표에 표시된다. 기업의 활동결과에 대한 자세한 정보를 제공하는 재무제표에 영향을 받고 또 관심을 가지는 이해관계자에는 경영자, 투자자, 정부, 세무당국, 노동조합 등이 있다. 이들은 기업이 공표하는 재무제표에 기초하여 의사결정을 하고 있다.

따라서 기업이 행한 회계처리와 재무제표에 고의과실 · 부정 등에 의한 비윤리적인 내용이 있다면, 이해관계자의 불신을 초래하여 기업활동이 어려워진다. 즉, 기업이 합법적 · 윤리적으로 회계처리를 해주기를 기대하는 이해관계자의 기대에 어긋나면, 기업의 공신력은 피해를 받게 된다.

2) 마케팅윤리

기업의 여러 부문 활동 중에서 기업 외부와 접촉이 가장 많은 부문이 마케팅부문이다. 마케팅활동에서는 기업과 고객이 직접적으로 만나게 되므로 기업의 얼굴 역할을 한다. 따라서 고객은 기업의 마케팅활동을 보고 기업의 윤리성을 평가하게 된다.

고객과의 관계에서는 가격결정, 촉진활동, 광고, 제품정보, 광고대행사와의 관계, 시장조사 등에서 문제가 발생할 수 있다.

경영산책 | 식품의 허위, 과대광고를 알고 있나요?

허위 · 과대 광고란?

식품 등의 표시 · 광고에 관한 법률 제8조
부당한 표시 또는 광고행위의 금지
1항. 누구든지 식품등의 명칭 · 제조방법 · 성분 등
대통령령으로 정하는 사항에 관하여 다음 각 호의 어느 하나에
해당하는 표시 또는 광고를 하여서는 아니된다.

식품의약품안전처에서는 식품과 관련한 허위, 과대광고에 대한 규제를 하고 있습니다.
여러분이 평소에 봤던 광고에서 이미지가 떠오르나요?
기업은 정직하게 돈을 벌어야 합니다.
왜냐하면 정직하지 않은 방법으로 돈을 벌면 발 뻗고 잠을 잘 수가 없기 때문이에요.
설마라고요?
진짜에요.
나중에 여러분이 돈을 벌어보면 알게 됩니다.
정직하게 벌어야 합니다.
약속!

자료 : 식품의약품안전처 홈페이지 정보그림뉴스, 식품통계로 알아보는 허위, 과대광고 이야기

3) 재무윤리

1980년대와 1990년대에 가장 심각한 윤리적 문제를 일으킨 분야가 재무부문이다. 재무부문과 관련되는 윤리적 문제는 기업의 자금조달에 관련된 윤리적 문제, 기업의 소유구조에 관계된 윤리적 문제, 기업 자금의 횡령, 배임, 개인적 사용 등과 관련된 윤리적 문제 등이 있다.

기업 재무부문의 윤리적 수준을 높이기 위해서는 경영정책의 기본목표를 단기적인 이익극대화가 아니라, 기업의 존속과 장기적인 성장에 두어야 한다. 그리고 이러한 성장을 달성하기 위해 필요한 적정수준의 이익을 추구해야 한다.

4) 정보시스템윤리

기업윤리 중 가장 빠르게 변화하는 분야가 정보시스템윤리이다. 정보시스템의 윤리문제는 개인의 사생활 침해와 관련되는 것, 정보전달의 정확성과 관련되는 것, 정보의 소유권 문제 등으로 구분할 수 있다(George 외, 1991). 정보기술의 발달에 따른 사생활 침해 문제, 개인정보 누출문제, 전자메일, 팩스, 전화통화의 비밀보호 문제, 소프트웨어의 불법복제 문제 등에서 급격한 변화가 발생하고 있다.

5) 기타

생산부문의 경우 기술의 도용이나 모방, 법에서 인정되지 않는 자재 사용, 작업환경과 근로조건이 개선되지 않는 경우 등에서 윤리적 문제가 발생한다. 구매부문의 경우는 공급업자로부터 더 높은 가격으로 공급받는 문제, 구매시 사적인 감정이 개입되는 의사결정 문제, 경쟁 공급자에게 정보제공, 구입 또는 촉진활동시 대가요구 문제 등이 있다.

5 기업윤리의 발전단계와 경영방식

5.1 기업윤리의 발전단계

기업윤리의 발전단계는 기업이 이윤추구와 윤리를 어떻게 균형시키는가를 기준으로 5단계로 구분할 수 있다(국민권익위원회 기업윤리 브리프스, 2013년 6월호).

1단계는 무도덕단계(amoral stage)이다. 이 단계의 기업은 소유주와 경영자만 이해관계자로 인식하고 이익극대화를 위해서만 노력한다. 기업이 비윤리적인 행위를 해서 발생하는 비용은 이익을 얻기 위한 대가로 생각하며, 그러한 비용보다 이익이 크면 된다고 생각하는 단계이다.

2단계는 준법단계(legalistic stage)이다. 기업은 윤리적 행위를 위한 노력을 하지는 않지만, 적어도 법규는 준수하려고 한다. 이 단계의 기업은 법규를 어기지 않으면 윤리적이라고 인식하며 그 이상의 노력은 하지 않는다.

3단계는 대응단계(responsive stage)이다. 3단계의 기업부터 윤리적 문제를 생각하기 시작한다. 기업은 사회적 책임을 인식하기 시작하고 기업의 이해관계자와의 관계를 고려하며 대외적 이미지 개선을 위해 노력한다. 그렇지만 기업은 이익극대화를 가장 먼저 생각하며, 이를 바탕으로 윤리적인 경영을 한다.

4단계는 윤리관 태동단계(emerging ethical stage)이다. 기업이 윤리와 기업이익의 균형을 찾으려고 노력하는 단계로, 기업의 목적 · 기업의 경영이념 등을 규정할 때에 윤리를 반영시킨다. 기업윤리강령 제정, 기업윤리위원회 설치 등의 활동을 하고 윤리문제를 인사평가에 반영시킨다. 이 단계의 기업은 이익을 포기하더라도 윤리행위를 오히려 중요시 여기는 경우도 있다.

5단계는 윤리적 선진단계(developed ethical stage)이다. 이 단계는 윤리적으로 가장 높은 단계로 명확한 윤리관과 윤리원칙을 규정하고 모든 기업구성원이 그 원칙에 따라서 윤리와 관련된 기업문제를 개선하고 해결하도록 요구하고 있다. 5단계의 기업은 기업이익을 윤리 다음의 고려사항으로 취급한다.

그림 4-3 기업윤리의 발전단계

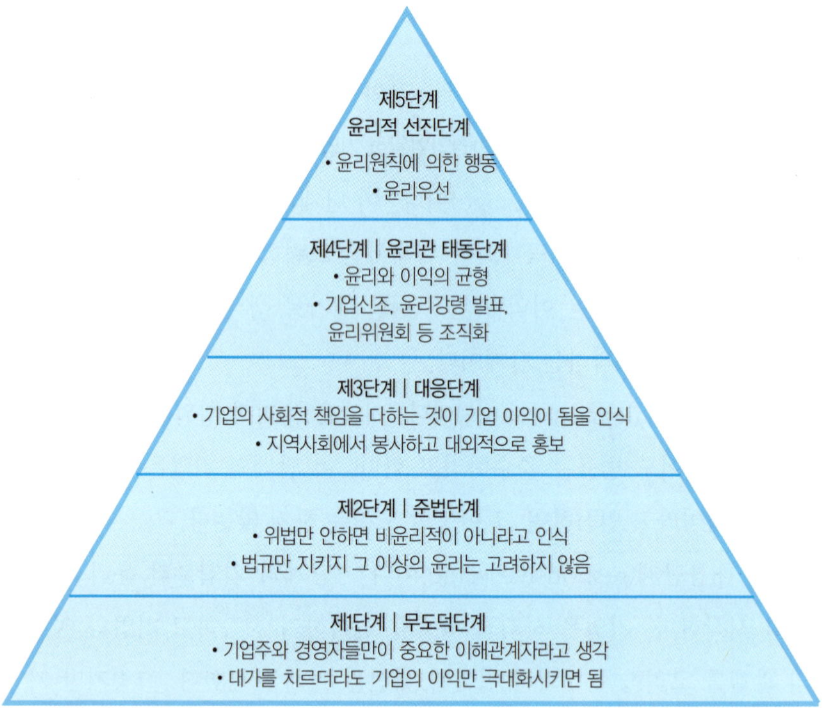

자료 : Reidenbach, R. E. & D. P. Robin(1991). "A conceptual model of corporate moral developmentt", *Journal of Business Ethics*, April.
국민권익위원회 기업윤리 브리프스, 2013년 6월호

5.2 기업윤리에 따른 경영방식

기업이 기업윤리에 대해서 취하는 입장에 따라 경영방식을 구분하면 비윤리 경영, 초윤리 경영, 윤리 경영 등으로 구분할 수 있다.

표 4-2 기업윤리와 경영방식

구분	비윤리 경영	초윤리 경영	윤리 경영
윤리규범	경영의사결정 및 행동은 윤리와 대립	경영의사결정 및 행동은 윤리와 독립	경영의사결정 및 행동은 윤리와 일치
기업목표	수단을 가리지 않고 이윤추구	법 기준 내의 이윤 추구	법과 윤리 기준 내의 이윤추구
기업의 책임	경제적 책임	경제적 책임 + 법적 책임	경제적 책임 + 법적 책임 + 윤리적 책임
법률규범	법은 기업목표 달성의 장애물	법은 기업활동의 제약조건	법은 최소한의 기준

자료 : 위키백과

1) 비윤리 경영

비윤리 경영방식은 이윤추구를 위해서는 기업윤리는 물론 법과 제도도 장애물로 취급하는 전근대적인 경영 방식을 말한다. 최근에는 거의 존재하지 않는다.

2) 초윤리 경영

초윤리 경영방식은 경영과 윤리를 별개의 영역으로 인식하여 합법적인 테두리 내에서는 어떠한 행동을 해도 좋다는 입장을 취하는 방식이다.

3) 윤리 경영

윤리 경영방식은 기업이 적법성 여부뿐만 아니라 입법의 취지, 사회통념까지 감안하여 기업윤리를 추구하는 것을 말한다.

6 기업윤리를 효율적으로 실천하려면?

기업이 기업윤리를 실천하는 경영을 하려면 모든 의사결정이 기업에서 설정한 윤리기준에 맞도록 행해져야 한다. 왜냐하면 기업과 관련을 가지는 다양한 환경요소들이 기업의 윤리적 의사결정에 영향을 미치기 때문이다. 기업이 윤리경영을 효율적으로 수행하는 데 필요한 요소들은 다음과 같다.

6.1 최고경영자의 의지

경영자가 결정한 윤리적 원칙과 기준은 기업의 모든 의사결정과 행동에 영향을 미친다. 그러므로 기업의 윤리수준을 결정하는 중요한 요소의 하나는 최고경영자의 태도라고 할 수 있다. 최고경영자의 윤리관이 확고해야 하며, 또 기업윤리를 실천할 의지가 있어야 한다.

최고경영층이 기업윤리기준에 대한 원칙과 정책을 정하고, 시행방법을 제시하여 기업 내부에 윤리적 의사결정 및 활동을 촉진하는 분위기를 조성해야 한다. 이를 토대로 최고경영층은 기업구성원들의 행동에 대해 엄격한 윤리적 통제를 해야 한다.

구체적으로 최고경영자는 기업의 윤리와 행동에 대한 간결하고 명확한 정책수립, 기업의 윤리기준에 부합되는 종업원 채용, 기업성과와 윤리적 행동에 따른 인사고과 등의 행동을 통하여 기업윤리를 강화할 수 있다.

6.2 윤리의 제도화

최고경영자의 기업윤리에 대한 방침과 의지는 일반적으로 윤리헌장 또는 윤리강령의 형태로 나타난다. 기업구성원의 행동이나 의사결정의 기준이 되는 기업윤리헌장을 제정하고 모든 구성원이 이를 지키도록 하는 것이 필요하다.

윤리강령은 최고경영자 및 종업원의 윤리적 · 도덕적 신념과 수준을 대내 · 외적으로 알리고 실천하기 위한 것이다. 구체적인 목적으로는, 첫째 종업원들에게 윤리적 판단기준을 제공하고, 둘째 기업윤리 관련문제를 사전에 예방하며, 셋째 경영전략, 집행계획, 교육프로그램에 윤리관련 요소에 대한 기준 제공, 넷째 종업원 행동준칙에 금지된 사항이면 상사의 명령이라도 거절할 수 있는 근거로 활용 가능하도록 하는 것이다(국민권익위원회 홈페이지).

그림 4-4 윤리강령의 활용

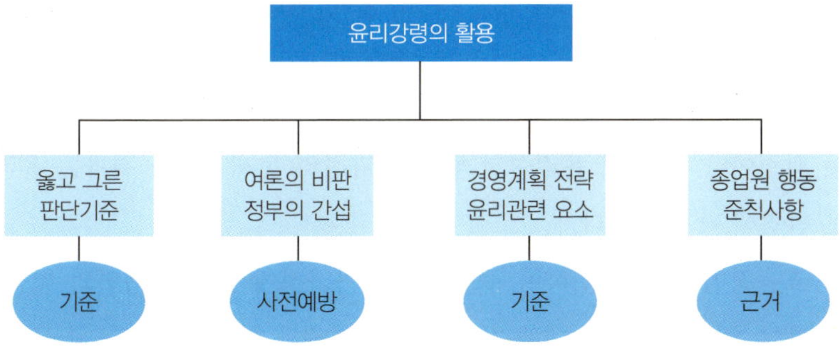

자료 : 국민권익위원회 홈페이지

6.3 교육강화

기업윤리수준의 향상을 위해서는 설정된 기업윤리를 의사소통 · 교육 · 훈련 등의 방법을 이용하여 강화하여야 한다. 기업윤리에 관한 내용을 교육시킴으로써 윤리적 차원에서 업무수행과정의 문제를 이해하고 해결할 수 있는 역량을 키워 주게 된다.

윤리기준에 위배되는 행동은 공정하게 처벌하되, 활동 수행 후의 처벌을 강화하는 것보다는 사전예방에 중점을 두고 교육을 하는 것이 바람직하다. 또한 윤리규범은 반드시 실행되어야 한다. 규칙 위반 행동이 발생했을 경우 윤리 프로그램을 참고하여 적시에 적절한 행동을 취하는 것은 매우 중요하다. 왜냐하면 이것은 윤리규범이 중요하다는 것을 모든 이해관계자들에게 알리는 최선의 방법이기 때문이다.

특히 기업은 공급업자와 하도급업자들, 판매대리점과 고객들에게도 윤리 프로그램을 알리고 교육시키는 것이 필요하다. 윤리적 내용을 무시하려는 압력은 외부에서도 발생하기 때문이다.

6.4 윤리감사

윤리감사는 윤리강령, 윤리훈련 프로그램 등이 적절히 기능하고 있는지를 검토하는 과정이다. 그리고 윤리실천 및 관리과정의 통제 · 평가 결과는 윤리실천 활동에 반영해 나가야 한다.

또한 효율적인 실천을 위하여 구성원의 평가과정에 윤리적 측면의 비중을 높게 설정하여 윤리적 행동에 대해 적절한 보상을 해야 한다.

경영산책 | 착한기업을 알고 있나요?

'착한제품' 만드는 주요 기업들

기업	재무평가	기업평판	내용
LG유플러스	84.9	80.5	고독사 예방 스마트 기기
CJ제일제당	84.2	81.4	저단백밥
KT	83.1	80.5	고독사 예방 전등
엔씨소프트	93.2	85.2	지적장애인용 게임
매일홀딩스	79.2	77.5	특수분유
한독	78.4	78.2	특수영양식

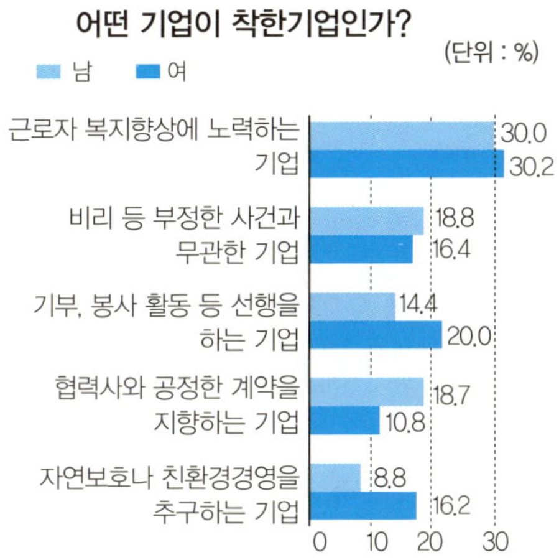

많은 취업 준비생들이 회사 선택 시 연봉, 복리후생을 우선 생각한다네요.
저자도 똑같을 것 같아요.
하지만 반드시 모두가 그러는 것은 아니겠죠.
돈보다 더 중요한 가치가 있는 곳이라면 보다 의미 있는 일을 한다는
자부심을 느낄 수 있기 때문이죠.
여러분들이 나중에 이런 기업에 취업할 수 있다면 좋겠네요.
착한기업은 사회에 꼭 필요하기 때문에 누군가는 해야 합니다.
여러분들은 앞으로 이런 기업의 제품에 더 많은 관심을 가졌으면 좋겠습니다.

자료 : 서울경제, 돈보다 더 중요한 가치'…착한기업을 소개합니다, 2019.2.18.
아시아경제, "착한기업 제품 비싸도 쓰겠다." 2018.8.6.

7 윤리경영

7.1 윤리경영이란?

윤리경영은 기업활동에 있어 기업윤리를 최우선 가치로 생각하며, 투명하고 공정하며 합리적인 업무수행을 추구하는 것을 의미한다. 윤리경영과 사회적 책임의 공통점은 기업이 활동하는 사회에 대한 책임을 강조하는 개념이라는데 있지만, 구체적인 차이점은 다음과 같다(기업윤리경영 지원 활성화방안, 국민권익위원회, 2013).

윤리경영은 의사결정을 할 때 어떤 가치에 기반을 두고 할 것인가에 초점을 두는 것으로 기업 내부의 의사결정 전략으로 볼 수 있다. 윤리경영이 지향하는 목표는 기업가치 극대화, 기업경쟁력의 극대화, 기업의 효율성 증대에 있다.

반면에 기업의 사회적 책임은 기업환경을 둘러싼 이해관계자에 대한 책임을 강조하는 것으로서, 기업이 얼마나 사회공헌활동을 하는가를 나타내는 것이다. 사회적 책임의 목표는 정부가 해결하지 못하는 부분의 민간부문 보완으로 사회적 공헌을 하는데 있다.

표 4-3 윤리경영 · 사회적 책임 · 지속가능경영

구분	윤리경영	사회적 책임	지속가능경영
개념 발전 과정	법규준수 및 직원의 윤리적 의사결정과 판단 기준	기업이 갖는 책임으로서 사회적 측면에서 발전	지구환경을 보전하기 위한 '지속가능한 발전' 개념에서 출발
현재 정의	기업정보 공개에 관한 투명경영과 기업의 사회적 책임 개념까지 일부 도입되었으나, 직원의 윤리적 의사결정을 위한 준거기능이 더 강함	사회적 측면 이외에 환경적 측면까지 수용하게 됨	'지속가능한 발전'이라는 개념에 경영방식을 접목시켜 기업의 지속가능성을 향상시키기 위한 '지속가능경영' 개념이 발전됨

자료 : 산업정책연구원, 지속가능경영의 이론과 실천, 2011; 국민권익위원회, 2012.

한편 지속가능경영은 미래 환경문제 해결에 초점을 두고 있는 개념이다. 이렇게 개념적 차이가 존재하는 것은 윤리경영은 직원들의 윤리적 의사결정 차원, 사회적 책임은 기업이 부담해야 할 사회적 측면, 지속가능경영은 지구환경 보전을 위한 측면에서 발전되어 왔기 때문이다. 최근에는 윤리경영, 사회적 책임, 지속가능경영의 개념은 서로 연계된 개념으로 이해되고 있다.

윤리경영은 정치적, 경제적, 규범적(법+윤리) 관점에서 이해하는 것이 일반적이다. 정치적 관점에서 윤리경영은 정부, 언론, NGO 등의 압력에 따른 정당성을 확보하기 위한 이익공유, 환경책임, 사회공헌 행위를 하는 것이다. 경제적 관점에서 윤리경영은 기업이 양질의 제품과 서비스를 생산, 제공하고 고객, 투자자, 부품 공급자 등 다양한 이해관계자에게 적절한 이익을 창출하는 행위를 말한다. 규범적 관점에서 윤리경영은 법과 윤리라는 사회규범에 부합하는 경영행위로서, 법적 규범은 강제성을 띠지만 윤리적 규범은 사회구성원이 일반적으로 기대하는 자율적으로 준수해야 할 가치를 일컫는다(국민권익위원회 홈페이지 자료).

7.2 윤리경영을 해야 하는 이유

윤리경영을 실시해야 하는 이유는 먼저 대외적인 환경 변화에서 찾을 수 있다. 예를 들면, 외국에서는 투명경영을 비롯하여 매우 높은 수준의 사회적 책임을 요구하고 있다. 그리고 기업과 기업인의 부패에 대한 의식도 높아지고 있다. 따라서 윤리경영을 해야 하는 이유로는 대외환경의 변화, 투명경영 요구, 기업의 사회적 책임, 글로벌 스탠더드와 같은 것들을 생각할 수 있다(신세계로 향한 윤리경영 오디세이, 신세계, 2006, 32-38).

다음으로 기업 내부에서 윤리경영의 필요성을 찾는 것이 필요하다. 첫째, 우선적으로 고려할 것은 업종의 특성이다. 예를 들면, 유통업의 경우 사원들이 현금을 만지는 일이 많고, 협력회사와의 관계에서는 상품 입고와 매장 진열에 우위를 선점하려는 경쟁 때문에 뇌물, 향응제공과 같은 부정적 요인에 항상 노출되어 있기 때문에 윤리의식이 중요하다.

둘째, 기업 내부의 조직문화적 측면에서 찾을 수 있다. 동양적 문화는 사람 간의 관계를 매우 중요시한다. 우리나라 기업들의 사훈에 '인화(人和)'가 많은 것도 이러한 것을 반영한 것이다. 물론 기업이 목적을 달성하기 위해서 구성원들이 서로 화합하고 협조하는 차원에서 인화는 필요하다. 문제는 인화로 포장된 학연·지연·혈연의 관계, 즉 '우리가 남이가?'로 나타낼 수 있는 연고주의, 정실주의, 파벌, 세몰이 등의 부정적인 측면이 존재한다는 점이다. 즉 인화의 부작용이 윤리경영의 필요성을 제기하는 것이다.

이 외에도 불공정한 평가, 성희롱, 부당대우, 여성인력에 대한 차별, 장애인 고용문제 등 조직 내 윤리와 관련된 것에서도 윤리경영의 필요성을 찾을 수 있다.

기업이 윤리경영을 시작하기 전에 결정해야 하는 사항은 다음과 같다.

첫째, 윤리경영을 실시해야 하는 이유는 무엇인가?

둘째, 윤리경영을 위해 무엇을 해야 하는가?

셋째, 윤리경영을 실시하는데 현실적인 장애요인은 무엇인가?

한편 윤리경영을 추진하는 과정에서의 장애요인은 다양한 분야에서 나올 수 있다. 그 중에서도 우선적으로 해결해야 할 것은 임직원들의 반감이다. 왜냐하면 윤리라는 단어가 주는 부정적 인식 때문이다. 윤리경영을 한다고 하면 임직원들은 자신들을 도둑놈 취급한다고 생각할 수 있다.

이 외에도 임직원 무관심, 윤리경영에 필요한 인적·물적 자원 부족, 윤리경영에 대한 정보나 노하우 부족, 단기 영업실적 압박 등을 들 수 있다. 외부에 존재하는 장애요인은 공공부문의 투명성 부족, 공공부문의 뇌물 및 부패, 관료주의, 정경유착, 불법정치자금 등을 들 수 있다.

윤리경영에서 발생하는 윤리적인 문제는 이해관계가 복잡하게 얽혀 있기 때문에 윤리적인지 아닌지를 판단하기가 어렵다. 왜냐하면 윤리적 갈등 상황에서 의사결정이 어려운 것은 그것이 옳고 그르고의 문제가 아니고, 옳은 것 사이에서 어느 것이 더 옳은 것인지를 판단해야 하기 때문이다. 따라서 윤리경영이 제대로 실천되려면 경영의 일부분이 아니라 경영 그 자체여야 한다. 이해관계자별 윤리경영 갈등을 정리하면 다음과 같다.

표 4-4 이해관계자별 윤리경영 이슈

이해관계자	추구가치	윤리경영 관련 이슈
경쟁자	공정한 경쟁	불공정거래, 지적재산권 침해, 덤핑
고객	신의, 성실	결함상품, 허위/과장광고, 정보은폐
투자자	공평, 형평	내부자거래, 분식결산, 시세조작
직원	인간의 존엄성	고용차별, 사생활 침해, 작업안전
지역사회	기업시민	산업공해, 폐기물 불법처리
정부	엄정한 책무	탈세, 뇌물, 공무방해
국제관계	공정한 거래	덤핑, 유해물 수출
지구환경	공생관계 모색	환경오염, 지역파괴

자료 : 국민권익위원회(2012).

그리고 윤리경영의 실천과정에서 이해관계가 상충되는 경우 윤리경영의 의사결정 원칙인 합법성, 투명성, 합리성에 기초하여 판단해야 한다. 합법성이란 법규에 어긋나지는 않는가에 대한 판단기준이다. 투명성이란 내용과 절차에 숨김과 거짓이 없는가에 대한 판단기준이다. 합리성이란 이해관계자의 공감을 얻을 수 있는가에 대한 판단기준을 말한다. 최종적인 판단을 내리기 전에 이 3가지 기준을 적용했을 때 '그렇다'라고 응답할 수 있어야 한다.

7.3 윤리경영에 대한 보상

기업이 윤리경영을 수행하는 경우 얻게 되는 보상은 조직적 차원과 개인적 차원으로 구분할 수 있다(존 페버 지음, 권오열 역, 사랑받는 기업의 조건, 161–164). 기업이

윤리경영을 수행하고 얻게 되는 보상은 브랜드 구축, 최고의 인재 확보, 시장의 창조, 기업의 명성 구축 등으로 요약할 수 있다.

첫째, 브랜드 구축이다. 윤리경영은 기업 브랜드의 실적을 높이고 명성을 강화하는데 도움을 준다. 브랜드의 이익을 확대하는 데는 정부나 지역사회 또는 다른 협력업체들과의 제휴가 필요한 경우도 있다.

둘째, 최고의 인재 확보이다. 윤리경영은 유능한 인재를 끌어들이고 유지하는데 도움이 된다. 윤리경영을 지속적으로 수행하면서 사회의 발전을 위해 노력하고 있다는 사실은 유능한 인재들의 입사 결정에 중요한 영향을 미치게 된다.

셋째, 시장의 창조이다. 기업이 윤리경영을 통해 더 풍요하고 건강한 사회를 창조하는데 기여함으로써, 소비자들이 기업 브랜드를 구입할 수 있는 시장을 만들어나가는데 도움을 받게 된다. 이것은 윤리경영이 일방적인 것이 아니라 호혜적 관계에 있다는 것을 보여주는 것이다. 왜냐하면 윤리경영을 통해 기업 명성이 높아졌을 뿐만 아니라 사업도 더 성장했기 때문이다.

넷째, 기업의 명성 구축이다. 최근에 기업 명성은 만질 수는 없지만 매우 실질적인 가치를 가지는 경영자원으로 인정받고 있다. 윤리경영을 통해 좋은 일을 하는 기업으로써의 이미지가 높아지면 기업의 성장에 도움을 주게 된다.

다음으로 기업의 임직원들이 윤리경영을 통해서 얻게 되는 보상은 크게 두 가지로 요약할 수 있다.

첫째, 기업에 대한 자긍심과 책임의식이 높아진다. 즉 윤리경영을 직접적으로 실천하면서 그것이 없었다면 느끼지 못했을 고객에 대한 책임의식을 느끼게 된다.

둘째, 개인적 성장의 원천이 된다. 윤리경영을 실천하는 행동은 윤리경영이 지향하는 궁극적인 변화를 더욱 깊게 이해하게 한다. 이러한 과정을 거치면서 윤리경영을 통한 사회에 대한 기여가 개인의 성장에 긍정적인 영향을 미치게 된다.

그림 4-5 윤리경영과 기업성과

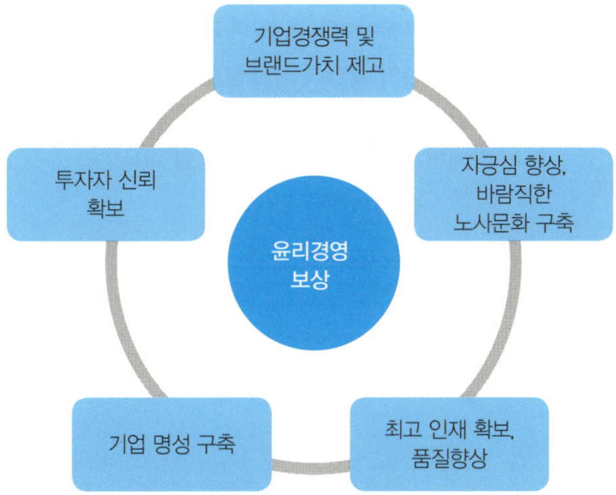

경영산책 | 윤리하고 담쌓은 남양유업은?

'갑질' 사태 이후 곤두박질친 남양유업 영업실적

자료 : 금융감독원

'아 옛날이여!'라는 노래가 생각나게 하는 기업.
그림에서 보면
2013년 대리점에 제품 밀어내기를 무리하게 하고 나서
대국민 사과를 했을 때도 실적은 추락하기 시작했네요.
이때부터 이미 조짐이 보이기 시작했지만

경영진은 '소귀에 경 읽기'식 my way 경영을 계속 했고요.
'불가리스'가 코로나19 억제에 효과가 있다고 거짓 정보를 흘린 결과?
회장님이 울면서 사과를 했지만
끝없는 추락을 하다가 결국 사모펀드에 매각수순으로 갔네요.
윤리를 저버리면 어떤 대가를 치르게 되는지를
잘 기억해야 할 텐데…

자료 : https://www.hankyung.com/economy/article/2021052778161

CHAPTER 05 기업의 사회적 책임

1 기업과 사회의 관계

기업과 사회는 서로 협력하며 발전하는 관계이며 진공상태에서는 경제활동을 제대로 수행할 수 없다. 기업과 사회의 관계는 기업의 사회적 영향력 증대, 이해관계자집단의 기대와 압력 증가, 기업의 사회적 참여, 사회적 책임에 대한 평가 등으로 요약할 수 있다.

그림 5-1 기업과 사회의 관계

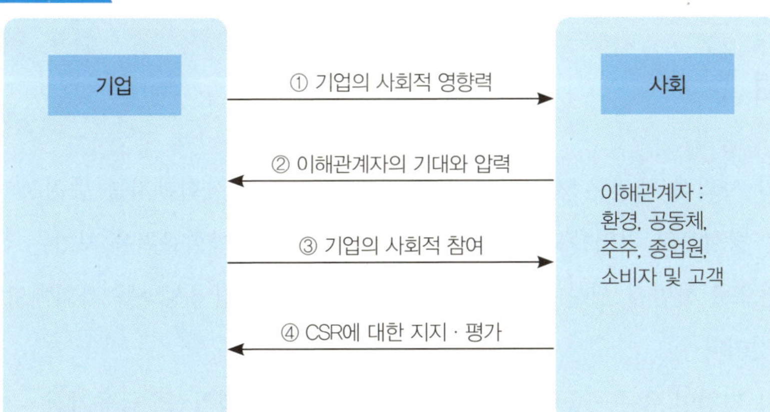

자료 : 기업의 사회적 책임, CSR 경영, 31.

[그림 5-1]에서 기업의 사회적 영향력은 기업활동의 전 과정에 적용되는 기업의 사회적 책임을 의미한다. 이것은 기업경영의 바람직한 방향을 나타내고 기업이 수행하는 사회적 책임의 핵심 내용이 되며 이해관계자에 대한 책임이 된다.

이해관계자의 기대와 압력 증가는 기업이 사회의 요구 변화에 따라 새로운 상품과 서비스를 제공할 수 있는 경영활동을 해야 함을 의미한다. 기업이 보유하고 있는 다양한 자원, 연구개발 능력을 사회적 문제 해결에 활용하려는 노력을 해야 하는 것이다.

기업의 사회적 참여는 기업의 사회공헌활동을 의미한다. 2000년대 이후 기업에 요구되는 역할은 점점 더 증가하고 있다. 과거에는 지역사회의 문제를 해결하는데 NPO, NGO의 역할이 컸으나 점점 기업이 차지하는 비중이 확대되고 있다. 기업은 과거부터 행해온 기부, 자원봉사활동 외에 보유하고 있는 기술, 지식 등의 경영자원을 활용한 사회공헌활동을 해야 한다.

2 기업은 왜 사회에 책임을 져야 하나?

2.1 개념

기업의 사회적 책임은 기업이 이익을 추구함에 있어 사회복지를 증진시키고 보호하는 방향으로 기업을 경영해야 함을 의미한다. 즉, 사회규칙을 지키는 것을 전제조건으로 하면서 생산기능을 효율적으로 수행하고 경영성과를 사회에도 배분하는 것이다.

따라서 기업이 주주 · 종업원 · 공급업자 · 소비자 · 경쟁기업 · 금융기관 · 지역사회 등 이해관계자의 이익을 추구하는 경영을 계속할 때 사회적 책임을 수행하는 것으로 볼 수 있다. 이를 위해서 기업은 우선적으로 소비자들이 원하는 제품과 서비스를 제공하여 생활수준을 향상시키는 책임을 수행하여야 한다. 그리고 이러한 경제적 책임의 수행과정에서 기업과 관련되는 이해관계자집단의 관심을 반영할 수 있도록 의사결정을 해야 한다.

과거에는 기업행동이 사회에 미치는 결과를 무시하고도 기업을 경영하는 것이 가능했다. 그러나 기업이 사회에 미치는 영향력이 커지면서 사회적 책임 및 경영윤리에 대한 인식이 기업경영에 반영되기 시작하였다.

기업의 사회적 책임을 하나로 통일해서 정의하는 것은 어렵지만 다음과 같이 요약할 수 있다(신유근, 1994).

첫째, 사회적 책임은 사회의 목표나 가치에 맞는 정책을 수립하거나, 행동을 추구해야 하는 기업의 책임을 의미한다.

둘째, 사회적 책임은 기업의 활동에서 발생하는 문제의 해결과 윤리의 준수를 의미한다.

셋째, 사회적 책임은 기업에 대한 사회적 기대의 반응을 의미한다.

넷째, 사회적 책임은 경제적 · 법률적 · 윤리적인 행동을 통해 사회로부터 정당성을 인정받는 것을 의미한다.

이상의 정의를 종합해보면 기업의 사회적 책임은 "기업활동으로 인하여 발생하는 문제를 해결함으로써 이해관계자의 요구나 기대를 충족시켜 주는 기업의 활동"이라고 할 수 있다. 이러한 사회적 책임은 기업환경 변화에 따라 기업이 지향해야 할 이상적인 의사결정의 방향을 선택하는 것과 관련을 갖는다.

2.2 등장배경

기업의 사회적 책임이 강조되기 시작한 것은 기업시스템에 대한 인식변화, 기업의 영향력 증대, 기업활동에 대한 규제 등에서 찾아볼 수 있다.

1) 개방시스템 사고

기업은 사회의 요구를 받아들이고 기업과 관련된 정보를 사회에 공개해야 한다. 기업이 사회의 요구를 무시하는 행동을 하게 되면 사회로부터 정당성을 인정받지 못하게 된다. 따라서 기업은 사회의 요구를 파악하여 이해하고 이를 해결하려는 노력을 해야만 한다.

일반적으로 기업들은 기업의 좋은 점만 알리고 기업의 제품이나 활동 중 나쁜 부분은 공개하지 않으려는 경향이 있다. 그러나 사회적 책임을 수행하기 위해서는 제품결함에 관한 정보나 사회에 영향을 미치는 정보를 충분히 공개하여야 한다. 이런 활동을 통하여 경영자는 문제점을 발견하고 적절한 조치를 취할 수 있게 된다.

2) 기업영향력 증대

기업의 사회적 책임은 기업이 가진 힘 또는 영향력 때문에 발생한다. 현대 기업은 환경문제, 고용문제 등 사회에 큰 영향력을 미칠 수 있는 힘을 갖고 있다. 예를 들어, 중소기업 업종으로의 대기업 진출, 담합에 의한 가격조절, 신제품개발의 소홀, 오염물질의 대량배출 등이다.

우리나라도 1980년대 중반 이후 사회적 책임에 대한 관심이 높아지기 시작하였다. 즉, 주로 재벌들의 부정적인 사회 영향력에 대한 학계, 언론계, 관련 이해관계자들의 관심이 높아지면서 재벌들이 더욱 책임 있고 성숙한 기업행동을 보여 주어야 한다는 사회적 기대가 확산되고 있다. 1997년 IMF 구제금융 이후 대기업의 부실 사태가 사회 전반에 큰 영향을 미치면서 기업의 사회적 책임에 대한 인식은 더욱 확산되었다.

3) 기업활동에 대한 규제

정부는 기업활동을 규제하는 법률을 제정하여 기업을 통제할 수 있다. 그러나 오늘날의 기업환경 하에서 기업의 모든 활동을 법률로 규제하는 것은 불가능하고 바람직하지 않다. 그러므로 정부는 기업활동을 규제할 수 있는 일정수준의 법률을 제정하여 집행하면서, 기업과 경영자에게 사회의 윤리를 준수하고 사회적 책임을 이행할 것을 유도하는 정책을 수행할 필요가 있다. 즉, 사회가 기업의 사회적 책임을 강조하는 것은 법률보다 높은 차원의 양심에 호소하여 기업의 행동을 규제하려는 데 목적이 있다고 볼 수 있다.

경영산책 | 사회공헌은 기업의 경쟁력이다

기업들은 사회공헌이 기업의 경쟁력을 높인다는 사실을 명심해야 합니다.
특히 글로벌 기업을 지향하면서 이러한 사실을 무시하면
성장할 수 없다는 것을 인식해야 합니다.
잘 되겠죠?
그림에서 보면 알겠지만 기업이 해야 할 일이 점점 늘어나네요.
기업의 힘이 커지고 있다는 뜻으로 보면 무리인가?
사회공헌에 대해서도 다시 고민해볼까요?

자료 : https://www.sciencetimes.co.kr, 사회공헌, 이제는 기업의 경쟁력이다, 2020.5.30.

2.3 기업의 사회적 책임에 대한 관점

기업이 사회적 책임을 수행해야 하는가에 대해서는 논쟁이 분분하다. 기업의 사회적 책임을 반대하는 측은 "사회적 책임감을 지닌 기업이 우리 사회를 바꿀 수 있다는 환상은 착각일 뿐이다(Chamberlain, 1973)"라고 주장하며 기업의 사회적 책임의 효과에 대해서 부정적으로 평가하고 있다. 기업은 이윤극대화를 통해 지역 및 국가경제에 이바지하는 것만으로도 그 책임을 다하는 것이며 기업의 사회적 책임이 오히려 기업 및 지역에 악영향을 미친다는 것이다.[01]

사회적 책임에 대한 반대는, 첫째 사회적 책임을 수행하면 '사회적 비용의 내부화'로 인하여 비용이 증가하기 때문에 이윤이 감소하여 기업의 존속을 위태롭게 한다는 것이다(Pave & Krausz, 1996). 둘째, 사회적 책임의 수행은 주주에 대한 봉사자라는 경영자 고유의 책임을 벗어난 탈선행위가 되고, 셋째 기업의 사회적 책임을 강요하다 보면 국가가 법률적 규제와 행정적 압력을 통해 기업의 모든 활동에 개입할 위험이 있기 때문에 이를 해결하고자 정경유착이나 관변기업으로의 변화가 나타날 가능성이 존재한다는 것을 지적하고 있다.

반면 기업의 사회적 책임을 지지하는 사람들은 David S. Ford가 "우리가 이 일을 하는 이유는 해야 하기 때문이다"라고 주장한 것처럼 기업의 사회적 책임의 도덕적 · 윤리적 당위성을 근거로 제시하고 있다. 최근에는 기업의 사회적 책임 개념을 확대하여 기업의 지속가능성을 위해 실시해야 하는 필수적인 활동임을 주장하고 있다.

Landon & Smith(1997)은 기업의 사회적 책임이 기업의 좋은 평판을 낳아 경영성과를 개선하는 데 도움을 준다는 것을 밝혀냄으로써 기업의 사회적 책임의 효과를 주장하였으며, Margolis et al.(2007)은 기업의 사회적 성과(Corporate Social Performance)와 재무성과 간에 정(+)의 관계가 있다는 사실을 제시하였다.

01 사회적기업연구소 · 동아시아연구원, 2014, "한국 기업의 사회적 책임활동 평가와 사회적 기업화 전략"

기업의 사회적 책임을 바라보는 관점은 다양하게 존재하고 있다. 여기서는 사회에 대한 채무로서의 관점, 주주가치에 대한 관점, 선한 일을 통해 좋은 실적을 낼 수 있다는 관점, 개방형 기업 관점 등으로 구분하여 설명하고자 한다(Tapscott 외 2005).

1) 사회에 대한 채무관점

사회에 대한 채무로서의 관점에서 볼 때 기업은 사회에 갚아야 할 빚이 있기 때문에 사회의 규범에 부합되는 활동을 해야 한다는 것이다. 기업은 사회가 실패할 경우 존재할 수 없으며, 기업활동에 필요한 자원을 제공해주는 사회가 있기에 존재 가능하다는 것이다. 주식회사의 유한책임이 좋은 예라고 할 수 있다. 따라서 이에 대한 보답으로서 기업들은 법규정을 초월하여 사회발전에 공헌해야 할 책임을 담당해야 한다.

2) 주주가치에 대한 관점

주주가치 관점에서 기업이 할 일은 주주들을 위한 가치창출이기 때문에 기업들이 '공공의 선(善)'과 관련된 비용을 부담하는 것은 적절하지 못하다는 입장이다. 즉, 기업들은 유용한 재화와 용역을 생산하고 일자리를 제공하며 세금을 내고 주주들을 위한 부(富)를 창출함으로써 사회에 공헌한다는 것이다. 이러한 관점은 법적인 테두리를 벗어나서 기업의 행동을 윤리적인 측면에서 고찰할 필요성을 원천적으로 차단하게 된다.

3) 선한 일을 해서 좋은 실적을 올릴 수 있다는 관점

선한 일을 해서 좋은 실적을 낼 수 있다는 관점에서는 기업이 시민의식을 가지는 것이 사업적인 면에서도 유용하다고 주장한다. 즉, 기업의 '선'한 행동이 궁극적으로 기업의 수익성에도 기여한다는 것이다. 최근 들어 선한 일을 함으로써 우수한 실적을 거둘 수 있다는 주장이 많은 관심을 받고 있다. 그러나 과거의 사례들을 살펴보면 사회적으로 부정적인 행태를 보였음에도 불구하고 상당한 수익을 얻은 기업들도 관찰할 수 있다.

이러한 관점은 사회에 대한 채무 관점과 주주가치에 대한 관점보다는 발전한 것으로 볼 수 있다. 이 관점은 기업이 자선활동이나 기업시민활동 또는 기업의 사회적 책임활동에 투자할 경우 그만큼의 보상이 따른다는 것을 의미하는 것이다. 예를 들면, 자선활동은 기업홍보를 통한 투자촉진 효과와 종업원들이 자신의 일에 대한 의미를 찾을 수 있게 만드는 효과가 있다.

4) 개방형 기업 관점

이것은 기업이 발전하기 위해서는 이해관계자들과 신뢰관계를 조성해야 할 필요가 있으며 투명성은 신뢰를 강화한다는 관점이다. 개방형 기업은 경쟁상 중요한 정보와 보안 문제를 철저하게 관리하는 반면에 능동적 투명성을 지향한다. 그리고 이 관점에서는 고객, 사원, 협력업체, 주주, 일반 이해관계자들과의 호혜적 상호작용이 사업 성공에 필수적이라는 사실을 인식하고 있다. 개방형 기업의 목적은 모든 이해관계자집단이 공유할 수 있는 가치를 창출하는 데 있다.

[그림 5-2]는 개방형 기업의 가치체계를 나타낸다.

그림 5-2 개방형 기업의 가치체계

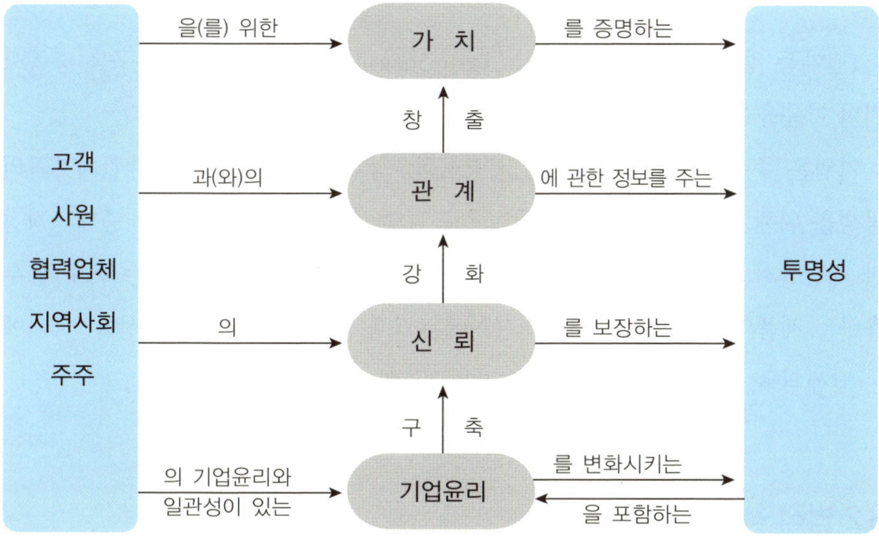

자료 : 김병두 외(2005)

3 사회적 책임의 범위

기업의 사회적 책임은 기업이 이윤추구 이외에 사회적으로 어떤 책임을 가지는가에 대한 논의에서 시작됐다. 미국의 경제학자 하워드 보웬(Howard Bowen)이 1953년 〈기업가의 사회적 책임〉에서 "기업가의 사회적 책임은 우리 사회의 목적과 가치에 알맞게 기업가들이 의사결정을 해서 사회에 바람직한 방향으로 행동에 옮기는 의무"로 정의하여 그 개념이 처음 등장했다.

아치 캐롤(Archie B. Carroll)은 1991년 CSR의 개념을 4단계의 피라미드 모형으로 발표하면서 기업의 사회적 책임이 시대의 흐름에 따라 어떤 형태로 발전돼 왔는지를 설명했다.

3.1 경제적 책임

1단계는 경제적 책임(Economic Responsibility)이다. 고객의 욕구를 충족시키며 이윤을 창출하고, 고용을 확대하는 기업의 가장 기본적 역할이다.

기업은 주주, 종업원, 거래처, 지역사회, 정부, 국제사회 등 이해관계자와의 공생을 위해 노력해야 한다. 구체적으로 보면 주주에게는 주주이익 증대 · 적정한 배당실시 · 정당한 권리부여, 종업원에게는 생활향상, 고객에게는 욕구에 부응하는 제품의 생산과 판매, 지역사회에는 고용창출을 통한 경제활성화, 국가에는 납세의무, 국제사회에는 원활한 경제교류의 책임 등이 있다.

3.2 법적 책임

2단계는 오늘날의 준법경영에 해당하는 법률적 책임(Legal Responsibility)이다. 안전한 제품 생산과 투명한 회계 운영이 이에 속한다.

기업은 국가 법률의 규제를 받으므로 법에 따라 행동해야 하며 동시에 사회가 요구하는 기준에 부합되는 경영활동을 해야 한다. 자연인이 법률을 지키듯이 기업이 상법, 근로기준법, 환경기준 등을 준수할 때 최소한의 책임을 수행하는 것이 된다.

기업이 사회규범과 도덕에 맞추어 행동하는 것은 사람이 선을 추구하는 것처럼 자연스러운 일이며 그렇지 못할 경우 비판을 받게 된다. 예를 들어, 기업이 환경을 파괴한 후에 법의 제재를 받지 않았다 하더라도 윤리적 책임의 관점에서 볼 때 문제가 된다고 할 수 있다. 기업의 활동은 경영자나 종업원에 의해 수행되므로 법적 · 윤리적 책임은 경영자나 종업원이 져야 한다.

3.3 윤리적 책임

3단계는 법적 규제보다 더 넓은 테두리에서 환경과 사회에 이롭도록 도덕적 규율을 준수하는 윤리적 책임(Ethical Responsibility)이다.

기업은 사회의 구성원이므로 정부가 정한 법률 외에 경쟁기업, 종업원, 지역사회 등 다양한 이해관계자에 대해 윤리적 책임을 져야 한다. 왜냐하면 기업들이 공정하게 경쟁하고 업계의 신의를 존중해야만 기업이 발전할 수 있기 때문이다. 예를 들어, 자연환경의 훼손 및 환경오염을 유발하는 사업이 법적으로 문제가 되지 않더라도 자연환경보전 측면에서 비판받을 소지가 크다.

"사회적 문제해결이 우리 기업에 도움을 주는가?", "특정한 사회적 문제가 우리와 관련이 있는가?", "이것이 우리 기업에 심각한 영향을 미칠 것인가?" 등의 질문에 긍정적으로 대답할 수 있는 기업들은 법적 · 윤리적인 책임을 인식하고 있는 것으로 볼 수 있다.

3.4 자선적 책임

4단계는 기업이 창출한 이윤의 일부를 소외계층 지원에 활용하는 사회공헌, 즉 자선적 책임(Philanthropic Responsibility)이다.

이것은 기업이 선량한 기업시민이 되기를 바라는 사회의 기대에 부응하는 행동을 해야 함을 의미한다. 기업이 사회의 복지를 증진시키는 프로그램에 적극적으로 참여하는 것을 포함한다. 이는 법적 근거에 의해 반드시 요구되는 것이 아니며 자율적 · 자발적 참여를 요구한다.

3.5 사회공헌 책임

과거에는 기업의 복지재단 운영, 기부 등의 사회공헌활동은 돈을 많이 버는 기업의 사치로 인식되었으나, 오늘날에는 사회공헌이 기업활동의 중요한 부분으로 자리잡았다. 그리고 이러한 활동은 기업이미지를 향상시켜 기업의 장기적 성장에 기여한다는 견해가 확산되고 있다. 공익사업은 정부가 담당하는 분야이지만, 기업의 효율성과 창의성을 접목시킬 수 있다는 점에서 기업의 참여가 요구되고 있다.

그림 5-3 기업의 사회적 책임 단계

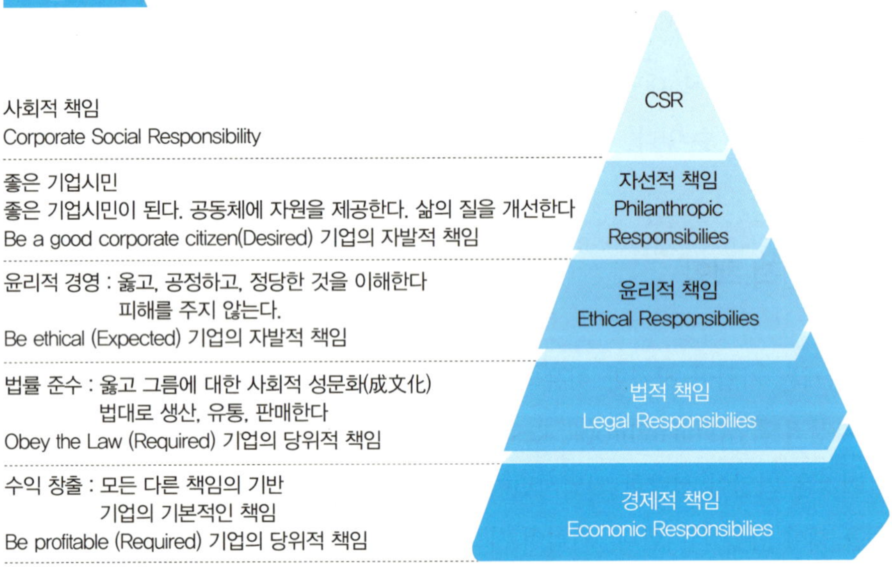

자료 : Lifein, "헷갈리는 사회적 가치 개념들 어떻게 이해해야 할까?", 2021.3.19.

캐롤은 기업의 사회적 책임을 4단계로 구분하였지만, 앞으로 기업들은 이것을 단계에 따라 실천할 것이 아니라 동시 다발적으로 실행에 옮겨야 할 것으로 생각된다.

경영산책 | 국내 기업들이 세계에 나가서 잘하고 있을까요?

국내외 업종별 1위 기업 매출 격차 비교

업종	기업명	2019년	2014년	업종	기업명	2019년	2014년
유통	Walmart	610,758.3	511,497.3	반도체	Intel	83,886.0	58,843.4
	이마트	19,062.9	13,153.6		삼성전자(반도체)	64,939.1	39,729.9
	격차	32	38.9		격차	1.3	1.5
석유 정제	Sinopec Group	500,040.8	480,460.0	화학	BASF	77,396.1	103,968.7
	GS칼텍스	33,261.5	40,258.4		LG화학	28,625.0	22,577.8
	격차	15	11.9		격차	2.7	4.6
자동차	Volkswagen Group	329,636.8	283,202.3	제약	Roche	74,807.3	57,418.2
	현대/기아차	163,892.4	136,353.4		유한양행	1,480.4	1,017.5
	격차	2	2.1		격차	50.5	56.4
전자 상거래	Amazon	326,990.5	93,723.9	자동차 부품	Bosch Group(Mobility)	61,044.2	46,605.9
	쿠팡	7,153.1	348.5		현대모비스	38,048.8	36,185.0
	격차	45.7	268.9		격차	1.6	1.3
휴대폰	Apple	303,271.107,266.3	192,523.3	항공사	Delta Air Lines	54,793.7	42,510.1
	삼성전자(IM)	107,266.2	111,765.5		대한항공	12,683.4	11,909.7
	격차	2.8	1.7		격차	4.3	3.6
보험	Berkshire Hathaway	296,793.1	205,033.5	가전	삼성전자(CE)	44,756.2	50,183.1
	삼성생명	31,804.0	27,426.4		Midea(HVAC 등)	42,117.7	24,181.5
	격차	9.3	7.5		격차	1.1	2.1
통신	AT&T	211,207.6	139,495.8	화장품	LOREAL	38,979.4	31,518.2
	KT	24,342.1	23,421.7		아모레퍼시픽	5,580.1	3,874.0
	격차	8.7	6		격차	7	8.1
검색 포털	Alphabet	188,668.6	69,513.6	담배	British American Tobacco	38,500.6	24,235.1
	NAVER	6,593.4	2,758.5		KT&G	4,963.2	4,112.9
	격차	28.6	25.2		격차	7.8	5.9
식음료	Nestle	108,622.1	105,486.6	타이어	Bridgestone	37,715.5	36,599.7
	CJ제일제당	22,353.5	11,701.8		한국타이어앤테크놀로지	6,883.3	6,680.8
	격차	4.9	9		격차	5.5	5.5
물류	UPS	86,367.7	61,331.1	–			
	현대글로비스	18,270.1	13,922.0				
	격차	4.7	4.4				

자료 : CEO 스코어(단위 : 십억 원)

• 업종별 글로벌 순위는 2019년 결산기준 매출을 기준으로 선정
• 격차는 글로벌 1위 기업 매출 대비 국내 1위 기업의 매출 배수차이
• 가전의 경우 국내 기업이 글로벌 1위여서, 2위 기업 대비 1위 기업의 매출 배수차이
• 환율은 2019년과 2014년 연간 평균환율 적용

우리나라 기업들이 세계 시장에서 경쟁력을 키워나가고 있습니다.
국내 1위 기업들이 글로벌 1위 기업과의 격차는 점점 좁아지고 있네요.
조만간 국내 1위가 글로벌 1위로 되는 경우가 많아지겠지요!!

자료 : http://www.efnews.co.kr/news/articleView.html?idxno=85987

4 기업의 사회적 책임의 내용

기업행동이 사회에 미치는 영향은 복합적이며 광범위하다. 기업의 사회적 책임에는 다음과 같은 내용이 포함된다(김원수, 1996).

- 기업이 마땅히 해야 할 일을 수행하여야 하는 책임
- 기업이 마땅히 해야 할 일을 수행하지 않았기 때문에 발생하는 책임
- 기업이 해서는 안 되는 일을 수행하지 않아야만 하는 책임
- 기업이 해서는 안 되는 일을 수행하였기 때문에 부담하게 되는 책임

기업의 사회적 책임은 전략과 원칙을 가지고 추진되어야 한다. 특히 직접적인 책임이 있고 이해관계자와 사회에 큰 영향을 미치는 활동에 집중할 필요가 있는데 구체적인 원칙은 다음과 같다.[02]

첫째, 기업의 제품과 생산과정이 소비자, 종업원, 환경 등 이해관계자에게 안전해야 한다.

02 존 페퍼 지음, 권오열 역, 사랑받는 기업의 조건, 153–155.

둘째, 이익이 발생됨과 동시에 삶의 질을 높이는데 기여하는 제품과 서비스를 개발해야 한다.

셋째, 높은 윤리적 가치의 토대 위에서 실행한다.

넷째, 사회에 장기적으로 의미 있는 공헌을 할 수 있는 활동에 집중한다.

사회적 책임의 내용은 기업의 기본적 기능의 수행, 기업능력의 사회적 활용, 기업활동의 자제 등으로 구분할 수 있다.

4.1 기본적 기능의 수행

기업이 사회 속에서 존속 · 성장하기 위해서 수행해야 할 경제적 · 사회적 역할 측면에서의 책임을 의미한다. 이것은 기업의 주요 이해관계자를 만족시킬 수 있는 효율적인 기업경영을 해야 할 책임이다.

1) 주주에 대한 책임

소유경영자는 출자자 · 기업가로서 자신 및 기업에 대하여 책임을 부담하지만, 전문경영자는 권한과 책임을 부여해 준 주주들의 이익을 고려하여 경영활동을 수행해야 한다.

특히 주주들에 대한 책임에서는 내부거래가 일어나지 않도록 주의해야 한다. 내부거래는 자신이나 지인들의 재산을 늘리기 위해 기업의 비공개 정보를 이용하는 것을 의미한다.

2) 종업원에 대한 책임

기업은 항상 기업의 주요한 자원인 종업원에 대한 책임을 인식하여 경영활동을 수행해야 한다. 기업의 의사결정이 종업원에게 미치게 될 육체적 · 정신적 ·

사회적 영향을 충분히 고려하여야 한다.

이러한 책임에는 산업재해, 적절한 승진기회 제공, 적정 임금의 지급 및 임금 형평성 유지, 성희롱 예방 및 교육, 보육 및 복지혜택, 안정적 고용 보장, 직무에 대한 만족감 조성 등이 포함된다.

3) 소비자에 대한 책임

교육수준의 향상, 미디어의 발달, 의식수준 향상 등에 따라 소비자의 가치관 및 개성은 다양화되고 복잡해지고 있다. 즉, 10인(人) 1색(色)에서 1인(人) 10색(色)의 시대로 변하고 있는 것이다. 따라서 기업은 가능한 한 효율적이고 경제적으로 소비자의 수요와 욕구를 충족시키도록 노력해야 한다.

이러한 책임에는 적정가격, 적정시기, 적정량의 제품 및 서비스의 제공, 안전하고 가치 있는 생활을 위한 제품 · 서비스 · 정보를 제공하는 것들이 포함된다.

고객들은 기업이 사회적인 책임을 수행하려는 노력에 동참하고 싶다는 이유만으로도 경쟁기업에서 옮겨올 수 있다. 따라서 사회적으로 양심적인 행동을 하는 이점은 새로운 기회를 얻을 수 있는 가능성이 커지게 된다는 것이다.

만약 고객들이 사회적 책임에 큰 비중을 둔다면, 기업들은 사회적 책임을 성실하게 수행하고 있다는 점을 고객에게 어떻게 알릴 것인가?를 고민해야 한다. 한 가지 방법은 소셜미디어를 활용하는 것이다. 소셜미디어는 저비용으로 폭넓고 다양한 고객들을 효율적으로 연결시켜 주기 때문이다.

4) 정부에 대한 책임

기업의 정부에 대한 책임 중의 하나는 정부시스템 유지에 필요한 제품 및 서비스를 지원하는 것이다. 또한 기업은 법률을 준수하고 기업활동의 기본적인 기반을 제공하는 법률체계의 개발 및 정부정책에 부응하여야 한다.

기업은 치열한 경쟁 속에서 이윤을 증가시킬 목적으로 기업활동을 수행한다.

그러나 이런 활동이 정부의 시책과 맞지 않는 활동이거나 법질서와 규범을 위반하는 활동이어서는 안 된다.

5) 지역사회에 대한 책임

기업은 지역경제의 발전에 보다 적극적으로 참여해야 할 책임이 있다. 지역주민을 고용하여 소득수준을 향상시키는 활동은 물론 기업의 경영성과를 지역에 재투자하여 그 지역의 발전에 이바지하여야 한다. 예를 들면, 환경보호 및 정화를 위한 활동, 지역사회를 위한 도서관 및 공동화장실을 세우는 것, 노령인구를 보살피는 것, 저소득 계층 및 다문화 가정의 자녀들을 취업시키고 지원하는 것 등이 포함된다. 또한 지역 문화수준의 향상을 위해 노력하는 것도 기업의 지역사회에 대한 책임 중의 하나이다.

4.2 기업능력의 사회적 활용

기업규모가 확대되면서 기업은 사회시스템 중에서 가장 큰 영향력을 행사하는 하위시스템으로 자리잡고 있다. 이런 측면에서 기업이 보유한 능력을 적극적으로 활용하여 사회발전에 기여하여야 할 책임이 있다.

1) 지역사회

기업이 위치한 지역의 고용증대 노력, 기업복지시설의 지역사회에의 개방, 지역행사 참가, 문화 · 예술 · 교육활동의 지원 등이 포함된다.

2) 종업원

신규 종업원의 안정적 채용, 종업원 고용안정, 복리후생시설의 확충 · 충실화, 직무만족, 생활의 질 향상 등이 포함된다.

3) 관련기업

기업이 보유한 자원과 능력의 효율적인 활용을 위하여 하청기업이나 중소기업에 자금적 · 기술적 지원을 해주어야 함을 의미한다.

경영산책 | 기업의 리콜 결정은 기업 실적에 영향을 미칠까요?

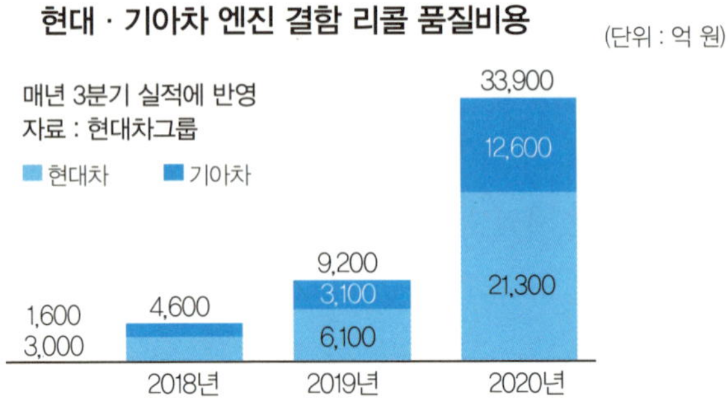

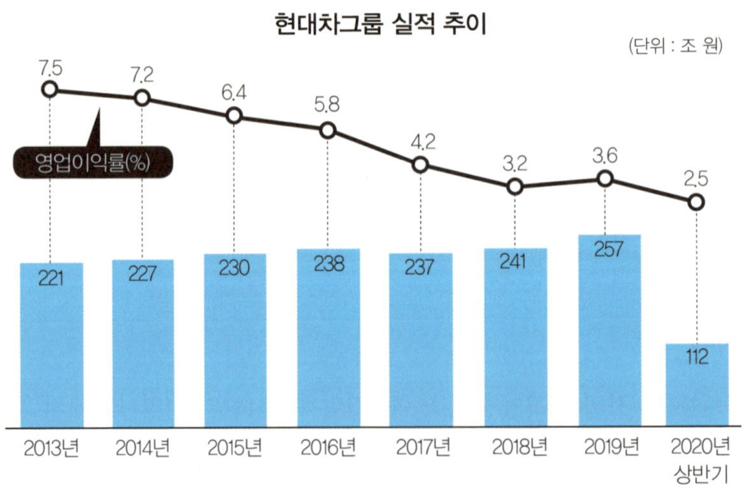

※ 현대차그룹 14개 계열사 합산 실적

자료 : 한국신용평가

> 기업이 리콜을 하게 되면 실적이 나빠지게 됩니다.
> 그렇지만 기업은 소비자를 보호해야 할 책임이 있기 때문에
> 결함이 있으면 리콜을 해야 합니다.
> 현대자동차의 이런 결정은 매우 잘한 일이지요.
> 물론 현대자동차가 리콜을 안 해도 될 제품을 만드는 것이 더 중요하지만.
>
> 자료 : bizwatch, '코로나 넘어 리콜' 현대차, 또 실력 나올까, 2020.10.21.

4.3 기업활동의 자제

기업이 사회에 미치는 영향력은 매우 크다. 따라서 기업이 비윤리적 또는 법률을 위반하는 경영활동을 해서는 안 된다. 즉, 기업이 보유한 능력을 효율적으로 활용하여야 하지만, 비도덕적 경영활동을 하지 말아야 할 책임이 있다.

여기에는 매점 · 매석을 하지 않을 것, 과대광고 · 과잉포장을 하지 말 것, 본업 이외의 투기적 행위 금지 등이 여기에 해당한다.

5 사회적 책임에 대한 기업의 반응

기업이 사회적 책임을 성실하게 수행하지 않은 결과로 심각한 위기에 처했을 때 나타나는 기업의 반응은 크게 세 가지 형태로 구분할 수 있다.

5.1 방어전략

방어전략에는 부인전략도 포함되는데, 기업은 전혀 책임이 없다고 주장하는

것이다. 예를 들어, 법적인 하자보수 의무기간의 종료, 규격품 사용, 통행차량의 교량설계 중량 초과, 유지관리기관의 부실관리 등의 이유를 제시하면서 기업의 책임을 부인한다. 이러한 부인사실을 뒷받침하기 위해 기업은 상당한 비용을 들여서 조사하고 연구 · 분석한 자료를 이용하게 된다.

5.2 수용전략

사회적 책임을 제대로 수행하지 못한 것을 인정하면서 적절한 보상을 제시하는 전략이다. 그런데 이 정책을 사용하려면 문제의 결말이 나기 전에 수용정책을 써서 그것을 행동으로 표시해야 한다.

5.3 사전대처전략

사회적 · 법적인 조치가 취해지기 전에 미리 회사에서 사회적 책임에 관련되는 조치를 취하는 것이다. 이를 위하여 윤리강령과 윤리프로그램의 작성 · 실행을 통하여 문제가 발생하지 않게 하는 것이 가장 좋다. 그러나 일단 문제가 발생하면 정부 · 사회단체 · 언론매체 등 이해관계자의 압력을 받기 전에 사전에 사회적 책임을 표시해야 한다.

경영산책 | 우리나라 기업들이 사회적 공헌활동에 대한 인식은?

기업의 사회공헌 인식

향후 관심 있는 사회공헌 사업 분야
취약계층 지원
28.0%

사회공헌 사업 운영시 고려사항
지역사회 문제 해결 및 발전
30.7%

사회공헌 추진성과 평균 만족도
평균 4.0점
(5점 만점)

기업의 사회적 가치 실현 인식

사회적 가치 실현 중점 고려 분야

1위
협력사와의 동반성장
23.9%

공동 2위
생산활동 내 친환경가치 실현
20.9%

공동 2위
준법경영 강화
20.9%

사회공헌 지출액

지출 총액
2조 9,927억 원

1社당 평균 지출액
136억 원

이익 대비 지출액
4.0%

대표 사회공헌 프로그램 평균 나이
9.3세

신규 사회공헌 프로그램 대상
아동 · 청소년
9.3세

임직원 1인당 연평균 봉사활동 시간
8시간

임직원 봉사활동 지원제도
사내 봉사조직 구축
34.3%

사회공헌이 늘어나면 좋겠지요.
단, 기업이 생존하는 범위 내에서.
왜?

생존이 안 되면 아무것도 못하니까요.
여러분이나 저자나 생존이 가장 기본!!!

자료 : zdnet.co.kr, 기업들, 작년 실적 부진에도 '사회공헌 지출' 늘렸다, 2020.11.29.

6 우리나라 기업의 사회적 책임 수행

우리나라의 기업들은 경제성장을 이끌어 온 주역으로 인정받아 왔으나, 의식 수준이 향상되면서 공해발생, 제품이나 서비스의 국내외 가격차 등과 같은 기업 활동의 부정적 측면에 대한 관심이 증가하고 있다.

6.1 사회적 책임의 수행 단계

Lakin & Scheubel(2011)은 기업이 수행하는 CSR의 단계를 1단계 기초, 2단계 개입, 3단계 혁신, 4단계 변혁으로 구분하고 있다. 1단계는 기업의 기부 및 자선활동이 주가 되는 CSR을 의미하며, 2단계 및 3단계는 기업의 핵심역량에 따라 전략적으로 집중하여 기부활동을 하는 전략적 CSR, 4단계는 CSV를 의미한다.

표 5-1 기업의 사회적 책임 활동 수행 단계

구분	1단계	2단계	3단계	4단계
접근방식	기업기부/자선	전략적 기부/자선	기업의 사회적 참여	사회가치경영
동기	일자리, 수익, 세금	이해관계자 관리	장기간 파트너십이 주는 사회적 · 상업적 이익	기업 이해관계, 이익 창출의 가치 재정립
CSR 실천자세	도덕성 실천의 일환	자사의 이해와 연계	책임경영 · 지속 가능경영의 기본	가치창출을 위한 사회공헌 안목 선도
추진 요체	CEO의 취향과 선택	실행 지침 설정	기업의 핵심 역량과 연계, 파트너십에 의한 추진	사업전략에 획기적 접목
선도단계	능동적이기보다는 여론, 사회 요구에 부응	특정 목표 범위 내 선택적 부응	사업과 연계하여 능동적으로 주도	사업기능에 통합, 해당 산업계 아젠다 설정
CSR 수단	현금 또는 현물	현금, 현물, 임직원 자원봉사	금전 자산 노하우, 핵심역량, 관리능력 등의 경영자원, 임직원 자원봉사	금전자산, 경영자원 및 차세대 혁신적 실험수단
CSR 조직구조	경영활동과 분리된 구조	경영활동과 분리되어 있지만, 사업의 이해와 연계된 구조	부서 간 협력과 제휴가 가능한 유기적인 구조	주요사업 담당 조직과 통합 경영
담당자	불특정 관리자	CI(Corporate Identity) 담당관리자, CSR 겸임 또는 전담관리자	다른 부서들과 협력관계의 CSR팀	관련 사업 조직과 통합된 부서
지속가능성	일회성	특정 문제 분야에 한정된 자원	NGO와 장기적 파트너십 배양으로 사회공헌 능력 구축, 사회적 역량 입증	기업에 CSR을 체화 시켜 지속가능한 발전 도모, 주요 의사결정 담당
투명성	방어적 보완	공개 보고	외부 검증	포괄적, 독립적 회계감사

자료 : Lakin & Scheubel(2011), Corporate Community Involvement의 내용 재정리
사회적기업연구소 · 동아시아연구원, 2014, "한국 기업의 사회적 책임활동 평가와 사회적 기업화 전략"

6.2 우리나라 기업의 사회적 책임 수행 단계

Lakin & Scheubel(2011)의 단계 구분을 적용해보면, 대기업은 주로 2단계이고 중견 · 중소기업은 1단계의 성향을 띠고 있는 것으로 나타났다. 대기업이나 중견 · 중소기업 모두 사회복지가 각각 31.7%, 83.1%로 가장 높고, 교육 및 학술연구가 16.1%, 31.5%, 문화예술 및 체육이 11.1%, 15.4%로 나타났다.

중견 · 중소기업이 임기응변적으로 지원하는 응급 · 재난구호 및 해외구호 등이 각각 8.5%, 7.7%로 다른 분야에 비해 매우 낮게 나타난 것은 일정한 목표를 가지고 요구사항에 대해 선택적으로 반응하고 있음을 보여주는 것으로 해석된다. 이것은 사회적 책임에 대한 접근방식이 대기업, 중견 · 중소기업 모두 2단계에 위치하고 있음을 의미하는 것이다.

기업의 사회공헌 지출 구성 및 임직원 사회봉사활동 참여율 등을 보면 대기업

그림 5-4 대기업의 사회적 책임 역할에 대한 인식 변화

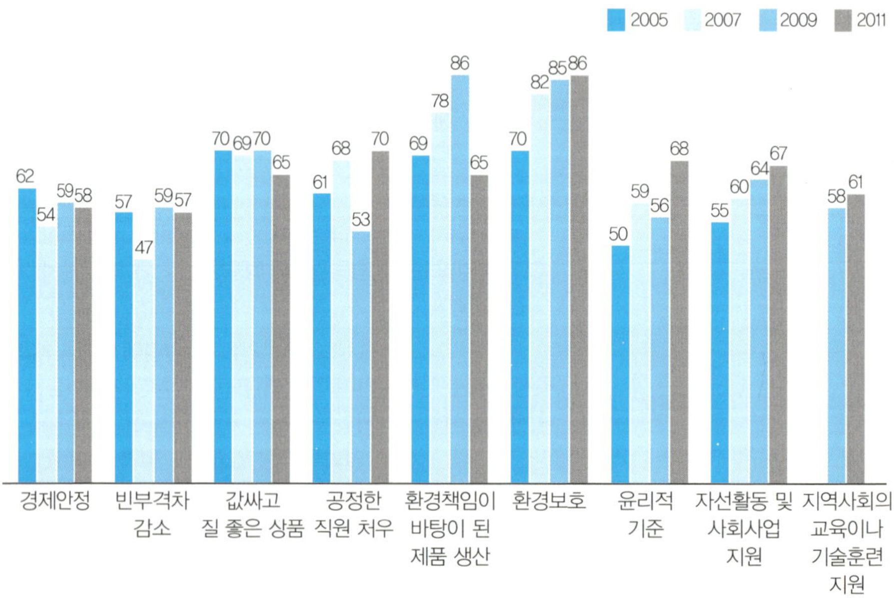

자료 : 사회적기업연구소 · 동아시아연구원, 2014, "한국 기업의 사회적 책임활동 평가와 사회적 기업화 전략"

은 2단계에서 3단계로 중견 · 중소기업은 1단계에서 2단계로 진입하는 중이라고 할 수 있다.

전반적으로 우리나라의 기업들은 전략적 CSR을 시행하고 있거나 전략적 CSR의 방향으로 나아가려는 움직임을 보이고 있었다. 특히 대기업은 대부분 2단계의 특성을 띠고 있으나 구조 조직부분에서 체계적인 틀을 마련해 놓음으로써 3단계의 전략적 CSR을 수행하는 것이 가능해지고 있다. 반면에 중견 · 중소기업의 경우 구조 조직분야에서는 아직 1단계에 위치하고 있음을 알 수 있다.

경영산책 | 중소기업은 사회공헌활동을 하고 있을까요?

중소기업 사회공헌활동 유형

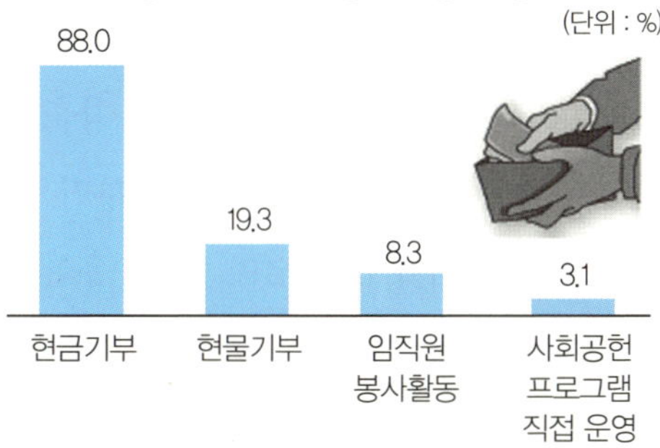

사회공헌활동 활성화 의견

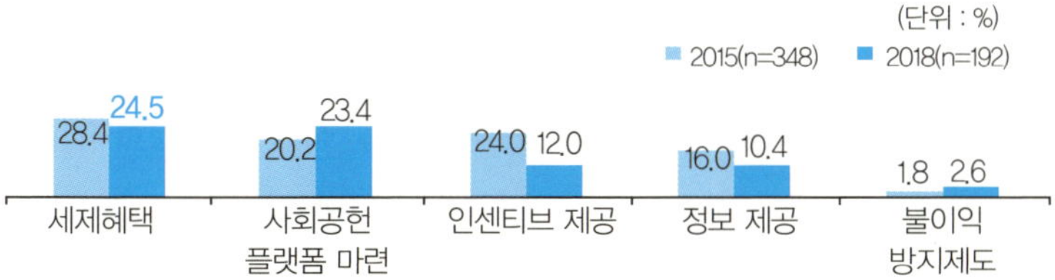

※ 2015 : 기타 9.7% / 2018 : 없음 26.0%, 모름 · 무응답 1.0%

※ 보기 변경 : 2015년 세액공제 확대 → 2018년 세제혜택

우리나라 중소기업들은 대기업보다는 못하지만 사회공헌활동을 적극적으로 전개하고 있습니다.

정부가 중소기업들의 참여를 유도하기 위한 정책을
펼친다면 훨씬 더 좋은 결과가 있을 것으로 생각됩니다.
대한민국 중소기업 화이팅!

자료 : 중소기업뉴스, 中企 60% "사회공헌활동 하고 있다", 2919.1.21.
http://www.kbiznews.co.kr/news/articleView.html?idxno=48798
https://www.etoday.co.kr/news/view/1710695

우리나라 기업들이 외국 기업에 비해 사회적 책임 수행 단계가 낮은 이유는 다음에서 찾을 수 있다.

1) 사회적 책임인식 부족

우리나라의 기업들은 양적 성장을 통한 외형확대를 중시한 나머지 기업의 사회적 책임에 대한 인식은 상대적으로 부족했다. 고용창출, 소득증대, 기술개발 등을 통해 국가경제발전에 기여해 왔지만, 정경유착, 투기, 탈세, 불공정거래, 공해유발 등에 따른 부정적인 이미지가 많이 남아 있다. 유한양행과 같이 창업당시부터 사회적 책임을 인식한 기업도 있었고, 1980년대 후반부터 많은 기업들이 사회적 책임을 인식하고 있으나 그 활동실적은 저조한 편이다.

2) 법적 · 윤리적 수준 미흡

부실시공, 환경오염 등 기업이 당연히 준수해야 할 책임을 수행하지 않아서 사회에 손실을 끼치는 사례가 많다. 즉, 기업들이 법률이나 규범 · 윤리적 책임도 제대로 이행하지 못하고 있는 실정이다.

기업내부에는 근로자의 안전을 위협하는 산업재해의 빈번한 발생, 외국인에 대한 차별대우, 여성과 장애인에 대한 고용차별 등이 문제로 남아 있다. 그리고 해외에 진출한 기업들도 현지의 관습, 법, 전통 등을 무시하여 종업원과 마찰을 일으키는 등 진출한 지역사회에 대해 책임을 다한다는 의식이 부족한 상태이다.

3) 경제적 책임의 위협

기업 부실화에 따라 과거에 비교적 충실했던 것으로 평가받았던 경제적 책임 수행도 최근에는 문제되고 있다. 부실경영은 종업원의 실직과 거래기업들의 생산중단 등을 초래하여 기업의 기본적인 생존이유를 상실시키게 된다. 기업은 임금체불과 퇴직금 미지급 등으로 종업원의 생계를 위협하고, 심지어 "기업은 망해도 기업주는 건재한다"라고 할 정도로 경영자 의식이 낙후된 적도 있었다.

4) 사회공헌활동의 태동기

1980년대 후반 이후 우리나라 기업들은 사회적 기대에 부응하여 사회에의 공헌 목적을 가지고 사회공헌활동을 전개하기 시작하였다. 국내기업들도 선진기업과 마찬가지로 사회공헌을 경영의 주요 기능으로 인식하여 활동을 하게 된 것이다.

국내기업들은 주로 기업재단을 통해 공헌활동을 전개하고 있으며 규모확대와 함께 사업분야도 다양화 · 전문화되고 있다. 사업내용은 문화시설 건립, 사회복지, 학술 및 교육진흥, 예술 및 스포츠에 대한 지원사업 등이다. 특히 스포츠팀을 직접 운영하거나 대규모 체육행사를 후원하여 기업이미지 제고와 관련사업 전개를 동시에 추구하고 있다.

앞으로 우리나라의 기업들은 양적 성장 추구뿐만 아니라 사회적 책임수행도 적극적으로 추진해야 한다. 기업은 남는 이익으로 공헌활동에 나선다는 소극적 자세가 아니라 사회공헌을 일상적인 경영활동으로 인식하고 수행할 필요가 있다.

7 공유가치창출

사회적 책임은 CSR에서 공유가치창출(CSV : Creating Shared Value)로 변화하고 있다.[03] CSV는 기업의 경제적 가치와 공동체의 사회적 가치를 조화시키는 경영활동을 의미한다. 즉, CSV는 지속가능한 경영을 위해 기업의 제품과 서비스로 사회적 니즈를 해결할 뿐만 아니라, 가치사슬의 혁신과 산업클러스터의 형성을 통해 기업의 경제적 이익을 실현하는 방안이라고 할 수 있다.

이러한 현상은 기업 사회공헌의 패러다임이 단순 기부에서 상생으로 전환되고 있음을 의미한다. 예를 들면 맥도날드는 가맹점주 · 공급업체 · 본사의 상생을 우선적으로 고려한다. 맥도날드는 이를 '세 다리 철학(The Three-Legged Stool)'이라고 부르고 있다. 맥도날드 창립자인 레이 크록의 신념으로, '공급업체와 가맹점주가 1달러를 벌면 그 다음 맥도날드가 1달러를 번다'는 철학이다. 이것은 공급업체 · 가맹점주 · 본사가 협력을 통해 동반 성장한다는 의미다.

또한 맥도날드는 글로벌 지사의 최고경영자(CEO) 대부분을 현지 매장 출신 중에서 선발한다. 또한 재료공급 등을 위해 자회사를 따로 두지 않고 현지 기업을 활용한다. 각 나라에서 발생하는 수익을 지역사회에 환원하려는 것이다. 전문가들은 공유가치창출의 모범사례로 맥도날드를 들고 있다.

CSR은 단순히 사회적 약자를 돕는 차원에서 기업시민정신을 강조하는 반면에, CSV는 사회적 약자와 함께 경제적 이윤 및 사회적 가치를 만들고 공유하는 측면에 초점을 맞춘다(기업 사회공헌활동의 진화, 사회적 책임 넘어 경제적 가치 창출, 한경비즈니스, 2017.12.12).

공유가치창출(CSV)은 기업에게 희생을 강요하는 것이 아니라, '기업의 활동이 곧 사회 전체의 이익'이 되는 방식으로 전략을 수정하자는 것이다. 포터와 크레

03 Porter & Kramer(2011)은 장기적인 사회경제적 목표 달성을 위해 전략적 사회공헌의 중요성을 강조하면서 CSV를 제안하였다.

이머 교수는 이를 위한 3가지 전략을 제시하고 있다.[04]

첫째, 제품/서비스 및 시장의 재해석이다. 기업의 제품과 서비스 타깃을 소득 구조가 낮은 부문의 시장에 맞추는 전략이다. 소득의 하층부에 속하는 이들은 고가의 제품이나 서비스를 구매할 여력이 없는데, 이들을 대상으로 기업전략을 재정의하는 것을 의미한다.

둘째, 가치사슬의 생산성 재구조화이다. 가치사슬이란 기업이 부가가치를 창출하기 위한 원재료 매입, 생산, R&D, 마케팅, 일반 관리과정 등을 재구성한 개념이다. 사회문제를 해결하면서 동시에 기업의 가치사슬의 효율성도 개선하자는 것이 핵심이다. 예를 들면, 물과 전기는 환경문제와 직접 연결되어 있으며 무한정 사용할 수 없는 부존자원이다. 이런 물과 전기 사용이 많아지면 기업의 가치사슬비용도 상승한다. 이 경우, 기업이 물과 전기 사용을 줄이기 위해 노력하는 것이 공유가치창출로 이어진다.

마지막으로 지역산업의 클러스터를 구축하는 것이다. 지역의 개별 공급자들을 집단화해 이들 스스로 자생력을 가질 수 있도록 지원하는 전략이다. 기업은 집단

그림 5-5 CSV의 3가지 전략

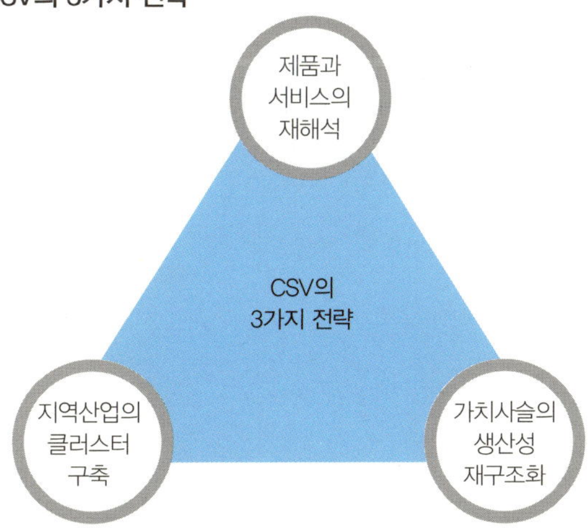

04 국민권익위원회, 기업윤리 브리프스 참고

화된 지역 공급자를 육성할 수 있고, 지역은 소득증대라는 효과를 동시에 달성할 수 있다.

우리나라 기업들의 CSV 활동은 기업들이 가장 잘하는 분야에 대한 재능기부를 통해 인재를 육성하는 등 경제적 가치와 사회적 가치를 동시에 창출하는 형태를 보이고 있다. 이러한 변화는 기업들의 사회공헌활동이 상생과 협력 위주로 바뀌어 가는 추세를 보여주는 것이다. 우리나라 기업들의 대표적인 CSV 사례는 다음과 같다.

표 5-2 우리나라 주요 그룹의 CSV 활동

그룹	활동
삼성그룹	• 삼성드림클래스 : 도서 벽지 지역 중학생 대상 교육 지원 사업 • 연말 이웃 사랑 성금 : 삼성전자 등 주요 계열사 기부 참여
현대자동차	• 기프트카 캠페인 : 저소득층 대상 창업용 차량 지원 • H-점프스쿨 : 대학생을 미래 핵심인재로 육성, 저소득층 청소년에게 교육 나눔 지원
SK	• 행복나눔재단 : 400개 사회적 기업에 임팩트 투자, 판로 지원, 인센티브 지원 등 • 사회적 기업 전문 사모 투자신탁 : 사회적 기업 발굴과 성장, 발전 지원
LG	• LG 의인상 : 국가와 사회 정의를 위해 자신을 희생한 의인에게 위로금 등 전달 • 유트로핀 지원 사업 : 저신장 아동 대상 성장호르몬 지원 사업
롯데	• 롯데엑셀러레이터 : 스타트업 대상 창업 지원금, 사무 공간, 전문가 자문 등 제공 • 슈퍼블루 캠페인 : 장애우에 대한 인식 개선 및 자립 지원

자료 : "진화하는 사회공헌", 한경비즈니스, 2017.12.11~2017.10.30.

경영산책

사회공헌 정보량이 가장 많은 최고경영자는 누구?

30대 그룹 2020년 1분기 사회공헌 정보량

기업집단 이름	동일인 이름	자산총액 (단위 : 십억)	계열 회사수	사회공헌 정보량(건)
SK	최태원 회장	218,013	111	1,097
삼성	이재용 부회장	414,547	62	786
미래에셋	박현주 회장	16,890	38	421
한진	조원태 회장	31,730	32	351
농협	이성희 회장*	59,176	44	288
현대중공업	정몽준 이사장	54,808	31	262
KT&G	백복인 사장*	11,203	11	235
현대백화점	정지선 회장	15,305	28	230
CJ	이재현 회장	31,136	75	192
효성	(조현준 회장)	13,472	57	123
S-OIL	후세인 알 카타니 CEO	16,332	3	91
신세계	(정용진 부회장)	36,374	40	87
LG	구광모 회장	129,616	75	65
한화	김승연 회장	65,636	75	48
포스코	최정우 회장*	78,307	35	38
현대자동차	(정의선 수석 부회장)	223,493	53	35
LS	(구자열 회장)	22,644	53	32
롯데	신동빈 회장	115,339	95	30
KT	구현모 사장*	33,971	43	22
두산	박정원 회장	28,456	23	22
GS	(허태수 회장)	62,193	64	19
교보생명	신창재 회장	11,663	14	4
대우조선해양	이성근 사장*	12,969	5	2
대림산업	(이해욱 회장)	17,991	26	0
한국투자금융지주	김남구 부회장	13,322	30	0
영풍	장형진 회장	11,975	24	0

하림	김흥국 회장	11,850	53	0
금호	박삼구 전 회장	11,435	27	0
코오롱	이웅열 전 회장	10,710	41	0

주) 1. 기업집단 순위는 2019년 5월 공정거래위원회 자산총액 기준
2. 별표(*)는 동일인이 '기업'인 경우로 이 경우 대표자 분석
3. 괄호안은 동일인의 자녀, 형제 또는 친척인 경우임

사회공헌정보량?
생소하지요?
저도 그래요.
그래도 알아야 할 것 같아서 써 놓은 것이예요.
오늘부터라도 알고 지나가면 다행.

자료 : http://www.kgdm.co.kr/news/articleView.html?idxno=692423

8 소셜임팩트

최근 기업활동과 관련된 트렌드 중에 특징적인 것 중 하나는 소셜임팩트(social impact)다. 소셜임팩트는 기업활동을 통해 사회에 긍정적인 영향을 준다는 뜻이다.

소셜임팩트는 기업이 만들어내는 사회적 성과를 의미한다. 즉, 기업이 경영성과뿐만 아니라 다양한 활동을 통해 사회에 긍정적인 영향을 끼치는 것을 말한다. 이를 통해 기업은 지속가능한 성장이 가능해진다.

소셜임팩트는 기업의 사회적 책임에 대한 기대수준이 높아지면서 나타난 현상이다. 어느 기업이든 사회적으로 긍정적 영향과 부정적 영향을 동시에 미치게 마련이지만, 소셜임팩트는 기업이 추구해야 할 긍정적 영향에 집중하는 개념이다.

예를 들면, 기업이 소방관들의 열악한 처우를 돕고 장애인과 독거노인 등 소외

된 계층이 생산활동자로 사회에 나오도록 도와준다. 그리고 점점 자신만을 생각하는 개인 사회에서 자신보다는 남을 먼저 생각하는 용감한 시민들에게 의인상을 수여하는 것들이 소셜임팩트에 해당된다. 기업은 이러한 활동을 통해 지속가능경영을 도모하면서 사회와 같이 동행하게 된다.

[그림 5-6]은 기업이 우리나라뿐 아니라 글로벌 경쟁에서 "당신 기업은 사회적으로 유익합니까?"라는 질문을 받게 되었을 때 대응하기 위한 내용을 나타낸다. 기업이 이런 질문을 받았을 때는 그림에 나와 있는 직원, 소비자, 시민단체, 미디어, 정보, 금융기관뿐만이 아니라, 환경, 다음 세대, 소외계층, 사회 전체를 위해 어떤 혜택을 줄 수 있을지를 설명할 수 있어야 한다.

소셜임팩트가 등장하게 된 배경은 다음과 같다.

첫째, 기업을 둘러싼 환경이 변했기 때문이다. 기업의 이해관계자는 투자자, 임직원, 고객 등으로 인식돼 왔다. 그러나 초연결사회가 되고 시장의 투명성이 확대되면서 일반 대중과 사회가 중요한 관리대상으로 떠오르고 있다. 따라서 기업이 사회적 가치를 추구하고 그 결과물로 임팩트를 만들어내는 활동을 하는 것은 당연하게 받아들여지고 있다.

예를 들면, NGO의 활동도 달라지고 있다. 예전에는 사회적으로 물의를 일으킨 기업 건물앞에서 피켓시위를 했다. 그러나 지금은 국민연금 앞에서 시위를 한다. 나쁜 기업에 투자하는 것은 국민 세금 낭비라고 압박하는 것이다(http://www.the-pr.co.kr).

둘째, 기업의 사회적 책임 범위가 확대되고 있다. 과거에는 기업에 요구되는 사회적 책임은 자선활동에 초점이 맞춰졌다. 그러나 현대사회에서는 기업활동의 모든 과정 또는 결과를 사회와 연결시키고 있다. 최근에 많은 사회적 기업과 소셜벤처들이 성과를 보이면서 이 개념은 더욱 주목받고 있다. 왜냐하면 이러한 기업들의 활동은 경제적 가치창출뿐만 아니라 사회와 함께 성장하고 있기 때문이다.

셋째, 소비자들 태도가 변하고 있다. 소비자들은 기업들이 사회문제의 소극적

그림 5-6 기업의 소셜임팩트 대응

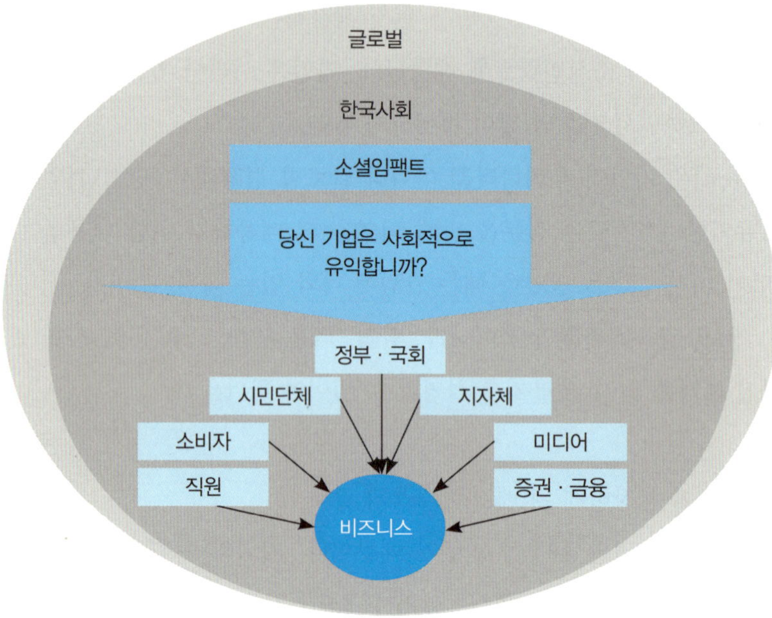

자료 : Daumsoft 이슈리포트 메가트렌드, 소셜임팩트 흐름과 한국사회 시사점, 2019.6.17.

지원자가 아닌 적극적 해결사 역할을 기대하고 있다. 예를 들면, 과거에는 기업이 사회공헌활동으로 단순히 직업학교를 지어주면 환영받았다. 그러나 요즘은 직업학교 졸업생들이 얼마나 취업에 성공했고 사회에 어떠한 경제적 · 사회적 성과를 가져왔는지까지 구체적으로 살펴보는 분위기다. 즉, 소비자들은 기업의 사회공헌 프로그램이 정말로 유의미한 것인지를 판단하기 시작한 것이다.

기업의 사회공헌활동과 소셜임팩트의 차이점은 다음과 같이 나타낼 수 있다. 사회공헌활동은 비즈니스와 사회문제의 분리 속에 이루어지는 기업의 사회지원활동이다. 반면에 소셜임팩트는 비즈니스와 사회문제의 결합을 통해 사회문제 속에서 비즈니스 기회를 찾거나 기업이 사회문제 해결을 위해 적극적으로 나서는 활동이다.

그림 5-7 사회공헌활동과 소셜임팩트 대응의 차이점

사회공헌활동	소셜임팩트 대응
비즈니스 영역 → 사회문제	비즈니스와 사회문제의 결합
비즈니스와 사회문제 분리 후 사회문제 관련 간접 지원 : 기업은 사회문제 해결 주체가 아닌 제3자	사회문제 해결에서 비즈니스 기회를 찾고 비즈니스화 예) 테슬라의 지구온난화 방지를 위한 전기자동차 사업화
	사회문제에의 주체적 대응
	예) 코카콜라 : 흑인의 사회적 지위 향상을 지원하는 방식(제3자적 지원)이 아니라 책임있는 사회구성원으로서 코카콜라가 직접 흑인을 적극적으로 고용함

자료 : 민트연구소, "소셜임팩트 국민의식 및 사회적 신뢰 브랜드조사결과", 2019/11/14(https://blog.naver.com/luper/221707799600)

경영산책 | 어려움 속에서도 사회공헌활동은 계속된다

1社당 평균 이익 · 평균 사회공헌 지출변화 / 이익 대비 사회공헌 지출 비중 변화

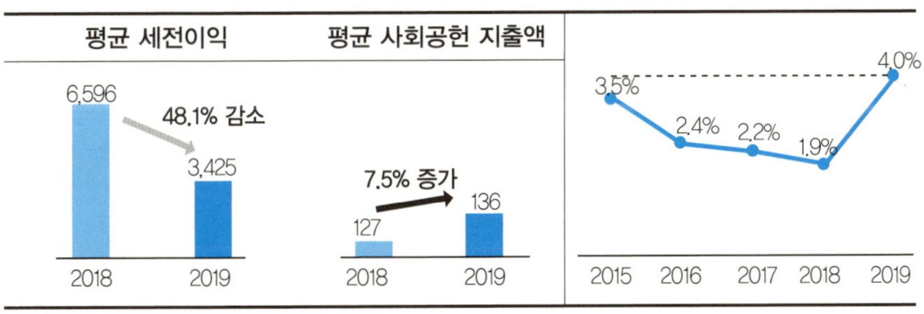

* 분석기업 : 2015년 255개사, 2016년 193개사, 2017년 198개사, 2018년 208개사, 2019년 220개사, 매해 발표한 데이터 기준
* 평균 세전이익 · 사회공헌 지출액 (단위 : 억 원)

주요 기업 사회공헌 프로그램 특징

구분		내용
Who	주체	임직원이 직접 기획하고 주도, 비임직원이 참여하는 프로그램 다수 예) 교보증권 '드림이 정기봉사활동', 카카오 '다가치행동'
When	시기	따로 시간을 내지 않고도 근무시간 활용하거나 시간과 장소에 구애받지 않는 형태 증가 예) 농심 '주중 봉사활동 · 유급 의무봉사제', GS칼텍스 '우리동네봉사단', LG전자 '기부식단'
to Whom	대상	취약계층 복지 사각지대 외에도 특정 계층이 아닌 지역사회 전반 등 대상 확대 예) 롯데칠성음료 '별 내리는 숲', SK하이닉스 '지역사회 소방안전 문화 활성화 사업'
What	내용	현물기부에서 벗어나 노하우 전수 · 체험기회 제공 · 인식개선 등 무형적 가치의 나눔 예) 한화 '한화 미래로 과학나라', 종근당 '종근당 예술자상', CJ CGV '두근두근 영화학교'
How	방법	기업이 보유한 인프라 활용, 온라인 플랫폼 · 디지털 기술 접목, 관련 기관과 협업 예) 현대오일뱅크 'K드림 어시스트', 신한은행 '온라인 금융교육', 삼선전자 '삼성 스마트스쿨'
Why	목적	취약계층 지원이라는 기존 목표를 넘어 사회문제 해결 · 사회발전을 목표로 한 사업증가 예) 포스코 '바다숲 조성', DB손해보험 '옐로카펫 캠페인', 한국가스공사 '소상공인 전자상거래지원사업'

사회적 가치 실현을 위한 중점 분야

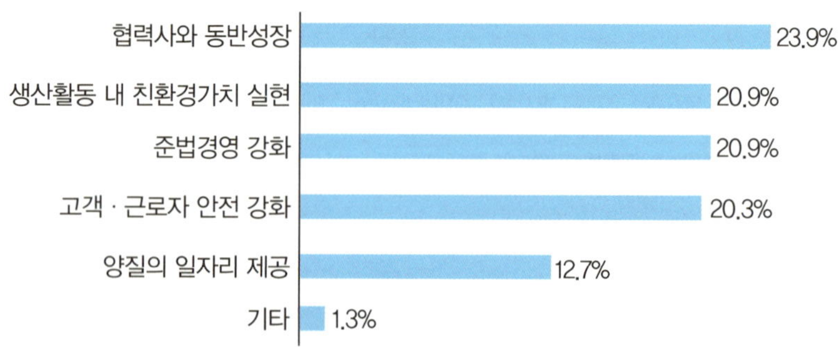

※ 해당항목 분석기업 기준(94개사)

대표 사회공헌 프로그램 사업 대상

아동 · 청소년	지역 사회	장애인	노인	환경	다문화 가정	청년	여성	퇴직자 · 중장년	기타
36.0%	12.9%	9.7%	9.1%	8.6%	5.4%	4.3%	3.8%	1.1%	9.1%

※ 대표 프로그램 112개 기준, 중복응답 포함

기업들은 어려움 속에서도 다양한 사회공헌활동을 했습니다.
우리는 기업을 비판만 할 것이 아니라
잘하는 점은 잘하고 있다고 칭찬도 해줘야 합니다.
참 잘했어요!!!

자료 : 파이낸셜 경제, 2020 주요기업 사회적 가치 보고서(舊 사회공헌백서), 2020.11.29.

CHAPTER

06 기업문화

1 기업문화란?

1.1 개념

기업문화는 다양하게 정의되고 있다. 기업문화를 일반적인 관점에서 정의하면 "기업의 모든 구성원들이 인정 · 공유 · 학습하며 한 세대의 구성원들로부터 다음 세대의 구성원들에게 전승되는 기업의 가치관 및 신념체계"라고 할 수 있다. 이러한 기업문화는 다음의 질문에 대한 대답을 포괄하는 내용이다.

- 무엇을 추구하는 회사인가?
- 기업의 원칙은 무엇인가?
- 구성원은 회사와 일체감을 느끼고 있는가?
- 기업의 고객은 누구인가?

기업문화는 구글에서 검색하면 133,000,000개 이상이 검색될 정도로 다양하게 취급되고 있다.[01] 기업문화는 기업에서 발견되는 열정, 헌신, 관대함, 유기적인 관계, 창의력 등 문화의 산물이다. 문화는 눈에는 보이지 않지만 공기처럼 스며들면서 직원들에게 강력한 영향을 미친다. 왜냐하면 기업에 좋은 감정을 갖고

01 2020년 2월 10일 기준

있는 직원들은 고객들에게도 자신의 열정을 전달하기 위하여 노력하기 때문이다.[02]

이런 관점에서 본다면 한 기업의 문화는 그 조직의 정신적인 인프라로 해석할 수 있다. 이것은 조직의 목적을 위해 구성원들을 하나로 묶는 가치, 관점을 포함한다. 기업문화는 기업과 별개로 존재하는 것은 아니다. 기업문화를 가진 회사는 없다. 오히려 모든 회사 자체가 하나의 기업문화이다. 훌륭한 기업문화는 그것이 회사 내에서 드러난 모습일 뿐이다.[03]

기업문화와 구성원의 노동 스타일을 연구한 결과[04]에 따르면 같은 기업의 다른 일을 하는 직원들은 다른 기업에서 같은 일을 하는 사람들보다 더 비슷한 스타일을 가지기 쉽다는 사실을 밝혀냈다.

예를 들면, 미국의 현대자동차에서 일하는 미국인 엔지니어의 업무 스타일은 도요타에서 일하는 다른 미국인 엔지니어보다는 한국에 있는 현대자동차의 한국인 회계원의 스타일과 더 비슷하다는 것이다. 왜냐하면 결합적이고, 생산적이고, 도덕적으로 건강한 기업문화를 가진 기업의 구성원들은 그 문화를 반영하는 방식으로 행동하기 때문이다.

기업문화는 오랜 세월에 걸쳐 형성되는 공유가치로서 "어떤 상황에서 어떻게 생각하고 행동해야 하는가?" 하는 사고와 행동의 지침이 되고 의사결정의 기준이 된다. 기업문화와 비슷한 개념으로 기업풍토, 기업분위기, 사풍이 있다. 기업풍토나 기업분위기는 자연적으로 형성된 것이고, 기업문화는 인위적으로 만들어진 것으로 사풍이라고도 한다. 이들은 서로 비슷하지만 다음과 같은 차이점이 있다.

- 기업풍토 : 전통에 뿌리를 두고 자연스럽게 기업에 형성된 것

02 라젠드라 시소디어 · 데이비드 울프 · 잭디시 세스 공저, 권영설 · 최리아 역, 위대한 기업을 넘어 사랑받는 기업으로, 럭스미디어, 2008.

03 피터 틸, 블레이크 매스터스 저, 이지연 역, 제로 투 원, 한국경제신문사, 2014, 158.

04 Thomas Kell & Gregory T. Carrot, "Culture matters Most," *Harvard Business Review*, May 2005, Vol. 83, 22–24.

경영산책 | 여러분은 어떤 기업에서 일하고 싶나요?

인크루트 × 알바콜 선정 Since 2004

2020 대학생이 꼽은 가장 일하고 싶은 기업 TOP10

• 조사대상 : 대학생 1,045명 • 조사기준 : 코스닥 상장사 150곳 • 조사기간 : 2020.6.2~5(4일간)

순위	기업	비율	선정 이유
1위	카카오	(14.2%)	• 성장 · 개발 가능성과 비전
2위	삼성전자	(9.4%)	• 만족스러운 급여와 투명하고 공평한 보상제도
3위	NAVER	(6.4%)	• 성장 · 개발 가능성과 비전
4위	CJ ENM	(4.8%)	• 관심업종
5위	대한항공	(3.2%)	• 관심업종
6위	현대자동차	(2.9%)	• 만족스러운 급여와 투명하고 공평한 보상제도
7위	아모레퍼시픽	(2.8%)	• 관심업종
8위	LG생활건강	(2.7%)	• 동종업계와 지역사회에서 선도기업의 이미지
9위	CJ제일제당	(2.6%)	• 관심업종
10위	SK이노베이션	(2.0%)	• 동종업계와 지역사회에서 선도기업의 이미지

여러분이 취업하고 싶은 기업 순서와 일치하나요?
또래들은 어떤 생각들을 하고 있는지 정도만 참고하세요.

자료 : https://www.mk.co.kr/news/society/view/2020/06/584515/

- 기업분위기 : 기업이 가지고 있는 몇 가지 측면에 대해 느낄 수 있는 종합적인 인상을 강조하는 것

과거 우리나라의 기업문화는 가족중심 · 학벌중심 · 성장위주의 획일적 문화와 연공서열을 중요시하였다. 현재는 전문경영 · 수익중심 · 윤리경영 등 새로운 개념들이 기업문화에 나타나고 있다. 한편, 우리나라 기업들의 경우 IT 인프라나 품질관리 등 하드웨어적인 측면에서는 선진 기업들과 비슷한 수준에 있으나, 일하는 방식 · 윤리의식 · 휴먼웨어(humanware)적인 측면에서는 여러모로 미흡한 것이 현실이다.

1.2 구성요소

기업문화는 수면 밑의 눈에 보이지 않는 빙산과 비슷하다. 기업이 성장하면서 형성되는 가치관, 신념, 의식구조 등은 눈에 보이지 않는 기업문화이다. 에드거 샤인(Edgar H. Schein)은 기업문화를 조직의 관행이나 제도, 핵심가치, 기본적 가정 등 3가지 차원으로 설명하고 있다.[05]

첫째, 조직의 관행과 제도이다. 조직의 관행과 제도는 인위적 결과물(artifacts)을 말한다. 여기에는 구성원 개개인의 행동과 조직행동에 영향을 주는 조직구조 및 프로세스, 관례적 의식, 문서화된 제도와 규정, 의사결정 체계 및 직무체계 등이 포함된다. 이것은 "우리 기업은 어디로 가고 있으며, 어떻게 그곳에 갈 수 있을 것인가?"라는 질문에 답하기 위한 지도와 같다.

인위적 결과물에는 조직구조, 근무환경, 각종 상징물, 규정 체계 등 문화의 한 부분으로 인식하지 못하는 것들이 많다. 예를 들면, 매주 아침에 명상을 하고 업무를 시작, 중요한 의사결정은 전 직원의 투표로 결정, 유연근무제, 재택근무, 사

05 신한 FSB 리뷰, 2006.7, "강한 기업에는 강한 기업문화가 있다," 22-25.

용하는 언어 패턴 등이 인위적 결과물이라고 할 수 있다.

둘째, 핵심가치 또는 추구하는 가치이다. 기업의 핵심가치에는 외부환경 변화와 무관하게 기업이 지속적으로 지켜나가는 경영철학, 가치체계, 목표, 염원, 합리적 설명 등이 포함된다. 이것은 "우리는 누구이며, 무엇이 우리를 움직이게 하는가?"라는 질문에 대한 답이며, 기업이 균형을 맞추도록 해주는 힘이다.

여기에는 기업이 추구하는 미래 모습이 담겨 있고, 구성원들의 말과 행동을 지배하게 된다. 예를 들면, 삼성전자의 '이제는 가전을 나답게', 현대자동차의 'New Thinking, New Possibilites' 슬로건, 업적평가를 할 때 개인 또는 팀 중 어디에 중점을 두고 하는지 등이 여기에 해당된다.

셋째, 기본적 가정(underlying assumptions)이다. 기본적 가정은 구성원들이 의식하지는 못하고 있지만 당연하다고 생각하는 가정, 느낌, 의견 등의 신념체계 등으로 구성된다. 즉 무의식적으로 받아들여지는 믿음과 가치들을 의미한다. 예를 들면, 협력업체와 계약을 체결할 때 어떤 것에 중점을 두는지, 또는 최고경영자가 '외부고객보다는 내부고객'을 더 중요시하는지 등이 여기에 해당된다.

그림 6-1 기업문화의 개념과 구성요소

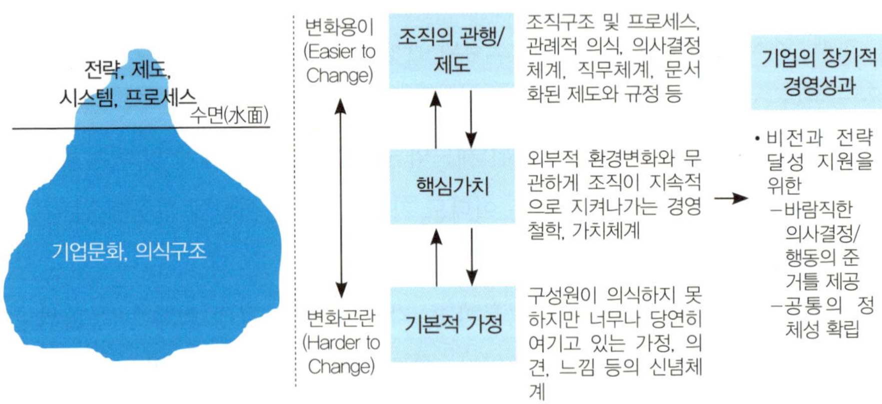

자료 : 신한 FSB 리뷰, 2006.7. "강한 기업에는 강한 기업문화가 있다." 22.

2 기능

기업문화는 기업의 운영과정과 전략 결정 및 수행과정에 큰 영향을 미친다.

2.1 기업성과에 영향

기업문화는 기업구성원들의 정신적 기반으로서 구성원의 사고와 행동에 영향을 미친다. 따라서 기업문화가 강하든, 약하든, 부정적이든, 긍정적이든 기업의 전반적인 성과에 영향을 준다.

대한상공회의소가 2016년에 실시한 '기업문화 개선 설문조사' 결과에 따르면, 직장인의 94%는 '기업문화가 성과에 영향을 미친다'고 생각하고 있다. 즉, 직장인들은 기업문화가 기업의 성장과 경쟁력 확보를 위해 반드시 필요하다는 인식을 가지고 있다는 의미이다.

그림 6-2 기업문화 개선 설문조사

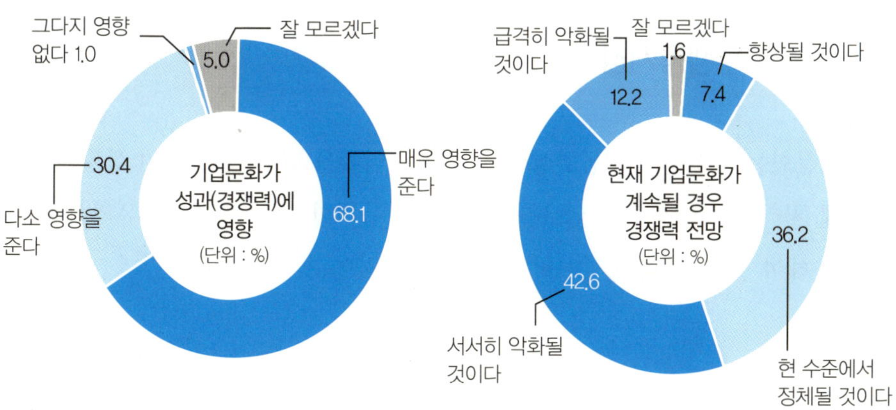

자료 : 대한상공회의소

2.2 정체성 부여

기업문화는 기업 내의 구성원들에게 일체감과 정체성을 부여한다. 이러한 일체감과 정체성은 외부상황이 급격하게 변화할 때 구성원의 결속력을 강화시켜 주고 일체화된 행동을 하도록 하는 기본이 된다.

즉, 기업문화는 구성원들이 기업에 대하여 갖는 애사심을 높이고 기업의 목표를 달성하기 위해 최선의 노력을 하도록 유도하는 역할을 한다. 왜냐하면 일단 기업에 소속되면 동질감과 공유의식을 갖게 되므로 기업목표 달성에 전념하게 되기 때문이다.

2.3 기업의 안정성 제고

기업문화는 기업의 안정성을 높이는 역할을 한다. 강한 기업문화를 갖는 경우 구성원의 사기가 높아지기 때문에 이직률이 줄어들고 기업에 대한 애사심도 고취되므로 기업의 안정성이 높아지게 된다.

2.4 구성원의 행동지침

기업문화는 구성원의 행동방향을 결정하는 역할을 한다. 일반적인 상황에서는 평소에 처리하던 방식으로 업무를 처리하며, 특별한 상황에서는 공유의식에 기초하여 해야 할 일과 하지 말아야 할 것을 판단하여 처리하게 된다.

2.5 조직의 변화

기업문화가 중요한 이유 중의 하나는 조직의 변화이다. 미래의 조직은 점점 더 수평적인 형태로 변화될 것으로 예측되고 있다. 그런데 조직의 구조가 수평적일수록 통제의 폭이 늘어나게 되고, 이렇게 되면 통제에 의한 관리보다는 기업문화나 신뢰에 의한 관리가 필요해진다.

구성원들이 구체적인 의사결정을 내릴 수 있도록 명확한 가치관과 목표가 주어져 있어야 한다. 따라서 조직이 수평적으로 바뀌고 분권화가 추진될수록 기업문화의 중요성은 더욱 증가된다.

경영산책 | 왜 카카오를 선택했을까요?

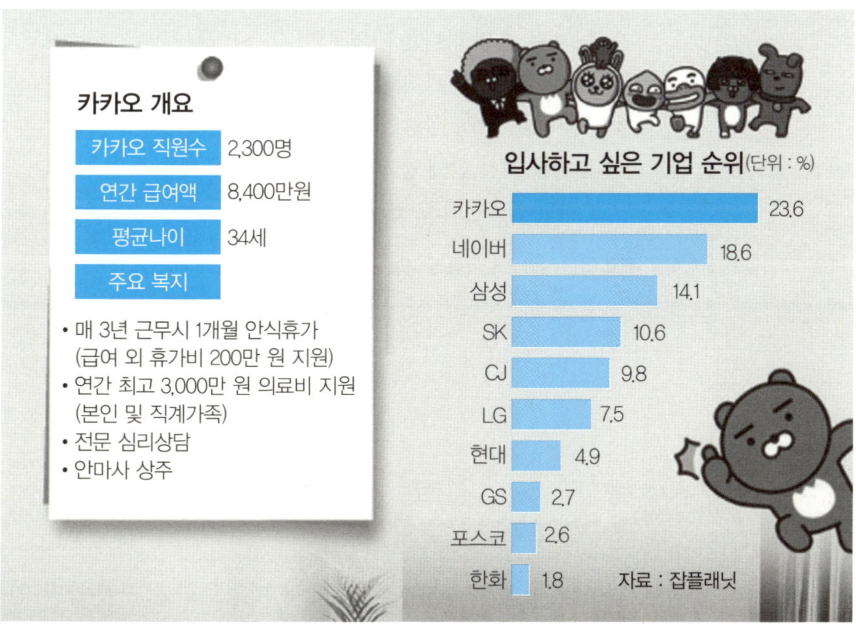

사람들이 직업을 선택하는 기준은 무엇일까?

자료 : 대한민국진로백서, 사람들의 직업선택기준

취업준비생들이 선호하는 기업이 계속해서 변합니다.
이유 중의 하나는 기업문화!
여러분들이 생각했던 것과 일치하는지 모르겠네요.
일치하지 않았다고 실망할 필요는 없고요.
나는 공기업을 선호한다면 빠른 시간 안에 공기업 취업을 위한 준비를 하면 됩니다.
다만 참고용으로 봤으면 해요.

자료 : 국민일보, 선호직장 1위로 꼽힌 카카오 이유를 들어보니 …, 2020.3.16.

3 유형

기업에서 수행하는 업무와 구성원에 대한 시각에서 기업문화를 구분하면 인큐베이터형 기업문화, 유도미사일형 기업문화, 가족형 기업문화, 에펠탑 스타일의 기업문화로 나눌 수 있다(신재준 외, 2005).

3.1 인큐베이터형 기업문화

인큐베이터형 기업문화에서는 구성원들의 창의력을 중요하게 생각하는데 실리콘밸리를 예로 들 수 있다. 이런 유형의 문화에서는 구성원들의 수평적 관계와 팀워크가 중요하다. 이런 문화를 가진 기업의 인사관리는 금전적인 보상에 치중하기보다는 성취욕구를 자극할 수 있는 정책을 시행하여야 한다. 즉, 능력 있는 인재들이 모여 아이디어를 창출하고 실현할 수 있는 분위기를 만들어주어야 한다.

3.2 유도미사일형 기업문화

유도미사일형 기업문화는 어떠한 수단을 동원해서라도 공유된 목표를 달성하려고 노력하는 문화를 의미하는데 미국의 항공우주국(NASA)을 예로 들 수 있다. 이런 문화를 가진 기업의 인사관리는 지위나 연공서열을 떠나 능력을 중심으로 인재를 바라보아야 한다. 또한 기업문화 차원에서의 평가는 팀과 개인의 성과에 대한 보상이 적절하게 균형을 이루어야 한다.

3.3 가족형 기업문화

가족형 기업문화는 기업문화 유형 중에서 가장 오랜 역사를 가지고 있다. 이런 기업문화의 특징은 구성원 간의 위계질서와 연공서열을 기본으로 한다는 점이다. 이 문화의 장점은 우호적이고 따뜻한 인간관계, 그리고 든든한 가족 결속력에 있다. 그러나 이러한 관계는 혈연, 학연, 지연을 중심으로 형성된 것이어서 구성원들의 능력이나 성과가 희생된다면 문제는 심각해진다.

미디어윌이 운영하는 벼룩시장구인구직이 2019년에 직장인 587명을 대상으로

'직장생활 동상이몽'이라는 주제로 설문조사를 진행했다. 그 중에서 선호하는 조직 문화에 대해서는 뚜렷한 시각차를 보였다. 사원 · 대리는 '일과 사생활을 철저히 구분하는 문화'(40.2%)를 선택하며 개인주의 성향의 조직문화를 선호한 반면, 과장 이상은 삭막한 사내 분위기보다는 협업하며 '서로 챙겨주는 가족 같은 문화'(41.8%)를 선호했다.

그림 6-3 직장생활 직급별 동상이몽

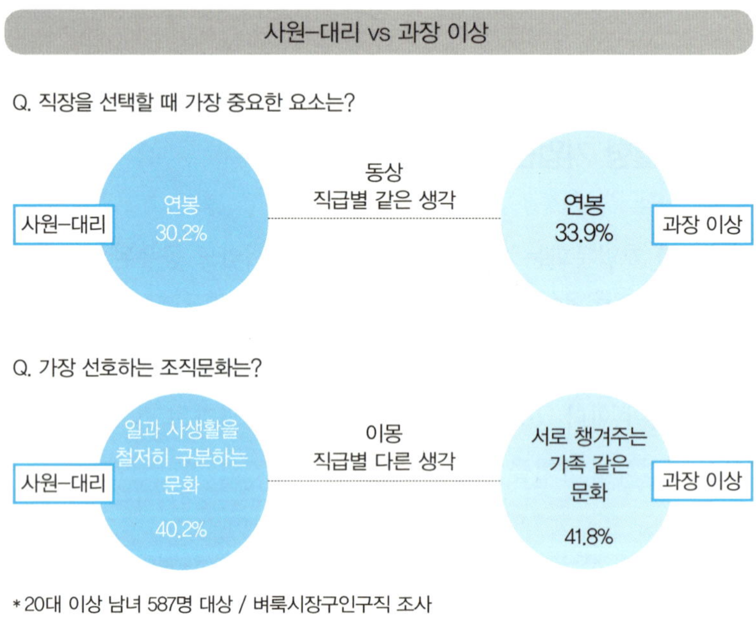

3.4 에펠탑 스타일의 기업문화

에펠탑 스타일의 기업문화는 혁신과 변화보다는 안정을 선호하는 보수적인 기업문화이다. 예를 들면, 이익을 극대화하기 위해 도전적인 의사결정을 하기보다는 비용을 최소화하기 위한 보수적 의사결정을 중요하게 생각한다. 이런 기업문화에서의 평가는 구성원들의 상사보다는 객관적으로 구성원들을 평가할 수 있는 인사부서에서 일괄적으로 하게 된다.

4 형태

트롬페나르는 기업문화를 3개의 층으로 이루어진 양파에 비유했다. 양파의 가장 바깥쪽에는 조직에서 운영하는 제도와 같이 바로 눈에 띄는 것(explicit products)이 있는데, 신입사원이나 이해관계자들이 가장 먼저 접하고 느끼게 되는 기업만의 독특한 분위기가 여기에 해당한다. 그 안쪽에는 기업의 가치와 규범(norms and values), 비전 등이 존재한다. 그리고 마지막으로 가장 안쪽에는 평소에는 잘 드러나지 않지만 기업에 흐르고 있는 기본적인 생각(basic and implicit assumption)이 자리 잡고 있다.[06]

기업문화의 구체적인 형태는 이념문화, 제도문화, 행태문화, 표현문화, 네트워크문화, 메세나문화 등으로 구분할 수 있다(김우현, 2003).

4.1 이념문화

이념문화에는 창업이념, 경영이념, 슬로건, 사시, 사훈 등이 있다.

4.2 제도문화

제도문화에는 사규, 의식, 업무시스템, 회식 등이 있다.

06 신재준 · 고지석, "성공기업의 기업문화 만들기." 새로운 제안, 2005, 33.

4.3 행태문화

행태문화에는 전통, 정통성, 타부(taboo) 등이 있다.

4.4 표현문화

표현문화에는 CI, 로고(logo), 회사마크, 배지, 색상 등의 이미지물과 사가(社歌), 회사의 깃발, 회사 문장 등의 문화물, 운동 · 행사시 유니폼 착용, 실내 장식의 통일 등의 장식물, 제품의 광고, 이미지 광고 등의 광고물이 있다.

4.5 네트워크문화

네트워크문화에는 연고, 취미, kitchen network,[07] 사회 네트워크 등이 있다.

4.6 메세나문화

메세나문화의 초기 단계는 기부금을 조성하여 문예활동단체에 전달하는 정도였다. 일반적으로 메세나[08]의 내용은 문화진흥기금의 조성, 문화활동에 대한 표창 및 상금 수여, 기업이 보유하고 있는 문화시설 개방, 전람회 개최 등이 주된 것이다.

07 구성원들의 부인끼리 모임을 결성하여 형성된 조직을 의미

08 불순한 동기없이 순수 문화예술을 애호하고 진작하는 정신을 담고 있어 순수한 예술지원의 뜻으로 이용됨

5 일하고 싶은 회사의 기업문화

기업문화가 좋다는 것은 '강한 기업문화'가 형성되어 있다는 것을 의미한다. 구성원들 사이의 결집력이 강한 경우에는 강한 기업문화가 나타나고 반대의 경우에는 약한 기업문화가 나타난다. 강한 기업문화를 갖는 기업들의 특징은 "사람이 중심이다"로 요약할 수 있다. 이러한 기업들은 일반적으로 배움의 문화, 신뢰의 문화, 상호 존중의 문화, 성실성의 문화, 투명성의 문화, 소속감과 일체감의 문화 등의 특성을 갖고 있다.

강한 기업문화는 한 가지 방향만을 지향하는 것이 아니고 기업 내의 다양한 생각들을 종합하여 최고의 성과를 내는 문화를 말한다. 강한 기업문화를 중용의 문화, 시너지 문화, 조화의 문화라고 하기도 한다. 이처럼 중용의 문화가 필요한 이유는 기업을 구성하는 구성원들이 다양해지고 있기 때문이다. 따라서 기업에서 개인 간 문화적 차이를 관리하기 위해서는 개인 간의 다양한 차이를 인정해야 한다.

강하고 성공적인 기업문화를 구축하기 위해서는 경영자의 역할이 중요하다. 왜냐하면 아무리 훌륭한 기업문화를 만들어내도 구성원들에 의해 의식화되지 않으면 의미가 없으며, 기업문화에 가장 큰 영향을 미치는 요인은 리더의 행동과 의사결정이기 때문이다. 성공적인 기업문화의 특성은 다음과 같다.

첫째, 기업문화의 중심에 핵심가치가 분명하게 정의되어 있으며 가장 쉽게 공유할 수 있는 형태를 취하고 있다.

둘째, 핵심가치를 해당 기업 고유의 경영스타일, 경영관행 및 구성원의 행동양식으로 내재화하고 있다. 즉 핵심가치가 구성원들의 일상적인 행동에서 실천됨으로써 기업고유의 문화가 되고 있다.

셋째, 성공한 기업문화를 갖는 기업의 구성원들은 기업문화에 대한 의미부여, 몰입 그리고 강한 자부심을 나타내는 특징이 있다. 즉, 구성원들이 기업이 추구하는 가치에 대한 유대감을 높게 형성하고 있다.

넷째, 글로벌 기업의 경우 업종, 국가에 관계없이 동일한 가치체계를 전파, 공유하고 있다. 서로 다른 국가 · 지역 · 사업부별 경영은 독립적으로 하지만 핵심 가치는 단일하게 관리하는 특징을 보이고 있다.

그러나 강한 기업문화가 모든 경우에 다 맞다고 할 수는 없다. 왜냐하면 강한 기업문화가 형성되어 있는 경우에 조직의 변화에 대하여 강력한 저항이 나타날 수 있기 때문이다.

바람직한 기업문화는 조직분위기를 활기차게 하고 조직구성원을 성장시키는 지렛대 역할을 한다. 직원을 단순한 고용자로 보는 것이 아니라 하나의 인간으로 존중하는 시각은 인권은 물론이고 업무성과를 위해 매우 중요하다. 직원들이 일하면서 소소한 행복을 느낄 수 있도록 CEO와 직원과의 수평적 기업문화를 조성하는 것도 매우 중요하다. 또한 창의적 성과를 위해 직원들의 실패를 용인하는 기업문화는 구성원의 자발적 몰입을 유도하는 데 결정적인 역할을 하게 된다.

경영산책 | 일할 맛 나는 회사를 만들려면 어떻게 해야 할까요?

기업문화 혁신에 필요한 6가지 키워드

① 원칙 재정비 : Philosophy message
② 일관되고 지속적인 메시지 : Consistent message
③ 본질과 핵심에 집중 : Less is more
④ 디지털 기술로 변화 촉진 : Digital age
⑤ 기업문화팀을 조력자로 : Hidden figures
⑥ 리더십으로 완성 : Leadership makes it perfect

기업들이 일할 맛 나는 회사를 만들어주면 좋겠습니다.
종업원들이 행복해지니까요.
다만 기업과 종업원 사이에 괴리가 있겠지요.
기업은 일할 맛 나는 회사를 만드는데 들어가는 비용을 걱정할 것이고요.

종업원은 어떤 고민을 하게 될까요?
종업원들은 일할 맛이 나지 않으면 호시탐탐 이직 기회만을 찾게 되고
그러면 집중력이 떨어질 것이고 생산성 하락을 가져오겠지요.
이렇게 생각해보면 기업이 일할 맛 나는 회사를 만드는 것은
장기적인 관점에서
기업과 종업원 모두에게 좋은 결과를 가져올 것으로 생각됩니다.
여러분들이 취업한 기업들은 전부 일할 맛 나는 회사였으면 좋겠네요.

자료 : 국민일보, 일할 맛 나는 회사를 만드는 6가지 키워드, 2019.9.9.

6 망하는 회사의 기업문화

기업의 흥망에는 여러 가지 요인이 작용하지만 기업문화 요인도 무시할 수 없는 한 가지 요인이다. 일반적으로 도태되는 회사의 기업문화 특징은 다음과 같이 요약할 수 있다(신재준 외, 2005).

6.1 성공에 대한 자만

성공을 이룬 많은 기업들의 공통점은 성공을 가져다 준 방법을 '전가의 보도[09]' 처럼 여긴다는 점이다. 성공이 오직 자신의 능력과 방법에 따른 결과라고 믿기 시작할 때 기업의 불행은 시작된다.

09 사전적 의미는 가보로 내려오는 명검을 의미
변화된 의미는 아주 잘 듣는 해결책, 아무 때나 쓸 수 있는 매우 강력한 권한 등을 의미

6.2 구성원의 신뢰상실

일하기 좋은 기업의 조건 중의 하나는 구성원 간의 신뢰이다. 이를 반대로 해석해보면 불신이 팽배한 회사는 일하기 좋지 않다는 뜻이 된다. 어떤 이유에서든지 기업이 구성원들에게 진실을 전달하지 않고 숨기기 시작하는 순간 구성원들의 불신의 싹은 시작된다. 반대로 아무리 어려운 상황에 있더라도 기업이 직원들에게 모든 것을 공개하고 협력을 구한다면 구성원들은 이를 극복할 노력을 하게 될 것이다.

6.3 1/N 문화

1/N 문화는 개인보다 팀 차원의 결속력을 강조할 때 효과가 높지만, 능력 있는 구성원에게 적절한 보상을 해주기가 어려워진다. 그리고 더 심각한 문제는 무능력에 대해서도 조치를 취하지 않는다는 점이다. 따라서 스스로 책임을 지고 업무를 수행하려는 자세 및 의지는 사라지게 된다. 더 나아가서 책임도 1/N로 나누어 부담하려고 한다. 이것은 모두가 책임을 진다는 것인데 결국은 누구도 책임을 지지 않는다는 의미가 된다. 1/N 문화는 기업의 하향평준화를 지향하기 때문에 구성원들의 능력과 열정을 소극적인 냉소주의로 바꿀 수 있다는 점에 유의해야 한다.

6.4 계획만 있고 실행은 없는 문화

부실화되는 기업의 특징 중의 하나는 "회의는 자주 열리고 많은 위원회가 생겨나지만, 계획만 무성하고 실행은 없다"라는 점이다. 즉, 기업이 어려움에 처하게 되면 "다시 한번 뛰어 보자"는 다짐을 하고 구성원들의 관심과 열정을 이끌어내는 데 성공하지만, 구체적인 실행단계에서 기업들은 좌절을 느껴 포기하는 경우가 많다.

6.5 장벽의 문화

기업이 지나치게 보안에 신경을 쓴 결과, 꼭 필요한 정보도 이용할 수 없게 되면 구성원들은 기업이 추진하고자 하는 사업의 본질을 이해하지 못하게 된다. 기업 내의 침묵은 문제를 해결하는 것이 아니라 문제를 은폐하는 것에 불과하다. 침묵이 미덕인 기업의 구성원들은 기업 내에 높은 벽이 있다고 생각한다. 그리고 이러한 높은 벽은 구성원들 사이를 서로 무관심하게 만들며, 다른 부서의 협조를 얻기도 어렵게 한다.

6.6 위기 불감증 문화

기업에 위기가 닥쳐오는 경우는 기업의 여러 부문에서 징후를 느낄 수 있다. 그러나 기업이 어려워지고 있는데도 위기를 느끼지 못하는 경우 기업은 부실화될 수밖에 없다. 위기를 극복하기 위해 제도를 변경하는 것도 중요하지만 구성원들의 행동이 변하지 않는다면 기대만큼의 성과를 얻는 것은 힘들어진다.

경영산책 | 기업이 망하는 요인에는 어떤 것이 있을까요?

기업이 망하는 요인

① 현재 성공에 안주한다

② 부서 간의 높은 장벽이 있다

③ 실속 없는 전시성 관리형태가 많다

④ 보신주의가 만연한다

⑤ 인재가 떠난다

여러분들이 일을 하고 싶은 회사가 있다면,
반대로 일을 하고 싶지 않은 회사도 있게 됩니다.
이런 회사가 망하는 것이지요.
망하는 회사에 취직하면 안 되니까 신중하게 판단해야 합니다.

자료 : 뉴데일리경제, 망하는 회사의 특징은?, 2016.8.2.
https://sensio.tistory.com/185(망하는 회사의 사장은 이렇게 말합니다. 2020.7.31.

7 우리나라 기업의 기업문화

우리나라 기업들은 2008년 글로벌 경제위기에도 흔들리지 않고 지속적인 성장을 해왔으나 2012년부터 하락하기 시작하여 2014년에는 대기업들이 마이너스 성장을 기록하였다. '뉴노멀(New Normal)'은 우리나라 기업의 새로운 경영환경 패러다임이 되고 있다.

이러한 환경변화는 우리나라 전체의 사회적 의식 변화를 가져오고 있다. 과거 더 나은 미래를 위해 현재를 기꺼이 희생하던 사회적 분위기는 이제 더 이상 통용되기 어려워졌다. 요즘은 '개인의 행복', '일과 삶의 균형'을 추구하면서 불확실한 미래를 위해 현재의 행복을 포기하려고 하지 않는다. 이러한 인식의 변화를

그림 6-4 우리나라 기업의 일하는 방식과 사회적 인식 진단결과

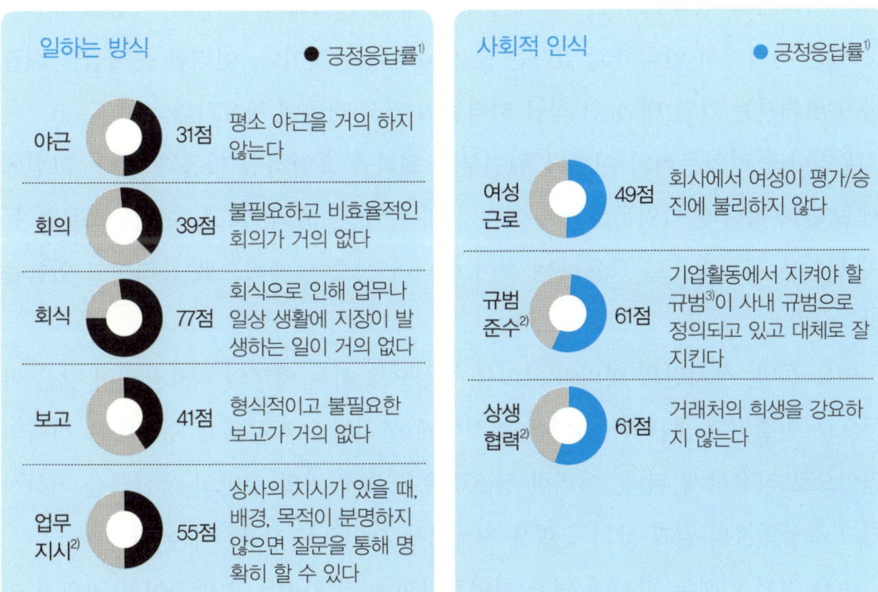

1) 해당 영역의 질문에 대해 긍정적으로 응답한 비율을 점수로 환산

2) 조직건강도 설문 내에 업무지시, 규범준수, 상생협력 관련 다른 질문(환경/안전, 사회공헌, 공정경쟁 등)이 포함되어 있음

자료 : 대한상공회의소, "한국기업의 조직건강도와 기업문화 진단", 2016.3. 5.

반영하여 우리나라 기업의 근로시간과 근로자 삶의 질에 대한 문제가 언론과 SNS 등을 통해 제기되고 있다.

대한상공회의소와 맥킨지사는 2016년 '한국기업의 조직건강도와 기업문화 진단' 결과를 발표했다.[10] 보고서에서는 우리나라 기업들이 일하는 방식으로 회의, 보고, 업무지시, 야근, 회식 등 5가지와 사회적 인식으로는 규범준수, 여성근로, 상생협력 등 3가지를 선택하여 연구한 결과를 제시하고 있다.

위 그림에서 보면 우리나라 기업의 야근은 심각한 상황임을 알 수 있다. 야근에 대한 긍정응답률은 가장 낮게 나타났다. 일주일 동안 평균 야근 일수는 2.3일로 근무일수의 절반 가량 야근하고 있다는 결과가 제시됐다. 야근을 하게 만드는 이유가 되는 비효율적 회의, 과도한 보고, 일방적인 업무지시 등도 낮게 나타났다.

우리나라 기업의 기업문화 중 일하는 방식 관련 항목에 대해, 기업규모와 성별에 따른 인식 차이가 거의 없는 데 비해, 연령과 조직 내 계층 간에는 큰 인식 차이가 나타나고 있다. 이러한 결과는 업무 방식에 대해 젊은 층과 기성세대가 서로 다른 관점에서 인식하고 있다는 것을 나타내는 것이다. 이러한 문제점을 해결하기 위해서는 기업 내 상위 직급 리더들의 인식 전환이 필요하다.

우리나라 기업문화의 이슈와 원인분석 결과를 요약하면 다음과 같다. 그림에서 보면 우리나라 기업문화에서 이슈가 되는 야근, 회의, 보고, 여성근로문화 등의 원인은 독립적으로 작용하는 것이 아니라 상호 연계적으로 움직이고 있음을 알 수 있다.

예를 들면, 장시간의 회의와 보고를 중심으로 하는 업무의 비효율성이 잦은 야근으로 연결되고, 이러한 야근은 여성에게 불리한 조직문화를 형성하는 하나의 원인으로 작용하게 된다. 이러한 상호작용은 결국 기업 전반의 생산성을 저하시키고 구성원들의 일과 삶의 균형을 저해하는 요인으로 작용하게 된다.

조사 결과 일하는 방식에 대한 기업문화의 인식 차이는 일방적이고 권위적 리

10 대한상공회의소, "한국기업의 조직건강도와 기업문화 진단", 2016.3. 1-40.

더십 스타일과 리더십 역량 부족, 체계화되지 못한 업무프로세스, 객관적 평가 및 공정한 성과보상 체계 미흡 등에 기인하는 것으로 파악되었다.

기업문화는 기업의 이념과 가치를 사회에 알리는 매개체이자 기업의 매력도를 체크할 수 있는 수단이다. 기업의 임직원들이 기업문화에 빠져들 때 강력한 기업문화가 형성된다. 특히 구성원들의 행동은 기업문화를 나타내는 것으로 여겨지므로 기업에 큰 영향을 미친다. 예를 들면, 스타벅스의 직원은 9·11테러 당시 긴급 구호활동을 수행 중인 대원에게까지 생수비용을 청구함으로써 기업 이미지에 상당한 타격을 입힌 경우도 있다.

사회적으로 인정받고 있는 기업문화는 기업 이미지를 높임과 동시에 강력한 브랜드 가치를 창출한다. 그리고 좋은 기업문화는 우수한 인재를 확보하고 유지하는 데에도 도움을 준다.

그림 6-5 우리나라 기업문화의 이슈 및 원인분석 결과

■ 기업차원의 개선 노력을 집중해야 할 3대 근인

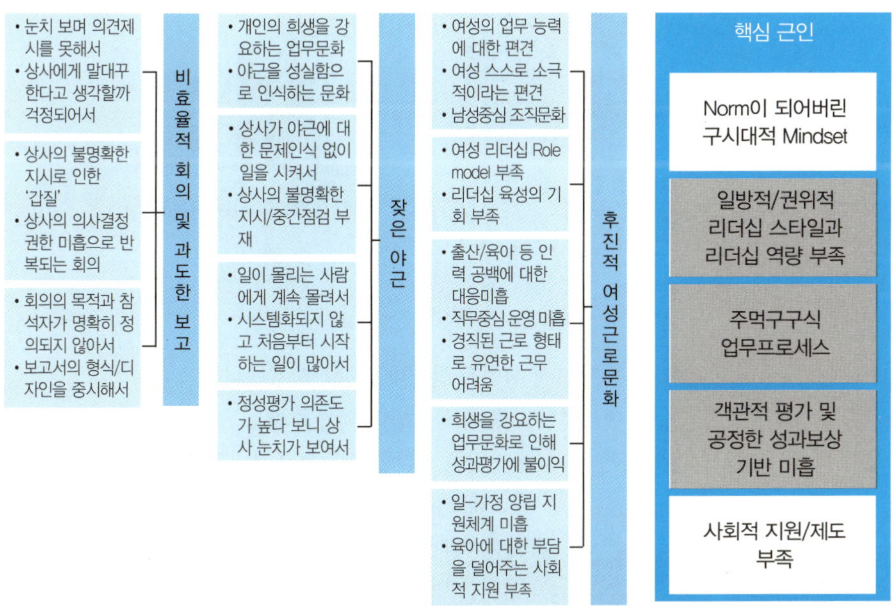

자료 : 대한상공회의소, "한국기업의 조직건강도와 기업문화 진단", 2016.3. 11.

경영산책 | 우리나라의 기업문화 중에서 나쁜 점은 무엇이 있을까요?

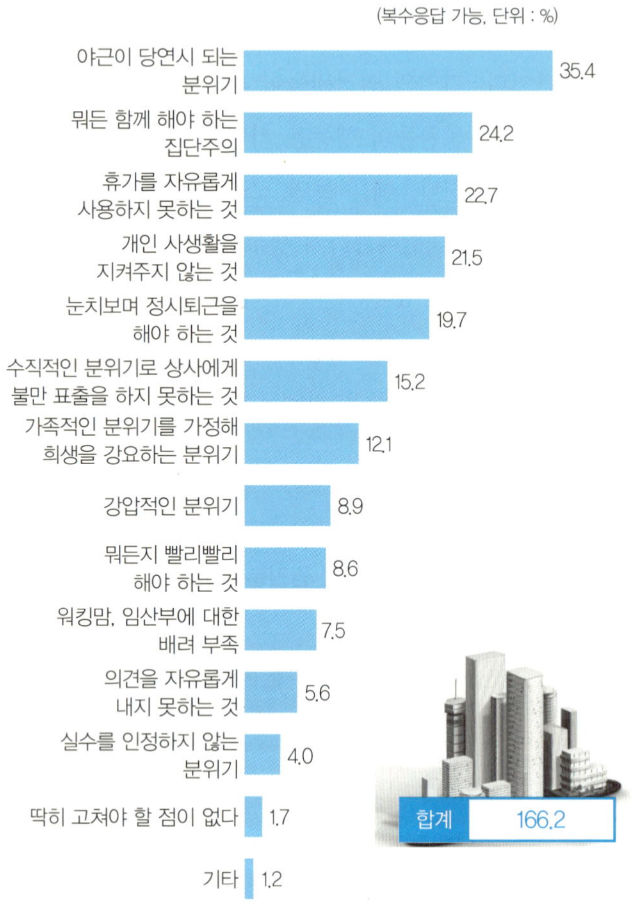

자료 : 잡코리아

여러분들은 아직 취업을 안했다고 생각하겠습니다.
여러분이 나중에 직장인이 되었을 때
한번쯤은 아니 여러 번을 생각할지도 모르겠네요.
테스형!!!
도대체 왜 이래 우리 회사?

자료 : 머니투데이, 직장인 48.7% "대한민국 기업문화 나쁘다", 2005.11.10.

8 기업문화의 변화

오늘날 우리는 모든 것이 빠른 속도로 변하는 시대에 살고 있으며 변화의 속도는 더욱 빨라질 것으로 예측되고 있다. 그리고 많은 경영학자들은 최소한 환경의 변화 속도에 빠르게 적응할 수 있는 기업만이 생존하게 될 것이라고 말하고 있다.

그런데 많은 경우에 있어 기업문화는 변화시키기가 무척 어려운 편에 속한다. 왜냐하면 변화를 방해하고 거부하는 요소들이 기업 내부에 많이 있기 때문이다. 예를 들면, 조직구조, 권한집중, 위험회피, 파벌주의, 이기주의 등을 들 수 있다. 또한 기업문화를 바꾸는 것은 상당히 위험한 내용을 포함하고 있는 작업이다. 왜냐하면 기업에 지속적으로 적용되어 온 가치관과 목표를 변화시켜야 하기 때문이다. 따라서 기업문화는 유행에 민감하게 변화하는 것보다는 불안한 시기에 기업구성원들이 안심하고 항해할 수 있도록 도와주는 나침반 역할을 수행해야 한다.

기업문화의 변화를 계획하는 경우에 부딪치는 문제는 '조심스럽고 점진적으로 변화'시켜야 하는가 또는 '충격적으로 변화'시켜야 하는가의 선택에 있다. 변화의 필요성이 크지 않을 때는 조심스럽게 접근하는 방법이 좋지만, 지속적으로 추진하지 않을 경우 변화의 목표를 달성하기 어려워진다.

그러나 환경이 급격하게 변화하는 경우는 충격적인 변화 방법을 선택해야 한다. 그러므로 이 경우는 경영자의 강한 의지와 역할이 중요하다. 즉, 경영자는 구성원들을 설득하고, 동기를 유발하여 협조를 구할 수 있어야 효과를 얻을 수 있다.

기업은 환경 변화에 대응하여 변화를 시도한다. 그러나 많은 변화의 시도들이 실질적인 결실을 맺지 못하는 이유는 기업 내부에 깊이 뿌리내리고 있는 다음과 같은 기업문화에서 찾을 수 있다.

첫째, 기업의 기존 기업문화가 변화를 기피하는 보수적이거나 폐쇄적인 성향이 강한 경우이다. 이런 경우에 변화 시도는 강력한 저항에 부딪치게 된다.

둘째, 새로운 변화 시도가 기업문화에 뿌리내리기 전에 중단되는 경우이다. 예를 들면, 변화 초기에는 순탄한 출발을 보이고 성공가능성이 조심스럽게 예측되기도 한다. 그러나 경영자의 관심이 중단되면 성공적으로 추진되던 변화는 멈추고 처음으로 돌아가게 된다. 이것은 변화의 흐름이 기업문화에 뿌리내리지 못했기 때문이다.

따라서 기업문화는 변화를 촉진할 수도 있고 방해할 수도 있다. 기업이 변화를 긍정적으로 받아들이고 적극적으로 대응하며 학습하려는 문화를 가지고 있으면 새로운 변화에 빨리 적응할 수 있다. 그러나 반대로 현상유지에 대한 분위기가 강하거나 새로운 시도를 금기시하는 문화에서는 변화를 거부하게 된다. 이런 경우는 새로운 상황에 적응하는 데 시간이 많이 걸리고 자원이 낭비되는 경우가 많다.

기업이 성공을 지속적으로 유지하지 못하는 이유로는 고객이탈, 직원이직, 신제품개발 실패 등 여러 요인이 있다. 그러나 보다 근본적으로는 기업문화에서 원인을 찾아볼 수 있다. 초과근무, 열정페이 강요, 연공서열 및 직급에 따른 수직적 문화, 직원 간 소통 부족, 실패를 허용하는 분위기 부족 등은 기업의 지속적인 성장을 가로막는다.

여기서는 성공적인 기업문화를 만들어가고 있는 '우아한 형제들'의 사례를 알아보고자 한다. 우아한 형제들은 '피플팀'을 별도로 운영하면서 직원들이 소소한 행복을 느낄 수 있는 기업문화를 만들어가고 있다. 예를 들면, 직원의 장모 생일을 미리 알아서 그 날은 일찍 퇴근할 수 있도록 배려해주고, 직원들이 원하는 책을 마음대로 살 수 있도록 해준다. 또한 '우아한 버킷 리스트'를 만들어서 하나씩 성취해 나갈 수 있도록 지원하고 있다. 예를 들면, '송파구에서 일 잘하는 방법 11가지'를 정했는데 그 중 하나가 '9시 1분은 9시가 아니다'이다. 출근시간을 확실히 지키자는 취지다(http://www.hstoday.co.kr).

그림 6-6 송파구에서 일 잘하는 방법 11가지

01 9시 1분은 9시가 아니다.
02 업무는 수직적, 인간적인 관계는 수평적
03 간단한 보고는 상급자가 하급자 자리로 가서 이야기 나눈다.
04 잡담을 많이 나누는 것이 경쟁력이다.
05 개발자가 개발만 잘하고, 디자이너가 디자인만 잘하면 회사는 망한다.
06 휴가 가거나 퇴근시 눈치 주는 농담을 하지 않는다.
07 팩트에 기반한 보고만 한다.
08 일을 시작할 때는 목적, 기간, 예상산출물, 예상결과, 공유대상자를 생각한다.
09 나는 일의 마지막이 아닌 중간에 있다.
10 책임은 실행한 사람이 아닌 결정한 사람이 진다.
11 솔루션 없는 불만만 갖게 되는 때가 회사를 떠날 때다.

자료 : https://brunch.co.kr/@hrdsam95/2

경영산책

기업에서 '높임말'은 어디까지? 호칭은 어떻게?

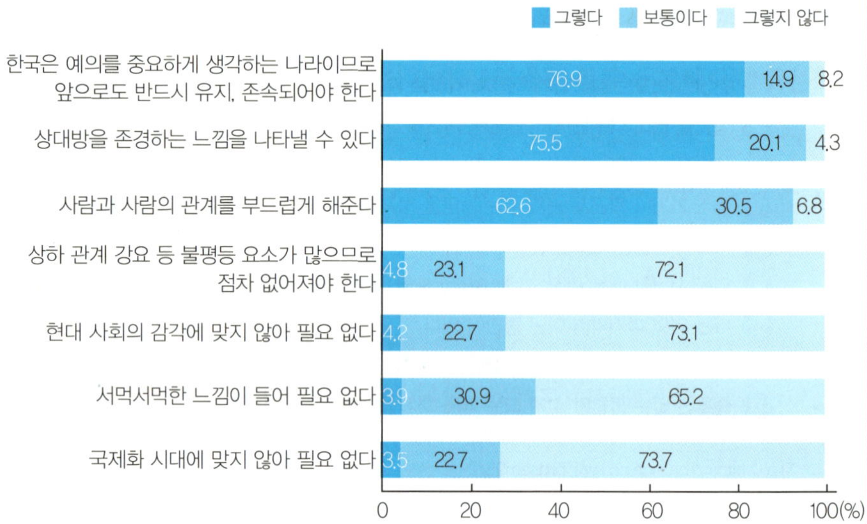

수평적 호칭을 쓰는 기업

기업	도입연도	내용
CJ	2000	전 임직원에게 '님'
아모레퍼시픽	2002	주요 직책 제외한 직원에게 '님'
SK텔레콤	2006	주요 직책 제외한 직원에게 '매니저'
제일기획	2010	전 임직원에게 '프로'
포스코	2011	사원에게 '어소시에이드', 대리~차장에게 '매니저'
한화	2012	사원에게 '씨', 대리~차장에게 '매니저'
삼성전자	2017	주요 직책 제외한 직원에게 '님'

우리나라 국민들이 갖는 높임말 사용에 대한 생각을 조사한 결과입니다.
여러분 생각하고 비슷한가요?
기업에서는 어떻게 하고 있을까요?
학교도 이런 것을 도입한다면?

자료 : 머니투데이, 히딩크 성공비결 이식한 삼성전자 "호칭파괴 … 홍길동님!" 2017.3.2.

Business and Society

PART 03 이해관계자 경영

CHAPTER 07 | 기업과 종업원

CHAPTER 08 | 기업과 소비자

CHAPTER 09 | 기업과 주주

CHAPTER 10 | 기업과 정부

CHAPTER 11 | 기업과 자연환경

CHAPTER 12 | 넥스트 뉴노멀

CHAPTER 07 기업과 종업원

1 인적자원

기업이 장기적으로 존속 · 성장 · 발전하기 위해서는 경쟁력을 강화해야 한다. 기업의 경쟁력을 강화하는 방법은 기술혁신, 자본구조의 건전화, 설비의 현대화, 유통경로 개선, 핵심역량 확보 등 다양한 방법을 생각할 수 있다.

다른 조건이 동일한 경우 기업의 경쟁력을 증대시킬 수 있는 요소는, 첫째 우수한 품질의 제품, 둘째 저렴한 가격의 제품, 셋째 소비자에 대한 최고의 서비스를 할 수 있는 제품을 생산하는 것이다.

그런데 우수한 품질, 저렴한 가격의 제품을 생산하기 위해서는 기본적으로 자금, 기계설비 및 물자, 노동력의 세 가지 경영요소가 필요하다. 이 중에서도 가장 중요한 것은 자금과 기계설비를 활용하여 생산을 담당하는 사람이다. 왜냐하면 아무리 풍부한 자금, 원료, 우수한 기계설비를 구비하고 있다 하더라도 사람이 노동을 가하지 않으면 부가가치를 창출할 수 없기 때문이다.

기업이 요구하는 인재상은 고정되어 있는 것이 아니라 계속해서 변화를 거듭하고 있다. 대한상공회의소는 2008년부터 5년에 한번 우리나라 100대 기업의 인재상 조사 결과를 발표하고 있다.

2018년 5월 발표한 기업의 인재상을 보면, '소통과 협력', '전문성', '원칙과 신뢰', '도전정신', '주인의식', '창의성' 순으로 나타났다. 2008년, 2013년, 2018년의 인재상 변화를 요약하면 다음과 같다.

표 7-1 100대 기업의 인재상 변화

구분	2008년	2013년	2018년
1위	창의성	도전정신	소통 · 협력
2위	전문성	주인의식	전문성
3위	도전정신	전문성	원칙 · 신뢰
4위	원칙 · 신뢰	창의성	도전정신
5위	소통 · 협력	원칙 · 신뢰	주인의식
6위	글로벌 역량	열정	창의성
7위	열정	소통 · 협력	열정
8위	주인의식	글로벌 역량	글로벌 역량
9위	실행력	실행력	실행력

자료 : 상공회의소

예를 들면, 삼성 SDI는 '열정, 창의, 혁신, 인간미, 도덕성'을 인재상 키워드로, 삼성생명은 '전문성과 창의성을 바탕으로 미래를 창조하는 글로벌 금융인'을 인재상으로 설정하고 있다. 현대그룹의 인재상은 '생각하고 행동하는 인재', '부지런하고 곧은 성품의 인재', '따뜻한 마음을 지닌 인재' 등 3가지로 설명할 수 있다.

한편 시대가 원하는 인재 조건도 제너럴리스트, I자형 인재(스페셜리스트), T자형 인재, π형(폴리스페셜리스트형) 순서로 변화하고 있다(https://www.midashri.com/blog).

I자형 인재는 '한 우물을 파라'는 말처럼 특정 분야에 전문적인 기량을 발휘하는 스페셜리스트 인재를 의미한다.

T자형 인재는 일본 TOYOTA 자동차에서 제안한 인재 유형으로 전문성과 다양성이 조화로운 스페셜리스트이면서 제너럴리스트인 인재를 말한다.

파이(π)형 인재는 두 가지 이상의 분야에서 전문적인 지식과 능력을 발휘하는 폴리스페셜리스트 인재를 말한다. 드러커는 π형 인재가 되려면 3~4년마다 주제를 바꾸어서 공부해야 한다고 하였다.

이 외에 A자형 인재는 안철수 CEO가 제시한 것으로 전문성, 팀워크, 인성을 겸비한 인재를 말한다. 여기서 A는 Ahnlab의 A에서 따온 것이다.

한편, 일반적으로 행해지는 기업의 인적자원계획의 절차는 다음과 같다.

그림 7-1 기업의 인적자원 계획절차

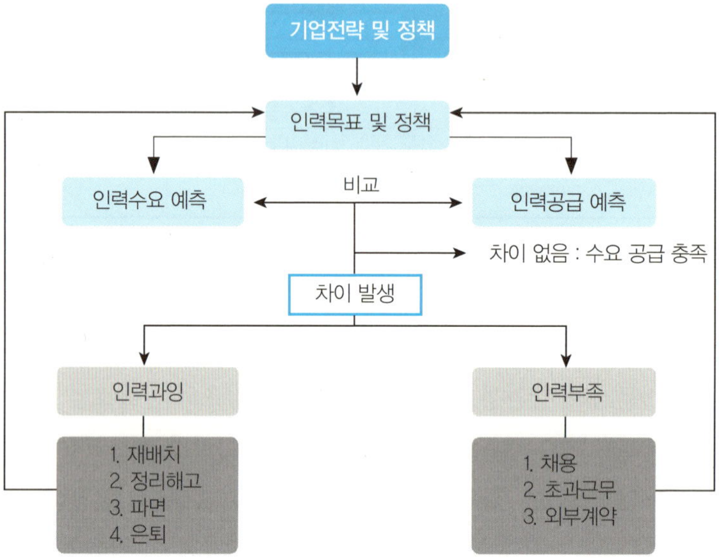

자료 : 정재영 외(2006)

경영산책 | 인재는 어떻게 구분될까요?

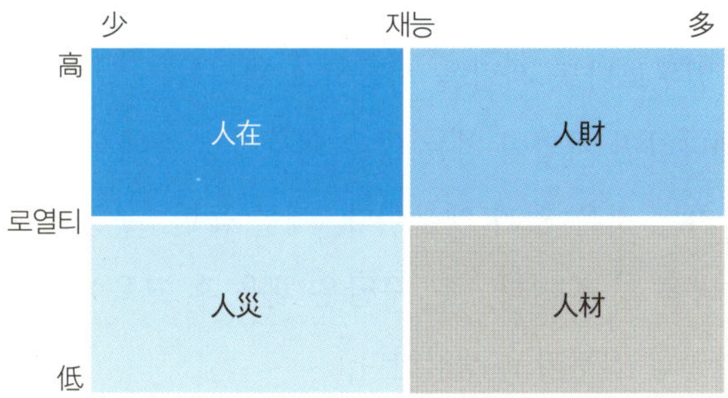

직장에서 흔히 보이는 가짜 인재의 유형

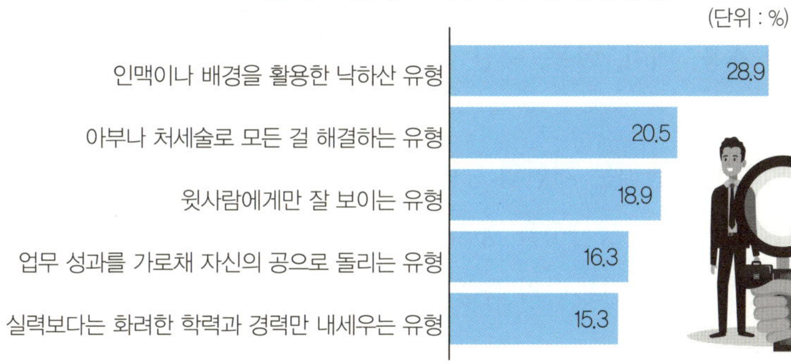

자료 : 벼룩시장 구인구직

인재(人在), 자리를 지키는 인재, 없으면 서운.
인재(人災), 자리에 있으면 재앙이 됨.
인재(人材), 잘 뽑았다. 그런데 본인은 회사에 계속 있어야 하나 고민 중.
인재(人財), 기업의 재산, 잘 키워야.
여러분은 어디에 해당하나요?
부족한 부분이 있다면 열심히 노력해서 보완하면 됩니다.
기죽지 말고!!!!!!!!!!

자료 : https://brunch.co.kr/@wizim/10, 인재의 4가지 유형, 2018.5.7.
데이터솜, 직장인 92.1%, "주변에 과대포장된 가짜인재 존재", 2016.8.30.

2 사람관리

기업들은 다른 업무보다도 사람을 선발하고 관리하는 업무에 더 많은 시간을 투입해야 한다. 왜냐하면 기업이 하는 많은 의사결정 중에서 이것만큼 기업에 오랫동안 영향을 미치는 것은 없기 때문이다. 예를 들면, 구글은 인재는 키워지는 것이 아니라는 신념을 갖고 있다. 즉, 구글은 채용 후 교육이나 관리보다 채용이 가장 중요하고, 사실상 전부라고 생각한다.

사람관리는 종업원의 개인적인 목표 추구는 물론 기업목표의 달성을 위해 노력하도록 하기 위해 종업원을 대상으로 전개되는 경영활동을 의미한다. 구체적으로 종업원의 채용, 배치, 이동, 승진, 퇴직, 교육훈련, 인간관계, 노사관계, 복리후생 등을 말한다.

따라서 기업의 사람관리는 개인의 능력개발과 동기를 유도하고 이를 바탕으로 그들의 만족감과 기업의 생산성을 동시에 충족시키는 방향으로 전개되어야 한다. 기업에서 행해지는 사람관리의 특성은 다음과 같다.

2.1 인간중심적 사고

구성원은 기업 내의 다른 자원과는 다르다. 따라서 개개인의 욕구를 충족시킬 수 있는 서비스와 프로그램이 제공되는 인간중심경영을 하여야 직장에 대한 만족도를 높은 수준으로 유지하면서 생산성을 높일 수 있다.

2.2 전략적 사고

인적자원이 다른 자원과 다른 또 하나의 특징은 무한한 개발가능성에 있다. 인간은 능동적 주체이기 때문에 욕구 · 태도 · 만족감 등에 따라 행동이 달라진다. 그러므로 경영자는 인적자원의 개발가능성을 항상 인식하고 그들의 잠재력이 효율적으로 발휘될 수 있도록 지원해야 한다.

2.3 미래지향적 사고

환경이 변화함에 따라서 종업원의 사고 · 행동 · 사회규범 · 기술 등도 변하고 있다. 경영자는 과거에 집착하기보다는 미래지향적인 입장에서 인적자원을 관리해야 한다.

2.4 신뢰구축

기업과 직원들이 상호 간에 신뢰를 쌓기 위해서는 투명성, 권한위임, 팀워크 등 3가지 요소가 중요하다(라젠드라 시소디어 · 데이비드 울프 · 잭디시 세스 공저, 권영설 · 최리아 역, 위대한 기업을 넘어 사랑받는 기업으로, 럭스미디어, 2008, 131–134).

1) 투명성

기업과 직원이 신뢰를 구축하기 위해서는 기업관련 정보를 투명하게 공개할 필요가 있다. 경영자는 투명한 정보공개가 기업의 효율성을 높이면서도 경쟁력을 유지할 수 있는 중요한 요인으로 인식해야 한다.

예를 들면, New Balance는 제조과정, 제품번호 그리고 가격 등에 대한 정보를 직원과 공유한다. 이것은 신뢰를 쌓는데 도움이 될 뿐만 아니라 서로 다른 지역의 공장에서 생산되는 신발 제조비용이 어떻게 다른지를 이해하는데 도움을 줄 수 있다.

2) 팀워크

기업과 직원 간의 팀워크가 끈끈할수록 직원들의 이직률이 낮아지며 기업의 성과는 올라가게 된다. 특히 경영자와 직원 간의 만남은 강력한 동기부여 수단이 되며 자부심을 심어주게 된다.

예를 들면, 구글의 직원들이 스스로를 구글러(Googler)라고 부르는 것이라든지, 샌프란시스코에 있는 산업디자인 회사인 IDEO는 팀별로 오후 휴무를 하고 영화나 야구게임을 보러 가도록 장려한다. 이런 것들은 모두 기업 내 팀워크를 높이는데 도움을 준다.

3) 권한위양

기업은 직원들이 제품 관련 문제를 해결하거나 고객만족을 위한 행동을 하는데 있어 기업의 자원을 얼마든지 사용할 수 있도록 해야 한다. 이것은 기업이 직원을 믿고 있다는 것을 보여주는 것으로 직원들의 자부심이 높아지면서 신뢰형성에 도움이 된다.

한편, 기업에서 사람관리와 관련되어 나타나는 문제들은 다음과 같다.

- 필요로 하는 우수한 인력을 어떻게 확보할 것인가?
- 인력을 어떻게 배치해야 효율적인가?
- 종업원들의 능력을 어떻게 개발시킬 것인가?
- 종업원들의 사기를 높이고 기업목표 달성에 협조하도록 어떻게 유도할 것인가?
- 노동조합과 관련되어 발생되는 문제는 어떻게 처리할 것인가?

경영산책 방송에 나오는 가족 같은 회사는 진짜일까요?

가족같은 회사라더니 돌아서면 뒷담화 작렬

이직–개인사–인맥–사내연애 소문 '속닥속닥'

'뒷담화'가 직장마다 일종의 문화처럼 자리잡고 있다. 술자리에서 오갔던 이야기들은 사내 메신저와 엘리베이터 출퇴근길 등에서 스멀스멀 피어오른다. 취업포털 커리어가 최근 직장인 207명을 대상으로 직장 내 뒷담화 발생 순위를 조사한 결과 1위는 '이직과 퇴사에 대한 루머'(55.6%)가 차지했고, 개인의 성격이나 행동(33.8%), 낙하산 라인 등 인맥(31.9%) 관련 이야기가 뒤를 이었다. 사내연애도 직장 내 뒷담화 중 빠지지 않고 등장하는 단골메뉴다.

직장 내 뒷담화 발생 유형(복수응답)

동료들의 입	목격자 증언	당사자 고백	관련 문서 발견
85%	8.7%	3.4%	0.5%

직장 내 뒷담화 순위(복수응답)

자료 : 취업포털 커리어

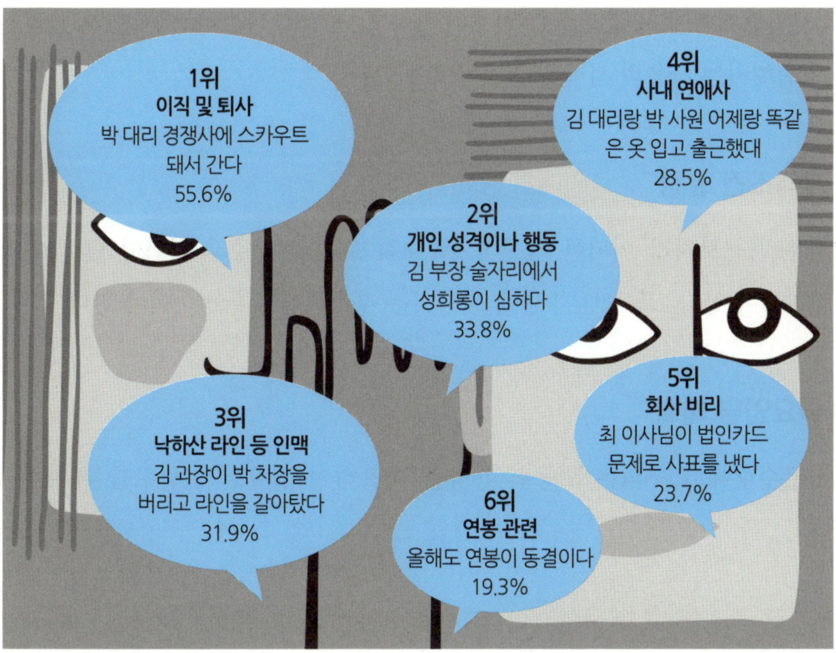

여러분은 자신 있나요?
나중에 취업하고 이러면 안 되는거 알죠?
여러분이 하는 뒷담화는 부메랑이 되어 여러분에게 더 크게 돌아온다는 사실.
명심 또 명심!!!

자료 : 동아일보, 가족 같은 회사라더니… 뒤돌아서면 '뒷담화 작렬', 2014.10.6.

3 채용

채용은 기업이 필요로 하는 인재를 외부로부터 선발 · 배치하는 계획적 · 조직적인 활동을 의미한다. 채용은 인원계획 → 공고 → 서류심사 → 면접 · 신체검사 → 채용의 순서로 전개된다. 즉, 기업의 경영전략에 기초하여 인원계획을 마련하고 그 인원계획에 따라 필요한 인재의 채용을 진행해 나간다. 이러한 채용활동을 하기 위해서는 다음의 사항을 결정하여야 한다.

1) 자격조건 결정

채용될 근로자가 어떠한 정신적 · 육체적 조건을 갖추고 있어야 할 것인가를 결정하여야 한다. 즉, 직무수행에 요구되는 자격요건을 확정하여야 한다.

2) 필요인원 계획

직무수행에 요구되는 노동력의 양을 예측하여 필요한 인원수를 계획하여야 한다.

3) 모집

모집은 능력 있는 인적자원을 확보하는 과정을 말한다. 즉 기업에서 필요로 하는 인적자원들이 지원하도록 적극적으로 정보를 제공하고, 동기를 유발하는 활동 등이 포함된다. 모집은 대상자를 기업의 내부에서 찾는 사내모집과 외부에서 찾는 사외모집으로 구분할 수 있다.

사내모집은 기업 내부의 종업원 중에서 승진이나 이동배치를 통하여 인력을 충원하는 방법을 말한다. 사내모집은 절차가 간편하며 종업원들의 사기에도 좋은 영향을 미친다는 장점을 갖고 있다.

사외모집은 기업 내부의 인력만으로는 충분하지 못한 경우 외부인에게 기회를 주어 충원하는 방법을 말한다. 최근 들어 인터넷을 이용한 온라인 사외모집 비중이 점점 증가하고 있다.

과거 기업에서 주최하는 채용설명회나 취업박람회는 특정 대학이나 박람회장에서 기업을 홍보하고 입사시 장점을 소개하여 인재를 모집하는 방식이었다. 그러나 이런 행사에서는 공간과 인원의 제약이 있어서 누구나 참여할 수 없었다. 반면에 온라인 채용설명회는 물리적 · 시간적 제약이 없고 취업준비생들이 부담없이 인사담당자에게 질문을 할 수 있기 때문에 호응도가 높다.

특히 중소기업의 경우 유튜브 등 온라인 채널을 이용하는 추세가 증가하고 있다. 즉, 중소기업 인사담당자와 취업준비생이 유튜브 라이브 댓글로 직접 소통하는 것이다. 2030세대가 자주 방문하는 채널에서 그들이 이해하기 쉬운 언어로 친근하게 소통하려는 시도이다.

유튜브 등 온라인 채널을 활용하면 채널홍보 효과는 물론이고 기업 이미지 제고에도 도움이 되며, 채용정보와 조직문화 등을 알리기 쉽기 때문에 이러한 인재채용은 점점 더 증가할 것으로 생각된다.

또한 수시채용이 증가하면서 수시채용 규모가 정기 공채 규모를 뛰어넘고 있다. 수시채용 같은 경우 기업이 필요할 때 직무적합성에 중점을 두고 인재를 채용할 수 있기 때문에 장점이 있다. 그리고 수시채용으로 선발된 인재들은 신입사원에게 필수적인 직무교육 없이 신속하게 업무에 투입할 수 있다. 기업 입장에서는 좋은 인재를 신속하게 적합한 업무에 투입할 수 있다는 효과가 있다.

AI를 활용한 채용도 증가하고 있다. AI 채용은 채용절차 중에서 서류전형, 면접 등에서 주로 이용되고 있다. 대기업은 한 번 채용할 때 많은 인원을 채용하기 때문에 AI 채용이 유용하다. 중소기업은 업무 담당자를 수시로 채용하는 경우가 많기 때문에 아직은 서류검토 정도로만 활용하고 있다. 그러나 AI 채용은 비용을 감소시킬 수 있기 때문에 서류검토 단계를 지나 '인재매칭'이나 '면접전형' 등으로 점차 확대될 것으로 보인다.

마지막 트렌드는 애자일(Agile)[01] 채용이다. 기존 채용방식은 서류전형 후 인, 적성검사 · 실무면접, 임원면접 등을 거치면서 오랜 시간이 걸리는 단점이 있다. 그러나 애자일 채용은 불필요한 단계를 거치지 않고 짧은 시간에 조직에 맞는 인재를 채용할 수 있다는 장점이 있다.

기업들은 앞으로 인건비 부담으로 정규직 채용을 꺼리게 될 것이다. 기업은 정규직 채용 이후 여러 변동성에 따른 잠재적 위험을 줄이기 위하여 '필요한 기능'을 갖고 있는 비정규직을 선택한다. 이런 채용방식을 '긱 이코노미(gig economy)'나 '플랫폼 이코노미(platform economy)'라는 용어로 사용하고 있다.

01 애자일이란 민첩함, 기민성 등으로 빠르고 쉽게 움직이는 방법을 의미한다.

경영산책

기업은 어떤 인재를 채용하면 후회할까요?

채용 피해야 할 유형 TOP5

기업 인사담당자 525명 대상 조사(자료 : 잡코리아)

- 1위 팀 내 트러블 메이커 유형, 48.1%
- 2위 나만 아는 이기주의자, 42.0%
- 3위 지각, 결근 밥먹듯 하는 유형, 34.2%
- 4위 실제 역량보다 부풀려진 이력서, 28.5%
- 5위 조직원과 전혀 어울리지 못하는 유형, 21.7%

기업이 가장 뽑고 싶은 신입사원 유형 TOP5

기업 390개사 설문조사 (자료제공 : 사람인)

- 1위 바른생활형: 태도가 좋고 예의가 바른 유형 50.3%
- 2위 전문가형: 직무경험과 지식이 많은 유형 15.9%
- 3위 제갈공명형: 문제해결력이 뛰어난 유형 11.8%
- 4위 신입2회차형: 사회경험이 풍부한 유형 5.4%
- 5위 일편단심형: 입사의지가 강한 유형 4.9%

여러분은 5위까지 다 순서에 들어갔을 것으로 믿어도 되지요?

왜?

여러분은 부모님의 자부심이니까!!!

자료 : 아웃소싱타임스, 채용 피해야 할 인재유형 1위 '트러블 메이커', 2019.7.31.
워크투데이, 기업이 함께 일하고 싶은 신입사원 1위는?, 2019.9.13.

4) 선발

선발은 모집에 응모한 대상자 중에서 기업이 필요로 하는 자질을 갖춘 인적자원을 선별하는 과정을 말한다. 기업에 필요한 인력선발은 기업의 성과에 큰 영향을 미치기 때문에 매우 중요하다. 구체적인 선발과정은 기업에 따라서 다르고 동일한 기업이라도 모집하는 분야에 따라서 다를 수 있다.

5) 배치

필요한 자격요건을 갖춘 근로자를 적절한 방법으로 선택하여 직무에 배치시켜야 한다. 훌륭한 작업시설을 갖추고 있고 또 임금제도나 복리후생제도를 잘 갖추고 있더라도, 직무에 알맞은 유능한 사람을 확보하고, 그들로 하여금 최대의 능률을 발휘하도록 조정하는 활동이 중요하다.

일반적인 직원 선발과정은 아래와 같다.

그림 7-2 기업의 직원 선발과정

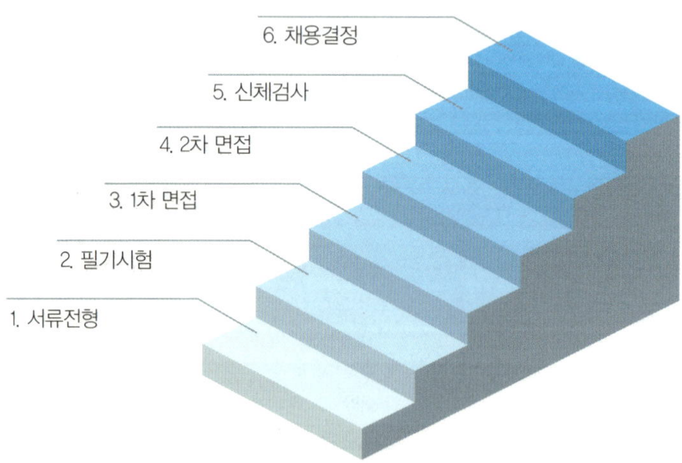

기업이 원하는 인재를 채용하기 위해서는 차별화된 방법을 활용할 필요가 있다. 다른 회사들하고는 차별화된 채용공고를 하는 방법은 다음과 같다(세상 모든 CEO가 묻고 싶은 질문들, 167).

첫째, 기업에서 원하는 인재상을 채용공고에 포함시키는 것이 필요하다. 우리가 자주 보는 채용공고에는 회사소개, 모집분야, 기준스펙, 급여나 복리후생 내용을 담고 있다. 구직자들은 이런 상투적인 문구보다는 보다 자세하고 차별화된 내용을 선호한다.

예를 들면 웅진그룹은 "당신의 토익점수보다 당신의 토요일이 더 궁금합니다"라는 문구를 채용공고에 강조했다. 지원자의 스펙보다는 남다른 생각과 끼를 가진 인재를 원한다는 메시지를 채용공고에서 보여준 것이다. 이 결과 우수한 능력을 가진 많은 지원자들이 접수하였다.

둘째, 채용방법에 변화를 주는 것도 필요하다. 예를 들면 구글은 채용을 희망하는 분야의 인재들이 관심을 가질 만한 내용을 광고를 이용하여 인재를 채용하였다.

구글은 자사의 로고나 회사명을 숨기고 "[자연상수 e속에 들어 있는 최초로 나타나는 열 자리 소수].com"이라는 퀴즈를 지역 광고판과 온라인 사이트에 올렸다. 접속 사이트를 사전에 알려주지 않고 퀴즈를 풀어야만 기업 웹사이트에 접속할 수 있게 하였다.

이 퀴즈는 수학 전공자와 컴퓨터 프로그래머 사이에서 화제가 되었고, 이쪽에 관심과 능력이 있는 많은 사람들이 도전하였다. 이들이 답을 알아내 웹사이트에 접속하면 "당신은 우리가 찾던 인재입니다"라는 문구가 나오면서 구글에 입사할 기회를 부여하였다. 구글은 뛰어난 프로그래머를 찾기 위하여 이러한 채용방법을 이용한 것이다.

셋째, 인재들을 찾아가서 직접 리쿠리팅을 하는 것이다. 미국의 부동산대출 전문회사인 퀴큰론즈(Quicken Loans)는 이러한 방법을 적극적으로 활용하였는데, 이들은 전문지식보다 고객에 대한 열정을 가진 인재를 채용하기를 희망하였다. 기존처럼 서류를 심사하는 대신에 패밀리 레스토랑, 할인매장, 편의점 등에서 열정적으로 고객을 대하는 직원들에게 입사를 제안하였다. 처음에는 부동산대출과 관련된 지식이 없는 직원을 선발하는 것에 대해 부정적인 의견이 많았지만, 이렇게 해서 선발된 직원들은 기대 이상의 성과를 보여주었다.

경영산책 | 천편일률적인 채용공고는 이제 그만!!!

마케팅이 뭔지 좀 아는 젊은 기업 골드넥스에서
기발한 생각과 능력을 가진 적당한 인재를 찾습니다.

당신이 지금까지 공을 키워나갈 곳을 열심히 찾았듯이, 우리 역시 당신의 빛나는 공을 기다리고 있습니다.

열정적인 자세로 골드넥스와 함께하며, 온/오프라인 광고 마케팅 시장을 주도할 크리에이티브한 인재를 모집합니다.

★★★

아래를 잘~ 읽어보고 "어~!? 이건 난데?"라고 생각하면 바로 지원하세요.

여러분이 길을 가다가 특이한 문구가 보이면
쳐다보게 되지요?
똑같은 채용공고는 이제 그만!!!

자료 : pr.co.kr/news, 창의적 인재를 부르는 이색 채용공고, 2015.4.3.

4 배치와 이동

배치는 종업원을 직무에 배속시키는 것을 말한다. 배치에서는 다수의 직무와 다수의 개인 간의 관계를 잘 조합하여 경영의 성과를 높이는 동시에 개인의 만족감도 높이는 방향으로 이루어져야 한다. 기업환경의 변화로 직무내용도 변화하며, 종업원의 능력도 교육훈련이나 자기계발[02] 등에 의하여 변화하게 된다. 따라서 인재의 배치는 기업이 놓여진 상황이나 종업원의 능력을 고려하여 실시될 필요가 있다.

그러나 배치된 후 일정한 기간이 지나면 종업원은 권태를 느끼기도 하고 능력의 변화가 일어나기도 한다. 그러므로 일정기간마다 종업원의 성격 · 능력 · 근무상태 등을 재평가하여 승진 · 강등 · 전보 등의 전환조치를 취할 필요가 있다. 일단 배치된 종업원을 필요에 따라서 현재의 직무에서 다른 직무로 재배치하는 것을 이동이라고 한다.

4.1 승진

승진은 종업원의 직무 또는 서열상의 상승을 의미하는 것으로 직위의 상승뿐만 아니라 보수, 권한과 책임의 확대가 수반된다. 이러한 승진은 개인에게 자아발전 욕구를 충족시켜 주는 수단이 되고, 기업 입장에서는 효율적인 인적자원 개발의 수단이 된다.

종업원이 승진하기 위해서는 경영자들이 수행하는 3가지 기술을 갖추는 것이 필요하다. 3가지 기술은 현장 업무에 필요한 테크니컬 스킬, 중간관리자로서 부

02 개발'은 '지식이나 재능 따위를 발달하게 함'의 뜻을, '계발'은 '슬기나 재능, 사상 따위를 일깨워 줌'의 뜻을 나타내는 말이다. 표준국어대사전은 '개발'과 '계발'을 비슷한 말로 보고 있다. 따라서 '개발'과 '계발'의 뜻을 고려하여, '자기개발' 또는 '자기계발'과 같이 표현할 수 있다.

하들을 이끌어 나갈 수 있는 휴먼 스킬, 기업 전체를 대표하는 자리에 있을 때 조직 전체의 목표와 비전을 제시할 수 있는 컨셉 스킬이다.

4.2 전보

전보 또는 전근은 동일하거나 비슷한 계층의 다른 직무로 이동하는 것을 말한다. 이를 통해 종업원들은 자신의 경험을 넓힐 수 있고 새로운 기술을 배울 수 있기 때문에 개인적인 성장기회가 될 수 있다.

기업 측면에서의 전보는 기업의 생명력을 영속적으로 유지하여 항상 생기 있는 분위기를 조성하려는 노력이며, 종업원에게는 자신의 능력을 개발하여 일에서의 보람을 느끼도록 하는데 매우 중요하다.

4.3 이동

이동은 종업원의 육성 · 승진 · 본인의 능력 등의 변화에 따른 재배치와, 각 사업소나 부서의 인재를 교체시키는 정기이동이나 결원 보충을 위한 수시이동이 있다. 종업원을 이동시키는 경우 일관된 기업의 방침에 의거하여 본인의 희망을 충분히 고려하는 것이 필요하다.

4.4 이직

이직은 사직, 정년퇴직, 해고 등에 의해 종업원이 기업을 떠나는 것이다. 사직은 자발적 의사에 의해 회사를 떠나는 것으로 다른 직장이나 직업을 갖기 위해 스스로 기업을 떠나는 것이다.

신입사원의 이직 때문에 기업이 부담해야 하는 비용은 이직 인력의 1년 연봉에 해당한다고 한다(세상 모든 CEO가 묻고 싶은 질문들, 17). 여기에는 채용과 교육에 투자한 비용, 대체인력 모집 및 교육비용, 업무 공백에 따른 손실 등이 포함된다.

기업의 이직률이 높은 이유 중의 하나는 직원을 채용한 후에야 유지관리를 시작하기 때문이다. 따라서 이직률을 낮추기 위해서는 입사지원서를 제출한 순간부터 유지관리를 시작해야 한다. 왜냐하면 채용과정에서 지원자가 경험하고 느끼는 모든 것들이 이직 여부에 영향을 미치기 때문이다.

4.5 정년퇴직

정년퇴직은 기업이 규정하고 있는 근무연수를 마치고 회사를 떠나는 것이다. 최근에는 조기 명예퇴직제도를 운영하고 있는 기업이 점점 증가하는 추세에 있기 때문에 앞으로 정년퇴직을 하는 것은 어려워질 것으로 생각된다.

4.6 해고

해고는 기업에서 정한 규정의 위반, 회사에 손해를 입히는 행위 등을 한 경우에 자신의 의사와는 관계없이 회사를 떠나도록 하는 것을 말한다. 우리나라에서는 근로기준법에 의해 정당한 사유가 없으면 회사의 사정에 의해 직원을 해고시키는 것을 금지하고 있다.

경영산책 | 힘들게 들어간 기업을 왜 옮길까요?

직장인 이직 사유 1위, 연봉 및 처우 불만족

이직경험 보유 직장인 1,093명 설문조사 (자료제공 : 사람인)

이직 결심한 이유

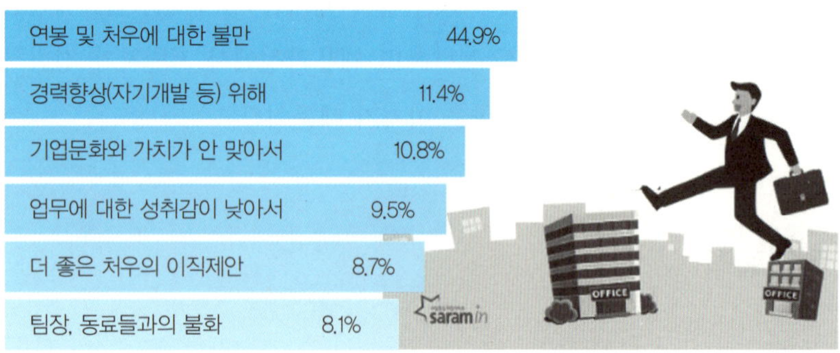

직장인 2명 중 1명, 이직 잘못해서 또 다시 퇴사!

직장인 633명 설문조사 (자료제공 : 사람인)

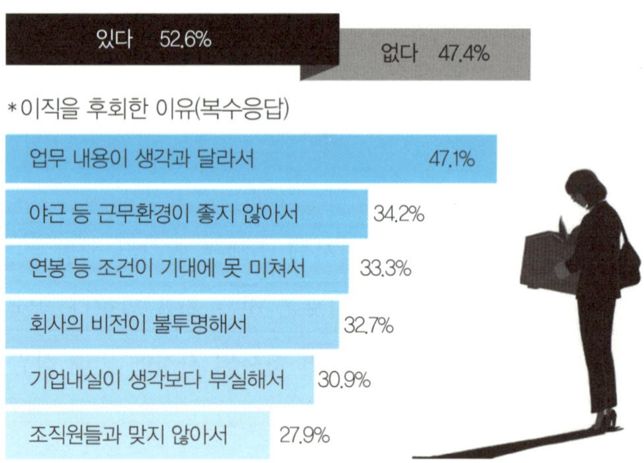

여러분이 힘들게 들어간 직장을 옮기는 이유는 분명 있을 겁니다.
100세 시대니까 잘 생각해서 이직하면 됩니다.
그러나 사례처럼 철새가 되면 곤란하겠지요.

자료 : https://www.fnnews.com/news/201706050830015077
https://m.post.naver.com/viewer/postView.nhn?volumeNo=27872015&memberNo=5661329

5 교육훈련

교육훈련은 종업원의 지식, 기술, 태도를 향상·발전시켜서 종업원들로 하여금 직무에 만족을 갖게 하고, 직무수행 능력을 발전시켜 미래에 더 중요한 직무를 수행할 수 있게 하려는 것이다. 따라서 교육훈련은 궁극적으로 기업을 유지·발전시키는 데 공헌하게 된다.

교육훈련은 신규 채용자로부터 경영자에 이르기까지 계층이나 직능에 따라 다양하게 전개되기도 하며, 계층별·직능별·주제별·연령별 등으로 구분하여 실시되기도 한다. 교육훈련은 직무에 필요한 업무지식이나 기능을 부여함을 목적으로 하고 있다.

기업에서 실시하는 교육훈련의 효과를 살펴보면 다음과 같다.

- 회사의 방침이나 규칙에 대한 훈련을 통해 신입사원은 빠른 시일 내에 익숙해지게 된다.
- 현재 종업원들의 기술을 향상시켜 내부이동·승진에 대비한 능력의 향상을 가져올 수 있다.
- 새로 도입되는 신기술이나 생산기법에 대하여 종업원들의 신속한 적응을 도모할 수 있다.
- 사고, 불량품 감소 및 기계설비의 효율적 이용을 가져온다.
- 종업원의 능력을 최대한 발휘하게 할 수 있기 때문에 종업원들의 불만, 결근율 및 이직률 등을 감소시킨다.

교육훈련에는 업무현장에서 업무를 수행하는 가운데 이루어지는 직무현장 교육훈련과 업무수행시간 이외에 이루어지는 직무현장외 교육훈련 그리고 경영자를 육성하기 위해 이루어지는 경영자 계층별 교육훈련 등으로 구분할 수 있다.

5.1 직무현장 교육훈련

직무현장 교육훈련(OJT : on-the-job-training)은 업무현장에서 상급자가 직접 업무를 수행하는 방법을 교육훈련시키는 방법을 말하는데 직무교육이라고도 한다. 비교적 단순한 업무의 경우에는 실습을 통해 배울 수 있는 이 방법이 많이 사용된다.

직무교육은 직무와 직접적으로 관련된 일을 대상으로 하게 된다. 이러한 직무교육에는 순환교육, 수습, 멘토링 등의 방법이 사용된다(정재영 외, 2006).

1) 순환근무

순환근무(job rotation)는 일정기간 내에 여러 직무를 경험하도록 하는 것을 말한다. 예를 들면, 백화점의 신입사원들을 판매, 고객서비스, 인사부, 신용사업부 등으로 순회시켜 업무를 경험하게 하는 것이다.

2) 수습

수습(apprenticeship)은 직무교육과 교육장 내 교육을 합한 형태이다. 이러한 수습에는 직무에 따라 일찍 끝나는 경우도 있으나 몇 년이 걸리는 경우도 있다.

3) 멘토링

멘토링(mentoring)은 선임 관리자나 선배들이 직무 및 경력관련 정보를 제공하면서 후견인 역할을 수행하는 것이다. 이 방법은 학습효과가 뛰어나고, 바로 피드백을 받을 수 있는 장점이 있기 때문에 사용하는 기업들이 증가하고 있다.

5.2 직무현장외 교육훈련

직무현장외 교육훈련(off JT : off-the-job training)은 직무현장 이외의 장소에서 강의, 토론, 사례연구 등을 통해서 교육을 하는 것을 말한다. 이는 실제상황에서 오는 압박감 없이 차근차근 직무를 익힐 수 있다는 장점이 있다.

그러나 직무현장외 교육은 직무교육보다 비용이 많이 들고 학습효과도 간접적이며 피드백이 느리다는 문제점을 갖고 있다. 직무현장외 교육의 형태에는 실습장 교육과 프로그램 학습 방법이 있다.

1) 실습장 교육

실습장 교육은 기업의 생산부문과 판매장소를 축소한 곳에서 실제상황을 가정하고 제품의 생산공정, 판매방법 등에 대하여 배우는 것을 의미한다. 이 방법은 실수를 한다고 해도 실제 결과에는 전혀 영향을 미치지 않는다는 장점이 있다.

2) 프로그램 학습

프로그램 학습(programmed instruction)은 컴퓨터를 이용한 교육훈련 방법으로, 특별한 형태로 만들어진 교재를 학습자료로 이용하여, 개별학습을 시켜서 특정한 목표까지 확실하게 도달할 수 있도록 교육하는 방법이다.

5.3 경영자 계층별 교육훈련

기업에 필요한 경영자를 육성하기 위한 교육훈련 프로그램을 통해 경영층마다 필요한 자질을 갖추도록 훈련시키는 것을 말한다. 즉, 이것은 현재와 미래의 경영자들의 기술과 지식을 향상시키기 위한 교육이다. 경영자 계층별 교육훈련의 프로그램은 직급에 따라 다르게 적용되어야 한다.

6 업적평가

업적평가는 일정기간 동안 종업원의 실제 업무수행 결과를 기준치와 비교하여 평가하고 이를 다시 종업원들에게 피드백시키는 과정을 의미한다. 그리고 평가 결과는 임금 결정, 승진, 교육, 전보, 해고, 포상 등을 결정하기 위한 자료로 활용된다.

업적평가의 목적은 종업원의 가치를 객관적으로 정확히 측정하여 합리적인 인적자원관리의 기초를 마련함과 동시에 종업원의 업무능률을 향상시키고 동기를 부여하는 데 있다.

- 인력배치 및 이동 : 각자의 능력에 적합한 적재적소의 배치에 활용한다.
- 능력개발 : 종업원의 정확한 능력을 파악하여 인력개발에 활용한다.
- 성과측정 및 보상 : 종업원의 성과를 측정하여 상여금 · 임금결정 및 승진에 활용한다.
- 근로의욕 증진 : 업적평가를 통하여 직무담당자와 조직과의 관계나 직무조건의 결함을 발견하고 개선할 계기를 찾는 동시에 종업원의 성취의욕을 자극하는 방안으로 활용한다.

업적평가는 일반적으로 사무 · 영업 · 제조 등 각 부문별로 실시되며 평가내용은 능력 · 업적 · 근무태도 등이다.

- 능력 : 직무지식, 기능, 이해력, 판단력, 창의력, 기획력, 교섭력, 리더십
- 업적 : 직무수행의 성과나 실적
- 업무수행태도 : 규율엄수 · 근면성 · 적극성

특히 업적평가는 상급자가 안이하게 행하게 되면 불평이나 불만의 목소리가 높아져 신뢰관계가 없어지거나 사기가 저하된다. 따라서 다음과 같은 점에 주의

할 필요가 있다.

- 정해져 있는 기간 내의 평가항목만을 평가한다.
- 공정하게 행하고 개인적인 감정을 개입시키지 않는다.
- 평가자 자신이 확인한 사실이나 신뢰할 수 있는 확실한 자료에 기초하여 행한다.
- 종업원의 상호 비교가 아니라 직무의 수행요건을 기준으로 평정한다.

부하 직원은 승진을 위해 상사의 눈에 들어야 하기 때문에 힘들고, 상사는 여러 명 가운데 단 한 사람만 선택해야 하는 고충이 있다. 특히 상사는 자신이 선택한 사람이 얼마나 기대에 부응할지, 자신의 판단이 잘못되지 않았는지 등의 중압감에 시달리게 된다. 결국 인사평가는 상대적인 것으로 절대적인 기준은 없으며 기업에 따라 다르다.

경영산책 | 직장인은 능력에 맞는 보상을 충분히 받고 있을까?

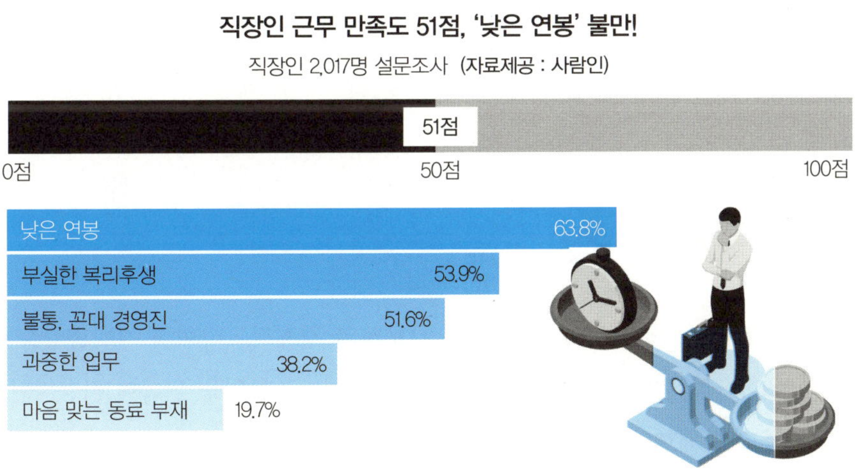

직장인 74% 연봉에 불만족 연차별 만족도는?

인크루트 직장인 회원 402명 설문조사

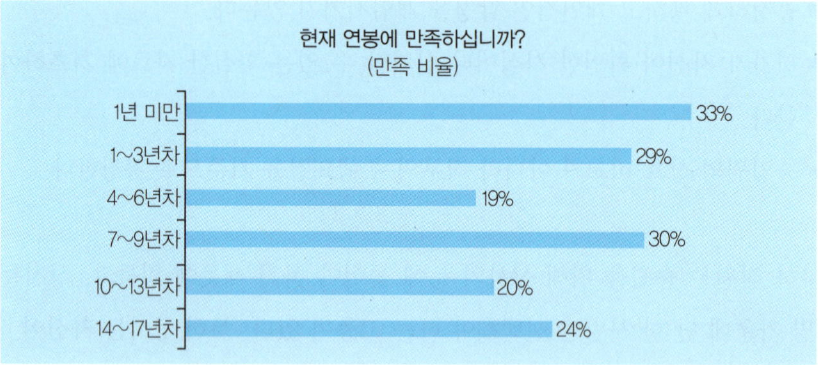

직장인들은 연봉에 가장 불만이 많았네요.
여러분이나 저자나 똑같은 생각이겠지만.
왜?
우리는 한민족이니까!!!
기업이 연봉을 무한정 올려주면 좋은데.

자료 : http://digitalchosun.dizzo.com/site/data/html_dir/2019/09/06/2019090680173.html
https://www.donga.com/news/Economy/article/all/20190619/96059062/1

7 노동조합

노동조합은 근로조건의 유지 · 개선, 근로자의 경제적 · 사회적 지위향상을 도모하기 위한 단체이다. 노조의 대표자는 조합 또는 조합원을 위하여 사용자단체와 교섭하고 단체협약을 체결한다. 노동조합은 고용조건, 임금결정, 복지후생의 확대, 고용조정 등의 인사관련 문제를 해결하는 과정에서 강력한 영향력을 행사한다.

그런데 기업과 노동조합의 이해관계가 상충되는 경우가 종종 발생한다. 즉, 노조가 경영자에게 적대관계를 가지는 경우는 경영활동 수행의 자율권 요구나 경영성과의 분배에 대한 노조의 주장이 경영자에 의해 쉽게 수용되지 않는 경우이다. 노조와 경영자 간의 단체교섭이나 협약이 원만히 타결되지 않으면 파업 · 태업 · 직장폐쇄 등의 악순환이 거듭된다.

특히 경영자의 입장에서는 임금의 상향조정, 보다 나은 근로조건의 제공, 휴가 및 기타 후생복지제도의 확충을 통하여 근로자들의 불평 · 불만을 완화시킬 수 있다. 그러나 이것은 원가상승의 직접적인 요인이 되어 매출이나 이윤을 감소시켜 경영의 성과를 부실하게 만드는 원인이 된다.

근로자들의 불만이 집단화된 행동으로 표출되기 이전에 이것을 미연에 방지하기 위한 방법으로는 근로자를 경영의 모든 과정에 적극적으로 참여하도록 하고 응분의 보상을 제공하는 것이다. 근로자의 경영에의 참여방법으로서 목표경영, 제안제도, 자가평가 등이 있으며, 적절한 보상을 제공하는 방법으로는 이익 및 성과분배제도, 우리사주제도,[03] 장기 혹은 종신고용의 보장, 기타 각종 혜택의 공여 등이 있다.

스탠퍼드대학교 제프리 페퍼 교수는 경영진과 노동조합이 우호적인 관계를 유지할 수 있다면 노동조합을 가진 기업들이 노동조합이 없는 기업보다 더 좋은 성과를 낸다는 연구결과를 제시하였다(라젠드라 시소디어 · 데이비드 울프 · 잭디시 세스 공저, 권영설 · 최리아 역, 위대한 기업을 넘어 사랑받는 기업으로, 럭스미디어, 2008, 124–125).

기업과 노동조합이 우호적인 관계를 유지하여 다른 기업에 비해 급여가 높고 안정적이면 더 우수한 직원을 고용할 수 있게 되고 이직률은 감소한다. 이직 증가에 따른 신규직원 채용과 교육에 들어가는 비용과 효과를 계산하면 기업은 이익을 얻게 된다. 왜냐하면 이직에 따르는 비용이 많이 감소하고 경력직원들의 생

03 우리사주제도는 기업이 종업원에게 자기 회사의 주식을 취득, 보유하게 하여 종업원이 기업경영 및 이익분배에 참여하도록 함으로써 종업원의 근로의욕을 고취시키고 재산형성을 촉진시키기 위해 만들어진 제도이다.

산성은 더 높아지기 때문이다. 그러나 노동조합과 회사의 관계가 적대적이면 상황은 반대로 전개된다.

8 성과보상시스템

성과보상은 사전에 객관적인 성과기준을 설정해 놓고, 사후 실제 성과에 따라 구성원들이 원하는 유형의 보상을 제공함으로써, 구성원들에게 성과 증대를 위한 노력을 하도록 유인하는 것이다.

즉 노력, 성과, 보상의 관계를 사전에 투명하게 설정하고, 종업원들이 그것을 보고 노력하도록 유도하려는 것이다. 왜냐하면 사람이 일을 할 때는 성취감과 같은 정신적 형태의 보상이든 아니면 금전과 같은 물질적 형태의 보상이든 원하는 것이 있기 때문이다.

이러한 성과보상시스템이 제대로 작동하게 하기 위해서는 다음과 같은 측면을 검토하여 기업에 적합한 유형의 시스템을 설계해야 한다. 이러한 내용들을 어떻게 구성하느냐에 따라 다양한 종류의 성과보상시스템이 가능하다.

8.1 보상 내용

종업원들에게 어떤 유형의 보상을 제공할 것인가의 문제이다. 내용 설계에 있어서 중요한 점은 사람에 따라서 중시하는 욕구가 다를 수 있기 때문에, 종업원들의 욕구분석을 통해 이에 적합한 유형의 보상 내용을 제시해야 한다는 데 있다.

8.2 객관적 성과표준 설정

회사가 증대시키고자 하는 성과지표와 평가단위, 즉 성과기준을 어떻게 설정할 것인가의 문제이다. 성과보상시스템은 일반적으로 객관적인 성과지표를 기준으로 하지만, 실제로는 조직의 하위단위로 내려갈수록 객관적인 지표를 설정하기가 매우 어려운 경우가 많다.

따라서 개인 차원의 성과보상을 실시할 것인지, 회사 · 부문 · 팀 등 집단차원의 성과보상을 실시할 것인지를 결정하는 것이 필요하다. 이때 고려해야 할 사항으로는 성과측정의 용이성, 조직의 안정성, 구성원들의 조직몰입 정도, 노동조합과의 관계 등이 있다.

8.3 지급기준 명확화

실제 성과수준과 종업원들에게 제공하는 보상수준의 연계관계를 명확하게 구체화하는 것이다. 지급기준을 명확하게 하기 위해서는 성과표준 설정, 지급기준, 지급시점 등을 명확하게 하는 것이 필요하다.

8.4 공감대 형성

성과보상시스템은 종업원들에게 직접적인 영향을 미치기 때문에 공감대 형성이 매우 중요하다. 공감대를 형성하기 위해서는 성과보상시스템의 개선방향 제시, 시스템 내용 공개, 지속적 개선 노력 등이 필요하다.

경영산책 | 불공정하다면 덮기보다는 해소하면 될 것!

성과급 논란 관련 주요 기업 직원들 말말말

자료: 직장인 익명게시판

주요 대기업 성과급 논란

2000년		삼성전자 등 초과이익분배금(PS) 도입
2013년		삼성전자, 초과이익성과급(OPI)으로 개선
2021년	1월 26일	삼성전자 반도체부문 OPI 연봉 47% 발표
	1월 28일	SK하이닉스 PS 연봉 20% 발표
	1월 28일	SK하이닉스 직원, 대표 등 임직원에 '선정방식 공개하라' 이메일
	2월 1일	최태원 SK 회장 '연봉반납' 선언
	2월 2일	이석희 SK하이닉스 사장 '소통 개선하겠다' 사과
	2월 3일	삼성전자 노조대표 'OPI 산출기준 투명화' 요구
	2월 4일	SK하이닉스 노사협의회 개최 *PS 산정기준, '경제적 부가가치(EVA)→영업이익' 변경 합의 *300만 사내복지포인트 추가 지급
	2월 4일	SK텔레콤 노조 '성과급 불만…박정호 대표에 서한

	2월 8일	삼성그룹 내 8개 노조 '임금인상 및 OPI 제도 개선' 요구
	2월 9일	SK텔레콤 노사, 성과급 제도 개선 합의

여러분도 여기에 동의하나요?
기업도 MZ세대를 이해하려는 노력을 해야.
최소한의 특징이라도 알아야 대응할 것인데.
MZ세대는 평생직장이나 임원승진 등의 목표보다
원칙, 공정을 중요시한다는 것은 상식.

자료 : 동아, MZ세대가 불 댕긴 성과급 공정성 논쟁, 2021.2.8.
머니투데이, 대기업 성과급, 연봉의 50%, 2021.2.10.

9 미래의 인적자원관리

11.1 인적자산의 중요성 인식

기업들은 20세기 후반부터 인사부를 인적자원부로 바꾸고 직원모집, 교육, 그리고 자기계발 등에 변화를 주고 있다. 인적자원부의 주요 기능은 직원관리 지원이었지만, 오늘날에는 이런 단순 기능에서 벗어나 성과 및 업적평가와 같은 전략적 이슈에 집중하고 있다. 즉 기업들이 우수한 직원의 채용 및 유지를 경쟁우위의 중요한 원천으로 인식하기 시작한 것이다.

앞으로 기업의 생산, 판매 등 많은 활동들이 자동화되더라도 기업의 성과를 달성하는 데 있어 인적자원은 중요하다. 왜냐하면 기업들이 브랜드와 고객자산을 중요시하듯이, 인적자원도 무형자산으로 재무상태표에는 표시되지 않지만 가치가 중요해지기 때문이다.

예를 들면, 인적자원의 가치를 판단하기 위해서는 이직률과 생산성을 이용할 수 있다. 고객들로부터 사랑받는 기업들은 동종 업계의 평균보다 낮은 이직률과 높은 생산성을 보여줄 것이다. 왜냐하면 낮은 이직률은 직원들의 숙련도를 높여 생산성이 높아지기 때문이다. 결과적으로 기업들은 낮은 비용, 생산성 향상, 가치창출의 순환과정을 통해 직원들에게 더 좋은 복지를 제공할 수 있게 된다.

11.2 프리 에이전트 시대

프리 에이전트(free agent)는 야구와 축구, 농구 등 스포츠계의 자유계약선수만을 가리키는 것이 아니라, 거대 조직에 속하지 않으면서 자유롭게 자신의 미래를 스스로 책임지는 독립노동자 전체를 의미한다. 즉 '원하는 시간에, 원하는 장소에서, 원하는 만큼, 원하는 조건으로 그리고 원하는 사람을 위해 일하는 사람'을 프리 에이전트라고 한다.

프리 에이전트에는 단독업자, 임시직, 초소형사업체(두세 명으로 구성된 사업체) 등의 유형이 있다. 미국의 뉴웨이브 경제지 'Fast Company'의 편집위원인 대니얼 핑크(Daniel Pink)는 샐리러맨으로 대표되던 조직인간이 20세기 경제의 주체였다면 21세기는 프리 에이전트가 주체가 된다고 주장하였다(네이버 지식백과).

프리 에이전트가 활성화되면 기업에 고용된 직장인과 프리 에이전트의 두 집단 간 이동이 자유로워진다. 왜냐하면 직장생활을 하다가 프리 에이전트로 나가서 일하고, 나중에 또 조직으로 회귀하는 것이 점점 더 자유로워지기 때문이다.

이러한 변화를 고려하면 앞으로 직업을 선택할 때 가장 중요하게 고려될 요소는 '내가 진짜로 하고 싶은 일'이 될 것이다. 유명한 기업에 취업하는 것도 좋고 프리 에이전트로서의 능력을 발휘하는 것도 좋다. 그러나 '내가 진짜로 하고 싶은 일'을 찾아낸 다음에 진로를 결정하는 것이 필요하다.

경영산책 | **연공서열 파괴에 대해 어떻게 생각하나요?**

연공서열 파괴, 어디까지 왔나

구분		내용
대기업	삼성	파격인사, 30대 임원 대거 등용
	현대차	성과 중심으로 인사제도 개편하며 승진연한 제도 폐지
	SK	상무, 전무 없애고 부사장으로 통일 젊은 임원, 여성 임원 대거 등용
	LG	30대 여성 2명 상무 승진
금융권	교보생명	직무급제 전 직원에게 확대 적용
	신한카드	금융권 최초 직급 호칭 없애
공공기관	코트라	올해 상반기 직무급제 도입(성과+담당업무 구분해 차별 지급)
	석유관리원	지난해 7월 직무급제 도입
	새만금개발공사	직무순환 위한 '사내직위 공모제' 도입

연공서열이 파괴되는 이유는?

❶ 산업발전 : IT기술 발달로 빠른 적응력 중요해져

❷ 회사 로열티 약화 : 평생직장 개념 없어지면서 맹목적 충성 사라져

❸ 밀레니얼 세대의 등장 : 합리적 보상과 워라밸 중시하는 세대

❹ 재계 오너십 변화 : 외국 유학파 출신 총수 3~4세 등장

❺ 저성장 구조 고착화 : 인구 줄고 성장률 떨어지면서 기업 스스로 변화

호봉제 · 연봉제 · 직무급제 비교

구분	임금차등기준	장점	단점
호봉제	근속연수	안정성	성과보상 불일치
연봉제	성과	성과보상일치	객관적 성과 평가 어려움
직무급제	업무성격 난이도	난이도 비례보상	직무별 임금산정 어려움

여러분은 연공서열이란 단어를 알고 있나요?
알고 있어야 할 단어입니다.
그리고 연공서열 파괴에 대해서 고민도 해봐야 하고요.
왜?
면접에서 물어볼 수도 있으니까요!!!

자료 : 매경이코노미, 30대 젊은 상무, 부장은 50대…연공서열 파괴 신호탄 쐈다, 2020.2.7.

11.3 프리타족 증가

영어 'free'와 독일어의 노동자를 뜻하는 'arbeiter'를 합성해서 일본에서 만든 신조어로 '프리아르바이터'라고도 불린다. 한편 프리터족(フリーター, freeter, free+arbeiter)은 프리터(freeter)에 '같은 부류'를 뜻하는 한자인 족(族)을 다시 덧붙여 우리나라에서 만든 신조어이다.

우리나라에서 프리터는 시간제 · 파견 · 용역 · 재택노동자로 일하는 비정규직이나 비경제활동인구 가운데 취업준비자들이 여기에 속한다. 프리터는 하루 중 근무시간이 일정하다는 것은 프리랜서와 공통점이지만, 자신의 근무시간을 선택 · 조정할 수 없다는 점에서는 프리랜서와는 다소 다르다.

우리나라의 청년층은 심각한 실업문제에 시달리기 시작하면서 자의로든 타의로든 비정규직 고용 형태를 많이 받아들이고 있다. 현재는 대학생이나 취업준비생들이 가외로 '아르바이트'를 하고 있지만 앞으로는 아르바이트 형태의 노동을 직업으로 하는 이들이 증가할 것이다(조영태 저, 정해진 미래, 북스원, 156-158). 특히 최근 우리나라뿐만 아니라 전 세계적으로 많은 관심을 받고 있는 최저시급이 현재보다 점점 높게 인상된다면 그럴 가능성은 더욱 높아진다. 이것은 우리나라식 프리타족이 양산된다는 의미이다.

11.4 유연근무제 활성화

유연근무제도는 근로자와 사용자가 근로시간, 장소 등을 선택 · 조정하여 일과 생활을 조화롭게(WLB : Work-Life Balance) 하고, 인력활용의 효율성을 높일 수 있는 제도이다. 유연근무제도는 근로시간 유연화, 근무장소 다양화, 근무량 조정, 근무연속성 유연화제도로 구분할 수 있다(노동부, 유연근무제 우리 기업은 어떻게 운영할까요? 2016.11).

근로시간 유연화는 근로기준법의 탄력적 근로시간제, 선택적 근로시간제, 사업장 밖 근로시간제, 재량근로시간제 등이 있다. 근무장소 다양화는 재택근무제와 원격근무제가 있고, 근무량 조정은 직무공유제와 시간제근로가 있으며 근무연속성 유연화는 장기휴가, 안식년제도, 가족의료휴가, 보상휴가제 등이 있다.

유연근무제도를 통해 직원은 일과 가정의 양립과 직무만족도 향상, 기업은 이직률 감소, 유능한 인재 확보, 생산성 향상의 효과를 기대할 수 있다. 이러한 긍정적인 효과에도 불구하고 아직까지 우리나라의 대다수 기업들은 유연근무제도 도입에 미온적인 태도를 보이고 있다. 유연근무제도가 활성화되기 어려운 이유로 '직무성격상 곤란'하고 '조직문화와 분위기'가 적합하지 않다는 점 등을 제시하고 있다.

재택근무는 코로나19 위기상황 동안 다양하게 경험해봤기 때문에, 앞으로는 자연스럽게 받아들여지고 범위도 확대될 것이다. 〈생명경제로의 전환〉에서 자크 아탈리는 2035년까지 지구상의 10억 명 정도는 자기 집이든, 다른 곳이든 유목민처럼 지정된 장소가 아닌 곳에서 일하게 될 것으로 전망하고 있다.

2020년 4월 MIT가 미국인 2만 5,000명을 대상으로 한 조사에서 34.1%가 코로나19 때문에 재택근무로 변경했다고 답했다. 응답자의 14.6%는 코로나19 확산 이전부터 재택근무를 하고 있었기 때문에 총노동인구의 48.7%가 재택근무를 한다는 의미이다(코트라, 미국, 재택근무 트렌드가 가져온 변화, 2020.9.4).

2020년 코로나 위기가 가져온 재택근무 및 원격근무에 대한 직장인들의 인식, 검색률 그리고 재택근무 연관어 검색수를 살펴보면 다음과 같다.

그림 7-5 재택근무 검색률 추이

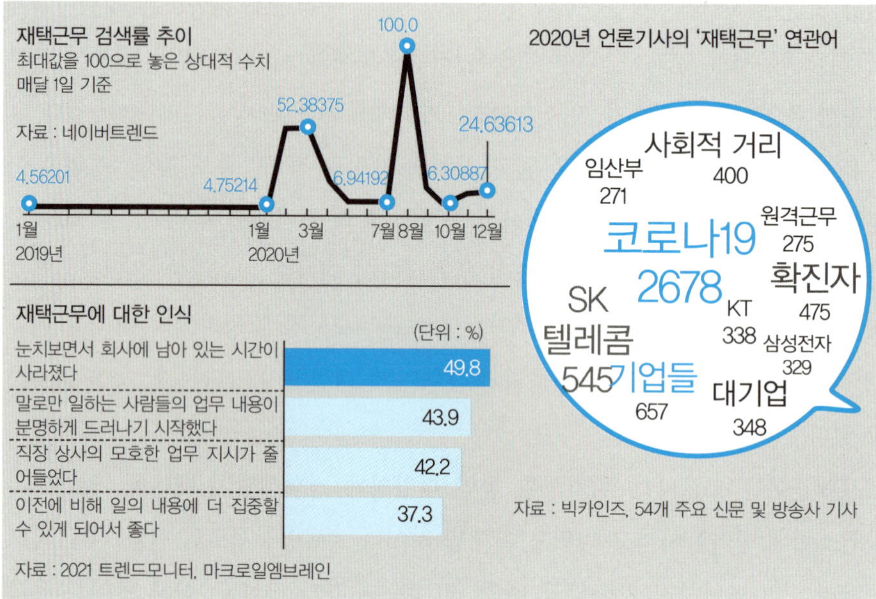

자료 : 동아일보, 재택근무로 달라지는 회사생활의 의미, 2021.1.11.

11.5 공동체의식 중요

프리 에이전트, 프리타족 등이 증가하면서 노동시장의 유연화가 점점 커질 경우 기업에서는 공동체의식을 조성하는 것이 필요하다. 미래 기업의 구성원들이 공동체의식을 갖도록 키워주는 요소에는 다음과 같은 것들이 있다(사랑받는 기업의 조건, 174–207).

첫째, 헌신할 수 있는 목표이다.

기업은 구성원들의 행동에 반영될 수 있는 헌신적인 기업목표, 가치, 원칙 등을 갖고 있어야 한다. 그러나 목표를 명문화하는 것보다 중요한 것은 구성원들의 의사결정시 이러한 것들이 얼마나 잘 구현되느냐에 있다.

둘째, 리더십이다.

구성원들이 스스로 책임의식을 가지고 행동하고, 탁월한 성과를 내며 모든 일에 적극적으로 임할 수 있는 리더십이 필요하다. 왜냐하면 다른 무엇보다도 앞서 나가려는 기업문화가 공동체의식을 높여주기 때문이다.

셋째, 가치규정이다.

구성원들이 자랑스럽게 삶의 기준으로 삼으면서 일상적인 행동에서 존중할 수 있는 주인의식, 도덕성, 열정, 신뢰 등의 가치를 갖고 있어야 한다. 왜냐하면 구성원들은 윤리적으로 행동하는 기업의 일원이 되고 싶어 하기 때문이다.

넷째, 핵심가치 유지와 혁신이다.

기업은 설정한 근본가치를 지켜나가면서 경쟁자들보다 앞서 나가기 위해 혁신을 하겠다는 의지를 갖고 있어야 한다. 왜냐하면 기업이 성장하기 위해서는 핵심가치를 지켜나가는 것과 미래를 창조하기 위한 혁신이 균형을 이루어 나가야 하기 때문이다.

11.6 내부고발자 보호문제

내부고발은 기업구성원 중의 일부가 부정한 행위를 하는 것을 목격하거나 인식하게 된 경우 이를 신고하는 것을 의미한다. 이러한 신고에 대한 조사결과에 따라 적절한 조치가 취해진다면 기업에 기여를 하게 된다. 그러나 내부고발자는 내부사항을 고자질했다는 이유로 조직 내에서 압력을 받을 위험이 있다. 따라서 기업들은 착복, 사기, 비정상적 재정집행 등의 부정행위를 신고하는 내부고발자를 보호할 수 있는 제도적 장치를 마련하여야 할 필요가 있다.

경영산책 | 여러분은 어떻게 할 것 같나요?

A기업 B대리의 내부비리 고발 경로

A기업 B대리는 C부장이 공개입찰 없이 한 납품 업체와 단독계약을 체결한 대가로 500만원을 받았다는 사실을 알게 됨 ▶

B대리는 법무팀에 신고할 것을 고려했지만, IP 추적을 통해 신분이 노출될까봐 고민 ▶

B대리는 내부비리 고발 대행 D업체가 배포한 QR코드 명함을 스마트폰으로 스캔, 스마트폰 화면에 '신고하기' 창으로 연결 ▶

B대리는 C부장의 금품수수 일지를 상세하게 기록 후 '신고하기' 버튼 누름 ▶

D업체는 신고내용을 접수한 뒤, B대리의 신분보호를 위해 스마트폰 IP 주소 즉시 삭제 ▶

D업체는 A기업 법무팀에 B대리의 신고내용을 SMS로 통보 ▶

A기업은 C부장의 금품수수 사실을 확인하고 징계

직장에 부정한 문제가 있다는 것을 알게 되었다면
여러분은 어떻게 할지 생각해본 적 있나요?
이런 일이 나에게도 올 수 있기 때문에 생각해둘 문제입니다.

자료 : 조선, "부장님이 수상해요" 金대리 외부업체를 두드리다, 2015.2.17.
이코노텔링, 재택근무 늘자 美기업 내부고발 봇물, 2021.1.13.

11.7 다문화족 채용문제

우리나라의 기업들은 출산 기피에 따른 인구감소, 기업의 국제화 등에 따라 소수민족을 종업원으로 고용하는 경우가 증가하고 있다. 이 경우 기업들은 종업원들의 다양성에 대한 이해와 욕구를 파악하는 것이 필요해진다. 즉, 단순하게 인력을 이용한다는 생각보다는 다양한 문화적 특성 및 배경을 가진 모든 구성원들이 편안하게 일할 수 있도록 환경 및 문화 그리고 제도를 구축해야 한다.

11.8 글로벌 경쟁

많은 기업들이 국제화 전략을 추구함에 따라 해외로 파견되는 직원들의 수가 증가하고 있다. 이러한 기업들은 직원 채용시 단순히 전문적 지식과 기술만을 보는 것이 아니라 해외 문화에 대한 적응 및 이해력 그리고 외국어 구사 능력을 중요한 요소로 평가하게 된다.

직원의 해외파견이 결정되면 해당 국가의 언어에 대한 교육, 문화교육 등이 행해진다. 그리고 급여 및 복리후생, 이전비용 등 인적자원관리 사항들이 새롭게 결정된다. 한편 파견기간이 끝난 경우는 직원의 파견기간을 연장할 것인지 여부를 결정해야 한다.

CHAPTER 08 기업과 소비자

1 마케팅활동

1.1 개념

마케팅은 개인과 기업의 목적을 충족시켜 주는 교환이 일어나도록 아이디어, 제품 및 서비스에 대한 개념정립, 가격결정, 촉진 그리고 유통을 계획하고 실행하는 과정으로 정의된다.

마케팅활동은 소비자 또는 고객이 가지는 욕구의 충족을 전제로 하여 수행되므로 소비자 또는 고객지향성이라는 특성을 가지고 있다. 피터 드러커는 "사업목적의 올바른 정의는 고객 창조뿐이다"라고 주장하였다. 드러커는 비즈니스에서 상품이나 서비스의 생산보다는 그것을 구매하는 고객을 창출하는 것이 훨씬 더 중요하다고 주장했는데 이것이 마케팅의 궁극적 목적이다(경영학산책, 171).

마케팅관리자가 마케팅목표를 효율적으로 달성하기 위해 활용할 수 있는 요소에는 제품(product), 가격(price), 경로(place), 촉진(promotion) 등의 4P가 있으며, 이들을 최적으로 조합시켜야 한다는 의미에서 마케팅믹스(marketing mix)라고 한다.

그림 8-1 마케팅믹스

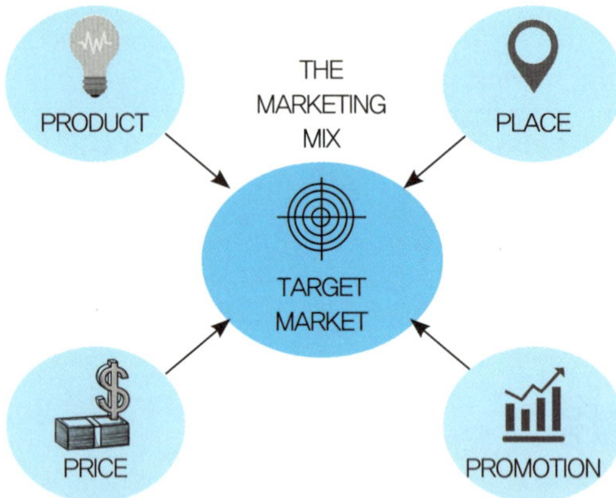

자료 : https://worldmove.co.kr/21

마케팅믹스는 비즈니스와 상품을 효율적으로 판매하는 전략을 말한다. 4P 개념의 마케팅믹스는 기업 중심의 마케팅이므로 오늘날에는 적합하지 않다고 주장하는 학자들이 4C, 4R 개념을 도입하였다.

4C는 Consumer(소비자), Cost(비용), Communication(소통 및 홍보), Convenience(편의)를 말한다.

4R은 Relationship(고객관계), Relevance(관련성), Responsive(반응), Return(수익성)을 말한다.

서비스 마케팅에서는 4P 외에 서비스의 특성인 소멸성(Perishability), 무형성(Intangibility), 비분리성(Inseparability), 이질성(Heterogeniety)을 반영하여 프로세스, 사람, 물리적 환경 또는 근거 등 3가지를 추가해 7P로 설명하고 있다.

프로세스(Process)는 서비스가 전달되는 과정, 절차, 활동에 대한 관리를 의미한다. 사람(People)은 제품과 소비자의 인식에 영향을 주는 모든 사람이 중요하다는 것을 나타낸다. 여기에는 사용 후 추천인, 매장 직원, 매장 내 고객 등이 포함된다. 물리적 환경(Physical Evidence or Environment)는 서비스가 전달되고 기업과 고객 간의 상호작용이 이루어지는 모든 외적인 환경을 말한다. 여기에는 매장 컨셉, 테마, 내부 장식 등이 포함된다.

4P는 마케팅의 기본적이고 중심적인 활동이란 뜻이지 마케팅활동의 전부라는 뜻은 아니다. 여기서는 마케팅믹스의 구성요소를 고가와 저가시장으로 구분하여 살펴보고자 한다.

1.2 제품전략

제품은 기업의 마케팅활동에 있어서 가장 중요한 요소이며 출발점이다. 제품 전략에는 제품의 개발, 포장, 디자인, 상표, 보증 등 제품에 관한 모든 의사결정이 포함된다.

1) 고가시장

고소득층일수록 자신의 신분이나 지위를 과시하고자 하는 욕구가 강하며, 자신과 비슷한 수준의 사람들과 어울리기를 원한다는 특성이 있다. 또한 고소득층은 유행에 민감한 공통점이 있어 첨단기술을 적용한 제품에 대한 선호도가 높다. 또한 이들은 자신의 시간과 편리성을 중시해 다소 가격이 비싸더라도 편의기능과 부가기능을 갖춘 제품을 선호한다. 따라서 서비스의 경우에도 1 대 1 대면을 통한 개별적인 서비스를 제공하는 것이 필요하다.

2) 저가시장

첨단기술보다는 기존의 표준화된 기술을 개량한 제품이나 필수 핵심기능을 중심으로 제품의 기능을 단순화하는 전략이 필요하다. 서비스의 경우에도 인적 서비스를 자동화하여 인건비를 최소화하고 표준화된 서비스 제공을 통해 생산성을 극대화할 수 있는 전략을 구사할 필요가 있다.

1.3 가격전략

가격전략은 적절한 가격책정 방법을 다루는 것으로 마케팅믹스 중 가장 결정하기 어려운 부분 중의 하나이다. 가격을 결정할 경우 기업목표, 생산원가, 경쟁자의 가격수준, 고객의 심리와 행동 등을 고려하게 된다.

1) 고가시장

고가시장의 경우에 원가와는 관계없이 고객이 느끼는 제품의 가치 정도에 따라 가격을 정하는 가치기준 가격정책이 바람직하다. 고가제품은 출시 초기부터 일관된 고가격정책을 고수해야 한다. 왜냐하면 잦은 가격할인이나 세일은 고객들로 하여금 제품의 가격변화에 민감한 반응을 하도록 만들기 때문이다. 부득이한 가격할인의 경우에도 직접적인 가격할인보다는 쿠폰이나 사은품 등의 간접할인 방식을 이용하는 것이 필요하다.

2) 저가시장

저가시장의 경우 철저하게 박리다매의 전략을 구사해야 한다. 이를 위해서는 제품의 원가를 최대한 낮추어, 항상 경쟁사보다 낮은 가격을 책정하는 가격정책이 필요하다. 그러나 원가를 낮춘다고 무턱대고 제품의 기능을 줄이거나 싼 부품을 채택해서는 안 된다. 왜냐하면 가격과 함께 품질도 낮아진다면 싼 가격의 의미가 없게 되어 실패할 가능성이 크기 때문이다.

기업들은 앞으로 소비자의 저항을 최소화하면서 지혜롭게 가격을 올릴 수 있는 '스마트 프라이싱' 전략을 더 많이 사용할 필요가 있다. 스마트 프라이싱 전략은 소비자가 느끼는 제품의 가치에 맞춰 가격을 정하는 전략을 말한다.

예를 들면, 시간이나 장소에 따라 가격을 차별화하는 방식이 대표적이다. 공연장에서는 이 방식이 일반화되 있는데, 무대가 잘 보이는 VIP석 요금은 2층이나

1층의 구석진 자리보다 5배가량 비싸게 책정되어 있다. 이것은 좋은 좌석에 대한 비싼 요금을 지불할 여유가 있는 관객과 비교적 값싼 비용으로 공연을 즐기고 싶은 관객을 모두 겨냥한 방식이다.

경영산책 | 여러분은 어떤 항목에 가장 큰 불만이 있나요?

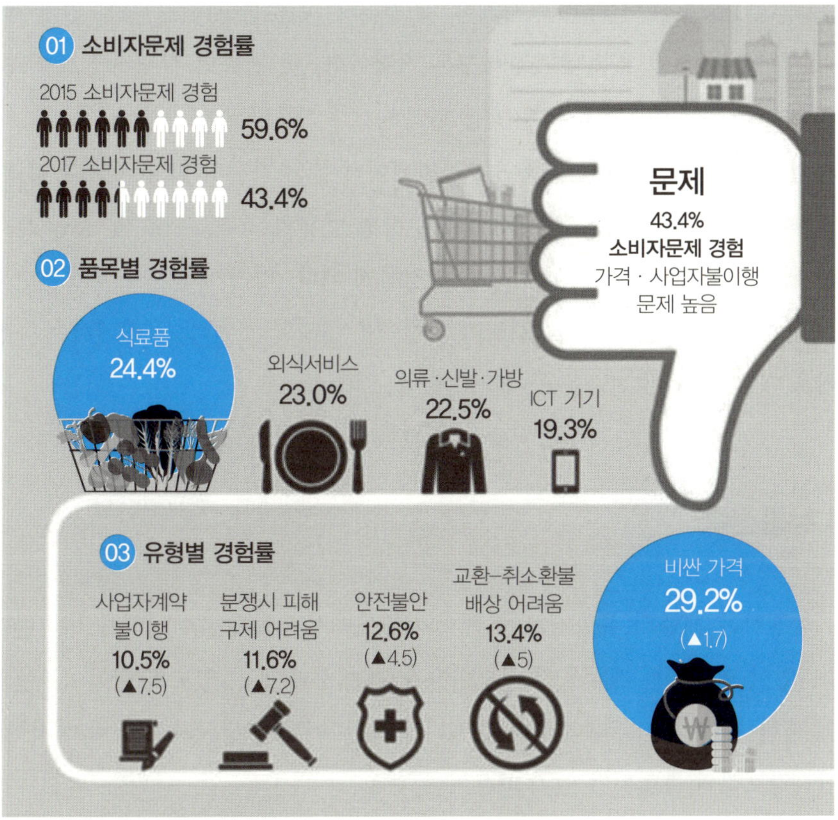

기업은 소비자를 잘 안다고 주장하고,
소비자들은 자신들을 잘 모른다고 주장합니다.
소비자들이 어떤 항목에 불만이 높은지를 알아야 기업의 대응이 가능.
여러분들이 영업을 담당한다면 더 중요하겠지요.

자료 : 아시아경제, 소비자 불만 가장 높은 '가격, 교환 · 환불'… 종합만족도 큰 폭 향상, 2017.11.14.

따라서 소비자가 느끼는 제품의 가치를 변화시키는 프라이싱 전략은 소비자도 만족하고 기업의 수익률도 높일 수 있는 전략이라고 할 수 있다. 즉, 가격을 올리면서도 판매량을 떨어뜨리지 않는, 아니 오히려 새로운 고객층을 더 많이 창출해 내는 것이 '스마트 프라이싱' 전략이다(세상 모든 CEO가 묻고 싶은 질문들, 209).

앞으로 기업들은 스마트 프라이싱 전략에서 더 발전된 '다이내믹 프라이싱(Dynamic Pricing)' 전략을 구사해야 할 것이다. 이것은 정해진 금액 없이 제품이나 서비스 가격을 유동적으로 바꾸는 전략이다. 이 전략의 문제점은 소비자들의 취향이나 지불하고자 하는 금액을 파악하기가 힘들다는데 있다.

그런데 최근에 인공지능 이용 증가, 빅데이터 분석 기술의 발달로 보다 정교한 가격 책정이 가능해지고 있다. 기업들은 경쟁 업체의 가격, 수요 및 공급 분석, 제품 생애주기 등을 분석하여 가격을 책정하게 된다. 따라서 앞으로 유통뿐만 아니라 많은 기업들이 다이내믹 프라이싱 전략을 구사할 것이다. 국내에서는 쿠팡, 카카오 대리 등이 이 전략을 구사하고 있다.

1.4 유통전략

유통전략은 제품의 유통경로에 관계되는 도매상 · 소매상의 선택을 의미한다. 즉, 기업이 제공하는 제품을 최종소비자가 쉽게 구매할 수 있도록 만들어주는 과정에 대한 전략이다. 유통경로가 존재하게 되는 이유는 생산자와 소비자 사이에 시간 · 장소상의 불일치가 있기 때문이다.

1) 고가시장

세계적인 고급 상표들이 고급 이미지를 오랫동안 유지할 수 있었던 비결 중의 하나는 희소성에 있다. 이들 상표들은 자국은 물론 해외 진출시에도 철저하게 직영매장 중심의 운영을 원칙으로 하는 공통점이 있다. 물론 라이센스나 합작투자 등을 통해 유통망을 늘릴 경우 더 많은 매출을 기대할 수도 있다. 그러나 매출은 떨어져도 회복될 수 있지만, 한 번 추락한 이미지는 회복하기가 어렵다는 사실에 주의해야 한다.

2) 저가시장

가능한 경로를 모두 활용하여 소비자들에 대한 노출 수준을 극대화하는 개방적 경로전략이 바람직하다. 프랜차이즈나 중간 유통 단계를 생략한 직접판매도 비용절감과 마케팅효율성 제고를 위해 검토해 볼만한 방법이다.

디지털 경제에서 고객 경로는 고객 사이의 연결성을 의미하는 5A로 변하고 있다. 5A는 Aware(인지), Appeal(호감), Ask(질문), Act(행동), Advocate(옹호)를 말한다. 코틀러는 마케팅 4.0을 설명하면서 마케팅의 궁극적 목표가 소비자들을 인지단계에서 옹호단계로 이동시키는 데 있다고 하였다.

그림 8-2 5A Model

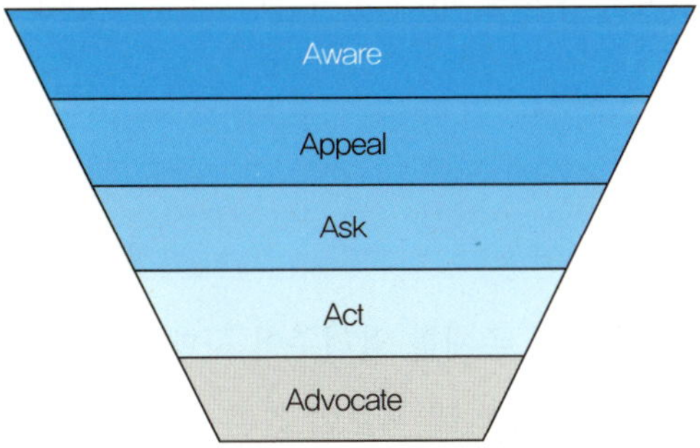

자료 : https://worldmove.co.kr/21?

인지는 고객이 우리 제품을 인식하도록 하는 단계이다. 인터넷과 스마트폰 이용이 증가하고 있기 때문에 이러한 과정이 훨씬 편해졌다. 왜냐하면 SNS, 웹사이트 또는 온라인 광고와 플랫폼 채널 등을 이용해서 고객들에게 새로운 제품을 알릴 수 있기 때문이다.

호감은 소비자들이 우리 제품을 사용해 본 후 기억하도록 하는 것이다. 소비자들은 다양한 브랜드 제품을 경험하지만 결국 몇 가지만 기억하게 된다. 따라서 소비자들이 우리 제품을 더 알고 싶도록 만드는 것이 중요하다.

소비자들이 제품을 구매하도록 하기 위해서는 충분한 정보를 제공해야 한다. 이 경우 이전에 경험을 한 고객이나 주변 사람들에게 질문하게 된다. 여기서 얻게 되는 정보 외에도 기업의 운영자나 홈페이지에 문의하여 정보를 얻을 수도 있다. 아직은 구매를 하지 않은 단계이기 때문에 신중하게 접근해야 한다.

행동은 제품 구매를 결정하고 행동으로 옮기는 것이다. 전통적인 마케팅은 이 단계가 마지막이다. 그러나 마케팅 4.0 시대에는 일회성 구매로 끝나는 것이 아니라, 추가적인 제품 구매로 이어질 수 있도록 노력해야 한다.

옹호는 기업이나 제품에 대한 충성심을 유지하면서 브랜드나 제품을 옹호하는 행동으로 이어지는 단계이다. 소비자들이 특정 제품을 옹호한다는 것은 제품과 서비스에 대해 기대를 하고 있다는 것을 의미한다. 이런 행동이 반복되면 신뢰가 구축되고, 다른 사람에게 구전을 하게 되며 재구매의 가능성이 증가하게 된다.

1.5 촉진전략

소비자나 거래점에 제품의 존재를 알려주어 구매의욕이 환기되도록 수행하는 판매원활동이나, 광고, 판매촉진 및 홍보와 같은 마케팅 커뮤니케이션 활동을 촉진전략이라 한다.

1) 고가시장

제품의 상징성이 중요시되는 고급제품의 속성상 상표는 구입하는 고객과 동일시되기 때문에 독자적인 이미지 구축이 필요하다. 따라서 고가시장의 경우, 철저하게 제품별로 상표를 개발 · 관리하는 개별상표전략이 필수적이다. 또한 회사명보다는 개별 제품명을 이용한 촉진전략이 필요하다.

촉진활동의 경우에도 전문 잡지를 이용한 광고가 바람직하다. 특히 고급상표일수록 대중매체를 통한 지나친 노출은 가급적 피하는 것이 좋으며, 구전효과를 극대화함으로써 제품의 신비감을 유지하는 것이 필요하다. 광고 이외에도 제품의 이미지를 높일 수 있는 방법으로 개별 스포츠 종목의 대회 개최나 올림픽 등의 스포츠행사나 문화행사 등을 지원하는 방법이 있다.

2) 저가시장

지금까지 국내 기업들은 제품의 개별상표보다는 회사명이나 CI[01] 중심의 마케팅을 전개해 왔다. 회사명을 상표로 활용하는 경우 비용절감과 함께 제품의 인지도 제고를 기대할 수 있기 때문이다. 이러한 상표전략은 싼 가격에 따른 소비자들의 불안감을 덜어주는 데 도움이 되기 때문에 저가시장에는 적합한 전략이라고 할 수 있다.

최근 유통업체들의 PB상품[02](Private Brand)이 높은 인기를 누리는 것도 이러한 이유로 볼 수 있다. 촉진활동의 경우에도 TV, 라디오, 신문 등 대중매체 중심의 광고가 효과적이다.

기업은 신제품을 출시할 때마다 브랜드 네이밍 때문에 고민하게 된다. 왜냐하면 브랜드 네이밍은 제품의 성패를 좌우하는 중요한 전략이기 때문이다. 예를 들면, 애경의 '2080치약', KT의 'Olleh', 롯데칠성음료의 '2% 부족할 때' 등은 성공

01 CI(Corporate Identity : 기업이미지 통합)는 기업이미지를 그 기업의 비전과 독특한 문화에 맞게 통일하는 방법을 의미한다.

02 유명백화점의 독자적인 상품을 의미하는데, 신세계백화점의 '피코크', 롯데백화점의 '샤롯데', 현대백화점의 '시그너스'가 그 예이다.

한 사례로 평가된다(세상 모든 CEO가 묻고 싶은 질문들, 239-241).

'2080 치약'은 '20개의 건강한 치아를 80세까지 보전해주는 치약'이라는 의미를 담고 있으면서, 단어가 아닌 숫자로 기억하기 쉽게 브랜드 네이밍을 한 경우이다. 'Olleh'는 'Hello'를 거꾸로 써 역발상을 표현한 것으로 환호와 탄성의 감탄사인 'Ole'와 발음이 같도록 네이밍을 한 사례이다. 또한 '올레'는 좋은 길, 작은 길을 뜻하는 제주도 방언으로, '좋은 길을 통해 고객과 소통한다' 또는 'KT로 올래?'라는 의미의 스토리를 갖고 있다.

마지막으로 '2%로 부족할 때'는 우리 몸에 있는 수분 70% 중에 2%만 부족해도 갈증을 느낀다는 사실에 착안한 것이다. 즉 제품의 정체성을 '사랑의 감성적 메시지'로 설정하고 브랜드 네이밍을 통해 이를 상징적으로 전달한 것이다.

브랜드 네이밍의 성공사례는 'SUCCES'로 정리할 수 있다. SUCCES는 Simplicity(단순성), Unexpectedness(이외성), Concreteness(구체성), Credibility(신뢰성), Emotion(감성), Story(스토리)의 앞 글자를 나타낸다.

'2080 치약'은 단순성, 구체성, 스토리, 'Olleh'는 단순성, 이외성, 스토리를 갖고 있으며, '2% 부족할 때'는 구체성, 감성, 스토리를 갖고 있다. 이런 사례들을 보면 브랜드 네이밍이 성공하기 위해서는 3가지 이상을 갖출 필요가 있음을 알 수 있다.

1.6 경제환경 변화와 마케팅

세계경제는 저성장 시대에 들어서 있다. 저성장 시대라는 것은 경제성장의 속도가 낮아졌다는 것이지 기업의 매출이 감소한다는 뜻은 아니다. 따라서 저성장 시대이기 때문에 매출이 감소한다고 생각하는 기업은 게임의 룰이 변화했는데도 여전히 과거의 방식으로 게임을 하고 있다는 것을 의미한다.

저성장 시대에 소비자들의 소비행태를 적절히 이용하면 새로운 기회를 얻게 될 것이고 적응하지 못하면 심각한 상황에 직면하게 된다. 고성장 시대의 소비자는 필요한 물건이 있느냐를 중요하게 생각했지만, 저성장 시대의 소비자는 어떤 물건을 갖고 있느냐를 중요하게 생각한다.

즉, 고성장 시대 마케팅은 'Needs'에 초점을, 저성장 시대는 'Wants'에 초점을 맞추어야 한다. Needs는 꼭 필요한 것을 가지려는 욕구로 기능적 필요(Functional needs)를 줄인 것이고, Wants는 반드시 있어야 하는 것은 아니지만 갖고 싶은 욕망을 의미하는 것으로 심리적 욕구(Psychological Wants)를 의미한다. 따라서 기업들은 Needs를 충족시키는 것에서 벗어나 Wants를 자극할 수 있는 방법을 도입해야 한다(삼성의 CEO들은 무엇을 공부하는가? 150-155).

수요가 포화상태에 이르렀기 때문에 제품이 팔리지 않아 매출이 감소한다는 말은 더 이상 통하지 않는다. 예를 들면 소비자들은 휴대전화가 고장 나지 않더라도 새로운 휴대전화가 출시되면 비싼 값을 치르고라도 바꾸려 한다. 즉 Wants를 자극하면 새로운 수요를 얼마든지 창출할 수 있다. 따라서 Needs만을 생각하면 레드오션 상황에 빠지게 되고, Wants를 도입하면 블루오션을 창출할 수 있게 된다.

경영산책 | 여러분은 누구의 손을 들어줄지 궁금해지네요

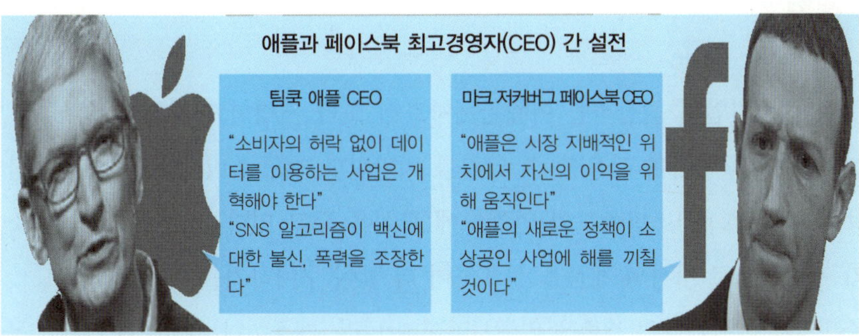

애플의 새로운 사생활 보호 정책을 둘러싸고 벌어진 애플과 페이스북 간의 갈등이 점차 고조되고 있다. 갈등의 시작은 지난해 말 애플이 모바일 운영체제 'iOS 14'부터 사용자의 검색 활동과 사용 기록을 수집하려면 사전 동의를 받게 하겠다고 밝히면서부터다. 올해 들어 새로운 운영체제가 가시화하면서 갈등은 격화했다.

양측의 갈등에선 사용자의 프라이버시와 데이터 활용을 통한 이익 증대의 가치가 정면으로 맞부딪친다. 애플은 소비자의 지지를, 페이스북은 소상공인의 지지를 명분으로 삼고 있다. 여론에서는 소비자를 등에 업은 애플이 일단 유리한 것으로 보인다. 포브스는 지난달 31일 "1990년 식품 포장에 영양 성분을 명시하게 했을 때 기업들은 사용자들이 혼란스러워 한다고 반발했지만 사용자들은 곧 적응했다"며 "프라이버시에 대해서도 소비자들에게 공개하는 게 맞다"고 보도했다. 향후 미 당국의 독점에 대한 판단이나 양사의 소송 결과에 따라 전 세계 IT 산업이 영향을 받을 것으로 보인다.

여러분들이 어떻게 생각하는지 궁금해서 이 기사를 소개합니다.
여러분들이 선택 이유를 나름대로 정리해두면 좋을 듯합니다.
2줄도 좋고, 한 장도 좋고, 레포트 분량도 좋고요.
중요한 것은 생각을 해봤다는 것이니까요.

자료 : 경향, 2021.2.2, "소비자 동의 우선" "소상공인에 피해"…애플 · 페북 갈등 고조

2 기업과 소비자의 관계

2.1 성격

소비자는 기업의 직접적인 이해관계자로서 보다 저렴한 가격으로 질 좋고 안전한 제품을 구매하여 사용할 수 있기를 희망한다. 즉, 소비자는 기업이 생산한 제품이 주는 효용 및 만족도와 안전도에 관심을 두고 있다. 반면에 기업은 소비자가 지속적으로 자사의 제품을 선호하여 더 많이 구매하기를 바란다.

소비자행동은 개인의 생존을 위해서만이 아니라, 제품이나 서비스를 생산 · 공급해주는 개별기업과 국가경제 측면에서도 중요한 의미를 지닌다. 소비자들의 구매결정은 기업들이 어떠한 제품이나 서비스를 얼마나 생산하여 어떤 가격으로 공급해야

하는가를 결정하기 때문에 기업의 유지 · 성장에 직접적인 영향을 미친다. 뿐만 아니라 국가의 경제성장 · 물가수준 · 고용 및 자원배분의 형태에 영향을 주게 된다.

2.2 소비자행동

기업경영에서 소비자의 행동을 이해한다는 것은 매우 중요한 일이다. 과거의 기업들이 단순히 물건을 만들어 팔던 시대에서 오늘날의 기업들은 소비자의 욕구를 충족시킬 수 있는 물건을 팔아야 하기 때문에 누가, 언제, 어디서, 어떻게, 왜 구매하는가를 파악하여 대응하여야 한다.

소비자행동은 제품과 서비스를 구매하여 사용하거나 소비하는데 직 · 간접으로 관련되는 개인의 행동 및 이러한 행동을 결정짓는 의사결정과정을 말한다.

1) 소비자행동 결정요인

기업은 소비자의 구매행동에 영향을 미치는 주요 요인들을 찾아내어 이들 각 요인이 어떠한 역할을 하는지를 알아야 하는데, 소비자행동에 영향을 미치는 요인은 크게 외적 요인과 내적 요인으로 구분된다.

(1) 외적 요인

외적 요인에는 문화 · 사회계층 · 준거집단 · 가족 등이 있다. 인간은 자신이 속한 사회의 문화적 특성에 영향을 받고 또한 어떠한 사회계층에 속해 있느냐에 따라 행동이 달라지게 된다. 사회계층은 일반적으로 소득 · 직업 · 주거형태 등의 기준에 의해 분류된다. 준거집단은 한 개인의 행동에 영향을 미치는 크고 작은 집단을 말한다. 예를 들면, 가족 · 학교 · 교회 · 동창회 등이 있다.

(2) 내적 요인

내적 요인은 개인적 요인이라고도 하는데 동기 · 지각 · 학습 · 태도 · 개성 등이 있다. 동기는 인간의 행동을 유발하는 근원적인 힘이라고 정의된다. 지각은 외부로부터 들어오는 자극을 받아들이고 이것을 이해하는 심리적 과정을 의미하는데, 인간은 외부의 자극을 선택적으로 지각하게 된다. 학습은 직 · 간접 경험에 의한 행동의 변화를 의미하며, 태도는 사람 또는 사물에 대하여 일관성 있게 지각하고 행동하려는 학습된 심리적 경향을 말한다.

경영산책 | 소비자들은 뉴스에 따라 행동을 달리할까요?

미세먼지량 증가 따른 업종별 매출 추이 (단위 : %)

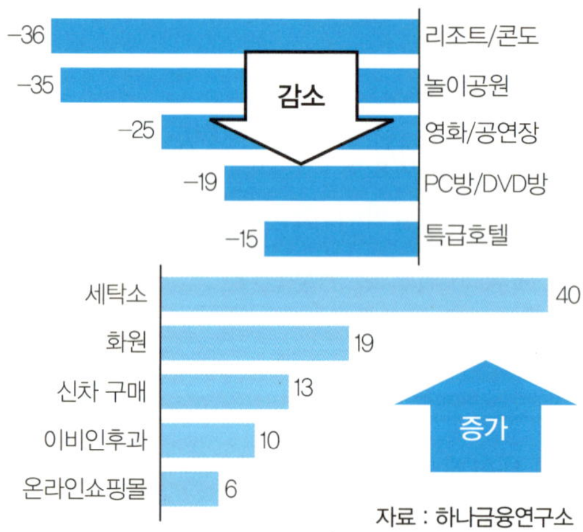

자료 : 하나금융연구소

소비자들은 뉴스를 보고 행동을 변화시키고 있습니다.
여러분들도 이런 경험 있겠지요?
기업은 이미 이런 사실을 알고 대응하고 있지요.

자료 : 서울경제, 미세먼지 뉴스 많은 날… 세탁소 웃고 마트 울고, 2019.4.17.
하나금융경영연구소 보고서

2) 소비자 의사결정과정

소비자들이 일반적으로 행하는 의사결정과정은 문제의 인식, 정보의 탐색, 대안의 평가, 의사결정, 구매행동, 구매 후 행동의 단계를 거치게 된다. 이러한 소비자 의사결정과정의 여러 단계에 소비자행동의 내적 요인 및 외적 요인들이 영향을 미친다.

그러나 이러한 과정은 합리적 구매를 할 때와 비합리적 구매를 할 때 다르게 나타나고, 특히 충동구매나 모방구매를 할 때는 위와 같은 복잡한 과정을 거치지 않는다. 또한 의사결정과정에는 구매의 중요성, 구매의 긴박성, 대체상품의 존재 여부, 개성 등의 요인도 영향을 미치게 된다. 일반적인 소비자의 의사결정과정은 [그림 8-3]과 같다.

그림 8-3 소비자의 의사결정과정

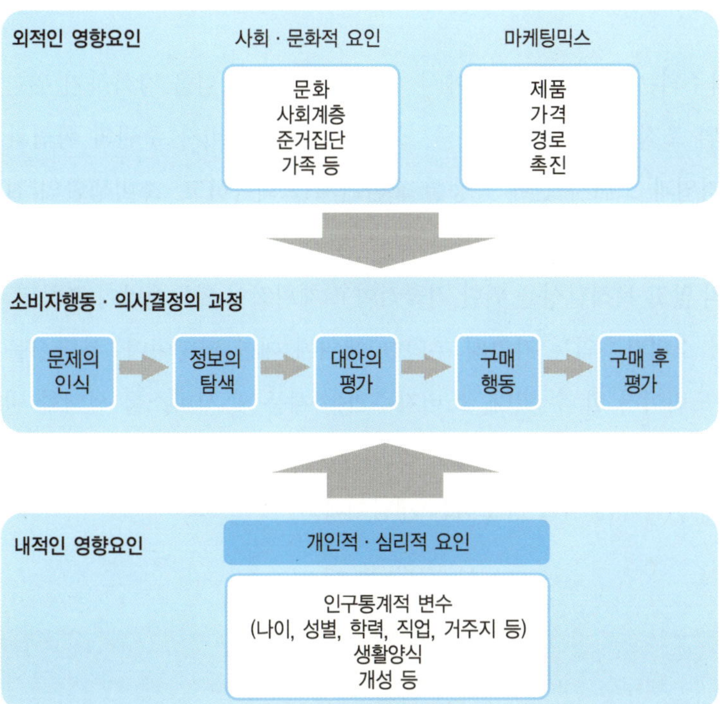

자료 : 장영광 외(2003)

2.3 소비자문제

소비자문제는 소비자가 제품 및 서비스의 사용에서 불만족한 상태에 있게 되는 것을 말한다. 대부분 소비자의 불만족은 제품의 실제성능과 소비자의 기대와의 차이에서 발생하게 되는데 제품의 성능, 안전성, 광고의 진실성, 제품에 대한 정보의 충분성, 가격의 공정성, 판매 후 서비스 등과 관련되어 있다.

소비자문제는 사회 전체적인 문제라는 인식이 사회적으로 폭넓게 확산되고 있다. 또한 기업의 입장에서도 소비자문제의 해결이 곧 사회적 정당성을 획득하는 방안이라고 인식하게 되었다. 즉, 소비자는 단순한 기업의 구매자로서가 아니라 기업의 생존과 성장에 중요한 영향을 미칠 수 있는 이해관계자로 인식되고 있는 것이다.

2.4 소비자주의

소비자주의는 기업과의 관계에서 소비자의 권리와 힘을 강화하기 위한 소비자와 정부의 조직적인 운동이다. 즉, 소비자주의는 소비자 주권의 확립과 건전한 수요로 기업과 소비자 간에 동등한 교환관계를 회복하고, 소비생활의 질 향상을 지향하는 이념이라고 할 수 있다. 그러므로 단순히 소비자들을 보호하자는 이념에 그치지 않고 목적달성을 위한 적극적이고 계획적인 활동개념이 포함된 것이다.

따라서 소비자주의는 기업의 부당한 행위에 대한 저항이며, 부당성을 시정하기 위한 노력이라 할 수 있다. 소비자주의는 제품 및 서비스를 선택할 권리가 소비자에게 있음을 강조하고, 기업은 소비자들의 욕구에 부응하는 제품 및 서비스를 생산해야 한다는 점을 강조하는 개념이다.

2.5 윤리적 소비

윤리적 소비(ethical consumption)는 소비자가 상품이나 서비스를 구매할 때 윤리적 가치판단, 도적적인 믿음에 근거해 의식적으로 선택하는 것을 의미한다. 즉 품질과 가격뿐만 아니라 건강, 환경, 사회, 인권 등 윤리를 소비 결정의 기준으로 활용한다는 것이다. 윤리적 소비는 환경오염, 빈부격차, 삶에 대한 불만족, 양극화 등 현대사회의 다양한 문제를 개선하려는 소비행동이다.

예를 들면 나이키는 12살 파키스탄 소년이 축구공을 꿰매고 있는 사진이 공개되면서 아동노동 착취 기업으로 비난받았다. 이 외에도 코카콜라는 '인도의 수자원을 착취하는 기업', 스타벅스는 '가난한 국가의 생산자들을 착취하여 헐값에 커피원두를 사들이는 기업'으로 인식되어 어려움을 겪었다. 윤리적 소비를 평가하는 기준은 다음과 같다.

그림 8-4 윤리적 소비를 평가하는 기준

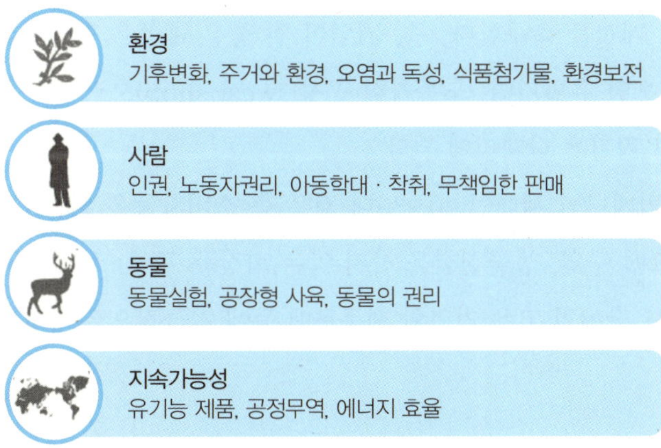

자료 : 경향신문(2007.12.23)

윤리적 소비의 특성은 자신의 신념을 명확히 파악하여 주체적으로 하는 소비, 어떻게 생산되고 유통되는지를 인식하고 하는 소비, 타인뿐만 아니라 자연을 배려하는 소비, 지속가능한 소비, 절제하는 소비 등으로 나타낼 수 있다. 윤리적 소비의 구매행동 유형은 다양하지만 대표적인 예를 제시하면 다음과 같다(박미혜·강이주, 2009, 윤리적 소비의 개념치 실태에 대한 고찰, 한국생활과학회지).

표 8-1 윤리적 소비의 구매행동 유형

관계적 구매	생산자와의 관계를 형성하는 공동체를 통한 구매 생활협동조합, 로컬푸드 운동 등
충분한 검증	어떤 브랜드가 가장 윤리적인지, 모든 기업과 상품에 대해 소비자 기관의 상품비교 정보 내 윤리적 등급을 비교 후 구매
반소비주의 혹은 지속가능한 소비주의	환경을 오염시키는 지속 불가능한 상품을 비구매하거나 재활용, 재사용 등을 활용한 지속가능한 제품만을 구매

자료 : 박미혜 외(2009), 1052–54.

윤리적 소비자들은 친환경적인 기업의 제품을 선호하고 근로자의 인권을 침해하는 기업의 제품에는 불매운동을, 동물을 비윤리적인 방법으로 실험하는 기업을 비난한다. 그리고 가난한 나라의 아동 노동력을 착취하는 기업의 제품도 불매운동을 하면서 개선을 촉구한다. 즉, 기업이 질 좋은 제품을 생산하더라도 소비자들에게 환경오염 유발기업, 노동착취 공장(sweat shop)으로 인식되면 경쟁에서 밀리게 되고 평판은 나빠지게 된다.

예를 들면, 밀레니얼 세대인 20~30대 젊은 층 소비자들은 위안부 할머니들을 돕기 위한 에코백 구입, 동물실험을 하지 않는 화장품 구입, 일회용품 근절을 위한 텀블러 사용, 장애인 고용 기업의 제품구매 등에 적극적으로 나서고 있다.

경영산책

여러분은 윤리적 소비를 해봤나요?

소비자가 생각하는 윤리적 소비

친환경 제품구매	사회적 책임을 잘하는 기업의 제품구매	로컬제품 구매	동물복지 제품구매	공정무역 제품구매	사회적 취약계층이 만든 제품구매	기부와 연계된 제품구매
73%	67%	58%	45%	44%	44%	37%

윤리적 소비 경험 여부

응답자의 47% 다른 사람 혹은 사회 전체의 이익을 고려해 의도적으로 윤리적 소비경험

윤리적 소비를 하는 이유

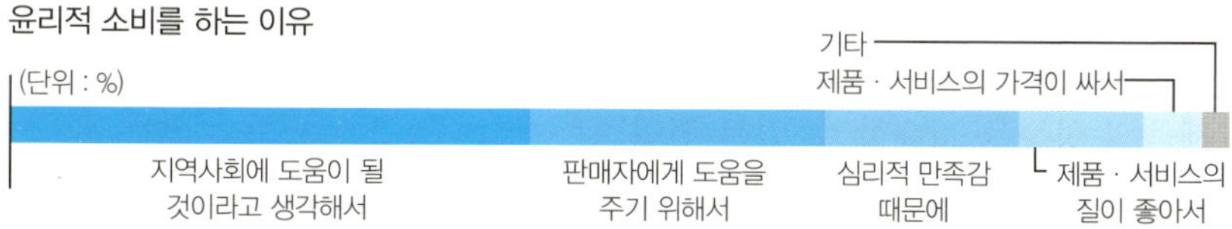

소비자가 경험한 윤리적 소비 유형과 만족도

	재래시장, 전통시장 이용	친환경 제품구매	동네소규모/소매점 이용	사회적기업 제품구매	사회적 취약계층이 만든 제품구매	공정무역 제품구매	동물복지 제품구매
소비유형	86%	84%	84%	69%	54%	48%	47%
만족도	88%	93%	83%	93%	84%	92%	94%

소비 결정의 기준

제품의 질이 우수하다면 비윤리적 기업의 제품이라도 구매할 의향이 있다.	YES 38% NO 62%
가격이 저렴하다면 비윤리적 기업의 제품이라도 구매할 의향이 있다.	YES 35% NO 65%
가격이 비싸더라도 친환경 제품이나 사회적 책임을 다하는 기업의 제품이라면 구매할 의향이 있다.	YES 56% NO 44%
제품의 질이 떨어져도 친환경 제품이나 사회적 책임을 다하는 기업의 제품이라면 구매할 의향이 있다.	YES 45% NO 55%

자료 : 한국리서치, 방식은 달라도 가치가 모여 실현하는 착한 소비, 2020.

소비자들이 윤리적 소비를 하는 빈도가 증가하고 있네요.
이런 현상이 심화되면 기업들은 윤리경영을 할 수밖에 없고요.
왜?
소비자들이 외면하면 기업은 존재할 수 없으니까요.

자료 : KDI, 소비자 47% 윤리적 소비 경험…동물복지 제품 만족도 가장 높아, 2020년 11월호

2.6 소비자의 권리보호

소비자운동가들은 소비자들이 각종 정보를 판단할 수 있는 능력이 제한되어 있다고 생각한다. 즉, 소비자가 현명한 의사결정을 하는 데 필요한 정보와 교육 등을 제대로 받지 못하고 있다는 것이다. 따라서 다음과 같은 소비자의 권리가 보호되어야 한다고 주장하고 있다.

- 판매하려고 제공된 제품을 사지 않을 수 있는 권리
- 제품이 안전하기를 기대할 수 있는 권리
- 제품의 성능을 기대할 수 있는 권리
- 제품의 중요한 품질에 관해 적절한 정보를 제공받을 수 있는 권리
- 의문시되는 제품과 마케팅활동에 대항하여 보호를 받을 수 있는 권리
- 생활의 질을 향상시키는 방향으로 제품과 마케팅활동에 영향을 미칠 수 있는 권리

경영산책 | 소비자주권을 알고 있나요?

스마슈머의 역습

① 스마트 컨슈머, 시장을 바꾼다
② **똑똑한 불매운동, 전문화 · 조직화**
③ 유통산업 지각변동 … 대기업도 흔들
④ 진화하는 프로슈머 전성시대

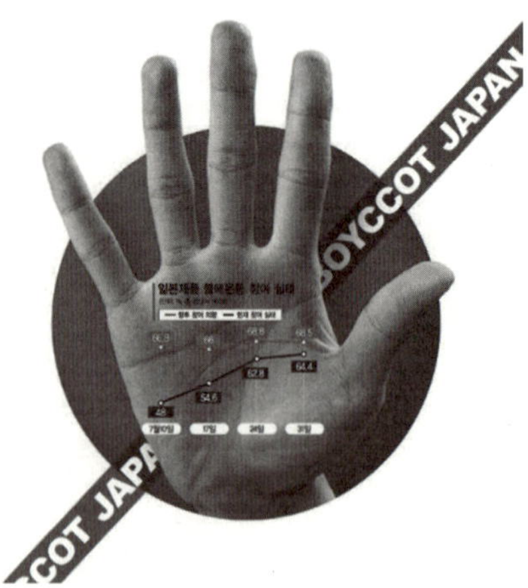

2019년부터 일본제품 불매운동이 일어났지요.
한국으로 수출하던 일본 기업들은 큰 내상을 입었고.
유니클로 매장 철수,
일본 맥주가 전혀 못 들어오고…
처음에 일본기업들은 비웃었지만,
결과는 우리 국민이 1승!!!

자료 : 아시아경제, "한국은 단 한번도 성공한 적이 없다"…비웃는 日 누른 韓 집단지성, 2019.8.14.
유튜브 : https://www.youtube.com/watch?v=pliuR-jlMco

3 고객만족경영

고객만족은 구매한 제품이나 서비스의 성능이 고객의 기대에 부응하는 경험을 했을 때 고객이 느끼는 만족상태를 의미한다. 그리고 이러한 고객만족 목표를 달성하기 위한 고객지향 사고가 기업경영의 모든 측면에서 반영되는 경영을 고객만족경영이라 한다.

따라서 고객만족경영은 제품개발에서부터 조달, 생산, 마케팅, 물류, 영업 그리고 A/S에 이르기까지 기업 내에서 이루어지는 모든 가치창출활동이 고객을 중심으로 이루어질 때 달성된다. 즉, 고객의 관점에서 기업의 모든 가치창출활동이 수행되고 이러한 활동들이 전사적으로 통합 조정되어 고객에게 높은 가치를 제공할 때 고객만족이 이루어진다. 고객만족경영의 성공 요건으로는 고객과의 관계 구축 노력, 차별화된 고객 경험 제공, 고객세분화에 기초한 목표고객 관리, 고객지향적인 조직구축 등이 있다.

이 중에서 고객경험 차별화 전략을 구사하기 위해서는 자사의 상품과 서비스가 중심이 아니라, 이를 이용하는 고객들의 경험 관점에서 분석이 수행되고 실행되어야 한다. 이러한 사고변화를 그림으로 나타내면 다음과 같다.

그림 8-5 고객경험 차별화 관점 변화

	Customer Oriented	Customer Centric
관점	기업 관점 Inside-out	고객 관점 Outside-in
관계형성	Make & Sell 제품이나 서비스 판매가 관계형성의 목적	Sense & Response 고객에 대한 이해와 이에 대한 대응이 관계 형성의 목적
가치생성	보유하고 있는 제품이나 서비스에 대한 고객의 선호 여부에 초점	고객의 특성과 처한 상황 중심으로 고객의 고민과 문제를 이해하는데 초점
가치전달도구	상품/서비스	경험

자료 : www.kmac.co.kr

4 고객관계관리

고객관계관리(CRM : Customer Relationship Management)는 기업이 보유하고 있는 고객 데이터를 수집 · 가공 · 분석하여 고객 개개인의 특징에 맞게 마케팅활동을 계획 · 수행 · 평가 · 수정하는 일련의 과정을 말한다(한국소프트웨어산업협회). 고객관계관리의 특징은 시장점유율보다는 고객점유율에 초점, 고객획득보다는 고객유지에 초점, 제품판매보다는 고객관계의 향상에 집중하는 데 있다.

고객관계관리는 비즈니스 패러다임의 변화, 그리고 시장규제 완화와 고객기대수준의 향상 등 급속한 시장환경 변화에 따라 등장하였는데, 비즈니스 패러다임의 변화는 [그림 8-6]과 같다(https://m.blog.naver.com/PostView.nhn).

그림 8-6 비즈니스 패러다임의 변화

Mass 마케팅	1 : 1 마케팅
제품판매 중심	관계마케팅 중심
규모의 경제	타이밍 경제
단방향 커뮤니케이션	쌍방향 커뮤니케이션
시간차 관리	실시간 관리

자료 : https://m.blog.naver.com/PostView.naver?isHttpsRedirect=true&blogId=copierrental&logNo=220694719137

경영산책 | 고객관계관리가 중요해진다는데…

고객관계관리가 정착되면 기업과 소비자 모두 윈-윈 하겠지요?
물론 이렇게 되려면 빅데이터가 많이 축적되어야 한다는 전제조건이 필요하겠지만요.

자료 : hotel & restaurant, 고객과 맺는 깊은 관계. 호텔 로열티 프로그램, 2017.2.23.
ibusiness, 세 명의 신규고객보다 한 명의 충성고객이 낫다, 2020.5.3.

5 고객경험관리

고객경험관리(CEM : Customer Experience Management)는 제품이나 회사에 대한 고객의 전반적인 경험을 전략적으로 관리하는 전략으로 과정과 실행에 중점을 두는 고객만족 개념이다. 기업이 고객에게 감동적인 경험을 제공함으로써 기업에 대한 고객의 충성을 유발시킬 수 있다. 고객경험관리는 고객세분화와 목표고객 선정, 혁신, 포지셔닝, 브랜딩전략, 서비스 등 다양한 영역에서 적용가 능하다.

고객만족경영과 고객경험관리의 차이점은 [표 8-2]와 같다.

표 8-2 고객만족경영 vs 고객경험관리

구분	고객만족경영	고객경험관리
출현시기	1990년대 초	2000년대 초
목적	만족한 고객의 추천을 통한 신규구매 및 재구매	고객만족을 통한 기존고객의 재구매와 경영 개선을 통한 잠재고객의 신규구매
대상고객	기존고객	기존고객 및 잠재고객
특징	구매 및 사용 후 만족이 핵심	구매 및 사용 전후의 모든 접점에서 긍정적 경험 전달이 핵심

자료 : KB금융지주 경영연구소, 고객관리 진화와 고객여정지도, 2018.10.29.

즉, 고객경험관리는 고객의 경험을 전략적으로 관리하고 기업 내부를 고객중심적으로 혁신해나가는 경영전략으로 고객관계관리 다음 단계라고 할 수 있다. 고객과의 관계를 중심으로 데이터베이스를 구축하는 고객관계관리와는 달리 고객이 매장방문, 구입, 이용 등 단계별로 어떻게 느끼고 경험하는지를 파악해 이를 토대로 고객경험 데이터베이스를 구축하는 점에서 차이가 있다.

기업들은 경쟁사보다 차별화된 제품과 서비스를 제공하기 위해 고객관계관리를 이용해 왔는데, 고객만족경영의 극대화를 위해 고객의 감성 및 주관적 경험을 반영한 고객경험관리에 주목하기 시작한 것이다. 특히 금융과 유통업종 등에서 도입하는 사례가 증가하고 있다. 고객관계관리와 고객경험관리를 비교하면 [표 8-3]과 같다.

표 8-3 고객관계관리 vs 고객경험관리

구분	CRM	CEM
추구목표	고객 관계가치의 개선	차별화된 만족경험을 통한 고객로열티 강화
방향성	Inside Out 전략(기업→고객)	Outdide In 전략(고객→기업)
프로세스	기업 내부의 프로세스 개선	고객의 경험프로세스 개선
데이터분석	거래 행동데이터 분석 위주	고객의 태도 데이터 분석 위주
가치제안	이성적 가치에 소구	감성적 가치에 소구
분석방법론	OLAP, 마이닝	Market Research
데이터수집	거래데이터	VOC, 서베이, FGI, 관찰

자료 : KB금융지주 경영연구소, 고객관리 진화와 고객여정지도, 2018.10.29.
https://needjarvis.tistory.com/90, 고객감동을 부르는 마케팅, CEM, 2016.9.17.
http://www.dongabiz.com/DBRplus/GraphicDBR/article_content.php?atno=1803152001&chap_no=1

우리나라에서 고객경험관리를 성공적으로 정착시킨 아모레퍼시픽의 '아리따움' 런칭 사례를 알아보면 다음과 같다. 아모레퍼시픽이 아리따움을 런칭하게 된 것은 화장품 브랜드가 다변화되고 경쟁이 치열해지면서 시판 채널 강화를 위한 목적이었다.

아리따움은 제품 판매에 국한하지 않고 서비스 체험까지 제공했고, 매장 직접 경험을 통해 고객만족을 향상시켰으며, 메스티지(Mass+Prestige) 화장품 시장의 활성화를 유도하면서 독립 브랜드들의 통합관리를 가져온 효과가 나타났다.

반면에 한계점으로는 기존의 파트너인 휴플레이스와의 갈등이 유발되었고, 인원 흡수에 따른 비용 증가를 들 수 있다. 휴플레이스와의 갈등을 해결하기 위해 아리따움 전문 교육을 통해 아리따움 매장으로 전환하였다.

경영산책

고객경험을 어떻게 관리하고 공유할 수 있을까요?

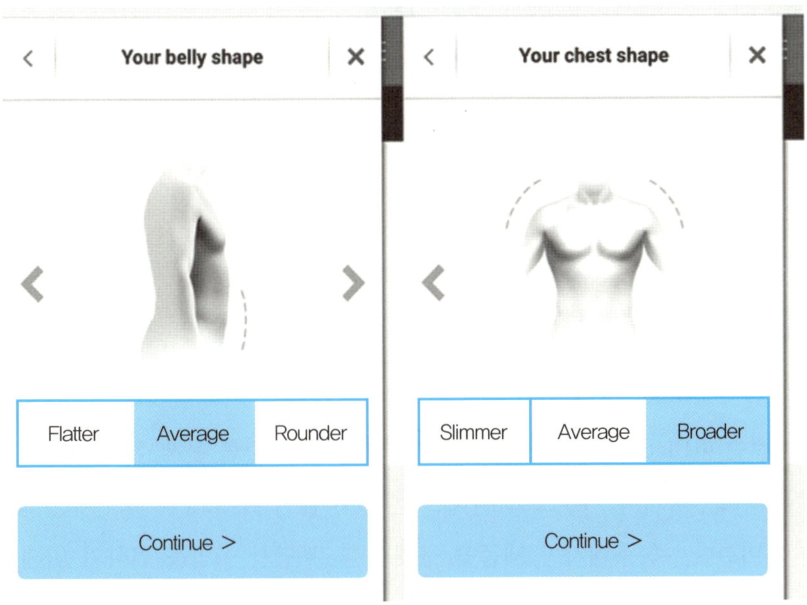

헬리한센 모바일 웹사이트 '핏파인더' 기능 / 홈페이지 캡처

여러분들은 일상생활에서 고객으로 감동을 받았던 경험이 있나요?
앞으로는 고객경험관리가 대세가 될 것으로 보입니다.
왜?
고객이 없으면 기업이 존재할 수 없으니까요.

자료 : 조선, 포스트 코로나 시대 '고객경험관리'가 뜬다, 2020.5.12.

6 블랙컨슈머

블랙컨슈머(Black Consumer)는 구매한 상품의 하자를 문제 삼아 과도한 피해 보상금을 요구하거나 거짓으로 피해를 본 것처럼 꾸며 보상을 요구하는 소비자들을 의미한다. 즉 구매자가 제품을 구매한 후 부당한 이익을 취하기 위해 고의적으로 악성 민원을 제기하는 것을 말한다(두산백과).

대부분의 블랙컨슈머는 소비자 관련 기관을 거치지 않고 기업에 직접 문제를 제기하는데 제품교환보다는 과다한 금전적 보상을 요구하는 경우가 많다. 일부는 사회적인 파장을 강조하며 언론 또는 인터넷에 관련 사실을 유포하겠다고 협박하는 행태를 보이기도 한다.

기업들은 이미지 손상을 우려하여 사회적 논란이 되지 않도록 블랙컨슈머의 요구를 암묵적으로 수용하는 경우가 많은데 이로 인하여 더욱 많은 블랙컨슈머들이 양산되었다. 블랙컨슈머가 늘면 기업의 서비스비용이 증가되고 그 비용은 전체 소비자에게 전가되기 때문에 일부 블랙컨슈머는 기업뿐 아니라 선량한 다수의 소비자에게도 악영향을 주게 된다.

블랙컨슈머는 진상(進上)고객과는 약간 다르다. 진상고객들은 내가 돈을 지급했으니까 '내가 주도권을 갖는다'라고 생각한다. 윤리의식이 실종된 고객들을 말한다. 반면에 블랙컨슈머는 피해보상금을 목적으로 악성 민원을 제기하는 점에서 차이가 있다. 이처럼 기업에 악성민원을 자주 제기하는 고객을 악성민원고객(CIP : Complaint Important Person)으로 나타내는 단어도 등장하였다.

기업들이 블랙컨슈머 유형에 따라 대응하는 방법은 [표 8-4]와 같다.

표 8-4 기업의 블랙컨슈머 대응

유형	대응
막무가내형 (억지를 부리거나 과다보상 요구)	"고객의 요구를 수용하도록 하겠습니다"라고 여지를 남긴 후 방안 검토
파파라치스타일 (업주 고발이나 인터넷 유포 협박)	법 규정 등에 대한 정확한 정보수집 후 블랙리스트를 공유
폭언형 (욕설과 무례한 말투)	화가 누그러질 때까지 기다림
업무방해형 (매장에 찾아와 불만을 계속 제기)	보상범위를 정확하게 알려줘야 함
피해과장형 (억지보상 요구)	과거 보상사례를 기준으로 고객 설득

자료 : 국민권익위원회

예를 들면, LG전자 콜센터는 2014년 1월부터 두 차례 경고에도 불구하고 고객이 언어폭력을 반복하면 상담원은 '7112'(성희롱) 또는 '7113'(폭언 및 욕설) 버튼을 누른다. 그러면 경고성 자동응답 멘트가 나가고 자동으로 상담이 종료된다. 또한 성희롱 고객에게는 "고객님, 성적 수치심을 일으키는 말을 지금처럼 계속하시면 2년 이하의 징역 또는 500만 원 이하의 벌금에 처할 수 있음을 안내 드립니다"라는 멘트가 나간다. 그리고 상습적인 성희롱으로 악성민원고객(CIP)으로 분류된 고객이 다시 전화를 걸어오면 자동으로 남자 직원이나 본사 책임자에게 연결된다.

경영산책 | 여러분은 아니지요?

‘스마트폰 폭발’ 거짓말한 소비자, 벌금 1,500만 원 선고

기업들이 꼽는 블랙컨슈머의 전형적 행동

❶ 처음부터 피해 사실을 언론에 알리겠다고 협박한다.
❷ 환불교환은 뒷전이고 금전적 보상부터 요구한다.
❸ 피해 정황이나 정도에 대해 계속 말을 바꾼다.
❹ 과거에도 비슷한 행위를 했던 이력이 있다.
❺ 고성을 질러 공포 분위기를 조성한다.
❻ 매장이나 기업을 찾아와 자해를 한다.
❼ 무조건 임원이나 사장부터 나오라고 요구한다.
❽ 담당자와 나눈 대화를 비밀리에 녹음해 유포한다.
❾ 업무에 방해를 받을 정도로 기업을 자주 방문한다.
❿ 회사 기밀 제출이나 공개사과 등 무리한 요구를 한다.

블랙컨슈머 유형별 법적 처벌 근거

자료 : 기업소비자전문가협회

폭언 폭력 일삼으며 규정에 없는 환불 보상 등 금전적 대가 요구

폭행 협박죄 또는 공갈죄

회사 기밀 제출, 공개사과 등 무리한 요구
(더 큰 보상을 받거나 괴롭히려는 의도가 있는 경우)

협박죄 또는 강요죄

전화를 반복하거나 장시간 통화 시도

업무방해죄, 정보통신망법 위반

고의로 이물질을 넣거나 제품을 일부러 파손한 뒤 언론에 유포

사기죄 및 업무방해죄, 명예훼손죄

기업 담당자들 머리가 복잡해지겠네요.
테스형!
고객이 왜 이래?라는 목소리가 나올지도
여러분은 절대 이러면 안돼요.

자료 : 조선일보, "못참겠습니다, 고객님" 블랙컨슈머에 관용은 없다, 2013.1.8.
한국판매자보호협회, 블랙컨슈머 유형별 법적 처벌 근거, 2019.9.17.

7 펀슈머

소비자들은 기존 '가성비'와 '가심비' 외에 '가잼비'라는 새로운 기준을 소비 결정에 활용하고 있다. 가잼비는 가격 대비 재미를 추구하는 성향으로 제품에서 느끼게 되는 '재미'가 구매를 결정하는 기준으로 자리잡고 있다. 가잼비와 함께 '펀슈머(funsumer)'라는 용어도 생겨났다.

자료 : 게티이미지코리아

펀슈머(funsumer)는 '재미(fun)'와 '고객(consumer)'이 합쳐진 것으로 상품의 재미를 소비하는 사람들을 의미한다. 펀슈머들은 자신의 소비 경험을 SNS 채널을 통해 공유하는데, 이 과정에서 제품 홍보 효과가 발생하고 판매량이 급증하기도 한다. 기업이 펀슈머 마케팅을 적극적으로 전개해야 하는 이유이다.

펀슈머 마케팅은 소비자들의 소비 심리를 자극하고 기업의 이미지를 보다 친근하게 느낄 수 있게 한다는 장점이 있다. 기업의 펀슈머를 사로잡을 수 있는 방법은 다음과 같이 요약할 수 있다.

첫째, 다른 업종과의 협업이다. 협업은 이외의 조합에서 유발되는 신선한 아이디어, 한정판 제품이라는 장점과 단편적이라는 단점을 갖는다. 예를 들면, '칠성사이다×에코백 브랜드 플리츠마마(뉴트로 가방)', '하이트진로×쇼핑몰 무신사(참이슬 오리지널 소주 백팩)', '벤앤제리스 아이스크림×나이키(청키덩키 운동화)', 'BYC×육포 브랜드 질러(육포 팬티)' 등이 있다.

둘째, 적극적인 캐릭터 활용이다. 캐릭터 활용은 캐릭터가 가지고 있는 스토리를 제품에 반영하는 것이 특징이다. 예를 들면, 펭수, 카카오프렌즈, 라인프렌즈 '캐릭터 3대 천왕'은 모든 소비자층을 대상으로 각종 제품에서 이용되고 있다. 여행용품 편집숍 '라움보야지'는 남극에서 한국까지 온 유쾌한 펭수 스토리를 활용해 여권지갑, 토트백, 파우치 등 총 23종의 여행용품을 구상했다(중앙일보, 밀레니얼 트렌드 사전 펀슈머, 2020.6.18).

셋째, 경험을 제공하는 공간형으로, '나이키 플래그십 스토어', '모나미의 콘셉트 스토어', '토이하우스' 등이 있다. 서울대 소비트렌드분석센터가 발표한 '2020 소비 트렌드'에 따르면 2021년 소비 트랜드의 핵심 키워드는 '경험(experience)'으로 나타났다. 소비자들은 직접적 · 간접적으로 체험한 사실에 반응하고 있으며, MZ 세대에서 더욱 두드러진다.

넷째, 소비자의 참여를 유도하는 이벤트형으로 배달의 민족이 하고 있는 '배민 신춘문예', '배민 치믈리에 자격시험', '떡볶이 마스터즈', OK 캐시백의 '오퀴즈 천만원 이벤트', 티몬의 '몬스터 퀴즈쇼' 등이 있다. 이벤트형은 소비자들의 참여를 유도하면서 브랜드 이미지를 구축할 수 있는 장점이 있다.

8 디지털 마케팅[03]

디지털 마케팅은 디지털 수단을 이용하는 모든 종류의 마케팅을 총칭한다. 예를 들어, 스마트 냉장고, 엘리베이터 속의 미디어 보드, 애완용 로봇 강아지와의 대화나 액정, 인공지능 스피커 같은 디지털 기기를 이용한 마케팅 등이다(한국디지털 마케팅아카데미 홈페이지).

네이버백과사전에서는 "기존 마케팅활동에서 장애요인으로 작용했던 시간 · 공간의 장벽이 허물어지고 기업과 고객이 상호 연결되어 가치를 만들어가는 통합형 네트워크 마케팅"으로 정의하고 있다.

위키피디아에서는 "소비자들에게 메시지를 전달하기 위해 이용가능한 모든 형태의 디지털 광고미디어를 사용하는 일련의 모든 과정들"을 말한다. 이들을 요약하면, 디지털 마케팅은 텔레비전, 라디오, 인터넷, 모바일, 소셜미디어 등 모든 형태의 디지털 미디어를 이용하는 마케팅 활동으로 정의할 수 있다. 디지털 마케팅과 온라인 마케팅 그리고 인터넷 마케팅은 다음 [그림 8-7]과 같이 구분할 수도 있다.

03 인터넷 마케팅에 대한 자세한 내용은 "온라인 마케팅 전략 : 프로세스 5단계와 효과적인 방법 6가지" 외 많은 자료를 참고

그림 8-7 디지털, 온라인, 인터넷 마케팅

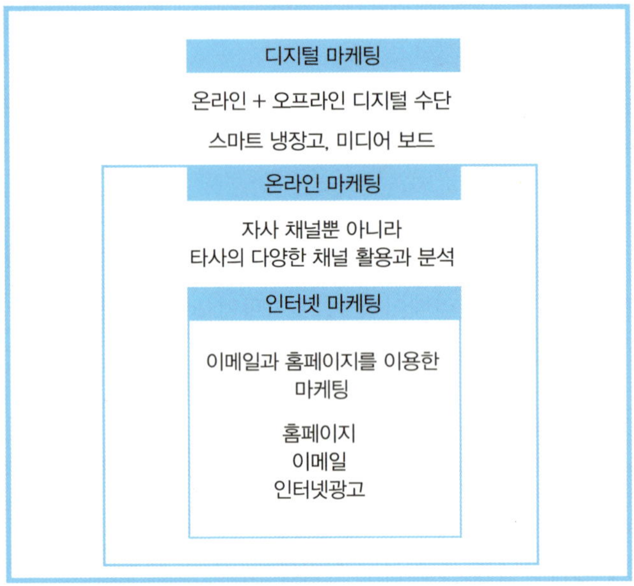

자료 : 한국디지털마케팅아카데미 홈페이지

9 온택트 마케팅

코로나19 바이러스는 마케팅에도 새로운 변화를 가져오고 있다. 소비자들이 코로나19로 대면접촉을 꺼리는 것을 나타내는 용어로 언택트가 사용되었다. 언택트(un+contact)는 '접촉'을 의미하는 contact에 반대를 의미하는 접두어 'un'을 합한 용어이다. 여기서 더 나아가 온택트 마케팅이 활발하게 진행되고 있다.

온택트(ontact=online+contact=on+contact)는 IT 기술 발달로 일상의 대부분 활동을 온라인을 통해 할 수 있는 여건이 조성되면서 다양한 분야에서 활발하게 이루어지고 있다. 코로나19 이후 급격하게 증가하고 있는 랜선 투어, 온라인 전시회, 공연 등과 같은 것들이 대표적인 사례이다.

언택트와 온택트는 소비자들에게 간접적 경험을 하게 해줄 수 있는 체험 미디어의 존재에 따라 구분된다. 언택트는 소비자들과 직접적으로 대면하지 않고 제품이나 서비스를 제공하는 비대면 서비스를 말한다. 이에 반해 온택트는 온라인을 통해 대면하고 소통하는 것을 의미한다. 따라서 온택트는 비대면의 한계를 극복하면서 소통에 중점을 둘 수 있는 양방향 마케팅 개념이다.

그림 8-8 언택트, 온택트 단어 사용한 뉴스 건수

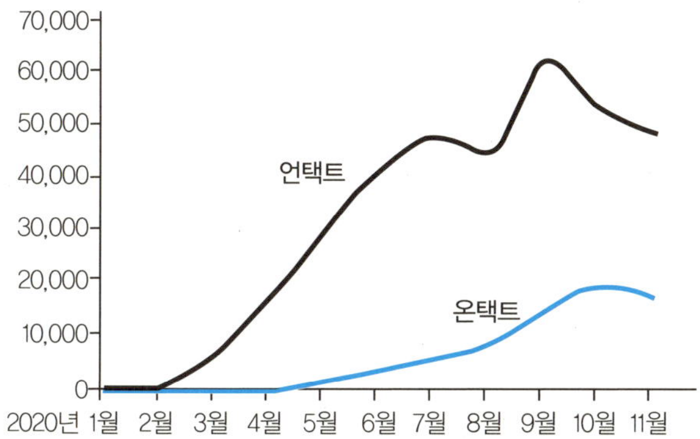

조사 : 뉴스와이어
자료 : 나눔경제뉴스, '언택트(untact)' 대통령 이름보다도 뉴스 등장 횟수 많아, 2020.12.22.

온택트 마케팅 수단은 SNS 채널, 이메일, 동영상 플랫폼 등이 있는데, 최근에는 동영상 플랫폼을 활용한 온라인 소통이 많이 활용되고 있다. '한국관광공사'가 2020년에 제작한 '범 내려온다' 홍보 영상은 동영상 플랫폼을 활용한 온택트 마케팅의 대표적인 예라고 할 수 있다. 한국적이면서도 각 도시의 대표적인 공간을 배경으로 '한국의 흥'을 살려 짧은 시간에 도시를 소개한 이 영상은 조회수 3억뷰를 넘어서며 전 세계를 사로잡았다(온택트 마케팅? 찐소통 예시로 보는 요즘 마케팅, 교보문고, 2020.10.26).

온택트 마케팅은 기존 디지털 마케팅의 연장선상으로 생각할 수도 있지만, 온택트 마케팅에서는 더 다양한 온라인 소통을 위한 방법론이 필요하다. 예를 들

면, 기업들은 연령층이 높은 소비자들도 적극적으로 온라인으로 넘어 오는 새로운 패러다임 속에서 이들을 고려한 소통 방법과 온라인 채널, 마케팅 방법론도 적극적으로 개발할 필요가 있다(언택트? 온택트? 포스트 코로나, 마케팅 신조어, 언더나무, 2020.9.21).

그림 8-9 온택트 마케팅 단계

자료 : 지용빈, 안철, 나도 한다! 온택트 마케팅, 크레파스북, 2021.

경영산책 | 잠재고객을 붙잡을 방법이 있을까요?

귀사의 웹사이트에는 많은 잠재고객이 있습니다.

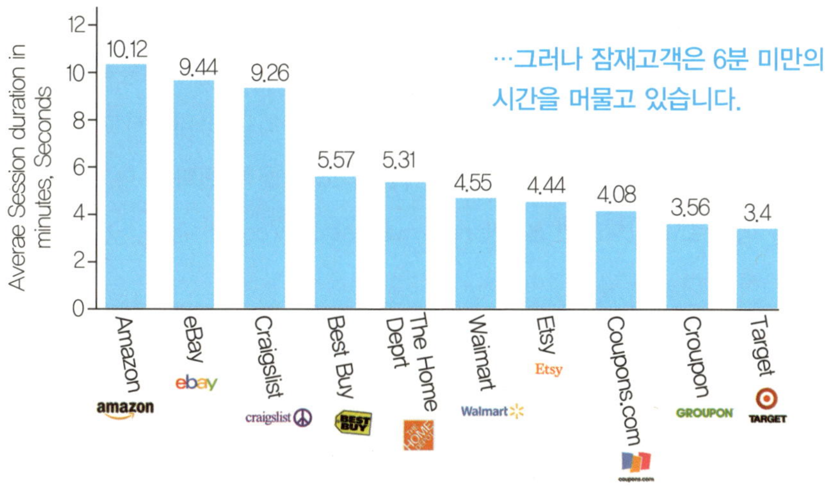

…그러나 잠재고객은 6분 미만의 시간을 머물고 있습니다.

다음 중 2019년에 가장 획기적인 기회 요소로 귀사에서 고려되는 영역은 무엇입니까?

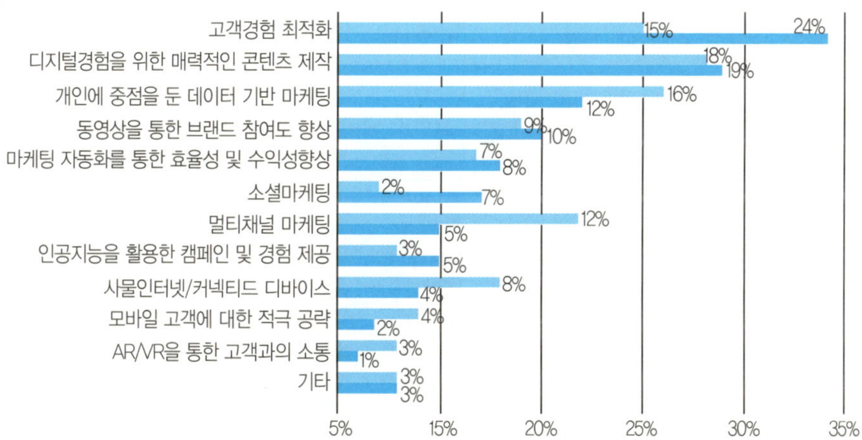

디지털마케팅은 바로 여러분을 위한 것으로 보입니다.
여러분이 바로 디지털세대이니까요.

자료 : 디지털데일리, 잠재고객 놓치고 있진 않나요?'…만만치 않은 디지털마케팅 전략, 2019.6.19.

10 구독경제와 마케팅

구독경제(Subscribe Economy)는 일정 금액을 지불하고 회원으로 가입하면 사용자가 원하는 상품이나 서비스 등을 공급자가 주기적으로 제공해주는 것을 말한다. 해외에서는 다양한 분야로 확산된 상태이며 최근 국내에서도 활발한 움직임이 나타나고 있다. 구독경제는 소비자들의 소비 철학 변화와 디지털 기술이 발달하며 떠오르고 있다(월간 홈쇼핑, http://www.hstoday.co.kr). 전통, 공유, 구독경제를 구분하면 다음과 같다.

표 8-5 전통 · 공유 · 구독경제 비교

비고	전통경제	공유경제	구독경제
소유 및 이용권	소비자가 소유권을 가짐	소비자가 일정기간 점유 · 소유권 가짐	소비자는 일정기간 회원권만 가짐
대금지불방식	소비자가 생산자에게 한꺼번에 지불	점유 · 소유기간에 따라 비용지불	일정 이용기간만큼 비용 지불
소비자의 선택	한 번 구매하면 바꿀 수 없음	선택권이 있으나 수시로 원하는 대로 바꾸기 힘듬	회원권 범위 내에서 수시로 원하는 대로 바꿀 수 있음

자료 : KB금융지주 경영연구소

구독경제는 월 구독료 납부 후 무제한으로 이용가능한 '넷플릭스 모델(무제한 이용 모델)', 월 구독료 납부 후 매달 집으로 배송되는 '구독박스 모델(정기 배송 모델', 월 구독료 납부 후 품목을 바꿔가며 이용가능한 '렌털 모델(정수기 모델, 반복 대여 모델)' 등 3가지 유형으로 분류된다. 구독경제는 꽃, 동영상, 사진, 옷 등을 넘어 자동차 같은 고가의 상품에도 적용되고 있다.

표 8-6 구독경제의 세 가지 모델

구분	넷플릭스 모델	정기배송 모델	정수기 모델
주요 적용상품	술, 커피, 병원, 헬스클럽, 영화관 관람, 동영상 및 음원 디지털콘텐츠 등	면도날, 란제리, 생리대, 칫솔, 영양제 등 소모품	자동차, 명품, 옷, 가구, 매장 등 고가제품
이용방식	월 구독료 납부한 후 매월 무제한 이용	월 구독료 납부한 후 매달 집으로 수차례 배송	월 구독료만 납부하면 품목 바꿔가며 이용가능
대표업체	무비패스 (월 9.95달러 내면 매일 영화관 관람 가능)	달러쉐이브클럽 (월 9달러 내면 매달 면도날 4~6개씩 배송)	캐딜락 (월 1,800달러 내면 모든 차종 바꿔가며 이용가능)

자료 : 머니투데이

구독경제의 특징은 경제성, 지속성, 다양성, 편의성 등에서 찾을 수 있다. 경제성은 개별 구매 대비 비용 절감, 구매를 위한 시간 절약을 의미한다. 지속성은 공급자 측면에서는 안정적 수익원 확보, 소비자 측면에서는 신상품의 정기적인 업데이트를 들 수 있다. 다양성은 다양한 상품의 경험을 해볼 수 있고, 다양한 모델로 교체하면서 사용할 수 있다는 점이다. 편의성은 구매과정의 간소화 및 정기배송에 따른 효율성을 의미한다.

구독경제 시대의 마케팅에서 주목해야 할 점은 소비자들이 콘텐츠를 소비한다는 점이다. 특히 MZ 세대가 대표적이다. 따라서 기업 입장에서는 소비자의 구독리스트에 들어가는 것이 중요하다. 왜냐하면 기업이 메시지를 전달할 수 있는 유일한 방법이기 때문이다.

구독경제 시대 소비자들은 자신에게 꼭 맞는 제품과 서비스를 원하고 있다. 심지어 커스터마이징(customizing, 주문제작)이라고 할 수 있을 정도로 정교해지고 있다. 따라서 기업들은 '구독자 스스로도 인식하지 못하는 취향'까지도 파악해서 소비자들에게 추천할 수 있는 마케팅을 펼쳐나가야 한다. 이를 위해서는 기업이 수집하고 축적한 빅데이터를 인공지능을 이용해 분석하는 것이 필요하다.

CHAPTER 09 기업과 주주

1 주주란?

주식회사는 주식을 발행하여 자금을 조달한다. 조달된 자금은 기업의 자본금이 되고 주식을 매입하여 가지고 있는 사람은 주주가 된다. 주주들은 기업의 법적 소유자로서 중요한 위치를 차지하고 있으며, 기업가치가 높아지기를 기대한다.

그러나 기업의 경영활동이 항상 주주들의 요구와 일치하지는 않기 때문에, 기업정책의 통제를 위한 이사회를 구성하여 경영활동을 감시하게 된다. 따라서 경영자는 주주들의 요구에 항상 관심을 가져야 하며, 기업의 의사결정시 우선적으로 고려해야 한다.

주주는 개인 자격으로 증권을 매입하는 개인투자자와 법인의 형태를 취하여 거액의 자금을 공급하는 기관투자자로 구분할 수 있다.

1.1 개인투자자

개인투자자는 연령, 재산수준, 직업, 교육정도, 성별, 가족구성 등에 따라 매우 다양한 형태를 보인다.

개인투자자는 개인의 고유한 사정을 반영하여 투자결정을 한다. 일반적으로 개인투자자는 금융자산이나 부동산 투자를 통하여 실직이나 퇴직 후를 대비하게 된다. 그리고 나이가 들수록 위험을 회피하는 정도가 증가하므로 투자결정에서도 안전성을 중요시하게 된다.

한편 개인들이 주식을 소유하게 되면서 기업의 투명성은 더욱 강화되고 있다. 왜냐하면 개인투자자들은 자신의 도덕가치를 투자 결정에 반영하기 때문이다. 사회적 책임에 관심이 있는 투자자들은 개인적 가치와 사회적 가치의 조화를 이루려는 자신들의 목적에 맞는 기업을 선호한다.

2020년 코로나 바이러스가 기승을 부린 이후 우리나라 주식시장에는 개인투자자의 비중이 증가하고 있다. 부동산 가격이 폭등한 것도 원인이지만 주식투자를 통해서 재산 증식을 도모하려는 것으로 보인다.

경영산책 | 동학개미 vs 로빈후드

2020년 한국 주식시장을 떠들썩하게 한 동학개미에 대해 어떻게 생각하나요?
모든 투자자는 투자결과에 대해 자신이 책임을 져야 합니다.
'빚투'나 '영끌'투자는 진지하게 고민해봐야 합니다.

자료 : 조선일보, 한국 동학개미, 미국 로빈후드 … 개인이 세계 증시 떠받친다, 2020.9.17.
시선뉴스, 주식시장에 나타난 '동학농민운동' … '동학개미운동' 분위기 역전된 이유, 2020.10.30.

1.2 기관투자자

기관투자자에 대한 명확하고 통일된 정의는 없지만, 자본시장연구원에서는 일반적으로 대규모 거래, 장기투자, 고객을 대신하는 투자, 집단적 투자 등 4가지 특성을 가진 투자 주체로 보고 있다.

OECD에서는 전통 기관투자자(traditional institutional investor), 대체 기관투자자(alternative institutional investor), 기타 운용사(asset manager) 또는 제3그룹으로 구분하고 있다. 전통 기관투자자에는 연금, 투자펀드, 보험회사가 해당되며, 헤지펀드, PEF, ETF, 국부펀드 등은 대체 기관투자자, 고객 이름으로 투자하는 기타 운용사들이 제3그룹에 포함된다(서영미, "주요국 기관투자자 동향 및 주식시장 내 역할," 금융투자협회, 2017.6, 1~6).

기관투자자들은 대규모로 거래하고, 증권시장 전체거래에서 차지하는 비중이 계속 증가하고 있어 증권시장에서의 영향력은 매우 크다. 기관투자자의 역할이 증대되는 이러한 현상은 '증권시장의 기관화현상'이라는 말로 나타낼 수 있는데, 이는 증권시장에서 기관투자자들의 비중이 늘어나는 현상을 말한다.

기관투자자는 각국의 금융구조나 제반 여건에 따라 차이는 있으나 다음과 같은 특성을 갖는다.

- 안정적이고 규모가 큰 증권수요자의 역할을 수행한다.
- 투자자금이 대규모이다.
- 많은 정보를 수집하고 분석할 수 있는 능력을 갖고 있다.
- 효율적인 분산투자가 가능하다.

1.3 대주주와 소액주주

대주주는 소득세법에서 주식 양도에 따른 양도소득세율을 결정할 때 사용된다. 상장회사의 경우 대주주 양도분에 대해서만 과세하며, 비상장회사의 경우 대주주 여부에 따라 세율이 다르기 때문이다. 코스피, 코스닥, 코넥스 및 벤처기업, 비상장법인의 대주주 기준은 다음과 같다.

- 코스피 : 주주 1인 및 기타주주의 지분율이 1% 이상 또는 시가총액 25억 원 이상인 경우
- 코스닥 : 주주 1인 및 기타주주의 지분율이 2% 이상 또는 시가총액 20억 원 이상인 경우
- 코넥스 및 벤처기업 : 주주 1인 및 기타주주의 지분율이 4% 이상 또는 시가총액 10억 원 이상
- 비상장법인 : 주주 1인 및 기타주주의 지분율이 4% 또는 시가총액 25억 원 이상

표 9-1 대주주 판단기준의 변화

상장유형	판단기준	2005.8.5	2013.7.1	2013.8.29	2016.2.17	2018.4.1	2021.4.1
코스피	지분율	3%	2%	2%	1%	1%	1%
	시가총액	100억 원	50억 원	50억 원	25억 원	15억 원	3억 원
코스닥	지분율	5%	4%	4%	2%	4%	2%
	시가총액	50억 원	40억 원	40억 원	20억 원	15억 원	3억 원
코넥스	지분율			4%	4%	4%	4%
	시가총액			10억 원	10억 원	10억 원	10억 원

자료 : KB국민은행

한편 소액주주는 법인세법에서 규정하고 있다. 법인세법에서 소액주주는 발행주식총수 또는 출자총액의 100분의 1에 미달하는 주식 또는 출자지분을 소유한 주주 등을 말한다.

경영산책 | **묻지마 투자 vs 분석결과?**

삼성전자 월별 개인 순매수 추이

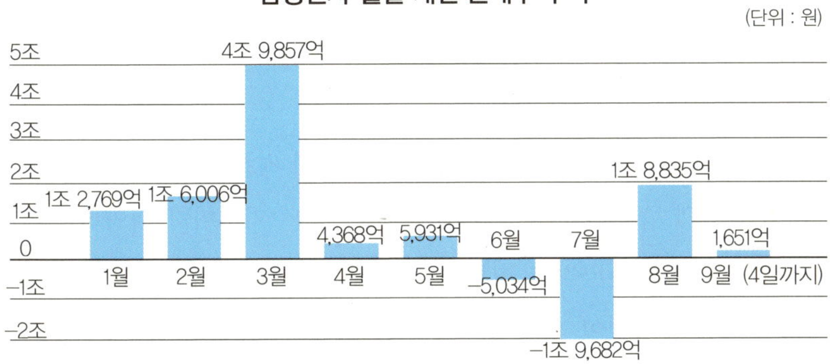

투자는 감으로 하는 것이 아닙니다.
나는 모든 불운을 피해갈 수 있는 불사조라는 착각을 지워야 합니다.
기본적인 학습이 이루어진 상태에서 투자해야 합니다.
꼭 약속!!!!!!!

자료 : 아시아경제, '묻지마 투자' 아냐 … 개미들의 '이유 있는' 삼성전자 투자, 2020.9.7.

2 주식을 구입하는 목적은?

투자자는 가장 효과적이고 합리적인 방법으로 자신의 투자목표를 달성하려고 노력한다. 투자자들이 주식을 구입하는 목적은 다음과 같이 분류할 수 있다.

2.1 경제적 목적

주식을 소유하는 가장 중요한 목적은 경제적 이득을 얻으려는 것이다. 투자자들은 은행예금과 같은 보수적인 투자를 통한 수익보다, 위험은 크지만 더 많은 수익을 기대하면서 주식을 소유하게 된다. 이러한 경제적 목적에는 배당과 자본이득 등이 포함된다.

1) 배당소득

배당이란 기업이 창출한 이익 중 일부를 주주에게 지급하는 것을 말하며, 배당지급은 주주총회의 승인을 거쳐야 한다. 배당정책은 기업마다 다양하지만 대부분의 기업들은 이익의 20~30% 정도를 분배한다. 중요한 사실은 배당지급은 의무가 아니기 때문에 실적이 좋지 않거나 다음 기에 재투자를 위한 재원마련 차원에서 배당금을 줄이거나 지급하지 않을 수도 있다.

배당을 지급해야 할 법적인 의무는 없지만 대부분의 기업은 배당정책을 안정적으로 계속 유지하고 싶어 한다. 배당을 안 하거나 배당을 적게 주는 경우 주주들의 강한 반대에 부딪칠 가능성이 있기 때문에, 기업은 배당을 지급할 정도의 여력이 있다면 배당을 지급하게 된다.

2) 자본이득

대부분의 경우 주주는 주식을 구입하고 일정기간 동안 주식을 보유하게 된다. 만약 주식의 시장가격이 오르면 투자자는 높은 가격에 주식을 팔 것인지 또는 계속 보유할 것인지를 결정해야 한다. 투자자가 주식을 팔기로 결정했다면 매수가격과 매도가격의 차이가 자본이득이 된다.

2.2 사회적 목적

일부 투자자들은 사회적 또는 윤리적 목적을 달성하기 위하여 주식을 보유하기도 한다. 주식보유를 통하여 환경오염, 종업원 차별, 담배나 무기 등 위험제품 생산에 대한 감시 및 통제를 하려는 것이다. 이러한 목적에서 보유한 주식은 처분시에도 일정한 사회적 기준이 적용된다. 사회적 목적에서의 투자는 개인투자자보다 연금기금이나 투자신탁회사(mutual fund)에서 하게 된다.

2.3 혼합목적

개인투자자 또는 기관투자자들이 경제적 그리고 사회적 목적 두 가지를 위하여 투자하기도 한다. 이들은 높은 수익에 관심을 갖기도 하지만, 투자한 기업들이 사회적 책임도 성실히 수행하기를 희망한다.

일부 학자들은 주식선택의 기준으로 이 두 가지를 동시에 적용하는 접근법이 오히려 경제적 수익을 증가시킬 수 있다고 주장한다. 왜냐하면 사회적 책임을 수행하는 기업들은 장기적으로 더 나은 성과를 가져오기 때문이다.

2.4 기업통제

기업사냥꾼(corporate raiders)을 포함하는 일부 투자자들은 기업을 지배할 목적으로 주식에 투자한다. 합병 또는 자산매입을 통하여 기업의 지배권을 획득하려는 것인데, 적대적인 인수 · 합병이 여기에 해당된다. 이러한 투자는 단기적으로는 기업의 통제를, 장기적으로는 경제적 목적을 달성하려는 의도를 갖고 있다.

경영산책 | 기업사냥꾼의 레이더를 피해야

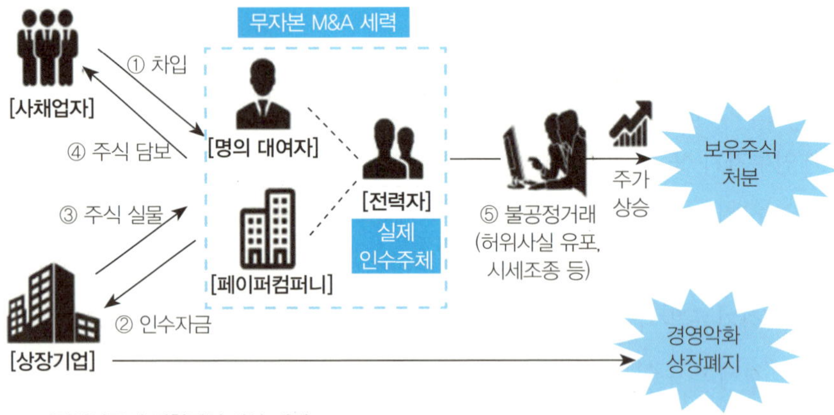

기업사냥꾼의 전형적인 사냥 패턴

인수할 주식을 담보로 사채업자로부터 대출
→대출받은 돈으로 표적 기업의 주식 인수
→경영권 확보
→주가조작으로 주가 끌어올림
→유상증자나 회사채 발행으로 자금조달
→차명 소유하고 있는 타법인 주식을 회사 돈으로 높은 값에 사들임(배임 · 횡령)
→횡령한 돈으로 대출금 상환

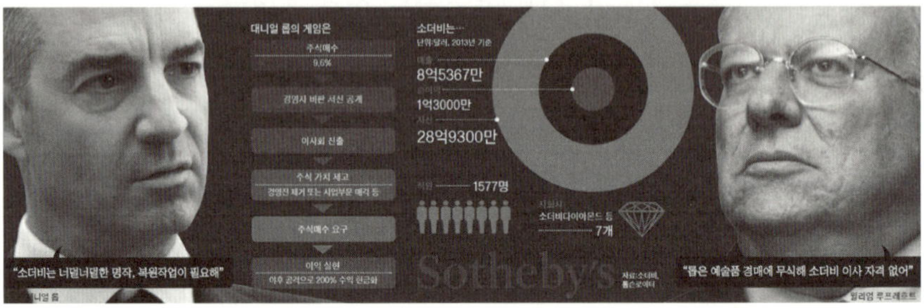

기업사냥꾼을 알고 있었나요?
별 직업도 다 있다고요?
현실에 존재해요.
기업사냥꾼들은 지금 이 시간에도 먹이감을 찾기 위해 불철주야 노력하고 있고요.
조심 또 조심!!!

자료 : 조선일보, 기업사냥꾼에 털리는 주식, 4대 위험 신호 있다, 2011.11.10.
중앙일보, 소더비에 역습 당한 '신세대 기업 사냥꾼' 롭, 2014.4.10.

3 주주의 의무와 권리

주주는 자신이 가지고 있는 주식의 수에 비례하여 책임과 권리를 갖는다.

3.1 주주의 의무

주주가 회사에 대해서 지고 있는 유일한 의무는 인수가격에 대한 납입의무로서, 출자의무 이외에 주주의 의무는 회사의 정관이나 주주총회의 결의로도 추가하지 못한다.

특히 주주는 회사의 채무에 대한 변제의무를 지지 않기 때문에 기업이 파산하는 경우에도 자신이 출자한 금액 또는 주식 취득시 지불한 주식의 시장가격을 손해보는 것 이상으로는 책임을 지지 않는 유한책임만을 진다. 즉, 개인기업처럼 사재를 털어서라도 기업이 진 빚이나 손실을 갚아야 하는 부담이 없기 때문에 주식회사는 투자자들에게서 쉽게 자본을 모을 수 있다.

다수의 소액주주들로 구성된 상장법인의 경우에 주주가 직접 경영에 참여하지 않고 전문경영인에 의하여 경영이 이루어지게 된다. 따라서 주주의 유한책임을 인정하지 않는 경우에 일반투자자로부터 자본을 조달할 수 없게 되고 주식의 유동성도 크게 떨어질 것이다.

그러나 우리나라와 같이 소수 대주주가 경영권을 장악하고 있는 경우에 유한책임은 경영권을 가진 주주와 채권자 사이에 대리인문제를 발생시킬 수 있다. 따라서 주주의 유한책임제도에도 불구하고 채권자들은 부채를 공급할 경우에 경영권을 가진 대주주의 개인적인 지급보증이나 담보를 요구하는 경우도 있다.

그림 9-1 주주의 의무와 책임

3.2 주주의 권리

주주가 되면 경영에 참가할 권리, 배당을 받을 권리, 잔여재산의 분배를 받을 권리, 신주를 받을 권리 등을 갖게 된다.

1) 경영에 참가할 권리

경영에 참가한다는 것은 실제로 회사를 운영하는 것을 말하는 것이 아니라, 주주총회에 참석할 권리가 있다는 것을 의미한다. 주주총회에서 회사의 경영방침 인정에 대한 의결권을 갖고 있는 것을 뜻하는 것이다.

2) 배당을 받을 권리

배당을 받을 권리는 출자한 비율에 따라 회사 이익을 환원받을 권리를 갖고 있다는 것을 의미한다.

3) 잔여재산의 분배를 받을 권리

잔여재산의 분배를 받을 권리는 자신이 출자한 회사가 파산하게 되었을 경우 남은 재산의 분배를 받을 권리를 말한다.

4) 신주를 받을 권리

주주는 기업이 발행하는 신주를 유상이나 무상으로 받을 수 있다. 회사는 앞으로 신규사업에 참여하기 위해서 혹은 사업을 확장하기 위한 자금이 필요할 때 신규로 주식을 발행해서 자금을 조달한다. 이때 발행되는 신주는 일반적으로 시가의 30% 정도 할인된 가격으로 발행되고, 또 발행주식의 일부를 주주에게 할당하기 때문에 주주는 신주를 받음으로써 시장가격과 발행가격의 차액을 이익으로 확보할 수 있다.

예를 들면, 주가가 현재 10,000원이라고 해도 신주가 발행될 경우에는 보통 시가의 30% 정도가 할인된 7,000원에 발행되기 때문에 신주를 할당받은 주주는 당장 시가와 발행가격의 차액인 3,000원(10,000－7,000)을 이익으로 확보할 수 있다.

5) 우선주는 권리가 제한

보통주의 경우는 모든 주주가 4가지 권리를 가질 수 있지만, 우선주의 경우는 그렇지 않다. 보통주에 우선해서 배당이나 잔여재산을 받을 수 있는 대신에 경영에 참가할 권리는 주어지지 않는다.

또한 우선주의 이러한 특성 때문에 기업의 인수 · 합병과 관련해서는 경영권을 확보할 수 없다는 이유로 주식의 가치가 떨어지기도 한다.

그림 9-2 주주의 중요한 권리

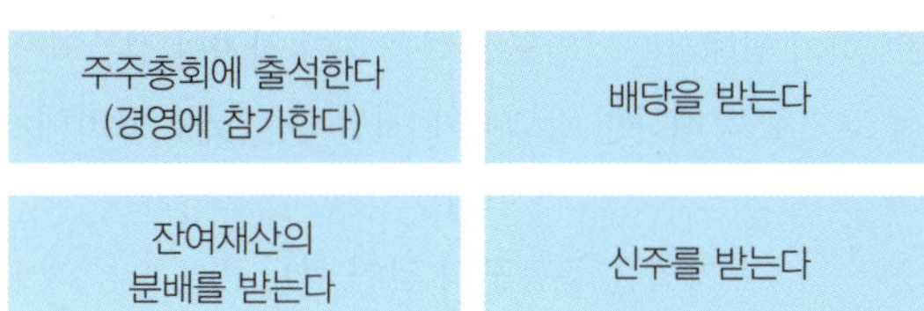

경영산책

주총꾼은 또 뭐여?

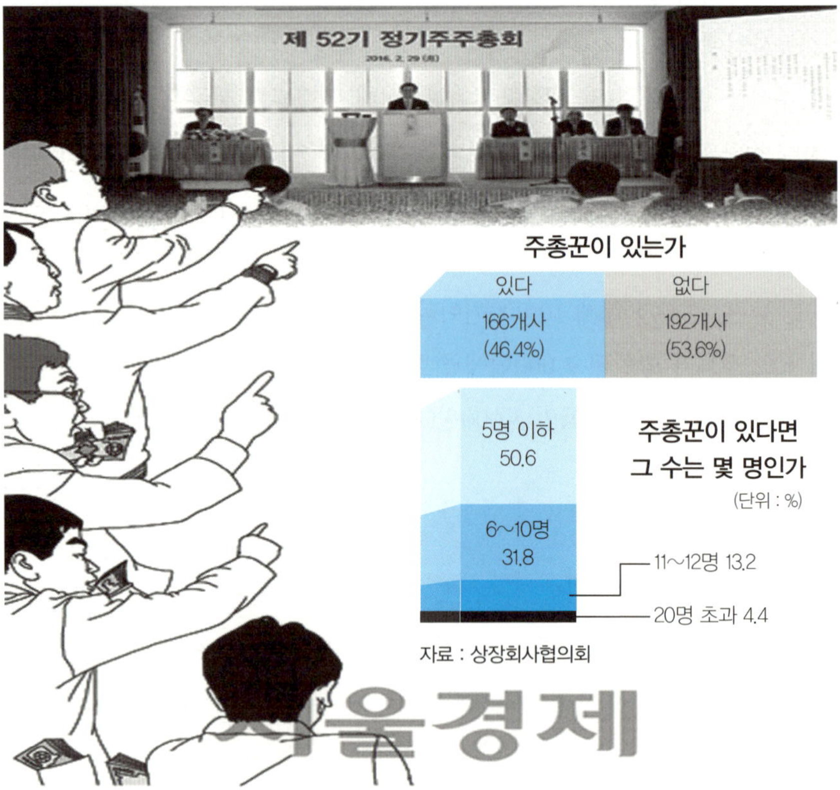

주주들이 주주총회에 참석해서 궁금증을 해소하고
기업을 감시하는 것은 좋은 현상입니다.
다만 일부 주총꾼들이 벌이는 이상한(?) 행동 때문에
선한 주주들이 피해를 입게 된다는 것은 없어져야.
선한 주주들을 보호하기 위해서는 기업도 노력을 해야 하지만 정부의 역할도 필요해요.
주주총회를 고의로 방해하면 강력하게 처벌하는 것도 고려해야 합니다.
왜?
기업은 주총꾼의 것이 아니고
선한 주주들의 것이니까!!!

자료 : 서울경제, 자본주의 축제장의 하이에나, 기업 '약한 고리'를 물어뜯다, 2016.3.4.

4 기업과 주주와의 관계에서 나타나는 문제

많은 기업들이 대주주인 경영자나 전문경영자에 의해 경영되면서 일반주주의 권리가 침해되는 현상이 자주 일어나고 있다. 기업과 주주와의 관계에서 나타나는 주요한 문제들은 다음과 같다.

4.1 정보의 불성실한 공시

이것은 기업의 경영자 또는 대주주가 기업정보를 독점하고 일반주주들에게는 정보를 불성실하게 공시하는 경우에 나타나는 문제이다. 이러한 현상이 나타나는 이유는 정보의 생산과 배포에 비용 발생, 정보공시로 인한 기업비밀 유출 등에 의한 경쟁상의 불리 등이 제시되고 있다.

구체적으로 불성실한 공시의 형태는 과장된 경영성과 정보의 유포, 주식가격을 조작하려고 하는 경우 등이 있다. 기업들의 불성실한 공시는 주주 개인차원의 손해뿐만 아니라 주식시장 전체의 효율성에도 문제를 초래하게 된다.

앞으로 기업들은 주주 및 투자자들에게 기업경영에 관한 많은 정보를 성실하게 제공하여야 한다. 즉, 기업들은 기업의 경영내용, 재무상태, 미래 목표 등과 관련된 정보를 신속 · 정확하게 전달하여 의사결정에 도움을 주어야 한다.

경영산책 | 기업공시가 불성실해지면 어떤 일이?

1월 코스닥 불성실 공시 법인 지정 예고 현황

사유	기업
공시 불이행	럭슬, 코디엠, 에이치엔티, 에스제이케이
공시 번복	에스엔텍비엠, 에스마크, 엔시트론
공시 변경	비츠로시스, 라이트론, 대성파인텍, 테라샘, 화이브라더스코리아

※ 1월 16일 현재, 한국거래소

상장사 불성실 공시 건수 (단위 : 건)

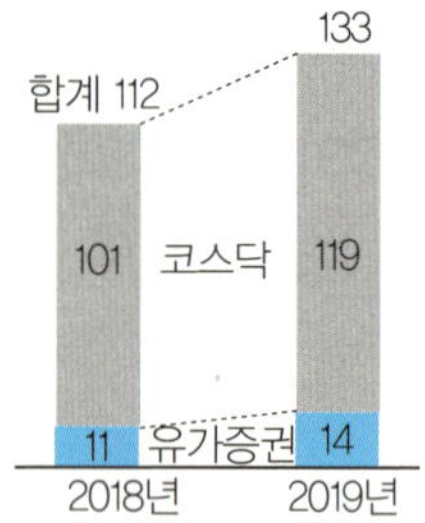

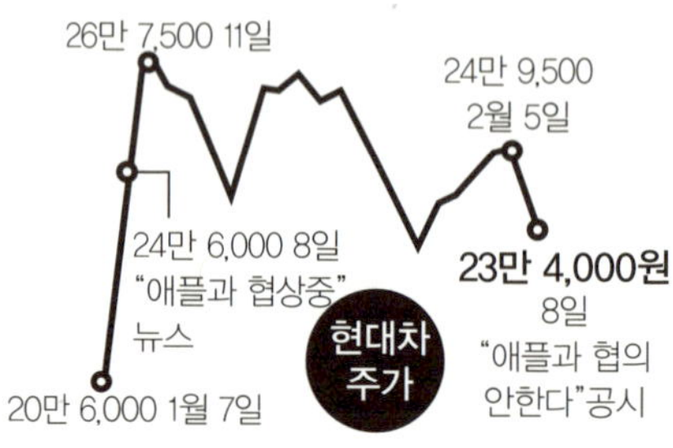

기업은 기업관련 정보를 법에 따라 성실하게 적기에 공시해야 합니다.
물론 기업의 사정도 이해하지만.
투자자들이 불성실공시로 입을 피해를 생각한다면 적정공시 노력이 필요해요.
왜?
최악의 경우 상장폐지가 되면 주식은 휴지가 되니까!

자료 : https://www.chosun.com/economy/auto/2021/02/09/WTJAAC4XEFC3RLPUDK6JW4T2AQ/

4.2 내부자거래

내부자거래는 기업과 직·간접적으로 관련을 갖고 있는 경영자, 회계사, 변호사, 컨설팅담당자, 신용평가회사 등의 이해관계자가 유가증권의 가격에 영향을 미칠 수 있는 미공개 정보를 이용하여 부당하게 경제적 이득을 얻는 행위를 말한다. 이러한 내부자거래는 많은 투자자에게 피해를 줄 수 있고 증권시장 전체의 효율성과 신뢰성에 영향을 미친다는 점에서 비윤리적인 행위라고 할 수 있다.

내부자거래의 처벌에 관한 규정은 자본시장과 금융투자업에 관한 법률 443조에서 "10년 이하의 징역 또는 그 위반행위로 얻은 이익 또는 회피한 손실액의 1배 이상 3배 이하에 상당하는 벌금에 처한다. 다만, 그 위반행위로 얻은 이익 또는 회피한 손실액의 3배에 해당하는 금액이 5억 원 이하인 경우에는 벌금의 상한액을 5억원으로 한다"고 규정하고 있다.

그러나 내부정보와 미공개정보를 통해 얻은 이익이 5억 원 이상일 경우는 가중처벌을 받게 된다. ① 이익 또는 회피한 손실액이 50억 원 이상인 경우에는 무기 또는 5년 이상의 징역, ② 이익 또는 회피한 손실액이 5억 원 이상 50억 원 미만인 경우에는 3년 이상의 유기징역에 처한다고 규정되어 있다.

4.3 이사회의 비효율적 운영

이사회가 경영자의 의사결정과정을 효율적으로 감시하지 못하여 주주의 이익을 지키지 못하는 문제가 발생할 수 있다. 즉, 이사회의 비효율적 운영이란 이사회가 기업의 전략적 의사결정에 영향을 미치지 못하고 경영자의 의사결정을 정당화시켜 주는 역할에 머무르게 되는 것을 의미한다.

이사회의 비효율적 운영이 심화되면 주주들이 주식을 외면하게 되므로 기업이 증권시장에서 자금을 조달하는 것이 어려워지는 문제가 발생하게 된다.

이러한 문제를 해결하고 이사회가 주주의 이익을 대변하면서 경영권의 감시기능을 수행하기 위해서는 경영권으로부터 독립하여야 한다. 이를 위해서 사외이사의 비율을 높이는 것도 하나의 방안이 될 수 있다.

경영산책 | 내부자거래는 왜 없어지지 않을까?

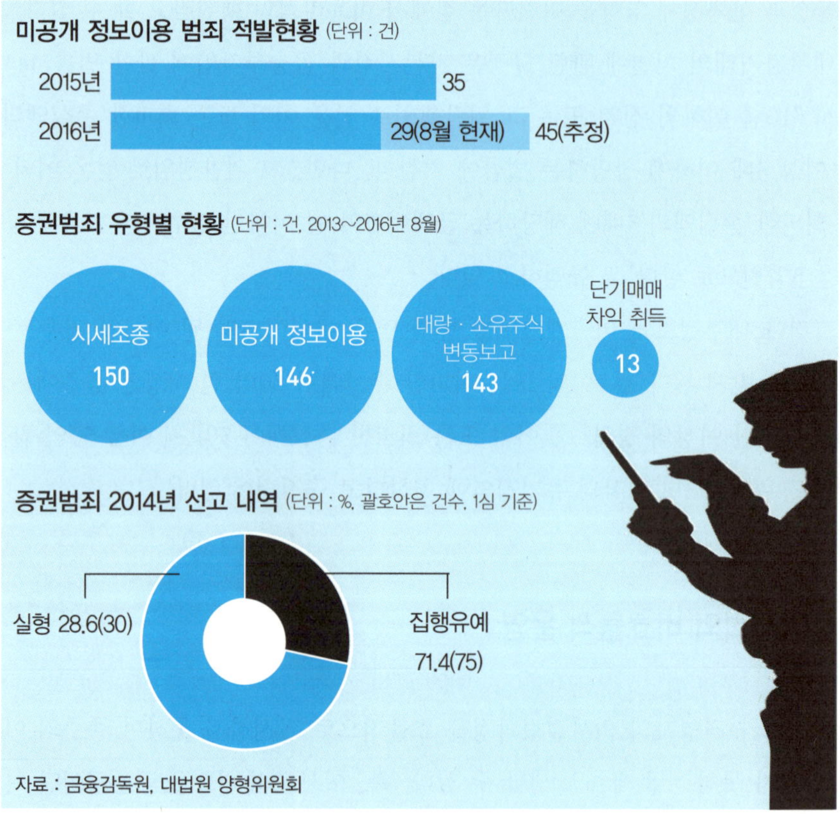

내부자거래는 직무 때문에 알게 된 미공개 정보를
증권의 매매 등에 이용하는 것을 말함.
우리나라에서는 법률로 금지하고 있습니다.
왜 사라지지 않는지 궁금하지요?

자료 : 서울경제, 악재성 공시 전 팔고 떠난 내부자 … 거래소 "부정거래 집중단속", 2020.11.4.

5 주주와 경영자의 갈등

5.1 개념

기업의 소유와 경영의 분리로 인하여 주주와 경영자의 목표는 서로 달라질 수 있다. 주식회사에서는 주주들이 필요한 모든 의사결정을 직접 할 수는 없다. 대신에 주주들은 그들의 대리인으로 기업을 경영할 수 있는 경영자를 고용한다. 그래서 주주가 아닌 경영자가 일상적으로 기업을 통제하게 되고, 경영자는 주주의 부가 아닌 자신의 이익에 보다 관심을 가질 수도 있다. 이렇게 경영의 주체인 주주가 대리인인 경영자에게 의사결정권한을 위임함으로써 발생하는 주인과 대리인의 갈등을 대리인문제라 한다.

대리인비용은 기업의 경영자와 주주 간에 이해관계가 상충됨으로써 발생하는 대리인문제를 해결하는 데 소요되는 비용이다.

대리인비용에는 경영자의 특권적 소비로 인한 직접적인 비용뿐만 아니라 경영자들이 주주의 이익에 상반되는 행위를 하지 못하도록 감시활동을 하는 데 소요되는 감시비용, 대리인인 경영자가 주주의 이익에 상반되는 행위를 하지 않았다는 보증활동을 하는 데 소요되는 확증비용, 그리고 감시와 확증을 하였음에도 불구하고 잔여적으로 발생하는 잔여손실 등과 같이 간접적으로 발생하는 비용 등을 포함한다.

이러한 대리인비용을 감소시키기 위해서는 주주와 기업의 경영자 간에 신뢰분위기를 형성하는 것이 중요하다. 왜냐하면 대리인비용은 기업에 경제적으로 부정적인 효과를 가져오기 때문이다. 즉, 대리인비용이 발생하는 상황이 지속된다면 경제적인 측면은 물론 기업존속에도 영향을 미칠 수 있는 중대한 문제가 발생할 수 있다.

5.2 갈등유형

주주와 경영자 사이에 발생할 수 있는 갈등을 요약하면 다음과 같다.

- 경영자들은 주주 부의 극대화보다 호화스러운 사무실, 최고급승용차 구입 등 자신의 특혜적 소비를 위하여 기업재산을 사용할 수 있다.
- 경영자들의 재임기간은 짧기 때문에 경영자들은 장기적인 이익보다 단기적인 이익에 더 치중하는 경향이 있다.
- 경영자와 주주의 위험에 대한 주관적인 평가가 서로 다를 수 있다. 경영자는

위험을 초래할 수 있는 투자안을 회피하려 하고 자신의 직위에만 연연하는 경향이 있다.

그러나 이러한 주장에도 불구하고 경영자들이 주주의 최대이익을 위해서 행동하도록 유인하는 몇 가지 요인들이 있다. 이러한 요인들은 주주들의 부를 감소시키는 경영자에게는 불리한 결과가 돌아간다는 기본 가정에서 나온다.

- 대부분의 경우 최고경영자들은 그 기업의 주식을 상당량 보유하고 있으므로, 경영자들의 주주로서의 위치가 주주의 이익을 위해 행동을 하도록 유발하는 요인이 된다.
- 경영자들에게 주어지는 보상수준은 주주의 수익성과와 밀접한 관련이 있으므로, 주주들에게 돌아가는 수익성과가 클수록 경영자들에 대한 상여금, 장기성과급 등 보상수준이 높아진다.
- 다른 기업에 의한 기업인수의 위협이 경영자의 행동에 영향을 미친다. 이러한 위협은 주주의 이익을 희생하여 자신의 이익을 추구하려는 경영자의 행동을 제어하는 직접적인 요인이 된다. 주주들의 불만은 주식시장에서 낮은 주가로 나타나게 되고, 낮은 주가수준은 다른 기업에게 기업인수의 매력적인 기회를 제공하게 되며, 타기업에 의한 기업인수는 현직 경영자의 교체를 의미하기 때문이다.
- 경영자의 노동시장이 주주의 이익을 위해 행동하도록 하는 하나의 요인이 된다. 기업 내·외부에서 경영자의 직위에 대한 경쟁이 치열해지면, 경쟁은 경영자들이 주주들의 이익을 위해 행동하도록 압박하는 요인으로 작용한다.

6 주주행동주의

기업은 일반적으로 주주총회, 견제기구인 이사회, 집행기관인 대표이사, 또 별도의 기구로서 감사를 두고 있다. 이사와 감사는 주주총회에서 선임되어 주주의 입장에서 감독하고 견제하도록 하였으며, 대표이사는 이사회에서 선출한다.

이러한 체제는 효과적인 경영과 견제가 균형을 이루는 것처럼 보인다. 그런데 현실적으로 우리나라에는 지배주주가 존재하는 것이 일반적이며 이 지배주주의 존재가 실질적인 지배구조를 왜곡하여 왔다. 즉, 지배주주가 이사와 감사를 선임하고 또 자신이 대표이사가 되어 경영을 담당하였다. 따라서 이사회나 감사는 실질적인 견제역할을 하지 못하였다. 이런 이유 때문에 경영에 참여하지 못하는 다수의 투자자인 외부주주들의 이익이 보호되지 못하는 결과가 초래되었다.

6.1 개념

주주행동주의(shareholder activism)는 소수주주권[01]을 보호하는 법령의 시행, 소수주주들의 권한행사 강화 및 범위 확대 등을 의미한다. 지금까지 우리 기업들은 기업의 주인인 주주의 권익을 거의 무시해 왔다고 볼 수 있다. 1997년 IMF 구제금융 전까지는 몇몇 대주주들이 실질적인 회사의 주인으로 모든 경영의사결정과 집행을 독점해 온 것이 사실이다.

그러나 1997년 IMF 구제금융 이후 정부는 기업의 투명성 제고를 위해 소수주주권을 강화시키고 있고 소수주주 자신들도 적극적으로 주주권을 행사하고 있다. 이러한 소수주주권의 강화는 소수주주의 적극적인 경영참여와 경영감시를 보장하기 위한 것이다. 즉, 기업경영시스템이 과거의 '블랙박스'에서 '유리상자'로

01 발행주식의 일정 수 이상의 지분을 소유한 주주에게 부여되는 권리로 주주대표소송 제기권, 회계장부 열람권, 임시주주총회 소집청구권, 이사해임 청구권 등이 있다.

변하고 있는 것을 의미한다.

6.2 우리나라 기업의 주주행동주의

소수주주권은 소수주주의 권리남용을 방지한다는 목적 때문에 제도적으로 소수주주권의 행사 요건을 까다롭게 규정해 왔다. 또한 대주주나 경영진의 권한 남용 등으로 인한 손해에 대한 주주들의 소송제기가 복잡한 절차 및 소송비용 등으로 인해 사실상 제한되어 왔다.

정부는 소수주주권을 강화하기 위해 관련 법규정을 개정하고 있으며, 기관투자자 대신 소수주주들이 자신들의 권익을 신장시키기 위해 주주총회에서 의결권 대리를 통해 적극적으로 기업경영 감시활동에 참여하여 주주행동주의를 실천에 옮기고 있다.

예를 들면, SK텔레콤, 삼성전자의 소수주주들은 회사 부실경영, 배당, 내부거래, 직원에 대한 특혜성 복지문제, 이사회 구성, 투자의사결정, 위장출자문제, 재무제표의 신뢰성문제 등 실로 광범위한 문제들을 추궁하였다.

이러한 사례는 우리나라에서도 일반주주들이 서로 연대하여 적극적으로 자신들의 권익을 내세움으로써 주주행동주의를 실천하려고 하는 최근의 경향을 잘 보여주고 있다.

그러나 이러한 소수주주의 권한 강화가 반드시 기업경영에 바람직한 측면만을 가지고 있는 것은 아니다. 일본의 경우 소수주주권을 강화한 법 개정 이후 대표소송이 폭증하여 경영진들이 정상적으로 일상적인 의사결정 업무를 수행할 수 없는 경우가 생기고 있으며, 미국의 경우에는 가장 인기 있는 보험상품 중 하나가 주주들의 손해를 보상해 주기 위한 이사들의 책임보험이라는 사실은 우리에게 시사하는 바가 크다고 할 수 있다.

한편 소수주주권 행사시 필요한 요건을 요약하면 다음과 같다.

표 9-2 상법상 일반기업과 상장법인의 소수주주권 요건

소수주주권	일반기업	상장기업
대표소송권	1%	6개월 이상 0.01% 보유자
장부열람청구권	3%	6개월 이상 0.1% 보유자(0.05%)
주주제안권	3%	6개월 이상 1% 보유자(0.5%)
집중투표청구권	3%	1%이상 보유자
주주총회 소집청구권	3%	6개월 이상 1.5% 보유자
위법행위를 한 이사, 감사, 청산인 해임청구권	3%	6개월 이상 0.5% 보유자(0.25%)

* 상장기업에서 ( )는 자본금 1,000억 원 이상인 경우
* 의결권 없는 주식 등을 제외한 발행주식총수 기준

[표 9-2]에서 보면 상장기업의 경우 소수주주권 행사의 용이성을 고려하여 행사요건을 완화하였지만 6개월이라는 보유기간을 설정하여 남용의 위험을 방지하고 있음을 알 수 있다.

경영산책 | 주주행동주의는 양날의 칼?

아시아 지역 주주행동주의 활동 추이 (단위 : 건)

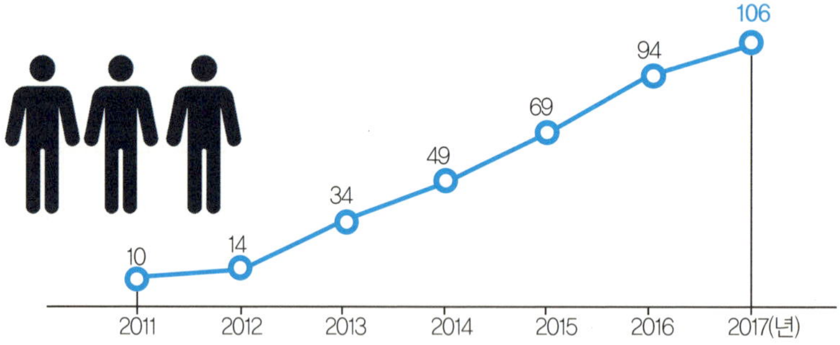

국내 주요 주주행동주의 펀드 계보

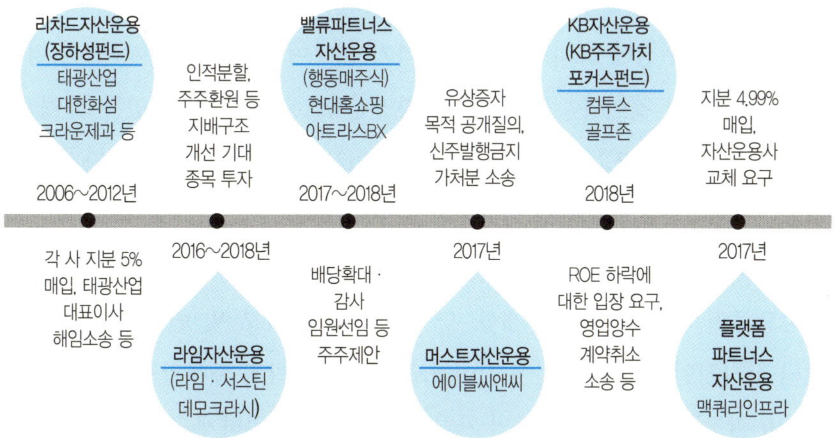

주주행동주의는 장점과 단점을 다 가지고 있고 앞으로 더 증가할 것으로 전망됩니다.
기업의 미래는 어느 누구도 장담할 수 없어요.
장점은 살리고 단점을 줄일 수 있는 방향으로 주주행동주의가 실현되면 좋겠는데.

자료 : 한겨레, 신호탄 쏜 주주행동주의, '지배구조 개선' 동력 이어지나, 2019.3.28.
더밸류뉴스, 토종 KCGI는 왜 한국 자본시장에서 주목받는 걸까, 2019.1.7.

7 주주관계활동

7.1 개념

국내 기업들이 이제까지 우호적인 관계를 맺기 위해 노력을 기울인 대상은 고객들이었으며, 주주나 잠재적인 투자자들과의 관계는 상대적으로 소홀하게 취급되어 왔다고 볼 수 있다. 그러나 기업가치에 대한 인식, 낮은 비용의 외부자금 조달, 경영권 확보 등의 문제는 주주나 잠재적 투자자들의 인식에 달려 있다고 할 수 있다. 따라서 기업이 현재의 주주나 잠재적인 투자자들과 우호적인 관계를 맺기 위해서는 보다 체계적인 활동이 필요하다.

주주권 강화 현상에 효과적으로 대처하기 위하여 기업은 주주 중심의 경영을 실현해 나가야 할 것이다. 주주 중심의 경영전략으로 고려할 수 있는 것 중의 하나가 주주관계활동(IR : Investor Relations)이다. IR은 재무홍보, 투자자지향 홍보활동, 투자자관계 등으로도 사용되고 있다.

IR 활동은 주주가 필요로 하는 정보를 신속 · 정확하게 제공하여 신뢰관계를 구축함으로써 기업의 이미지 개선, 안정적인 주주 확보 및 원활한 자금조달 등 기업의 장기적인 성장과 발전에 기여하도록 하는 전략적 재무활동을 말한다.

즉, IR 활동은 시장에서 기업의 가치가 정확하고 공정하게 평가받게 하기 위하여 기업의 본질적 가치에 관한 정보를 시장의 투자자들에게 전달하는 자발적 활동을 말한다.

한편, 한국IR협의회는 IR을 "기업가치를 공정하게 평가받기 위하여 상장기업과 투자관계자 사이에 가장 효과적인 쌍방향 커뮤니케이션을 할 수 있도록 재무, 커뮤니케이션, 마케팅, 그리고 법규준수를 통합하는 전략적 경영책무"로 정의하고 있다.

IR 활동에 있어서 가장 중요한 요소는 기업의 정보제공을 통한 투자자와의 신뢰구축에 있다. 믿을 수 있는 기업만이 투자자로부터 선택받을 수 있기 때문이다.

이러한 IR 활동은 기업의 정보를 주주 및 투자자들에게 적극적으로 제공하고 관계를 개선해 나감으로써 경영진과 주주 사이에 발생할 수 있는 이해상충의 문제를 원천적으로 해결하려고 하는 시도이다.

IR의 방법은 국내외 애널리스트와 투자자를 대상으로 한 기업설명회, 애널리스트 · 펀드매니저 등과의 1 대 1 미팅, 공장견학 등의 이벤트 개최, 인터넷 홈페이지를 통한 정보제공 등이 있다. 이러한 IR 활동에서 제공되는 정보는 시의적절하고, 정확하며, 완전하고, 투명해야 한다. IR과 기업공시제도, PR의 차이점은 다음과 같다.

1) IR과 기업공시제도

기업공시제도(Corporate Disclosure System)는 상법과 증권거래법에서 규정하고 있다. 기업공시제도는 투자판단에 영향을 미칠 수도 있는 경영실적, 재무상태, 합병, 증자 등 기업관련 주요 정보를 제공하도록 강제하는 규정이다.

기업공시제도와 IR은 기업정보의 전달이란 측면에서 유사하다고 할 수 있다. 그러나 기업공시제도는 법으로 강제하는 기업정보공시이고, IR은 자발적인 정보제공이라는 점이 가장 큰 차이이다.

2) IR과 PR

기업의 커뮤니케이션 활동은 크게 IR과 PR로 구분할 수 있다. 그러나 PR의 범위가 크기 때문에 IR을 PR의 한 가지 형태로 보는 경우도 있다. IR과 PR의 차이점은 [표 9-3]과 같다.

표 9-3 IR과 PR

구분	IR	PR
대상	• 주주, 투자자	• 불특정 다수
목적	• 기업가치의 적정한 평가 • 투자매력 제고	• 기업 이미지 제고 • 제품과 서비스 프로모션
내용	• 기업가치 평가 정보 • 나쁜 정보도 포함	• 기업의 특징과 장점 • 좋은 정보 중심
방법	• 자발적 • 쌍방향(push & pull)	• 전략적 • 일방적(push)
기간	• 지속적	• 목적에 따라 특정기간 선택

자료 : 함천수, "최신 IR 실무 : 효율적인 IR활동을 위한 가이드," 2007, 34.

7.2 IR 활동의 목적

IR 활동의 최종 목적은 기업가치를 적정하게 평가받고 자본조달비용을 낮추는 데 있다. 이러한 목적을 구체적으로 살펴보면 다음과 같다(함천수, 43-48).

1) 투자자와의 관계 강화

주가는 기업의 경영실적에 따라 변한다. 따라서 기업은 변화된 정보를 적시에 제공하는 쌍방향 커뮤니케이션으로 투자자들과의 관계를 강화할 수 있게 된다.

2) 기업의 이미지 제고

기업은 투자자의 신뢰에 기초한 호의적인 이미지를 구축하기 위해서 투자자들과의 지속적인 IR 활동을 해야 한다.

3) 주식의 적정가격 유지

기업에 있어서 적정주가의 유지는 매우 중요하다. IR 활동은 다양한 투자자들에게 기업의 정확한 정보를 제공하여 줌으로써 적정주가를 유지할 수 있도록 하여준다.

4) 안정적인 주주확보

IR 활동을 통하여 주주들과 우호적인 관계를 유지할 수 있으며, 안정적인 주주를 확보할 수 있게 된다. 우호적이고 안정적인 주주는 소액주주에 의한 소송 등 미래에 발생할 수 있는 기업의 잠재적인 비용을 감소시켜 주며, 원활한 자금조달을 가능하게 해준다.

5) 안정적인 자금조달 및 신규 자금시장 개척

기업의 주가가 적절히 평가되고 투자자를 신뢰 속에서 잘 관리한 경우 증자를 통한 자금조달이 쉬워지고 자본비용을 낮출 수 있게 된다. 특히 재무구조개선이 필요한 경우 자기자본의 안정적인 조달은 더욱 중요하다.

신규 자금시장의 개척은 새로운 자본조달 방법을 이용하는 것을 의미한다. 파생상품 시장이 발달함에 따라서 자금조달 방법도 다양해졌다. 따라서 기업들은 유상증자뿐만 아니라 전환사채, 신주인수권부사채, 교환사채, 주식예탁증서 등을 통해서도 자금을 조달할 수 있다. 이러한 방법을 이용하기 위해서는 IR 활동을 통해 기업가치와 투자자의 기대수익에 대한 명확한 근거를 제시하여야 한다.

6) 경영권의 안정

M&A의 대상이 될 가능성이 있는 기업들의 한 가지 방어수단은 우호적인 투자자를 많이 확보하는 것이다. 특히 대주주의 지분구조가 취약한 기업은 IR 활동을 통해 안정적이고 우호적인 투자자를 확보하는 것이 필요하다. 또한 IR 활동을 통해 기업의 내재가치를 올바르게 인정받아 높은 주가를 유지하는 것도 M&A의 중요한 방어수단이 될 수 있다.

개인주주의 비중이 높은 기업은 주가 등락이 자주 일어날 수 있기 때문에 장기보유를 목적으로 하는 기관투자자를 발굴하기 위한 IR 활동을 해야 한다. 또한 기업의 국제화를 도모하는 기업의 경우는 외국인투자자를 대상으로 IR 활동을 전개하여 주가 상승과 신뢰도 제고를 위한 노력을 해야 한다.

IR 활동은 기업의 입장에서 보면 귀찮고 비용이 수반되는 활동이 될 수도 있다. 또한 기업비밀의 유출가능성도 우려된다. 그러나 경영자는 장기적인 관점에서 IR 활동 비용은 투자라는 인식을 가질 필요가 있다. 왜냐하면 적극적인 IR 활동의 실행은 기업활동의 핵심이 될 것이기 때문이다.

CHAPTER 10 기업과 정부

1 기업과 정부의 관계

기업과 정부의 관계는 기업과 정부가 모두 관심을 갖는 경제적 · 사회적 문제를 해결하기 위해 각각 어떤 역할과 기능을 수행하고 상호 영향을 미치게 되는가 하는 관계를 의미한다. 특히 우리나라와 같이 정부의 개입 및 지원을 토대로 경제성장을 이룩한 경우, 기업과 정부와의 관계는 기업경영에 있어 매우 중요하다.

기업과 정부의 관계는 감독자와 피감독자의 관계일 수도 있고, 후원자와 피후원자의 관계일 수도 있다. 정부가 기업에 미치는 영향력은 한 나라의 경제발전과도 관계가 있다.

이러한 기업과 정부의 관계는 고정된 것이 아니라 시대나 사회구성원의 요구에 따라 다르게 나타난다. 우리나라의 경우 기업은 정부의 보호하에 성장해 온 경향이 많기 때문에 '정경유착'이라는 부작용이 나타나기도 하였다. 그러나 향후 국제사회에서 우리나라 기업이 성장 · 발전하기 위해서는, 정부는 최소한의 지원만을 담당하고 기업의 모든 활동을 기업 자신들이 스스로 해결해 나가야 할 것이다.

기업의 입장에서 정부와의 관계가 중요시되는 이유는 다음과 같다(신유근, 2002).

- 정부는 기업에 대해 매우 강력한 영향력을 행사하고 있기 때문에 기업이 정

부와 어떤 관계에 있느냐 하는 것이 기업의 성공과 실패를 결정짓는 중요한 요인으로 인식되고 있다.

- 기업과 정부와의 관계는 사회적 문제를 해결하는 방식의 기준을 제시해준다. 즉, 기본적으로 기업이 정부와 어떤 관계에 있느냐에 따라 기업이 자율적으로 사회적 문제를 해결할 것인가, 아니면 정부 개입에 의존하면서 사회적 문제가 해결되기를 기대할 것인가 하는 것이 결정된다.
- 기업과 정부와의 관계는 기업이 이해관계자들과의 관계를 정립하는 기반을 마련해준다. 정부는 여러 이해관계자들의 요구를 수렴해 입법화하여 이를 집행하는 사회적 기관이므로 기업이 정부와 어떤 관계에 있느냐에 따라 기업과 이해관계자와의 문제가 달라진다.

기업과 정부의 관계에서 기본적으로 생각해봐야 할 문제는 국가 차원의 문제해결을 정부가 주도할 것인지, 아니면 기업이 주도할 것인가를 선택하는 것이다. 각 방법들은 장 · 단점을 갖고 있다.

정부가 주도하는 방식은 공공성과 안정성이 높아진다는 장점이 있다. 반면에 기업이 주도하는 경우에 비해 자원 활용면에서 비효율성이 발생할 수도 있다. 또한 실패를 가져올 수 있는 불확실한 경우 등 공격적이고 혁신적인 측면은 제한적일 수 있다는 문제점이 있다.

기업이 주도하는 방식은 환경 변화에 대응하면서 역동적 혁신을 수행할 수 있기 때문에 수요자의 요구를 반영한 서비스를 제공할 수 있다는 장점이 있다. 반면에 시장의 참여자들이 제 역할을 하지 못할 때는 이해관계가 상충되면서 불공정한 결과가 일어날 수 있다는 단점이 있다.

글로벌 기업환경은 급격하게 변화하고 있다. 변화하는 환경에 대응하기 위해 나서야 할 두 주역은 정부와 대기업이다. 정부와 기업은 혁신과 미래 산업을 함께 고민하고 역할을 분담해야 한다. 정부와 기업의 관계는 두 가지로 구분할 수 있다.

첫째, 기업이 시장과 한데 묶여 정부와 대립하는 구도이다. 여기서 말하는 기업은 당연히 대기업이다. 또 시장이란 중소기업, 소액주주, 노동자, 소비자 등 필요시에만 단결하는 이해관계자이다. 이들은 숫자는 많지만 통일된 목소리를 내기 어렵다.

둘째, 시장원리를 어느 정도 제한하면서 정부와 기업이 서로 협력하는 것이다. 정부가 기업과 강력한 협력관계를 구축하려면 기업을 잘 알아야 한다. 우리나라의 경우는 경제개발 5개년 계획 이후 정부가 기업들의 수출 증대를 도모한 것이 해당된다. 물론 이러한 방식은 정경유착으로 인한 부정부패 등 심각한 문제를 가져올 수 있다. 그러나 기업과 정부정책의 결합은 인위적으로 국가경제를 한 단계 높일 수 있는 수단이라는 의견도 많다.

지금까지 우리는 규제와 지원, 시장 대 반(反)시장, 성장 대 분배라는 이분법 논리 속에 발전해 왔다. 이런 프레임에서는 변화 시도 자체를 어렵게 만들며 환경변화에 적응하기 어렵게 만든다. 앞으로 4차 산업혁명 시대에 정부와 기업이 서로 윈-윈하려면 새로운 DNA를 찾아내고 프레임을 바꿔나가야 한다.

경영산책 | 정부가 기업행동을 옥죄기 한다면?

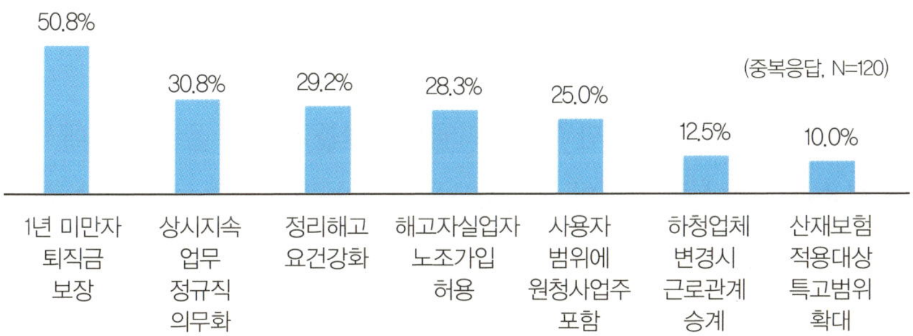

기업과 정부는 서로 윈-윈할 수 있는 방향으로 동행해야 합니다.
물론 경제발전과 소비자 보호의 기본은 지킨다는 전제가 필요하고요.
한쪽으로만 치우칠 때 시장에 문제가 생깁니다.

자료 : 청년일보, 정부-국회의 '기업 옥죄기'…기업들, 잇따른 노동법안에 '속앓이', 2020.9.22.

2 정부의 역할

정부가 기업활동에 관심을 갖는 이유는 기업의 제품 · 고용활동 · 기업윤리 등이 국민의 모든 생활과 불가분의 관계에 있으므로 정부가 적절한 조정 및 통제역할을 해야 한다는 인식이 지배적이기 때문이다. 기업경영에 중요한 영향을 미치는 정부가 수행해야 할 역할은 다음과 같다.

- 제품과 서비스의 생산촉진
- 기업의 경쟁력 강화 지원
- 적정한 경제성장 유지
- 공정거래제도의 확립
- 컨트롤타워 역할 수행

2.1 제품과 서비스의 생산촉진

정부는 소비자들의 욕구를 만족시키고 국민경제를 원활히 운용하는 데 충분할 정도의 제품과 서비스를 기업이 생산하도록 촉진하는 기능을 수행해야 할 책임이 있다.

2.2 기업의 경쟁력 강화 지원

정부는 기업의 경제적 기능과 사회적 책임이 효율적으로 추진되고, 무한경쟁시대에서 우리나라 기업이 경쟁력을 유지할 수 있도록 정치 · 법률적 환경을 개선해야 하는 책임이 있다.

2.3 적정한 경제성장 유지

정부는 적정한 고용수준을 유지, 기업의 효율적 활동 보장, 소득분배의 균형을 유지하기 위하여 안정된 경제성장 목표를 지속적으로 추구할 책임이 있다.

2.4 공정거래제도 확립

우리나라 공정거래법의 목적은 경쟁의 촉진 및 기업보호에 있다. 따라서 정부는 시장지배력의 남용과 과도한 경제력 집중을 방지하기 위한 규제 장치를 마련해야 한다. 이를 통해 공정하고 자유로운 경쟁을 유도하여 창의적인 기업활동이 일어날 수 있게 하고, 소비자를 보호하여 경제의 균형발전을 추구해야 한다.

그러나 정부의 개입이 과도한 규제로 이어져 시장을 위축시켜서는 안 된다. 왜냐하면 일반 국민이 영위하는 생활권과 기업의 비즈니스 영역의 경계가 허물어지고 있기 때문이다. 또한 기업활동과 공공정책의 연관성이 점차 높아지고 있기 때문이다.

따라서 바람직한 정부의 역할 강화는 보호무역주의 등 시장의 혁신과 창조를 가로 막는 규제가 아니라 시장을 긍정적인 방향으로 움직일 수 있는 인센티브제도 중심으로 진행되어야 한다.

2.5 컨트롤타워 역할 수행

정부는 위기 발생시 다음의 세 가지에 따라서 컨트롤타워의 역할을 수행해야 한다.

첫째, 발생가능한 모든 경우를 가정하고 각 상황마다 사용가능한 모든 수단을 면밀히 분석하여 정책 로드맵을 준비해야 한다.

둘째, 위기가 현실로 나타났을 때 준비된 로드맵에 따라 정책들을 순서에 따라 투명하고 일관되게 집행하여야 한다.

셋째, 정부가 할 수 있는 일, 할 수 없는 일, 그리고 해서는 안 될 일을 명확히 구분해 불가피한 시장 개입은 최소화해야 한다. 예를 들면, 2020년 코로나19 사태에서 나타난 마스크 문제를 생각해볼 수 있다. 마스크 대란은 변화하는 상황에 시장이 어떻게 반응하고 정부의 안일한 판단과 잘못된 개입이 어떤 결과를 낳는지를 보여준 사례라고 할 수 있다. 정부는 시장의 보완재 역할을 할지 대체재 역할을 할지를 결정해야 한다.

경영산책 | 정부는 기업활동을 지원해야 합니다

한국이 스타트업하기 좋은 나라라고 생각하십니까? 블라인드 서베이 결과

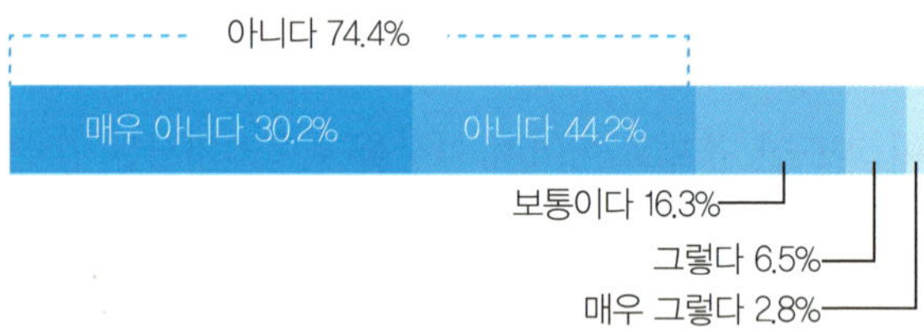

한국에서 스타트업하기 어려운 이유 (2,299명 응답)

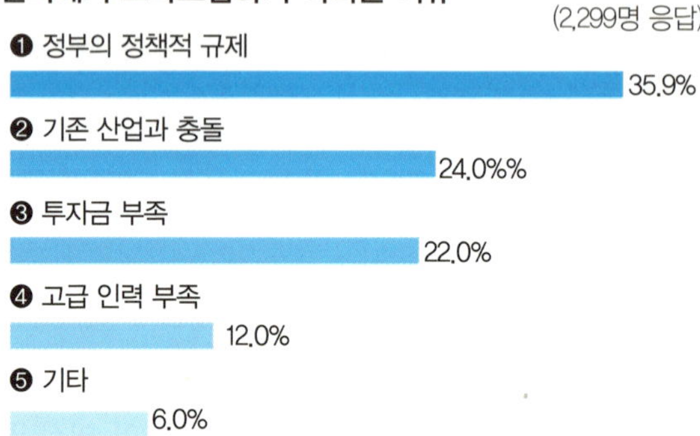

직장인들이 느끼는 것이지만 한번쯤은 생각해볼 문제입니다.
여러분들이 창업을 할 수도 있으니까요.
정부는 기업활동을 적극적으로 지원할 수 있는 시스템을 만드는 게 중요합니다.

자료: Platum. "한국은 스타트업하기 좋은 나라일까?" 직장인에게 물어보니, 2020.2.5.

3 정부의 지원과 규제

기업경영에 대한 정부의 영향은 정부가 정책목표 달성을 위해 어떤 방법을 사용하느냐에 따라 달라진다. 일반적으로 정부가 사용하는 방법은 크게 지원과 규제 두 가지가 있다. 즉, 정부는 기업의 바람직한 행위를 증가시키기 위하여 지원을 하고, 기업의 바람직하지 못한 행위를 감소시키기 위해 규제를 하게 된다.

3.1 정부의 지원

기업에 대한 정부의 지원은 두 가지 유형이 있다.

1) 직접적 지원

기업의 자율적 노력을 유인하기 위해 금전적 · 제도적 측면에서 인센티브를 제공하는 형태이다. 정부는 경제성장, 국제무역수지의 균형 등 경제적 목표를 달성하는 데 필요한 기업행동을 유인하기 위해 금전적 · 제도적 지원을 하게 된다.

금전적 지원으로는 수출보조금과 같은 정부보조금의 지급, 저리수출금융의 제공, 특별대출과 같은 금융지원, 기업제품을 정부가 우선 구입해 주는 정부구매 등을 들 수 있다.

또 제도적 지원으로는 연구개발활동을 지원하기 위한 서류작업의 간소화, 수입품에 대한 높은 관세의 부과 및 수입할당, 조세유예 및 조세감면 등을 들 수 있다.

2) 간접적 지원

기업의 자율적 노력이 이루어지도록 기업분위기를 조성하는 활동이다. 이러한 정부지원활동으로는 기업공개와 자본시장의 육성, 재무보고제도의 정비 및 시행, 사회감사제도의 도입 등을 들 수 있다.

또한 기업이 스스로 입수할 수 없는 해외시장에 관한 특수정보를 해외공관을 통해 입수한 후 전달하는 등 정부의 기업에 대한 지원책은 다양하게 이루어진다. 시장이 자율적으로 변화를 주도했지만 실패할 때가 정부가 지원을 해야 할 때다 (김은환, 4차 산업혁명 시대 정부의 역할 2], 정부가 산업에 대해 무엇을 아느냐고? 그렇다면 기업은? 2019.11.6. 여시재).

우리는 일반적으로 시장실패라고 하면 가장 먼저 공해부터 떠올린다. 그러나 더 중대한 실패가 있다. 적절한 산업 집단과 기업이 육성되었다면 가능했을 기회의 상실이다. 예를 들어, 경부고속도로, 포항제철 등이 만들어지지 않았다면 우리나라의 제조업은 일정수준에 도달하면서 한계에 부딪쳤을 가능성이 크다.

스티브 잡스가 스마트폰을 개발했다고 알려져 있지만 그의 성공은 미국정부가 주도한 CPU, RAM, 액정화면, 리튬전지, GPS, 음성인식 등의 기술에 기초한 측면도 있다. 만약 정부가 이런 일들을 하지 않았다면 스마트폰 사업의 기회는 없었을 것이다. 정부가 미래에 필요하게 될 기술 및 인프라를 준비하지 않으면 시장실패를 겪게 된다. 따라서 이러한 시장실패를 막을 수 있도록 준비하는 것이 정부가 해야 할 일이다.

경영산책 | 우리나라는 몇 등 정도일까요?

Q. 포브스 선정 세계에서 사업하기 좋은 나라?

우리나라가 조금 더 높은 순위로 올라가면 좋겠습니다.
물론 이런 순위가 꼭 현실하고 맞는지는 모르지만요.

자료 : 조선일보, 세계에서 사업하기 좋은 나라 1위는 '영국', 한국은 몇 위 일까?, 2019.1.17.

3.2 정부의 규제

정부규제는 정부의 경제적 · 사회적 목표실현을 위해 기업의 행동과 의사결정에 대해 법률적 제한을 가하는 모든 활동을 말한다. 어느 나라에서나 기업은 정부규제와 통제로부터 완전히 자유로울 수는 없다. 기업에 대한 정부규제는 정상적이고 생산적인 기업활동을 유지 · 발전시키기 위해서 필요한 하나의 기본요건이기 때문이다.

정부가 기업의 경영행위 및 유통질서 등 경영의 내 · 외적인 활동을 규제할 수 있는 근거는 식품위생법, 환경보전법, 독과점금지법, 회사법, 공정거래법 등과 시행령 및 조례 등에 규정되어 있다.

정부가 기업을 규제하는 유형은 다양한데, 불량제품이 생산되지 못하도록 하는 표준규격 설정, 환경오염 행위의 단속, 과대포장 · 광고의 감독, 문어발식 확장을 방지하기 위한 노력 등이 있다.

1) 경제적 규제

경제적 규제는 바람직한 경제질서의 확립을 위해 정부가 행하는 규제를 의미한다. 예를 들어, 대기업의 독점적 권력남용을 금지하는 규제, 소비자와 투자자들에게 기업의 제품과 기업상태에 관한 정보를 제공하도록 하는 규제, 특정 기업이나 산업을 보호할 목적으로 행하는 진입장벽 등이 있다.

2) 사회적 규제

사회적 규제는 사회 전체의 이익을 증대시키기 위해 필요한 환경보존, 안전, 건강 및 보건, 고용평등, 소비자보호 등의 목표를 달성하기 위해 실행되는 규제를 말한다. 예를 들어, 소비자권익을 보호하기 위한 규제, 환경오염방지를 위한 규제, 종업원의 고용안정을 보장하기 위한 규제, 산업재해 및 직업병에 대한 규제, 그리고 이해관계자와 공중의 이익을 보호하기 위한 규제들이 여기에 속한다.

3) 직접규제

정부가 기본 생활용품 등의 가격상승을 억제하고자 하는 경우, 특정 제품의 가격을 동결시키거나 상한가를 책정하여 가격을 일정하게 묶어 놓는 것이 직접규제의 예이다.

4) 간접규제

정부가 가격상승을 억제하려는 경우, 통화와 신용의 관리를 통하여 자금의 가용성을 줄임으로써 간접적으로 가격상승의 억제를 시도하는 것이 간접규제에 해당된다.

3.3 직접 · 간접 규제의 문제점

기업을 규제하기 위한 법규 · 정부정책 · 행정지도 등 기업에 행해지는 정부의 직 · 간접적 규제가 갖는 문제점은 다음과 같다.

1) 기업생존 위협

정부의 규제는 기업의 창의성을 위축시키고 자율성을 제약하며, 더 나아가 기업의 생존을 위협할 수도 있다. 즉, 과다한 정부의 규제는 자유로운 기업활동의 생명력을 잃게 할 수도 있다는 것이다.

2) 시장기능 약화

정부의 인위적 규제는 시장의 기능을 약화시키고 왜곡시킬 위험이 있다. 즉, 정부규제로 인하여 기업들은 규제수행에 따른 직 · 간접적인 비용을 부담해야 하므로 제품가격이 상승하게 된다. 또한 정부의 활동이 증대되는 경우 정부지출 증가에 따른 인플레이션이 유발됨으로써 전체적인 시장기능을 위축시킬 가능성이 있다.

3) 소비자 피해

정부의 규제는 오히려 인위적인 독과점구조를 가져올 수 있으며, 그 피해는 소비자에게 돌아간다. 그리고 특정 산업에 대한 정부규제는 기업의 자유로운 시장활동을 제한하여 소비자의 선택폭을 감소시키며, 독과점 가격결정으로 인해 소비자들의 피해를 증대시키기도 한다.

경영산책 | **이런 일이 우리나라에서도 일어난다면 무서워서!!!**

중국에서 일어나고 있는 일이지만 이런 일이 우리나라에서 일어난다면?
여러분들이 이런 상황에 처한다면 어떤 행동을 할지 궁금하네요,

자료 : 조선일보, 너무 컸어, 모두 손봐야겠어 … 中정부, IT권력 본격 옥죄기, 2021.2.2.

기업은 정부의 정책 및 역할 변화에 선제적으로 대응하고 민감하게 대처해 나가야 한다. 규제에 대한 대응이 늦어지면 비용이 많이 발생할 수 있고 시장선점 기회를 놓칠 수 있기 때문이다. 과거처럼 정부의 새로운 규제를 회피하기 위한 로비보다 규제 변화에 선제적으로 민첩하게 대응할 필요가 있다는 의미이다.

단기적으로 기업은 정부의 보조금, 세제혜택 등 각종 지원책에 대한 분석을 통해 활용방안을 수립할 필요가 있다. 정부의 역할이 강화되는 경우 정부 및 공공분야와의 협력을 잘 이용한다면 새로운 사업기회를 발굴할 수 있기 때문이다.

장기적으로는 정부규제의 변화를 예측하고 활용하는 시나리오를 작성하여 대응방안을 준비하는 것이 바람직하다. 이를 위해서는 정부와 지속적인 의사소통을 해야 하고, 신규정책이나 규제가 기업에 어떤 영향을 미치는지, 파급효과는 어느 정도인지를 분석할 수 있는 체제가 갖추어져 있어야 한다. 그리고 신속한 의사결정과 실행을 위해 정부정책의 방향을 최고경영자에게 주기적으로 보고하는 조직운영 체계도 필요하다.

기업들은 정부규제에 대한 수동적인 대응뿐만 아니라 정부의 다음 정책을 예측하여 적극적인 협업 관계를 형성하지 않으면 경쟁력을 상실할 수도 있다. 이러한 정부개입의 증가는 기업 및 자본주의시스템에 대한 국민의 불신이 커지면서 나타나고 있다.

4 규제완화

규제완화는 기업활동에 대한 법률적 제약을 제거하는 것으로 규제개혁의 한 형태를 의미한다. 즉, 규제완화는 규제가 발생시키는 문제점과 비효율성을 감소시키기 위해 기존의 규제조치를 철폐하거나 규제절차를 개선하는 것이다.

이러한 규제완화는 정부의 감시비용과 규제비용 축소, 시장경쟁 및 효율성 회복, 인위적 독점장벽 제거 등의 효과를 기대할 수 있다. 또한 규제완화를 통해 지나치게 권력이 정부로 집중되는 현상을 예방함으로써 정부기구의 관료적 비대화를 예방한다는 긍정적 효과를 기대할 수 있다. 그러나 공공이익의 보호라는 정부의 역할을 무시해서는 안될 것이다.

또한 규제완화는 기업경쟁력 회복뿐만 아니라 소비자 복지에도 긍정적인 파급효과를 미친다. 규제완화로 인한 생산원가 하락과 판매가격 하락은 소비자 이익과 직결되며, 경쟁의 촉진은 가격의 하락과 서비스 질의 향상을 유도하여 소비자 복지향상에 도움이 되기 때문이다.

따라서 정부는 필요한 분야에서의 규제완화 조치를 취하여 자원배분이 정상적인 시장기능에 의해 이루어지도록 하고, 기업들이 불필요한 손실과 부담을 최소화할 수 있게 함으로써, 기업들의 국내외 경쟁력 강화 노력에 실질적인 도움을 주어야 한다. 규제완화의 필요성은 다음과 같다.

4.1 규제완화 필요성

1) 정부능력의 한계

정부의 재정적 능력 한계, 무한경쟁 심화 등 국내외 환경변화에 따라 정부가 기업을 더 이상 재정적으로 보조하기가 어려워지는 경우는 기업에 대한 규제를 대폭 완화하여 기업활동을 활성화시킬 필요가 있다.

2) 기업의 성장

기업들은 경영다각화 · 대형화 · 글로벌화를 통해 양적 · 질적으로 성장 · 발전하고 있으며, 경영 면에서도 전략적 · 기술적 혁신을 도입하고 있다. 왜냐하면 기업이 창의성을 발휘하고 결과에 대해 책임을 지는 기업풍토가 확고히 조성되어야만 기업환경변화에 효과적으로 적응하면서 경쟁력을 강화할 수 있기 때문이다.

따라서 정부는 기업의 후견자로 바뀌어야 하고, 기업이 당연히 경제운영의 주도자가 되어야 한다. 즉, 규제완화조치를 통하여 시장기구에 의한 자율적 발전을 유도하는 데 노력하여야 한다.

정부가 추진하는 규제완화의 목표는 다음과 같다.

4.2 목표

1) 국가경쟁력 강화를 통한 경제안정

기업의 자유로운 경제활동과 이를 통한 경쟁촉진으로 경기를 활성화하고 새로운 일자리를 창출하여 경제위기를 극복하면서 국가의 경쟁력을 강화해 나간다.

2) 부정부패의 추방

기업경영과 직결되고 비리의 소지가 많은 건축, 소방, 토지이용, 위생분야의 불합리하고 과도한 규제를 철폐 또는 완화함으로써 행정의 투명성을 확보해 나간다.

3) 국민의 기본권 보장

국민의 생명과 안전, 재산권, 기업활동권, 환경권 등 국민의 삶의 질은 보호하되, 자원배분은 시장경제원리에 맡겨 효율성이 극대화되도록 한다.

4) 자율과 자기책임 원칙의 실현

정부주도의 사전 규제, 획일적 규제를 철폐하여 자율과 자기책임의 원칙을 정착시켜 나가야 한다. 즉, 정부규제보다 무서운 것이 시장체제임을 느끼게 해야 한다.

5) 정부규제의 국제적 보편성 확보

과거의 폐쇄경제구조와 정부주도형 경제발전을 전제로 만들어진 규제를 OECD,[01] WTO[02] 규범에 맞도록 개선함으로써 국제적 기준에 부합되도록 한다.

또한 글로벌화가 진전되면 기업이나 자본에 대한 정부의 규제는 한계를 가질 수밖에 없다. 예를 들면, 우리나라에서 적용하던 산업안전보건법을 해외 현지 기업에 적용할 수는 없기 때문이다.

5 기업의 책임

오늘날 행해지고 있는 정부의 규제는 기업의 권력 증대에 따라 발생하는 문제점들을 기업이 효과적으로 해결하지 못하기 때문에 나온 것으로 볼 수 있다. 따라서 정부의 규제를 완화시키기 위하여 기업이 수행해야 할 책임은 다음과 같다.

5.1 법률과 정부규제의 준수

기업은 법률과 정부규제를 준수하고 따라야 한다. 기업이 준수해야 하는 법률과 규제는 기업을 설립할 때 받아야 하는 인가 · 허가, 제품의 생산 · 검사 · 가격책정, 산업재해방지 및 복지시설, 소비자보호, 환경오염방지, 공정경쟁의 유지, 각종 세금의 납부에 이르기까지 다양하다.

기업의 자발적인 행동을 유도하기 위해서 정부는 필요 없거나 시대착오적인

01 OECD(Organization for Economic Cooperation and Development)는 제2차 세계대전 후 유럽의 부흥, 경제협력을 추진해 온 OECD를 개발도상국 원조문제 등 새로 발생한 경제정세 변화에 적응시키기 위해서 1961년 9월 30일 발족한 경제협력개발기구

02 WTO(World Trade Organization)는 1974년 이후 국제무역질서를 규율해 온 「관세 및 무역에 관한 일반협정(GATT)」 체제를 대신하여, 각국의 국내비준절차를 거쳐 1995년 1월에 출범한 세계무역기구

법률 및 규제를 없애고 필요로 하는 새로운 법률을 적시에 제정하는 책임을 다해야 한다.

5.2 세금의 납부

기업은 소득세, 부가가치세, 물품세, 교육세 등을 종업원, 고객으로부터 징수하여 정부에 성실하게 납부해야 한다.

경영산책 | 준조세를 알고 있나요?

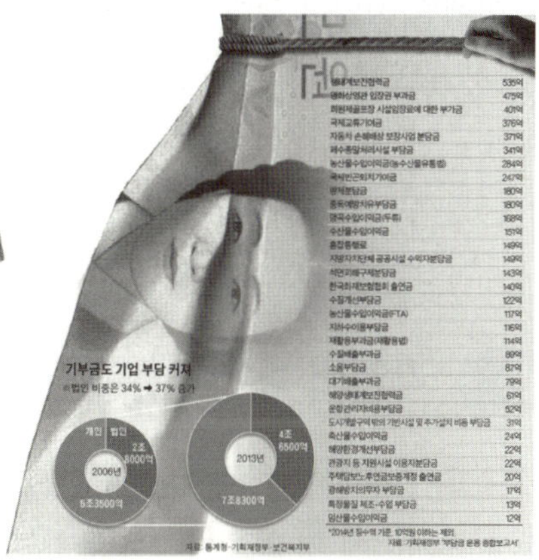

정부가 준조세를 증가시키는 취지는 이해합니다.
다만 정도를 넘는 것은 곤란하다는 생각이 드네요.
기업과 정부가 윈-윈할 수 있는 정도의
중용이 가장 좋다는 생각입니다.

자료: 동아, 3,000억 시설증설에 부담금이 1,850억 원 … 기업들 "투자 엄두 안나", 2021.2.18.
중앙일보, 공장 늘리는데 1,800억 원 부담금, 중국으로 방향 튼 기아차, 2015.12.3.

5.3 정부에 대한 협력

기업은 선량한 기업시민으로서 정부가 시행하는 가치 있는 사업에 자발적으로 협력해야 한다. 예를 들어, 수재민 구호, 체육시설이나 체육행사 지원, 불우이웃 돕기, 장학금 지급 등이 있다. 자발적 협력을 하는 것은 기업이미지가 좋아지는 등 기업에게도 장기적으로 유리한 점이 많다.

5.4 정부계약의 성실한 이행

정부계약을 수행하는 기업은 계약에 명시된 가격 · 품질 · 표준 등의 조건을 성실히 이행할 책임이 있다. 그러나 각급 정부 발주 공사장에서의 빈번한 폭발 · 붕괴 등의 사고 발생은 기업의 이미지와 신뢰도 등을 하락시키는 결과를 초래하고 있다.

6 기업의 대정부활동

정부가 기업에 영향을 미치듯이 기업도 정부의 공공정책에 영향력을 행사하고 있다. 기업의 대정부활동 또는 기업정치활동이란 기업이 속한 정치적 환경의 불확실성을 감소시키고, 유리한 기업환경이 조성되도록 하기 위해 공공정책의 형성과정 및 실행과정에 영향력을 행사하는 기업활동을 말한다.

기업들이 대정부활동을 하는 이유는 정부규제를 회피하거나 순응하기보다는 정부규제에 기업의 의사가 반영되도록 노력함으로써 기업이 부담하는 비용을 최소화하고 효익을 증대시키려는 데 있다. 기업의 대정부활동의 대표적인 예는 다음과 같다.

6.1 로비

로비활동은 입법과정에서 기업이익을 직접적으로 반영시킬 수 있기 때문에 대정부활동의 가장 대표적인 수단으로 이용되어 왔다. 그러나 로비는 개별기업 입장에서 많은 비용부담이 있다는 점과 정부의 공공정책이 공중의 이익과는 다른 방향에서 형성될 수 있다는 점에서 사회적 비난의 대상이 되고 있다.

6.2 지지광고

지지광고는 중요하게 부각되고 있는 특정 문제에 대해 기업의 견해를 방어적 입장에서 설명하거나, 상대방의 견해를 비난하기 위해 자신의 입장을 지지하는 메시지를 광고형태로 표현하는 정치활동수단이다.

지지광고의 목적은 언론을 통해 잘못된 정보가 유포되는 것을 막고, 공중에게 기업의 확실한 입장을 전달하여 의견 형성에 영향을 미치는 데 있다. 지지광고는 기업에 대한 이미지가 우호적인 경우와 광고의 내용이 신뢰성이 있는 경우에만 효과가 있다.

로버트 라이시 교수는 〈Government in Your Business〉에서 경영자들이 새로운 시대에 앞서 나가기 위해서는 공공분야의 자금조달, 정부의 유인책과 사업전략의 관계, 공무원과의 협력을 피하지 말고 적극적으로 협업하는 3가지에 초점을 맞추어야 한다고 제시하였다.

즉 기업과 정부와 민간을 하나의 시스템으로 인식하는 것이 필요하다는 것이다. 기업의 연구개발, 생산, 제품전략, 마케팅, 자금조달 등에서 정부와의 협력을 적극적으로 고려하는 것이 성공요인이 된다는 것이다.

7 4차 산업혁명 시대의 기업과 정부

4차 산업혁명은 낡은 것에 대한 경고이면서 혁신을 가져올 기회를 제공하기도 한다. 따라서 정부와 기업은 긴밀히 협력하여 새로운 융복합 시대를 헤쳐 나가야 한다. 즉 규제개혁을 실천하는 정부, 끊임없이 혁신하는 기업의 모습을 보여주어야 한다.

우리나라의 대통령 직속 4차산업혁명위원회는 ① 스마트공장, 자율주행차 고도화, 스마트그리드 확장, 스마트 물류센터, 인공지능 스마트팜 등 산업경제의 지능화 혁신, ② 건강, 도시, 복지, 환경, 안전 등 공공서비스의 지능화, ③ 교육 혁신, 법제도와 윤리 정립을 통한 4차 산업혁명 부작용 극복 등 사회제도의 미래 사회 변화 선제 대응, ④ 전략적 연구개발을 통한 글로벌 기술경쟁력 확보 등 과학기술의 4차 산업혁명 기술 기반 강화, ⑤ 데이터 활용 강화와 초연결 지능형 네트워크 구축 등 경제 · 사회 전 분야의 변화와 연계된 정책을 제시하였다.

4차 산업혁명 시대에 기업과 정부는 단기적 관점에서의 비용절감, 생산량 증가, 매출 확대가 아닌 지속가능한 생산시스템의 도입과, 새로운 제품을 개발하는 전환점으로 4차 산업혁명의 기술을 이용해야 한다(산업통상자원부, 4차 산업혁명 확산을 위한 기업과 정부의 대응방안, 2018.2).

정부는 4차 산업혁명의 가치를 명확히 인식하고, 기업 및 산업 생태계에 이러한 인식이 확산될 수 있는 정책을 마련해야 한다. 정부는 민간이 수행하기 어려운 고위험 연구개발 투자, 개인맞춤형 평생 교육 체제 구축, 공공데이터 공개 및 활용 방안 마련, 법령이 적용되는 분야에서는 규제 완화 등을 수행해야 한다(현대경제연구원, 4차 산업혁명에 대한 기업의 인식과 시사점, 2017.5.15).

기업은 4차 산업혁명이라는 패러다임 변화를 인식하고 중장기적인 전략을 마련해야 한다. 지금까지 우리나라 기업들은 퍼스트 무버(first mover)보다는 퍼스트 팔로어(first follower) 역할을 했다고 볼 수 있다. 4차 산업혁명 시대에는 이를 탈피해야 한다. 즉 리노베이션보다는 이노베이션을 하겠다는 목표와 비전을 보여주어야 한다. 이를 위해 사회 전반에 기업가정신을 함양하고 창업 인프라를 확대하는 등 기업가정신을 제고해 적극적으로 4차 산업혁명에 대비해야 할 것이다.

4차 산업혁명을 이끄는 주체는 정부보다 기업일 가능성이 커지고 있다. 줄리언 버킨쇼 교수[03]는 4차 산업혁명 시대를 맞아 기업들은 유연성과 민첩성을 강조하며 시장 변화에 신속히 대응할 수 있는 애자일(agile) 조직, 프로젝트 중심으로 각 부서 직원을 차출해 한시적으로 구성하는 다기능팀(cross-functional team) 조직 등 다양한 혁신 노력을 하고 있지만 정부는 리스크를 높이는 현상이 나타나고 있다고 지적했다.

03 매일경제, "4차 산업혁명 혁신, 정부가 되레 걸림돌", 2019.8.11.

경영산책

정부는 4차 산업혁명 관련 지원을 잘하고 있을까요?

주요국 4차 산업혁명 정책지원 수준

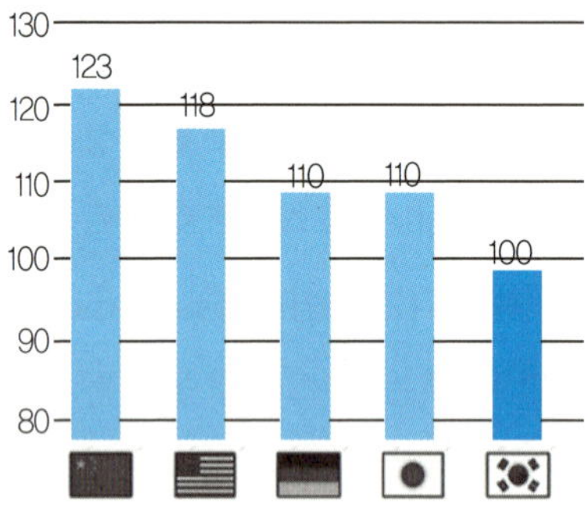

주요국 4차 산업혁명 정부규제 강도

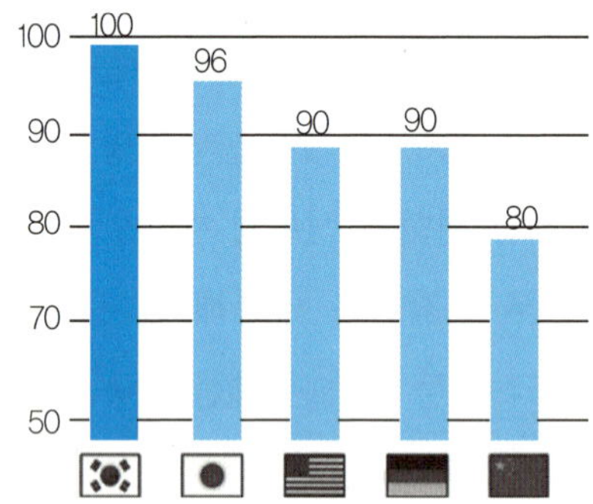

주요국 인공지능 관련 우수 연구 논문 수 (단위 : 건, 인용지수 기준)

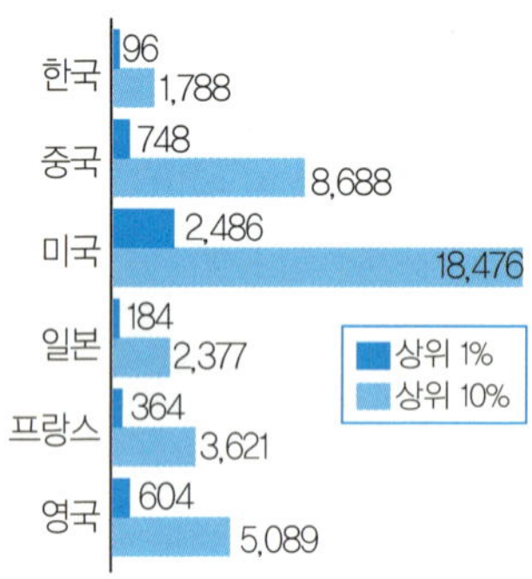

전 세계 인공지능 관련 논문 발표 상위 10개국

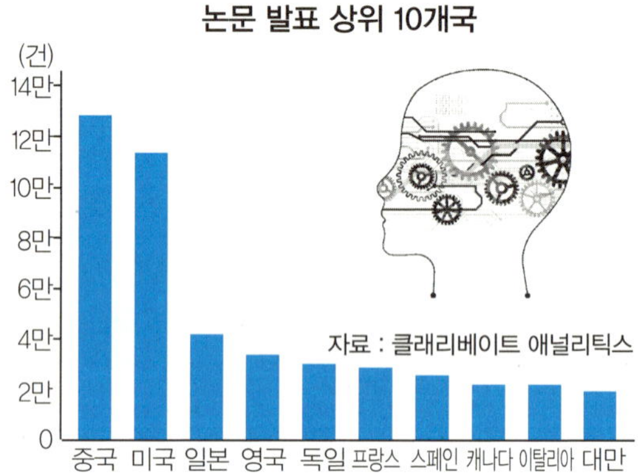

자료 : 클래리베이트 애널리틱스

여러분들이 취업하고 기업의 핵심이 되었을 때 필요한 내용입니다.
정부는 4차 산업혁명과 관련된 지원을 일관되고 계획성 있게 할 필요가 있습니다.
왜?
여러분이 주인공이기 때문입니다.

자료 : 한국경제tv, 4차 산업혁명서 '기는' 한국 · '나는' 중국 … "규제는 높고 정책지원은 최하", 2019.6.11.
세계일보, AI 연구, 나는 중국–기는 한국, 2016.10.11.

CHAPTER 11 기업과 자연환경

1 기업과 자연환경

기업의 효율적인 경영활동은 경제성장을 가져왔으며, 이 과정에서 발생되는 환경오염은 경제개발 및 성장과정에서 불가피한 것으로 인식되어 왔다. 따라서 기업의 환경오염에 대한 대응방법도 이미 생성된 환경오염의 사후처리에 집중되었다.

그러나 환경오염이 인간의 생존 자체를 위협하는 정도에 이르고, 오염처리비용은 생산비용의 증가를 초래하고 있다. 또한 제품의 품질과 더불어 환경에 대한 기업의 인식과 대응방법이 소비자의 구매동기에 영향을 미치고 있다. 즉, 환경오염문제의 심각성에 대한 사회적 인식의 증대에 따라 기업은 기업활동에 있어서 적극적으로 환경보호를 위해 노력하도록 사회로부터 요구받고 있다.

오늘날 기업들은 환경오염문제를 등한시하고는 존속 · 발전할 수 없다는 것을 인식하고 있다. 그러나 많은 기업들은 자신의 경제적 이익만을 고려한 채 환경오염문제를 소홀히 하여 사회의 비난을 받기도 한다.

기업은 환경을 경영의 한 요소로 고려하여 전략, 조직, 시스템을 구축해 나가야 한다. 전략 수립시에는 제품의 전 과정에 걸친 환경오염과 예방비용분석을 통해 효율적이면서도 환경친화적인 생산과정이 계획되어야 한다. 또한 최고경영자의 환경에 대한 확고한 인식 외에도 권한과 책임소재를 명확히 하고 환경교육프로그램을 마련하는 등 환경중시 기업문화를 정착시키는 조직차원의 활동이 요구된다. 마지막으로 법규준수나 이미지관리, 환경정보관리 등을 위한 측정보고시스템 및 감사시스템이 구축되어야 한다.

기업활동 과정에서 자연환경과 관련되어 발생하는 문제를 환경문제라고 하는데, 기업과 관련해서 중요한 것은 두 가지가 있다.

1.1 천연자원과 관련되는 문제

자연에 부존되어 있는 자원과 관련되는 것으로 자원부족, 자원가격의 상승, 자원민족주의 등 자원의 공급과 유통을 제약하는 문제를 의미한다.

1.2 환경오염

기업활동의 결과로 발생되는 공해 또는 환경파괴의 문제를 의미한다. 환경오염이 자연 및 인간에 미치는 영향이 심해짐에 따라 기업 또한 환경문제에 대한 사회적 책임을 요구받게 되었다. 특히 기업의 역할이 강조되는 이유는 환경문제와 직접적인 관련이 있는 생산과 소비활동 때문이다.

기업과 자연환경과의 관계에서 나타나는 사회적 문제는 기업활동을 수행하는 과정에서 환경을 오염시키면서 주민들의 생존을 위협하기 때문에 나타난다. 따라서 이러한 환경오염 행위를 중단하고 적극적으로 자연환경을 보호하는 행동이 요구되는 것이다.

경영산책 | 지구를 지켜야 생존가능!!!

과대포장으로 인해 불편함을 느낀 적이 있다

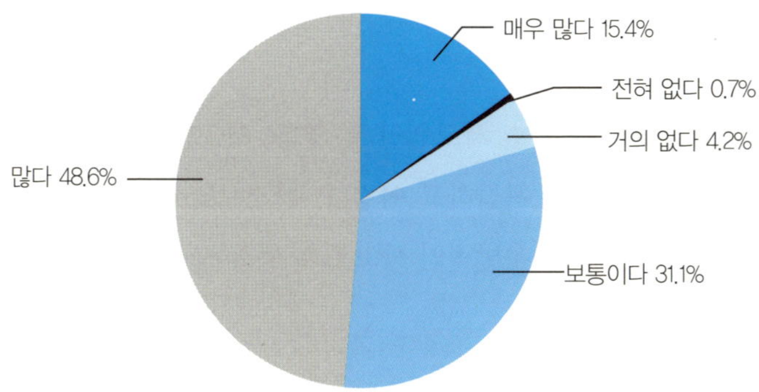

친환경이라는 명분으로 무상으로 텀블러, 에코백을 나눠주고 있어요.
일회용품 사용을 줄이기 위해 이것들을 사용하는 것은 의미가 있지만,
무조건 다회용품을 찍어내고
필요 이상으로 사용하는 것은 무의미한 행동이 됩니다.
진정한 '제로웨이스트'가 무엇인지 생각해 볼 시점이지요?

자료 : 서울환경연합, 쉽게 할 수 있는 'zero waste' 실천 방법 3개, 2019.8.6.
환경운동연합, 가정의 달, 선물을 구매한 당신이 꼭 확인해야 할 '이것'? 바로 과대포장!, 2020.4.29.

2 환경오염

2.1 개념

기업규모의 확대, 경제의 성장 · 발전에 따라 자연환경의 오염 또는 환경파괴가 중요한 사회적 문제로 대두되고 있다. 이처럼 자연환경이 파괴 · 오염되는 현상을 공해, 환경파괴, 환경오염이라고 한다.

기업활동과 밀접한 관련을 갖는 주요한 환경오염문제로는 대기오염, 수질오염, 고체폐기물, 소음 등이 있다. 환경오염에 대한 책임은 국민, 기업, 정부 모두에게 있다. 특히 기업은 가능한 한 환경오염 방지에 힘쓰고 불가피하게 환경오염이 발생하면 그 피해를 보상해야 한다.

2.2 유형

환경오염은 오염물질의 다양성, 사고원인 및 영향, 사고영향범위 등 여러 가지 변수로 인하여 평가 및 대응이 복잡하고 어렵다. 환경오염에는 서서히 진행되어 나타나는 누적오염과 급격하고 우발적인 사고로 발생하는 사고오염이 있다.

1) 누적오염

누적오염은 환경기준을 지키고 있어도 서서히 누적되어 생기는 오염을 의미하는데, 폐수에 의한 상수원 오염으로 인한 식수취수의 곤란, 물고기의 폐사 등이 있다.

국내의 경우에도 1960년대 이후 지속적으로 진행된 공업화, 인구의 도시집중, 경제성장 위주의 정책으로 인한 후유증들이 누적되어 나타나고 있다. 우리나라에서도 문제가 되었던 여천공단지역의 대기오염은 1977년 이후 지속적인 오염의 누적으로 나타난 결과로서, 인근 주민이 심각한 피해를 받아 이주를 해야 하는 상황에 이르렀다.

최근의 예로는 가습기 살균제 사건이 있다. 가습기 살균제를 사용한 소비자들의 폐에서 섬유화 증세가 일어나 환경보건시민센터가 접수받은 바에 따르면 사망자가 239명, 심각한 폐질환 형태로 발현된 것이 1,528명에 달하는 우리나라 역사상 최악의 화학 참사이다. 사망자의 대부분은 산모와 영유아였다.

민관합동 폐손상 조사위원회는 살균제 사용자수를 약 800만 명으로 추산하고 있기 때문에 실제 피해규모는 더 커질 것으로 보인다. 특이한 점은 가습기 살균제라는 형태의 제품이 허가되어 출시된 것은 우리나라가 유일하다는 점이다. 대표적인 가습기 살균제 제조회사 및 피해 상황은 다음과 같다.[01]

표 11-1 가습기 살균제 1 · 2등급 피해자수

	사망	상해	합계
옥시	70	107	177
롯데	16	25	41
홈플러스	12	16	28
세퓨	15	13	27
전체	94	127	221

자료 : 서울중앙지검(회사별 숫자는 중복자가 포함된 수치)

2) 사고오염

사고오염은 예측이 힘들고 돌발적인 사고에 의해 발생하는 것으로, 선박사고에 의한 기름유출이나 가스회사의 저장탱크 폭발 등이 있다.

외국의 사례로는 1984년 12월 인도 보팔 지역 농약 제조공장에서 유독가스 36

01 자세한 내용은 https://namu.wiki/w/가습기를 참고

톤이 유출되는 사고가 있다. 이 사고로 2,800명이 사망하였고 면역체계 및 호흡기 장애 등으로 20여만 명이 피해를 입었으며 자연생태계가 파괴되었다. 회사는 36억 루피의 구제금 보상 등의 책임을 부담하였다.

국내 사례로는 낙동강 페놀오염사고, 태안 원유유출사고, 씨프린스호 원유유출사고, 구미 불산누출사고 등을 들 수 있다. 이 중에서 일부 오염사고는 현재까지도 환경정화 및 복구비용이 투입되고 있으며 피해가 계속되고 있다.

구미 불산누출사고는 2012년 9월 휴브글로브 사업장 내 화학약품 중에서 불산 8톤이 유출된 사고이다. 이 사고로 5명 사망, 부상 18명, 차량 피해 18대, 농작물 고사 180건 등 피해액이 550억 원을 넘었다. 이 사고를 계기로 정부는 법령 미비 사항을 보완하고 화학물질 관리 감독 실태를 개선하였다.

태안 원유유출사고는 삼성 크레인부선이 충돌하면서 원유가 태안 해안가로 유출된 사고이다. 이 사로고 해안선 167km가 오염되었고, 어장 470여 개가 피해를 입었으며 생물 개체수 급감 등 생태계 파괴의 피해액은 7,300억 원을 넘었다. 정부는 특별재난지역으로 선포하고 국고를 지원하였다.

2.3 기업활동과 환경오염

기업은 제품 및 서비스의 전 유통과정을 통하여 자연환경의 훼손 및 폐기물 등으로 인한 대기, 수질, 토양오염에 크고 작은 영향을 미치고 있다. 따라서 기업은 제품을 생산하여 팔기만 해서는 안 되고 제품의 생산과정이나 소비 후에 발생하는 폐기물을 처리하거나 재생시키는 자원재활용시스템을 구축하는 것이 필요하다. 기업활동과 관련하여 발생하는 환경오염은 생산, 소비, 폐기과정으로 구분할 수 있다.

1) 생산과정

기업이 제품 및 서비스의 생산과정에서 오염물질을 배출함으로써 대기오염, 수질오염, 토양오염 등의 환경오염을 일으키는 것을 의미한다. 예를 들어, 생산과정에서 발생하는 매연, 유독가스 배출, 폐수의 무단방류 등을 들 수 있다.

특히 대표적인 누적 사고인 토양오염은 간접적이고 만성적이며 개선 또는 복원에 오랜 시간이 걸린다는 특징을 가지고 있다. 토양이 오염되면 그 속에 살고 있는 토양생물들과 지하수가 오염되어 인간에게 간접적인 영향을 미친다. 또한 급성적인 피해보다는 오랜 기간 누적되어 피해를 일으키는 만성적인 영향이 나타난다.

2) 소비과정

생산된 제품이 소비자에 의해 소비되면서 환경오염을 일으키는 것을 말한다. 예를 들어, 자동차 사용에 따른 매연, 냉장고나 스프레이 사용에 따른 프레온가스 배출, 세제 사용으로 인한 오염, 에너지 소비로 인한 오염 등이 있다.

3) 폐기과정

소비자가 사용하고 난 후 버린 제품이나 기업활동 과정에서 발생하는 제 부산물 등이 환경오염을 일으키는 것이다. 예를 들어, 미세 플라스틱, 음식 쓰레기 폐기물, 사무쓰레기, 제품의 포장용기에 의한 생활쓰레기 등이 있다.

경영산책

기업의 말을 못 믿으면?

폭스바겐 배출가스 · 인증서류 조작 과정

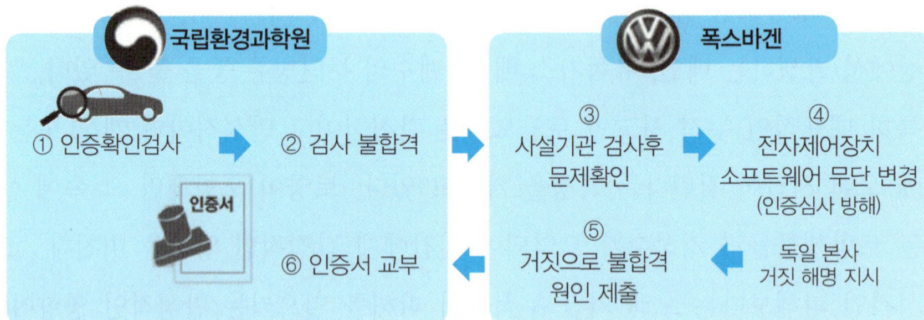

폭스바겐 미국 보상안 주요 내용

- 배출가스 조작차량: 약 48만 2,000대
- 보상액 규모 : 총 100억 달러(약 11조 6,460억 원)
- 차주 보상금 : 총 65억 달러, 환불비용 포함 1인당 1만 3,485달러(약 1,570만 원)
- 28일 법원서 최종 확정 발표예정

자료 : 블룸버그통신

폭스바겐 한국 리콜 진행상황

- 배출가스 조작차량 : 약 12만 5,000대
- 보상논의 : 없음
- 폭스바겐 리콜 계획안 세 차례 반려
- 환경부 "폭스바겐이 임의설정 인정 안하면 리콜 승인 못해"
- 폭스바겐 "속임수 장치 작동 안했다" "소프트웨어만 손보면 정상가동"

폭스바겐은 처음에 오리발을 내밀었지만,
그러나 결국 손을 들 수밖에 없었지요.
소비자들이 잘 행동하면 응징할 수 있을텐데…
여러분이라면 어떻게? 할지 생각해보세요.

자료 : 서울신문, '디젤게이트' 첫 처벌 성과 … '징벌적 손배' 논의 불붙여, 2017.1.11.
경향신문, 폭스바겐 '디젤게이트 줄다리기' 끝낼까 … 미국 보상안 발표 임박, 2016.6.20.

2.4 환경오염에 대한 기업의 대응

기업이 환경오염 문제에 대응하는 기본적인 유형은 기업성과에 부정적인 영향을 미친다고 가정하고 영향을 감소시키거나 흡수하려는 소극적 대응방법과, 능동적으로 관리하여 경쟁우위를 확보하려는 적극적인 대응방법으로 구분할 수 있다.

표 11-2 환경오염에 대한 기업의 대응 유형

구분	소극적 대응	적극적 대응
환경오염에 대한 태도	위험요인으로 인식	위협 및 기회요인으로 인식
환경오염문제에 대한 인식	중요도가 낮으며 긴급하지 않음	매우 긴급하며 중요도가 높음
대응목표	부정적 영향의 최소화	긍정적 영향의 극대화
대응차원	• 정부규제의 준수 • 국제기준의 준수 • 환경경영 선도기업을 추종	• 환경 차별화 • 환경경영 선도 • 경쟁력의 원천으로 활용 • 기업이미지 제고
환경오염감소를 위한 지출	추가적인 원가부담	경쟁력을 높일 수 있는 투자

자료 : 곽일천(1994)

기업은 환경규제에 대한 수동적이고 소극적인 대응에서 벗어나 자발적이고 체계적인 환경관리를 하여야 한다. 구체적으로 환경경영체제의 도입, 환경관련 인증제도의 취득, 자체적인 환경관리계획 수립 등을 들 수 있다.

한편 기업의 이러한 노력에도 불구하고 돌발적인 환경오염 및 사고의 가능성은 항상 존재하게 된다. 이러한 환경오염은 그 범위나 피해의 정도가 광범위하고 경우에 따라서는 기업의 생존과도 관련되므로 기업은 효과적인 환경관리체제 및 위기관리대책을 마련해 나가야 할 것이다.

정부는 2014년 "환경오염피해 배상책임 및 구제에 관한 법률"을 제정하였다. 이 법에서는 환경오염피해에 대한 무과실책임, 인과관계의 추정, 연대책임, 환경오염피해구제계정 설치, 환경책임보험 등에 대한 사항을 규정하고 있다.

3 환경오염 리스크[02]

3.1 개념 및 유형

환경오염 리스크는 기업의 경제활동 결과로 환경에 나쁜 영향을 줄 수 있는 가능성으로 정의할 수 있다(이기형, 환경오염 리스크관리를 위한 보험제도 활용방안. 2008.2). 즉, 기업활동이 환경에 나쁜 영향을 주어 사람의 건강에 문제가 생기거나, 자연자원 오염 등으로 생태계의 다양성이 훼손될 가능성을 말한다.

환경오염 리스크의 특징 중 하나는 우리나라뿐만 아니라 국제사회가 엄격하게 규제하고 있다는 점이다. 왜냐하면 환경오염은 유발자의 경제적 피해뿐만 아니라 국민의 건강을 위협하고 환경을 파괴하여 국가의 부담을 가중시키기 때문이다.

각국 정부는 환경오염 유발자에 대해 엄격한 법적 책임을 묻고 있다. 최근에는 수질, 토양오염에 한정하던 것을 자연생태계 파괴 등으로 확대하여 오염유발자의 책임을 확대시키고 있다. 한편 기업이 활동을 하면서 겪게 되는 환경오염 리스크는 다음과 같다.

1) 시장 리스크

환경오염으로 인한 시장 리스크로는 불매운동, 경쟁력 상실, 매출감소, 시장개척 기회상실 등을 들 수 있다.

2) 법적 리스크

환경오염에 의한 법적 리스크에는 기업활동규제, 가동중지, 인 · 허가취소, 소송, 부담금 및 벌금 등이 있다.

---

02 이 부분은 "이기형, 환경오염 리스크관리를 위한 보험제도 활용방안(2008.2)"을 참고하여 작성하였다.

3) 경영 리스크

경영 리스크로는 오염복구 및 처리비용 증가와 가동률 하락 등을 들 수 있다.

4) 무역 리스크

수주기회 상실, 반품, 클레임, 현지공장 폐쇄 압력 등을 예로 들 수 있다.

환경오염 리스크는 사전에 예측이 곤란하고 발생 후의 사후조치가 무의미한 경우가 많다. 이러한 환경오염 리스크의 결과로서 조업단축, 생산감소, 수익감소, 기업폐쇄, 도산에까지 이를 수 있다. 즉, 환경오염 리스크는 기업의 생존을 결정하는 중요한 리스크 중의 하나로 볼 수 있다.

따라서 기업은 환경 리스크를 최소화하고 발생시의 영향을 효과적으로 감소시키기 위해 자체적인 환경위기관리체제를 구축해야 한다. 그러나 국내 기업의 대부분은 이러한 환경위기관리에 대한 인식이 낮아 환경오염이나 사고에 대한 사전대책이 미미한 실정이다.

기업은 환경마크 인증제품 및 우수재활용(GR) 인증제품에 대한 자격 취득 및 환경친화기업 인증 취득, 환경경영인증(ISO14001) 취득 등을 통해 환경경영을 추진해야 한다. 그리고 환경오염 리스크관리에 대한 인식을 높일 수 있는 방안을 마련해야 한다.

기업이 환경오염을 발생시키는 경우, 환경오염 처리비용이 증가하고, 복구기간이 길어지면 비용부담으로 인해 수익성이 악화되며, 지역사회와 보상금 문제 등으로 기업운영에 어려움을 겪게 된다. 이러한 사건은 기업가치에도 큰 영향을 미치게 된다.

특히 최근 소비자들은 기업의 환경활동에 대해 지속적인 관심을 보이고 있으며, 환경파괴 행위는 여론의 집중적인 공세를 받게 된다. 이는 기업의 명성뿐만 아니라 존재 자체를 위협할 수도 있다. 기업이 부담하게 되는 책임은 다음과 같다.

경영산책 | 불매운동을 해서라도… 정신 차리게

소비자들이 불매운동을 호소하는 경우가 있습니다.
오죽하면 이런 행동을 하겠습니까?
기업들은 이런 운동이 일어나지 않게 노력해 주었으면 좋겠네요.
불매운동 끝!
이런 날을 기대해봅니다.

자료 : 환경운동연합, 가습기살균제 제조 기업 처벌 촉구, 최악의 가해기업 옥시 상품 불매선언, 2016.4.25.
세계로컬타임즈, 맥도날드 햄버거병' 논란 계속 … 고발 · 불매운동 확산, 2019.1.30.

표 11-3 환경오염 리스크에 대한 기업의 책임

		기업
환경 리스크	직접	• 환경사고, 오염으로 인한 복구책임 • 법규위반으로 인한 벌금 또는 조업정지 • 규제강화에 따른 시설투자규모 확대 • 생산과정과 제품사용 및 폐기과정에서 발생할 수 있는 환경문제로 인한 무역 규제 등
	간접	• 환경사고나 법규위반으로 인한 기업이미지 하락 • 소비자의 구매회피 • 임직원 생산성 저하 • 공급업체들에 대한 신뢰 저하 • 투자자들에 의한 투자회피 등

자료 : http://www.ecofuturenetwork.co.kr/2013/2

4 환경경영

정부는 화학물질관리법, 화학물질 등록 및 평가법, 환경오염피해구제법, 환경오염시설통합관리법 등을 제정하여 다양한 환경정책을 펼치고 있다. 이러한 정책이 계속 나오는 것은 환경문제를 무시하고는 기업의 정상적인 경영활동이 불가능하다는 것을 보여주는 것이다. 즉, 환경경영을 통해 환경 리스크를 관리하지 못하는 기업은 시장에서 도태되는 산업생태계가 조성되고 있는 것이다.

4.1 개념

환경경영은 "기업의 생산활동에 의해 필연적으로 발생되는 환경오염을 최소화하면서 지속적인 발전을 도모하고자 하는 활동"이라고 할 수 있다.

즉, 기업이 자원과 에너지를 효율적으로 이용하며 온실가스 배출과 환경오염의 발생을 최소화하는 경영활동을 하는 것을 말한다. 따라서 환경경영은 투입 대비 산출을 극대화하는 효율성의 개념이면서 동시에 환경에 대한 사회적 책임을 다하는 개념으로 볼 수 있다.

환경경영에 관한 국제적인 필요성에 의해 국제표준화기구가 중심이 되어 환경경영 국제인증제도인 ISO14000 시리즈가 제정되었다. 이것은 환경경영을 위한 조직의 구성 및 제품에 대한 환경적 기술지원 등을 주요 내용으로 하고 있다.

환경경영은 수익성 제고, 자산의 효율적 활용, 서비스 수준 개선 등과 같은 유형자산과 고객만족, 이미지 관리, 기술개발 등과 같은 무형자산, 그리고 종업원 만족, 지역사회에 대한 기여 등과 같은 이해관계자 관련 무형자산 제고를 통하여 기업가치를 높이게 된다. 따라서 기업은 환경경영을 글로벌 사회가 요구하는 지속가능 발전책임을 추진하는 한 방법으로 활용해야 할 것이다.

그런데 국내 기업들의 환경경영이 부진한 이유로는 경영층의 환경에 대한 인식부족을 들 수 있다. 기업의 환경경영은 최고경영층의 의지에 의존하는 경향이 강한데 국내 기업의 경우 많은 최고경영층이 '환경경영은 비용유발'이라는 인식에서 벗어나지 못하고 있는 경우가 많다.

또 환경경영은 대기업에만 해당되는 것으로 보는 경향이 있다. 중소기업들이 환경경영을 펼치기는 아직은 요원한 주제라는 이야기다. 그러나 환경경영은 대기업이든 중소기업이든 상관없이 각자 주어진 여건에 맞추어 환경을 배려하는 활동을 하면 된다. 그리고 환경의 가치를 높이기 위한 환경경영 활동은 기업을 효율적으로 운영하는데 큰 도움을 줄 것이다.

4.2 환경경영의 도입 필요성

기업에서 환경경영체제를 도입해야 하는 필요성은 다음과 같이 요약할 수 있다.

1) 기업경쟁력 강화

우리가 쉽게 생각할 수 있는 환경비용은 각종 폐기물 처리비용, 환경오염 방지시설 설치 및 환경오염물질 처리비용, 에너지 사용비용, 정부 및 이해관계자의 환경관련 민원 등의 요구사항에 대응하기 위한 비용 등이다. 이러한 환경비용이 경쟁기업보다 높은 기업은 가격경쟁력이 떨어질 수밖에 없으며 기업의 지속적인 생존에 위협요소가 된다.

기업의 환경경영은 단기적으로는 추가비용을 유발하게 되지만 장기적인 측면에서 보면 기업경쟁력의 원동력이자 수익의 원천이 된다. 즉, 환경친화적 신제품 개발이나 이미지 구축, 환경회계, 그린 마케팅,[03] LCA 등과 같은 환경친화적 경영기법 도입을 통해 성공적인 기업활동을 할 수 있다.

한편, 마이클 포터 교수는 "잘 설계된 환경규제는 기술혁신을 통해 환경개선뿐만 아니라 기업 생산성을 제고시킨다"고 주장하였다. 이것은 기업이 환경경영을 체계적으로 이행한다면 기술혁신을 통해 환경개선뿐만이 아니라 기업 생산성을 제고시키고 이는 다시 기업의 이윤극대화에도 도움이 된다는 의미로 해석된다.

2) 환경규제에 능동적으로 대처

오늘날 환경에 대한 법률은 환경에 대한 법적 · 행정적 규제 및 경제적 유인을 통한 기업의 자발적인 환경개선을 유도하고 있다. 법적 · 행정적 규제는 점점 강화되어 가고 있으며 경제적 유인수단인 배출부과금제도, 환경오염 복원비용부담제도, 폐기물예치금제도 등도 강화되고 있어 기업에 부담을 주고 있다.

그동안 우리나라 기업들은 환경에 대한 정부규제에 수동적인 자세를 가지고 있었다. 그러나 세계 각국의 우수기업들은 환경을 이용하여 새로운 비즈니스 기회를 창출하고 있기 때문에 기존의 비즈니스모델 변화가 불가피해지고 있다. 따

03 그린 마케팅(green marketing)은 자연환경 보존, 생태계 균형을 중시하는 시장접근전략, 상품의 제조 · 판매를 소비자보호운동에 입각하여 인간 삶의 질을 높이려는 기업활동을 포괄적으로 의미한다.

라서 우리나라 기업들도 다양한 친환경 제품을 개발하고 차별적인 이미지를 구축하는 친환경 비즈니스모델을 구축해야 한다. 그리고 이러한 변화에 부응하기 위해서는 환경경영의 도입이 절대적이다. 환경경영 활동을 체계적으로 추진하기 위한 비전과 실행 전략을 수립하고 관리해야 한다.

3) 소비자의 요구

환경을 고려한 소비자의 구매행위가 확산되면서 기업은 제품의 친환경성을 소비자에게 입증하여야 하는 상황이 발생하고 있다. 최종소비자에게 제품을 판매하는 기업은 환경마크, 환경경영체제 인증 등을 통하여 소비자에게 제품의 환경친화성을 홍보하고 입증해야 한다.

환경경영은 제품의 개발, 생산, 사용 및 폐기의 전 과정에서 발생하는 환경문제를 관리할 수 있는 수단을 제공함으로써 환경친화적인 제품을 개발할 수 있어 소비자들의 요구를 만족시킬 수 있다.

4) 환경운동단체의 압력 증가

환경운동단체들은 환경보호를 위해서는 기업의 활동을 규제하여야 한다는 인식을 갖고 있으며, 환경에 대한 배려를 하지 않는다고 판단한 기업의 사업활동 방해, 제품불매 등의 행동을 함으로써 기업에 큰 손실을 끼친다.

환경운동단체들의 요구에 효율적으로 대응하는 방법은 기업의 환경경영 현황을 투명하게 공개하고 환경성과를 개선하기 위한 대책을 수립하는 것이다. 환경경영체제는 기업의 환경현황을 파악한 후 개선 목표를 수립하여 기업의 환경성과를 지속적으로 개선하는 경영시스템이므로 환경운동단체 등의 압력에 가장 효율적으로 대처할 수 있는 시스템이다.

경영산책 | 앞으로는 신속한 대책 마련이 중요

기업들은 환경에 대한 투자를 비용낭비가 아니라
기업의 생존과 직결된다는 것을 인식해야 합니다.
선제적 투자가 중요하고요.
정부도 해야 할 일이 당연히 있겠지요.
잘할 것으로 믿어 봅시다!!!

자료 : 영남경제, 포스코 환경오염문제 일파만파 … 경북도 · 대구환경청 늑장 대응, 2019.5.6.
fetv.co.kr, 현대제철 · 포스코, 공해방지시설 5,000억~1조 원 투입 … '환경오염' 기업이미지 벗는다, 2019.4.18.

4.3 환경경영의 유형

환경경영의 유형은 다양하나 일반적으로 거부, 무반응, 규제준수, 효율성 추구, 전략적 대응, 지속가능기업 추구 형태로 구분할 수 있다(삼성지구환경연구소, 2005).

1) 거부형

거부형(rejection)은 "기업의 목표는 이윤추구에 있다"라는 사고의 경영 형태를 말한다. 즉, 환경 · 안전 · 보건의 개념은 무시되거나 아니면 구호에 그치는 립

서비스(lip service)로 끝나게 된다. 따라서 환경경영이라는 시스템 자체가 의미를 갖지 못하는 형태이다.

2) 무반응

무반응(non-responsiveness)은 규제는 준수하나 환경경영을 의사결정에 반영하려는 적극성이 없는 형태를 의미한다. 이 단계에서 ISO14000 시리즈와 기업시민 등의 용어가 등장하게 된다. 최근에는 정부, NGO, 지역사회와 공동으로 규제를 준수하려는 움직임을 보이고 있다.

3) 효율성 추구

효율성 추구는 적극적인 환경경영을 통하여 기업의 효율성을 창출하려고 노력하는 형태이다. 특히 여기서는 비용감소와 혁신 추구에 초점을 두고 환경경영을 추구한다.

예를 들면, 아모레퍼시픽은 미세먼지 대응을 위해 서울지역 소재 15개 기업과 대학 등과 더불어 '함께 숨쉬는 서울 만들기'에 나서고 있다. 갈수록 심해지는 미세먼지와 도심 열섬현상에 대응하기 위해 자발적 연합을 구성한 아모레퍼시픽과 단체들은 미세먼지 저감에 효과적인 나무를 다량으로 심어 미세먼지를 저감하고 서울시 생활권 녹지를 보존하고 쾌적한 도시환경을 위해 활동 중인 비영리 단체를 대상으로 기부하고 있다(데일리포스트, 2018.4.15).

4) 전략적 대응

전략적 대응(strategic proactivity)은 환경문제, 더 나아가서 지속가능 발전 개념을 기업의 경쟁우위로 전환시키려는 단계의 환경경영 형태이다. 이 단계에서 환경경영은 단순히 생태적 문제만이 아니라 기업의 사회적 문제에 대한 역할도 수용하기 시작한다. 즉, 인간과 환경의 공존을 고민하는 정책이 기업 전략의 마이너스로 간주되거나, 기업의 핵심전략과 분리되는 일회성 정책이 되서는 안 되며 모든 전략의 중심이어야 한다.

5) 지속가능기업

지속가능기업 추구(the sustainable corporation)는 기업의 장기적인 이익을 위하여 기업의 비전에 환경친화기업 또는 지속가능기업이라는 개념을 명확히 나타내는 유형이다. 즉, 환경경영은 단순한 경쟁우위의 요소일 뿐만 아니라 기업의 명성을 통한 무형자산의 증대에 기여한다고 인식하게 된다.

예를 들면, 파타고니아는 친환경 정책을 매우 적극적으로 이행하는 기업으로 알려져 있다. 유기농 면을 사용해 의류생산 과정에서 유해화학 성분을 줄인 제품을 판매하고 매년 수익의 1%를 풀뿌리 환경단체에 기부하는 정책을 펼치고 있다. 그리고 사회적 책임을 다하는 글로벌 기업에 부여하는 비콥(B Corp : Benefit Corporation)[04] 인증을 받은 대표적인 기업이기도 하다. 2011년 블랙프라이데이 세일 때는 파타고니아의 제품 사진과 함께 "이 재킷을 사지마세요(Don't buy this jacket)"라는 슬로건을 건 광고를 내보내 화제가 되기도 했다.

04 비콥은 비즈니스로 더 나은 사회를 만들고자 하는 기업에 부여되는 고유명사이다. https://blabkorea.or.kr/ 참고

4.4 환경경영의 흐름

환경경영은 전통적인 오염 관리 및 통제라는 내부 지향성을 벗어나 기업가치 창출 및 기업의 외부 이해관계자 및 국제적 기준을 수용한 새로운 모습으로 진행되고 있다(삼성지구환경연구소, 2005).

1) 책임관리로서의 환경경영

기업경영에서의 책임은 일반적으로 “who : 책임의 주체는 누구인가?”, “what : 무엇을 책임지는가?”, “to whom : 누구에게 책임을 지는가?” 등 크게 3가지 구성요소로 구분할 수 있다.

환경경영에서 책임의 주체는 과거에는 문제를 발생시킨 당사자였으나, 오늘날에는 당사자가 소속된 기업이 책임을 지는 주체로 변화하고 있다. 그리고 환경경영이 책임을 지는 내용은 오염 예방에서 출발하여 지역사회와의 관계, 노사관계, 사회공헌 등으로 다양화되고 있다. 마지막으로 책임을 지려는 대상은 기업과 이해관계를 갖는 이해관계자의 범위에 따라 달라진다.

한편, 환경경영을 책임관리의 하나로 생각할 경우 기업의 환경경영 책임을 주어진 환경법규 준수로 국한하면 환경규제 준수경영(environmental compliance management)이라는 개념이 나타나게 된다.

2) 위험관리로서의 환경경영

글로벌 기업이 추구하는 불확실성과 환경변화에 대응하는 경영전략 측면에서 보면, 환경경영은 위험경영과 연계되는 새로운 흐름을 보이고 있다. 즉, 환경경영은 생태계 측면에서 기업이 직면하게 될 불확실성과 위험을 제거하는 위험관리와 연계된다. 더 나아가서 환경경영은 위험회피를 통하여 시장창출의 기회를 놓치게 되는 기회손실을 예방하는 데 기여할 것이다.

세계 최대 화학기업인 다우케미칼(Dow Chemical)은 그린피스 같은 환경단체들의 대표적인 표적이다. 유독(有毒) 화학물질배출로 환경을 오염시키고 인명까지 앗아간다는 이유 때문이다. 다우케미칼이 환경오염의 주범이라는 꼬리표를 떼어내기 시작한 것은 1990년대 중반부터다.

다우케미칼은 1995년 미국 텍사스주 시드리프트에 있는 공장에 하수처리 설비를 확충할 때 4,000만 달러를 들여 하수처리장을 새로 건설하는 대신에 공장 옆에 습지를 만들었다. 2년 여의 시간이 흐른 후 이 습지는 하수처리라는 원래 목적을 수행하는 동시에 야생 동식물의 서식지로 자리잡았다. 습지 조성에 들어간 비용은 140만 달러에 불과했다. 다우케미칼은 습지 프로젝트를 통해 2억 8,200만 달러의 이익을 본 것으로 추산했다.

또 2011년부터는 미국 환경단체인 국제자연보호협회(TNC : The Nature Conservancy)와 함께 텍사스주 프리포트 산업단지에서 숲 가꾸기, 담수 공급 관리 등의 프로젝트를 진행하면서 자연이 제공하는 가치를 더 세밀하게 평가하려는 노력을 하고 있다(조선, 2015.9.19).

3) 핵심역량관리로서의 환경경영

다양한 형태로 경쟁해야 하는 오늘날의 기업들은 전략적 핵심역량을 확보하는 한 가지 방법으로 환경경영을 고려하고 있다. 즉, 환경경영은 새로운 시장 및 고객확보를 위해 전략적으로 활용될 수 있고, 효율성 추구를 위해 전략적으로 활용될 수도 있으며, 마지막으로 환경경영은 기업의 가치창출에도 공헌하게 될 것이다.

코카콜라는 환경파괴의 주범으로 지목되어 소멸될 지경에서 가까스로 살아났다. 제품생산 과정에서 소비한 물의 양만큼을 자연에 되돌려 주겠다는 '물 중립(water-neutral)'을 선언한 덕분이었다. 이 선언의 이행에는 상당한 비용이 들었지만 친환경 기업으로 이미지 전환을 하는데 매우 효과적이었다는 평가를 받았다.

의류업체 리바이스가 출시한 '워터리스' 청바지 라인은 제조과정에서 물 소비량을 평균 28퍼센트, 최고 96퍼센트까지 줄였다. 리바이스는 워터리스 제품 출시로 환경보호 효과와 함께 더 큰 이익을 거뒀다. 또한 상수도 시스템을 건설하는 대신 강 유역 주변의 숲과 생태 습지에 투자하는 것이 왜 깨끗한 물 공급을 확보할 수 있는 가장 경제적이고 합리적인 선택인지도 밝혔다(http://www.kecowebzine.kr/vol38/s0205.asp).

경영산책

친환경제품이 많아지고 소비가 늘어나야

95.5% 환경오염과 쓰레기 문제가 심각한 수준

82.2% 친환경제품 구매의향

25.5% 친환경제품 실제구매(지난 3개월)

51.5%	41.1%	32.4%	21.7%	14.9%	7.8%
장바구니 사용	양치, 면도, 세안시 수돗물 잠그기	세탁시 낮은 온도 설정	페트병 라벨지 제거	일회용 배달음식 포장용기 사용 줄이기	택배상자 사용량 줄이기

현행	통합로고	
환경마크	환경마크	환경마크(영문)
환경성적표지(환경성적)	환경성적표지	환경성적표지(영문)
환경성적표지(탄소발자국)	탄소발자국	탄소발자국(영문)
〈신설〉	성능확인	성능확인(영문)

기업들이 막대한 비용과 시간을 들여서 친환경제품을 생산해도 소비가 안 되면 망합니다.
소비자들이 조금은 불편하더라도
지구를 사랑하는 마음으로 친환경제품을 사용해줘야
기업이 힘을 얻겠지요,
우리 모두 해보자구요!!!
파이팅 코리아!!!

자료 : 뷰티경제, 환경에 대한 우리의 생각? '친환경 제품 구매의향 82% vs 실구매 25%', 2020.6.24.
시사매거진, 친환경제품 찾기 어렵지 않아요, 로고가 통합된다, 2017.1.26.

5 ISO14000 시리즈

ISO(International Organization for Standardization) 규격에는 ISO9000과 ISO14000 시리즈가 있는데, ISO9000은 품질보증체제, ISO14000은 환경경영체제를 의미한다. 즉, ISO9000은 품질을 통한 고객만족, ISO14000은 환경보호를 목적으로 하고 있다. 품질보증체제가 제조업을 대상으로 하는 데 비하여, 환경경영체제는 서비스 등 전 업종을 대상으로 한다는 데 차이가 있다. 그러나 두 체제 모두 최종 결과가 아닌 과정에 초점을 맞추고 있다는 공통점이 있다.

ISO14000 시리즈는 국가마다 다르게 운영되어 온 환경관리 방법 및 체제를 통일하기 위해 국제표준화기구에서 제정한 환경경영에 대한 규격을 의미한다. ISO14000 시리즈는 ISO14001을 제외하고 모두 지침형태로 되어 있다는 특징이 있으며, 생산 · 소비활동의 전 과정에 대한 환경인증제도일 뿐만 아니라 기업경영 전반에 대한 평가를 한다는 점에서 매우 의의가 크다고 할 수 있다. 특히 환경에 대한 중요성이 강조됨에 따라 이에 대한 규제도 엄격해지고 있으며, 국제적인 상거래에 있어서도 ISO14001 인증 없이는 거래가 성사될 수 없는 경우도 있다.

ISO14000 시리즈 규격은 7개의 주제에 따라 구분되는데, ISO14000 시리즈

규격의 구성 내용은 다음과 같다.

표 11-4 ISO14000 시리즈 규격의 구성

규격 번호	주제
ISO14000~14009	환경경영시스템
ISO14010~14019	환경감사
ISO14020~14029	환경라벨링
ISO14030~14039	환경성과 평가
ISO14040~14049	라이프사이클 평가
ISO14050~14059	용어와 정의
ISO14060~14069	기타 환경관련 사항

1) 환경경영시스템

환경경영시스템은 환경정책이나 방침, 목적의 적합성을 보증하는 경영체제의 절차와 요건을 규정하기 위한 분과위원회이다.

2) 환경감사 및 조사

환경감사 및 조사는 환경영향을 관리 규제하는 조직의 능력을 평가하고, 감사의 요소, 감사자의 자격을 규정하기 위한 분과위원회이다.

3) 환경라벨링

환경라벨링은 제품별 환경기준 및 측정방법, 광고기준, 소비자불만에 관한 검증방법을 규정하기 위한 분과위원회이다.

환경라벨링에는 Type 1, 2, 3 등 3가지 형태가 있다. Type 1은 각 국가별로 독자적으로 운영되고 있는데, 우리나라의 환경마크 제도가 해당된다. Type 2는 자기선언 환경성 주장과 관련된 것으로 우리나라의 "인증 등의 표시 및 광고에

관한 공정거래지침"과 유사하다. Type 3은 정량적 환경성 선언방법으로서 자원 및 에너지의 사용, 오염배출 등 제품의 환경관련 정보를 일정한 양식에 의해 표시함으로써 소비자들이 구체적인 환경정보를 알 수 있도록 하기 위한 것이다.

4) 환경성과의 평가

환경성과의 평가는 제품공정, 서비스의 환경영향, 관련 요소의 평가방법을 규정하기 위한 분과위원회이다.

환경성과평가는 기업의 활동과정에서 발생하는 환경관련 이슈를 다양한 이해관계자에게 제공하기 위해 필요하다. 즉, 기업이 수행하는 경영활동과정에서 환경성과 개선의 기회를 포착, 환경성과에 대한 자료를 의사결정에 필요한 정보로 가공, 경영활동의 환경 효율성을 제고하여 새로운 사업기회를 찾으려는 것이다.

환경성과평가의 주요 과제를 접근관점, 평가목적, 평가대상, 주요 평가지표로 구분하면 다음과 같이 요약할 수 있다.

표 11-5 환경성과 평가의 주요 과제

관점	목적	대상	지표
회계	환경비용 및 책임에 대한 보고	• 환경책임 • 사회적 비용	• 재무적 지표 • 배출/폐기물 지표
생산	공정, 생산방식의 효율성 제고	품질, 에너지 수치	• 효율성 지표 • 재무적 지표 • 투입자원 지표
품질	품질의 환경성 제고	• 폐기물 발생량 • 품질유지비용	• 배출, 폐기물 지표 • 재무적 지표 • 투입 자원 지표
환경감사	법규 준수	• 경영시스템 • 법적 위험	• 배출, 폐기물 지표 • 투입자원 지표 • 환경위험 지표

자료 : https://prezi.com/mvkom3ncz_ax/52091071/

5) 라이프사이클 평가(전과정 평가)

라이프사이클 평가는 설계, 생산, 사용, 폐기 등의 과정에서 환경영향을 고려한 제품설계 지침을 작성하기 위한 분과위원회이다.

LCA는 제품의 원재료에서 생산, 사용, 폐기까지의 전과정을 통해 환경에 미치는 영향을 정량적으로 분석하고 평가하는 것이다. 이를 통하여 환경개선을 모색하고자 하는 객관적이며 적극적인 환경영향 평가기법이다. 전과정 평가의 순환과정은 [그림 11-1]과 같다.

그림 11-1 전과정평가의 순환과정

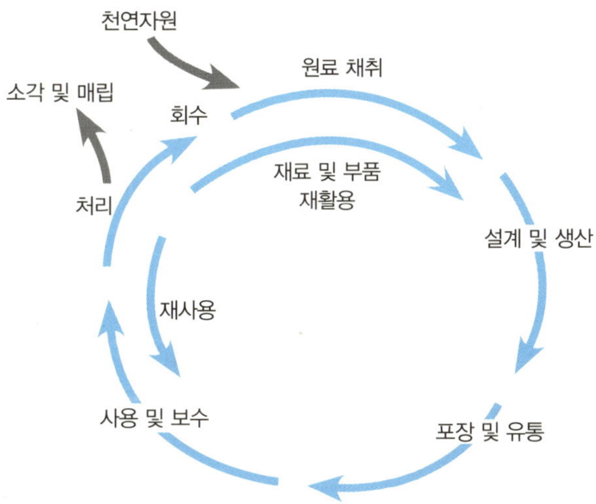

자료 : file:///C:/Users/user/Downloads/LCA

6) 용어의 정의

이것은 시리즈와 관련된 용어와 정의에 대한 국제표준 개발을 위한 분과위원회이다.

6 자발적 협약

자발적 협약(VA : Voluntary Agreement)은 기업이 에너지 절약과 온실가스 배출 감축목표를 설정한 후 추진일정, 실천방법 등을 정부에 제시하고 해당 목표를 달성할 경우 각종 지원을 받는 비규제적인 시책을 말한다. 1990년대 초부터 네덜란드, 덴마크 등에서 시작돼 미국, 영국, 독일 등 세계 여러 나라에서 시행되고 있다.

자발적 협약은 과거의 일방적인 규제정책과는 달리, 특정한 정책목적을 실현하기 위하여 정부와 기업이 상호 협력하는 제도 중의 하나이다. OECD에서는 자발적 협약을 "바람직한 사회적 성과를 가져올 자발적 활동을 촉진하기 위해 정부가 장려하고 자기이익에 근거한 참여자에 의해 수행되는 정부와 기업 간의 협약"이라고 정의하고 있다.

즉, 자발적 협약은 정부가 각종 규제를 통해 억지로 환경오염원을 줄여나가게 하는 '채찍'정책보다, 기업들로 하여금 일정수준 이상의 목표를 스스로 제시, 달성하도록 하고 나머지 규제는 대폭 완화하고 각종 혜택을 지원하는 '당근'정책이 총량적으로 오염물질을 줄이는 데 효과적이라는 것이다.

자발적 협약의 가장 중요한 성공요건은 기업의 적극적인 참여이다. 기업이 이 제도의 장점을 인식하여 자발적으로 참여할 수 있도록 유도하기 위해서는 시장원리에 근거한 명확한 인센티브를 제시해야 하는데, 환경관련 각종 규제의 완화 또는 면제, 필요자금지원, 기술지원 등이 있다.

경영산책 | 환경규제 vs 기업경영?

환경규제가 경영에 미치는 영향

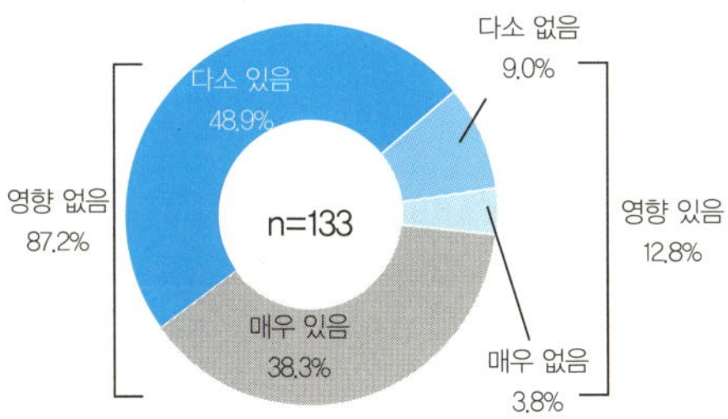

이행부담 큰 환경규제

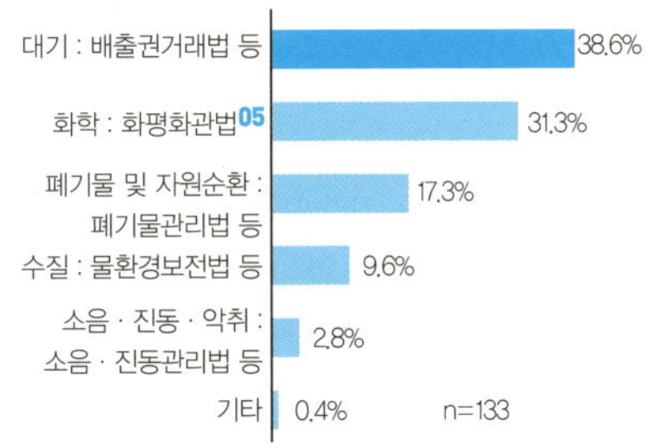

규제가 강화되었다고 생각하는 이유

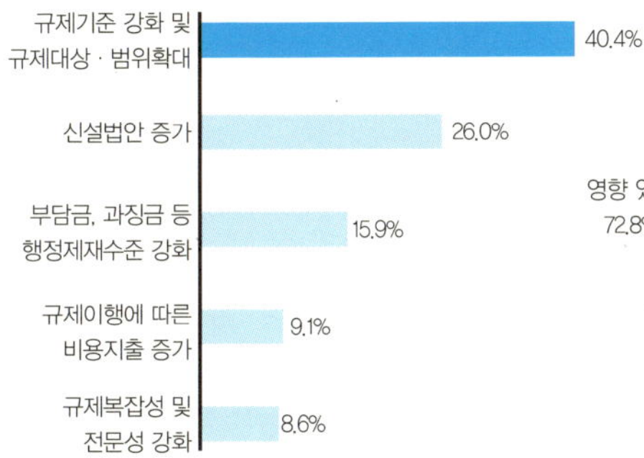

규제강화의 생산비용 · 제품가격 인상영향

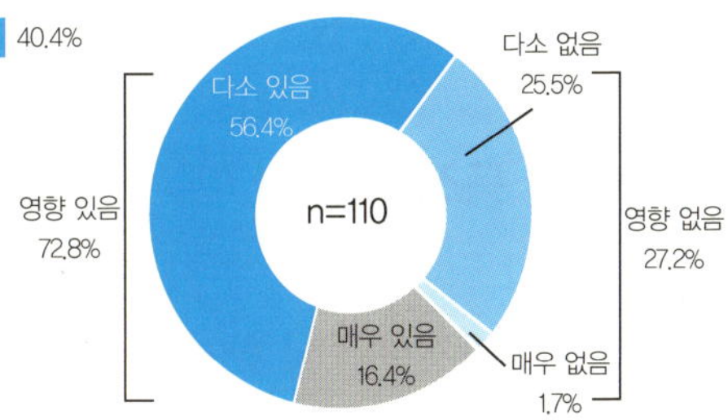

규제 애로사항

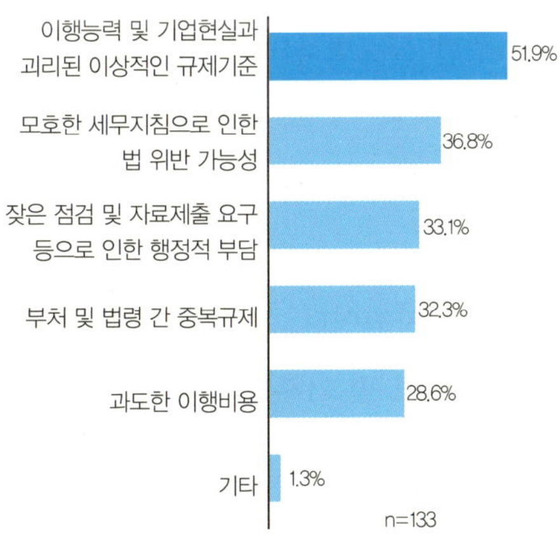

규제 개선방향

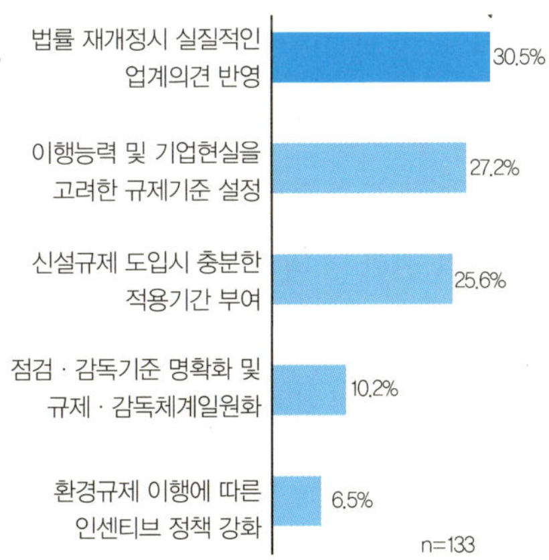

05 화평법(화학물질 등록 및 평가 등에 관한 법률), 화관법(화학물질관리법)

정부는 환경을 보전하기 위해서 적절한 규제를 합니다.
그러나 규제는 현실에 맞아야 하겠지요.
현실과 동떨어진 규제는 기업 활력을 빼앗아가니까요.
윈-윈할 수 있는 접점은 어디일까요?
여러분이 답을 한다면?

자료 : 굿모닝경제, 기업 10곳 중 8곳, '환경규제'로 기업경쟁력 악화, 2020.6.8.

7 그린뉴딜과 기업경영

7.1 개념 및 등장배경

그린뉴딜은 기후위기 및 환경문제에 대응하는 '그린(Green)'과 국가주도의 대규모 경기부양 정책인 '뉴딜(New Deal)'의 합성어로 경제와 산업시스템의 대전환을 의미하는 개혁정책이다. 즉, 환경과 사회간접자본에 대한 투자를 통해 경기를 부양하고 신재생에너지 사용 증가와 온실가스 감축 과정에서 일자리를 창출하겠다는 정책이다. 그린뉴딜은 2007~2008년 글로벌 금융위기시에 미국과 영국에서 거의 동시에 대두되었다.

그린뉴딜은 환경위기에 대응, 코로나19로 침체된 경제위기 극복, 저탄소 경제체제로의 전환 등의 필요성에 의해 등장하였다.

첫째, 경제성장에 따른 환경위기에 대응하는 차원이다. 경제가 성장할수록 자원고갈과 환경파괴가 심해지는 상황에서 환경위기 및 기후변화에 대한 위기의식이 고조되고 있다. 따라서 기업은 에너지와 자원의 사용을 최소화하면서 경제발전에 기여할 수 있는 지속가능한 정책을 모색해야 한다. [표 11-6]에서 보면 알 수 있듯이, 앞으로 지구 평균기온 상승폭을 1.5℃ 이내로 제한하지 못하면 홍수,

가뭄, 산불, 허리케인 등 기후재앙이 연속적으로 발생할 것으로 전망되고 있다.

표 11-6 2100년까지 전지구 평균기존 1.5도와 2도 상승시 영향

구분	1.5도 상승	2도 상승
산호초 멸종률	70~90%	99%
연안 홍수 위험	보통	매우 높음
기온	• 중위도 폭염시 3도 상승 • 고위도 혹한시 4.5도 상승	• 중위도 폭염시 4.5도 상승 • 고위도 혹한시 6도 상승
2100년 해수면 상승	0.26~0.77m	0.36~0.87m
생물종 절반 절멸률*	곤충 6%	곤충 18%
	식물 8%	식물 16%
	척추동물 4%	척추동물 8%
육지 생태계 변화율	약 6.5%	약 13%
어획량	150만 톤 감소	300만 톤 감소
북극해 해빙	100년에 한 번 여름철 북극해 해빙 모두 녹음	10년에 한 번 여름철 북극해 해빙 모두 녹음

*특정 생물종이 절반 이상 사라지는 비율
자료 : 기후변화정부간협의체 지구온난화 1.5도 특별보고서

둘째, 코로나19로 침체된 경제위기 극복이다. 각국 정부는 코로나19에 따른 경제침체 피해를 최소화하기 위해 적극적인 경기부양 정책을 펼치고 있다. 기업은 재생에너지 사용을 증가시켜 에너지 효율성을 높이는 정책을 추구하면서 경기침체 극복에 노력해야 한다.

셋째, 저탄소 경제로의 체제 전환이다. 2020년 전 세계는 코로나19와 같은 질병, 폭염, 홍수, 태풍, 지진 등 자연재해의 피해를 겪었다. 각국 정부는 이러한 어려움을 극복하고 지속가능한 경제체제를 구축하기 위하여 저탄소 경제 또는 탄소중립 경제체제로의 전환을 시도하고 있다.

7.2 그린뉴딜 정책과 기업 대응

각국에서 펼치고 있는 그린뉴딜은 개별 기업에 영향을 미친다. 기업들은 재도약을 위해 그린뉴딜 정책에 효과적으로 대응해야 한다. 그린뉴딜 정책이 개별기업에 미치는 영향을 요약하면 다음과 같다.

첫째, 거래비용 증가이다.

그린뉴딜 정책이 강화되면 국가 간 또는 기업 간 거래조건이 엄격해지면서 친환경관련 거래비용이 증가하게 된다. 예를 들면 RE100(Renewable Energy 100%) 캠페인이다. RE100은 기업이 사용할 전력의 100%를 재생에너지로 변경하겠다는 자발적인 글로벌 신재생에너지 캠페인으로 많은 기업들이 참여하고 있다. 여기에 참여하고 있는 기업들이 국내 기업과의 거래시 신재생에너지 사용을 계약조건으로 하는 사례가 나타나고 있으며 더 빈번해질 것이다.

둘째, 설비투자 증가이다.

기업은 그린뉴딜에 대응하기 위하여 생산과정에서의 탄소 저감 및 상품 및 서비스의 탈탄소화를 위한 연구개발 및 설비투자를 확대해야 한다. 또한 미세먼지 방지설비, 노후차량 교체 등 환경오염을 방지하기 위한 투자도 여전히 필요하다.

셋째, 친환경 이미지 강화이다.

최근의 소비자들은 기업의 친환경 활동을 하고 있는지를 구매시 고려하고 있다. 즉 소비자들은 기업의 ESG 경영 수준을 소비에 반영하기 시작한 것이다. 기업은 친환경 전환 정책을 실시해야 하고 적극적으로 대응하는 것만이 생존을 보장받을 수 있다.

그림 11-2 주요 기업의 2021년 사업전략

자료 : 언론기사 요약

그림은 우리나라 주요 기업의 2021년도 사업전략을 나타낸 것이다. 기업들은 그림에서 보면 알 수 있듯이 그린뉴딜 시장에서의 입지 확보를 위해 대형 M&A를 통한 경쟁력 확보를 중요하게 생각하고 있다.

기업의 글로벌 경쟁력은 자동차회사가 자동차를 더 많이 팔고, 가전회사가 TV를 더 많이 파는 기존의 전략을 뛰어넘어야 얻을 수 있다. 예를 들면, 폭스바겐은 2030년에 우리나라 전체의 발전 규모보다 큰 대용량의 전기차 배터리가 도로를 주행할 것으로 전망하였다. 이렇게 되면 전기차 배터리의 전기를 효율적으로 사용하는 전략을 모색해야 한다.

기업들은 우리나라를 포함한 각국 정부가 코로나19로 침체된 경기부양을 위해 그린뉴딜 분야에 투자를 늘릴 것에 대비해야 한다. 왜냐하면 기업이 새롭게 열리는 '친환경 시장'에 동참할 수 있느냐 여부가 기업 미래에 중요한 영향을 미치게 될 것이기 때문이다.

한편, 정부는 기존사업보다 높은 수익을 올릴 수 있는 환경을 조성하여 기업투자를 유도하여야 한다. 왜냐하면 정부가 그린뉴딜 정책을 강하게 밀어붙이면 기업들은 일시적으로 협력하겠지만 지속성을 갖기는 어려워지기 때문이다. 즉, 정치가 아니라 경제적 관점에서 접근해야 성공할 가능성이 높아진다.

경영산책 | 날씨가 돈을 벌게 해준다면?

기상청이 하는 일기예보는 단순한 예보가 아닙니다.
기업은 날씨로 상품수요를 예측하고
기업의 계획까지 변경하고 있지요.
지구온난화와 기상이변을 생각해보면 이해가 될껍니다.
'날씨정보 = 돈 되는 데이터'

자료 : IBM KOREA, 비가 오는 날 당신의 소비, IBM은 알고 있다. 2020.9.7.
ezday.co.kr, 비오는날 대비! 11번가 장마대첩 프로모션 :D, 2015.7.1.

CHAPTER

12 넥스트 뉴노멀

이 장에는 플랫폼 비즈니스, 기업시민, 착한 기업, 라이프사이클 비즈니스 등 미래 기업이 어떤 활동들을 해야 하는지를 쓸 생각이었다. 그러나 이러한 내용들은 앞에서 언급한 부분하고 중복되는 부분도 있고 해서, 코로나 이후 변화 양상에 대해 알아보고 이에 맞게 기업이 대처하는 방안이 필요하다는 생각에 넥스트 뉴노멀에 대하여 서술하였다.

2020년에 발생한 코로나 바이러스는 우리 삶의 모든 것을 바꾸고 있다. 1997년 IMF 구제금융, 2000년대 초반의 IT 거품 붕괴, 2008년 글로벌 경제위기 등은 슬기롭게 잘 극복했다. 이런 위기를 잘 극복해서 원래의 상태로 되돌아오는 경험을 했다. 힘이 들고 시간이 걸렸지만 인간의 힘으로 충분히 극복이 가능한 문제였다.

그러나 코로나 바이러스 사태는 이전의 위기와는 차원이 다른 문제라는 인식이 강하다. 누구든 감염될 수 있는 가능성이 있고, 전 세계를 동시에 공포에 몰아놓고 있으며, 끝이 보이지 않는다는 불안감이 더해지고 있기 때문이다. 코로나 바이러스는 우리에게 '비대면(untact)/넥스트 뉴노멀(next new normal)[01] 시대의 도래'라는 숙제를 남겼다.

미래학자들은 코로나 바이러스 사태가 종식되더라도 지구상에 또 다른 바이러

01 2008년 글로벌 금융위기 이후 뉴노멀이 사용되었고, 코로나19 이후 시대를 예측할 때 넥스트 노멀을 사용하고 있다. 여기서는 이러한 경향을 묶어서 넥스트 뉴노멀로 사용하고자 한다.

스가 창궐할 것으로 예상하고 있다. 그리고 이것은 전 세계인이 공통적으로 인식하는 점이기도 하다. 특히 인터넷 5G, 인공지능 등 디지털 정보 기술의 발전은 비대면 생활환경을 더 앞당길 것으로 보인다.

사회현상을 연구하는 사람들은 5년 동안의 변화가 50년 동안의 변화보다 더 많다는 의미로 '5>50'이라는 부등식을 사용한다. 그런데 2020년 발병한 코로나 사태는 이런 표현을 '1>50'으로 수정시킬 것 같다. 즉 코로나가 가져온 1년 동안의 변화가 50년 동안의 변화보다 많다는 의미이다.

1 뉴노멀의 개념 및 구분

뉴노멀은 경제, 사업용어로 2007~2008년 세계금융위기와 2008년부터 2012년까지 이어진 경제침체 기간 동안 만들어진 새로운 경제적 기준을 말한다. 뉴노멀은 이전에는 비정상적인 것으로 보였던 현상과 표준이 점차적으로 표준으로 바뀌는 것을 의미한다. 저성장, 저금리, 저물가가 지속되는 것이 특징이다(위키백과).

뉴노멀은 처음에는 경제와 사업부문 용어로 사용되었으나, 지금은 사회현상을 설명하는 모든 분야에서 사용되고 있다. 이제 세상은 코로나 전과 후로 구분될 것 같다. 학자들은 뉴노멀을 1.0 시대, 2.0 시대 또는 1.0, 2.0, 3.0으로 구분하고 있지만 아직 통일된 것은 없다. 여기서는 뉴노멀 1.0 시대, 2.0 시대로 구분하여 설명하고자 한다.

뉴노멀 1.0 시대는 2008년 글로벌 금융위기 이후 변화된 모습을 나타낸다. 글로벌 금융위기 이후 생존을 위해 레버리지를 줄이게 되면서 저성장이 일시적인 것이 아니라 고착화된다는 의미에서 뉴노멀이라고 이름붙였다.

글로벌 금융위기 이후 세계경제는 공통적으로 저성장, 저금리, 저물가 시대를 맞이했다. 1990년대부터 이어져 오던 경제호황이 사라졌음을 의미한다. 세계경제는 저성장, 고위험이 공존하는 가운데 구조적인 장기침체 국면에 빠졌다. 각국 정부는 저성장에서 벗어나고 장기침체를 탈피하기 위하여 양적 완화를 적극적으로 실시했다. 한편, 기업들은 정보기술을 이용하여 효율성을 높이고 비용을 절감할 수 있는 방안을 모색하면서 소비자의 소비심리를 이끌어내는 데 초점을 맞추었다.

그림 12-1 뉴노멀 1.0

양적 완화(quantitative easing) 그리고 IT 인프라의 새로운 패러다임 등장

자료 : 최형광, "코로나19와 뉴노멀 2.0 시대", CIO, 2020.3.19.

넥스트 뉴노멀 2.0 시대는 코로나 이후 나타날 변화를 의미한다. 즉 2020년에 발생한 코로나가 새로운 표준을 만들어내는 것이다. 코로나가 일시적으로 유행하는 감기와는 달리 언택트를 일반화하면서 오프라인 기반의 산업과 기업에 큰 타격을 주었다. 또한 넥스트 뉴노멀 2.0 시대는 경제적 문제뿐만 아니라 인간의 생명하고 직결되기 때문에 차원이 다른 문제로 다가오고 있다.

그림 12-2 넥스트 뉴노멀

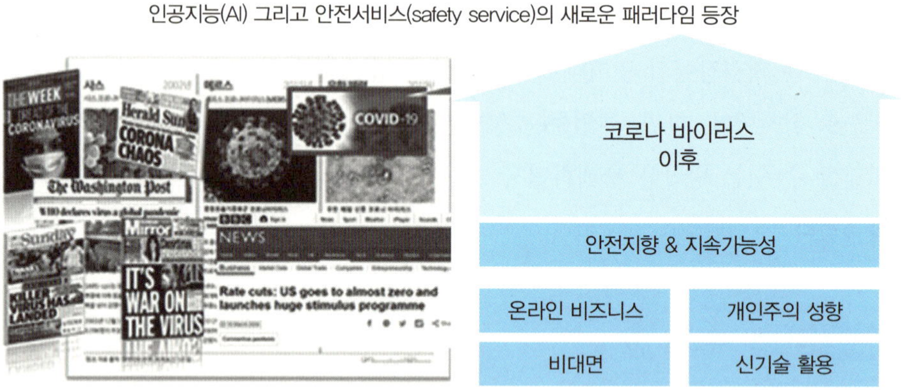

자료 : 최형광, "코로나19와 뉴노멀 2.0 시대", CIO, 2020.3.19.

코로나 바이러스의 대유행은 지금까지 경제적, 사회 · 문화적 장벽 등에 막혀 도입되지 못했던 혁신적 기술들을 일상에 도입하게 만들고 있다. 넥스트 뉴노멀 2.0 시대의 특성을 나타내면 [그림 12-3]과 같다.

넥스트 뉴노멀 2.0 시대는 개인주의 성향이 심화되고, 비대면, 온라인 비즈니스를 위한 신기술 활용이 늘어날 것으로 전망된다. 또한 인공지능, 빅데이터, 블

그림 12-3 넥스트 뉴노멀 2.0 시대의 특성

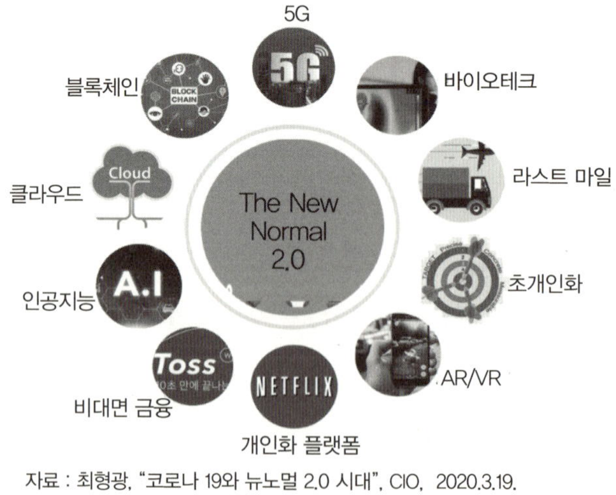

자료 : 최형광, "코로나 19와 뉴노멀 2.0 시대", CIO, 2020.3.19.

록체인, 스마트 안전 기술 등을 활용한 디지털 생활이 가속화될 것으로 전망된다. 즉 첨단 정보기술과 비즈니스의 결합은 새로운 플랫폼 사업자들을 탄생시킬 것이다. 이러한 현상은 소비자들의 선택 폭을 넓히는 결과를 가져온다.

2 넥스트 뉴노멀 2.0 시대의 비즈니스 모델

산업연구원은 코로나 사태가 끝나면 비대면 방식의 서비스 수요는 지속적으로 증가할 것으로 전망했다. 즉, 소비자들은 코로나 장기화에 따른 사회적 거리두기에 따라 비대면 방식으로 제공되는 서비스모델을 적극적으로 활용하기 시작하면서 과거와 다른 모습을 보일 것이다. 넥스트 뉴노멀 2.0 시대에 업종별 코로나 관련 이슈 및 비대면 비즈니스 모델을 알아보면 다음과 같다.

예를 들면, 패스트푸드와 커피전문점에서 주로 사용하던 드라이브 스루가 코로나 검사 및 접종에 사용되고 있다. 앞으로 많은 업종에서 이를 이용할 것으로 생각된다. 비대면 비즈니스 모델에는 무인점포, 무인주차장처럼 로봇이나 시스템을 이용하는 경우도 있지만, 최근에는 인터넷이나 모바일을 이용하는 추세가 증가하고 있다.

표 12-1 서비스업종별 코로나19 관련 이슈 및 비대면 비즈니스 모델

	코로나19 관련 사회현상 및 영향	
	새로운 비즈니스 모델	해결해야 할 과제
도매 및 소매업 (특히, 소매업)	유동인구 감소, 대면접촉 및 다중이용시설 회피 ⇒ 면세점, 백화점 매출 급감	
	온라인 쇼핑(쿠팡, 마켓컬리), 무인매장	오프라인 유통과의 갈등, 긱워커(Gig Worker)

<table>
<tr><td rowspan="2">운수업</td><td colspan="2">지역 간의 이동 제한, 유동인구 감소
⇒ 항공사 운항 축소, 대중교통 통행량 감소</td></tr>
<tr><td>물류(드론 배송), 자율주행차</td><td>제도 미비, 규제</td></tr>
<tr><td rowspan="2">숙박 및 음식점업</td><td colspan="2">대면접촉 및 다중이용시설 회피, 유동인구 감소
⇒ 호텔 등의 객실판매액 급감, 음식점 매출 감소</td></tr>
<tr><td>숙박예약(여기어때), 음식배달(배달의민족),
간편식(편의점), 터치스크린 주문</td><td>Gig Worker
(고용여건 이슈)</td></tr>
<tr><td>콘텐츠산업
(출판, 영상 등)</td><td colspan="2">대면접촉 및 다중이용시설 회피 ⇒ 영화관, 게임방 등의 이용객 축소</td></tr>
<tr><td rowspan="2">금융 및 보험업</td><td colspan="2">대면접촉 및 다중이용시설 회피 ⇒ 금융기관 방문고객 감소</td></tr>
<tr><td>인터넷뱅킹, 인터넷전문은행, P2P(Lending Club)</td><td>제도 미비, 다양한 규제,
개인정보 활용 여부</td></tr>
<tr><td rowspan="2">전문과학 및
기술서비스업</td><td colspan="2">대면접촉 회피 ⇒ 재택근무 확산</td></tr>
<tr><td>플랫폼 기반(로톡, 위시켓), 화상회의(줌 등 SW)</td><td>기술개발(SW)</td></tr>
<tr><td rowspan="2">사업시설관리 및
사업지원</td><td colspan="2">지역 간의 이동 제한, 대면접촉 및 다중이용시설 회피
(MICE, Call Center, 인력공급 및 고용알선) ⇒ 여행사 폐업, MICE 행사 취소 등</td></tr>
<tr><td>여행예약(아고다), 디지털 전시관</td><td>–</td></tr>
<tr><td>교육서비스업</td><td colspan="2">대면접촉 및 다중이용시설 회피(산업 전반)
⇒ 개학 연기(공교육), 휴원 권고(사교육)</td></tr>
<tr><td rowspan="2">보건 및
사회복지 서비스업</td><td colspan="2">대면접촉 및 다중이용시설 회피 ⇒ 코로나19 이외 질환 진료의 어려움</td></tr>
<tr><td>원격의료, 원격면회</td><td>제도 미비, 다양한 규제,
개인정보 활용 여부</td></tr>
<tr><td rowspan="2">예술, 스포츠 및
여가관련 서비스업</td><td colspan="2">유동인구 감소, 다중이용시설 회피 ⇒ 공연 취소, 관중 없는 스포츠경기</td></tr>
<tr><td>콘텐츠 영상화(SAC on screen), 취미생활(하비인더박스)</td><td>AR/VR 시설</td></tr>
<tr><td rowspan="2">수리 및 기타
개인 서비스업</td><td colspan="2">다중이용시설 회피 ⇒ 미용실 등 개인서비스 이용 감소</td></tr>
<tr><td>플랫폼 기반(태스크래빗, 런드리고)</td><td>–</td></tr>
</table>

자료 : 산업연구원, "포스트 코로나 시대의 비대면 서비스 모델과 정책과제", 2020.5.15.

3 넥스트 뉴노멀 2.0 시대의 변화

넥스트 뉴노멀 2.0 시대의 변화를 정확하게 예측하는 것은 힘들다. 그렇지만 예측을 할 수 있다면 조금 더 나은 결과를 향하여 나갈 수 있을 것이다.

코로나19 이후 나타날 것으로 예측되는 새로운 경제, 사회의 패러다임 변화를 요약하면 다음과 같다. 여기에 나온 내용들이 정확하게 맞는 것은 아니지만 이러한 흐름을 알고 대응해 나가야 기업이 지속가능한 성장을 이룰 수 있을 것이다.

표 12-2 코로나19 이후 패러다임 변화

<table>
<tr><th>대분류</th><th>중분류</th><th>소분류</th></tr>
<tr><td rowspan="3">언택트 문화의 확산과 디지털 경제의 가속화</td><td>소비 패러다임의 변화</td><td>• 온라인 소비시장 확대
• 구독 경제의 확산
• 간접 체험 서비스 증가</td></tr>
<tr><td>일하는 방식의 변화</td><td>• 원격근무 수요 증가
• 원격수업의 확대
• 디지털 금융 활성화
• 스마트 행정 실현</td></tr>
<tr><td>여가 · 운동 방식의 변화</td><td>• 홈루덴스 문화 확산
• 온택트 문화의 확산
• 온라인 게임 시장의 성장
• 비대면 교통수단 증가</td></tr>
<tr><td rowspan="2">건강 및 환경에 대한 인식 변화</td><td>건강 · 위생에 대한 관심 고조</td><td>• 생활 방역의 일상화
• 코로나19로 가속화되는 디지털 헬스케어
• 건강에 대한 관심 증가
• 원격의료 시장 개화 · 진단기술의 발전</td></tr>
<tr><td>지구 환경을 생각하는 삶의 복원</td><td>• 의료 폐기물처리 사업의 부상
• 식물성 식품의 부상
• 전기차 수요 확대</td></tr>
<tr><td>산업 구조적 변화와 4차 산업혁명의 가속화</td><td>언택트 문화의 확산</td><td>• 자동화 확산
• 무인화 진전
• 서비스 로봇의 부상
• 전염병 관리와 의료 서비스 로봇</td></tr>
</table>

	4차 산업혁명의 가속화	• IoT/빅데이터를 활용한 미래 전염병의 모니터링 • 클라우드로의 전환 가속화 • AI기반 의료 체계의 시작 • 3D 프린팅의 활용 • 5G네트워크의 진전 • 다시 주목받는 블록체인

자료 : 최윤정 · 신주연 · 이수진 · 김은선, "넥스트 노멀시대, 새로운 비즈니스 기회를 찾다", 한국과학기술정보연구원, 2020.9.24.

아래에서는 넥스트 뉴노멀 2.0 시대에 기업이 겪게 될 변화 중 몇 가지를 구체적으로 알아보았다.

3.1 디지털 가속화

코로나 이후 전통적 대면 서비스는 비대면 서비스로 급속히 이행하게 될 것이다. 특히 개인주의 성향 및 IT 기술을 활용한 디지털 트렌드가 새롭게 자리잡을 전망이다. 오프라인 업체들은 온라인을 병행하는 추세이며, 금융, 의료부문에서 디지털을 이용한 핀테크와 원격진료 등이 등장하고 있다. 코로나 이후 디지털 사회의 모습은 [그림 12-4]와 같다.

그림 12-4 코로나19 이후 사회 변화와 디지털 사회의 모습

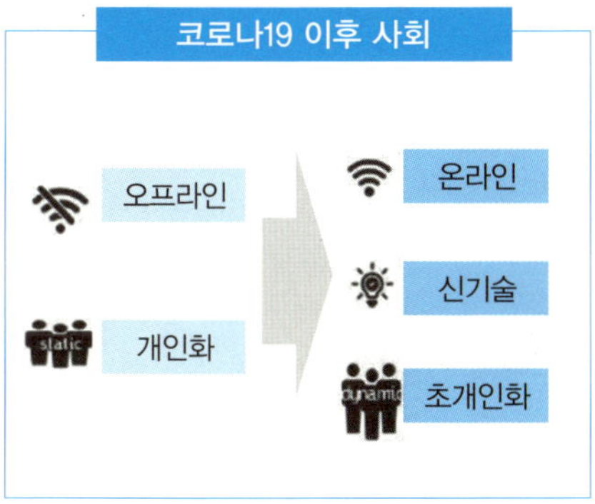

디지털 사회의 모습
1. 온라인 가상세계 –이커머스, 온라인쇼핑, 배송, 온라인 교육, 원격진료, 스마트뱅킹과 핀테크 2. 온라인 인공지능시스템 –화상회의, 업무메신저, 게임, 넷플리스 · 유튜브
신기술 : 빅데이터, 5G, VR/AR, 인공지능, 개인화 영상플랫폼, 화상인프라 IT, 디지털 기술 등

자료 : "코로나 이후 '뉴노멀' 도래 … 전자결제 · 콘텐츠 산업 주목해야–IBK", 이데일리, 2020.4.8.

디지털 사회가 되면 인적 교류 축소로 인한 조직관리 리스크가 발생하며, 개인정보 분석과 활용에 대한 거부감이 줄어들고, 온라인 편의성을 경험하는 세대가 확산되는 모습을 보일 것이다.

3.2 탈세계화

코로나 이후 기업들은 과거의 '효율성'을 중심으로 한 전략에서 코로나와 같은 팬데믹에 대응할 수 있는 '공급안정성'을 중시한 전략으로 변화시킬 것이다. 따라서 코로나 이후 제조업의 '탈세계화' 또는 '제조업 국산화'가 가속화될 것이며, 전세계를 공급기지로 하는 전략보다는 자국 또는 우호국에서의 생산비중을 높이는 전략을 채택하게 될 것이다.

그림 12-5 코로나19 이후 탈세계화

코로나19 이전		코로나19 이후	
효율성 (Off-Shoring)	국제분업 등의 '효율성'을 경제활동의 중심 : 오프쇼어링(Off-Shoring, 해외이전)	안전성 (Re-Shoring)	국가적 재난상태에 대비하여 '공급의 안정성'을 중시 : 리쇼어링 (Re-Shoring, 기업의 모국 복귀)
글로벌 VC	글로벌 가치사슬의 확대	자국 VC	자국 가치사슬의 확대
해외생산	생필품과 의료기기, 첨단제품 생산기지를 자국에서 해외로 이전하여 자국의 서비스산업 비중 확대	국산화 또는 우호국 생산	생필품과 의료기기 부문에서 국산화, 첨단제품은 투명하고 안전하며 안정적 공급이 가능한 자국 또는 우호국에서 생산기지화

자료 : 김군수 · 성영조 · 한영숙, "포스트 코로나19, 뉴노멀 시대의 산업전략," 경기연구원, 2020.5.1.

탈세계화는 기업정책에 많은 영향을 줄 것이다. 구체적으로 공급망 다변화, 재고관리시스템 혁신, 자동화제도 설비 도입 가속화, 생산시설의 리쇼어링 가속, 보호무역주의 심화 등이 기업에 영향을 미치게 된다.

중요한 과제는 위기와 불확실성에 대비하는 '회복탄력성'을 키우는 일이다. 글로벌 기업들이 코로나 바이러스 사태를 통해 공급망을 운영하는 데 탄력성이 부족하다는 것을 보여주었다. 공급망 중단에 따른 피해규모는 말할 필요가 없다. 따라서 기업들은 합리적 비용 투자에 기초하여 공급과 수요를 실시간으로 관리할 수 있는 능력을 키워야 한다.

3.3 신뢰의 중요성 제고

코로나 바이러스가 유행하면서 하루에도 수백 건의 검증되지 않은 정보들이 양산되었다. 특히 소셜미디어를 중심으로 허위정보가 빠르게 확산되었다. 기업들은 혼란스러운 비즈니스 환경하에서 소비자와 구성원들 간에 투명한 소통이 필요하다는 것을 깨달았다.

기업들은 코로나 바이러스 확산에 따른 허위정보 외에도 기업과 관련된 루머로 주가가 급등락하는 현상을 경험하였다. 기업들은 정보가 정확하게 전달되고 있는지를 모니터링하여야 하고 적절한 범위 내에서 정보를 통제할 수 있어야 한다. 이러한 시스템이 구축될 때 고객과 시장으로부터 신뢰를 얻을 수 있다.

그림 12-6 코로나19 관련 정보 출처 및 검증 결과

국내 언론의

코로나19 관련 정보 검증 결과	
전혀 사실 아님	61건
대체로 사실 아님	50건
절반의 사실	4건
대체로 사실	8건
사실	5건
판단유보	8건
	총 136건

인터넷에 따른

코로나19 관련 정보 출처	
인터넷 커뮤니티	39%
사회관계망서비스(SNS)	24%
인터넷카페	8%
유튜브	8%
뉴스 댓글	5%
단체 채팅방	4%
블로그	3%
네이버지식인	1%
청와대 국민청원	1%
기타	7%

자료 : 서울대 언론정보연구소(2020.1.1~2020.4.16, SNU 팩트체크센터 제휴 국내 언론사 30곳의 팩트체크 보도 내용 기준)

3.4 소비행태의 변화

코로나 바이러스가 전 세계적으로 번져 나가면서 소비자들은 제품 구매시 건강을 중요한 요소로 고려하기 시작하였다. 코로나 바이러스가 확산된 2020년을 보면 의약품 판매, 마스크, 비타민, 건강보조제 등의 수요가 증가하였다.

이러한 소비행태는 새로운 소비층의 등장, 원가구조의 개편, 제품 포트폴리오 재설정, 디지털 역량 개발 등의 시사점을 기업에 제공하고 있다. 즉, 소비행태 변화는 기업의 경영전략, 조직구조 개편 등에 영향을 미치게 된다.

그림 12-7 코로나19 발생 이후 활동 변화

실시간 원격 영상 시청과 배달앱 음식 주문, 코로나19 이후 이용량 늘었다는 응답 높아

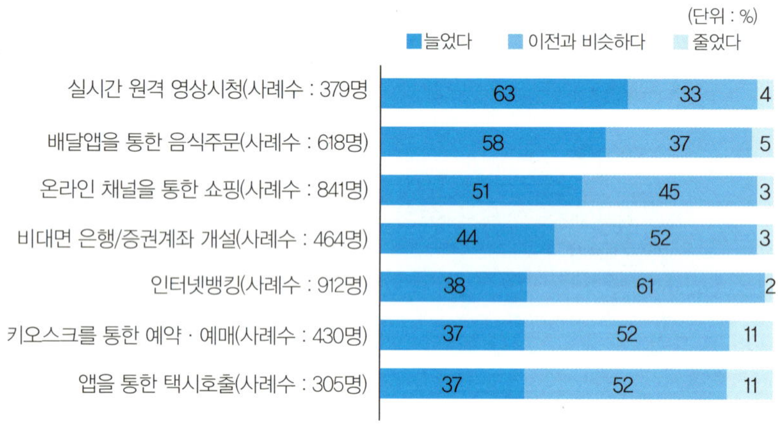

- 질문 : 귀하는 코로나19 발생 이후 다음과 같은 활동의 이용 변화가 있었습니까?
- 비고 : 5점 척도로 1점은 '이전보다 크게 줄었다' 5점은 '이전보다 크게 늘었다'임.
  척도 그래프에는 1+2를 묶어 '줄었다', 4+5을 '늘었다'로 제시
  코로나19 발생 이전에도 각 항목을 이용한 경험이 있는 응답자만 포함한 값이며, 각 항목별 유효응답수는 그래프에 별도 표기
- 조사시기 : 2020.5.8~5.11

한국리서치 정기조사 여론속의 여론(hrcopinion.co.kr)

코로나 바이러스 이후는 접촉을 최대한 피하는 비대면(언택트) 쇼핑을 선호하게 될 것이다. 대형 쇼핑몰, 영화관, 콘서트 등 사람이 많이 모이는 곳을 회피하

려는 경향이 높아지기 때문이다. 따라서 '언택트(untact)' 또는 '비대면 쇼핑'은 코로나 이후에 계속 증가할 것이다. 소비자는 온 · 오프라인이 결합된 언택트 쇼핑이 가능한 상점을 가려서 방문하려고 할 것이다.

코로나 바이러스 이후 넥스트 뉴노멀 시대의 소비패턴은 가격민감성, 디지털, 웰빙 등으로 요약할 수 있다.

그림 12-8 뉴노멀 시대의 소비패턴

1	2	3
시장변동성 및 가격민감성 예측	활발해지고 다양해지는 디지털 참여	케어, 웰빙, 혁신우선주의에 대한 고객의 장기간에 걸친 지지
• 경기 및 고용에 대한 불확실성 증가로 전반적 소비 위축 지속 • 고객 구매습관의 변동성 증대 • 가격 및 가치 중요성 확대	• 오프라인 매장과 온라인 매장 간의 효율적이고 통합적 접근 • 온라인 식품 구매에 대한 소비자의 경험 • 어느 곳에서나 최고의 경험을 원하는 고객	• 웰빙을 고려한 제품과 서비스에 대한 고객의 기대 • 미래 세대를 고려한 지속가능 경제에 대한 인식 확산

자료 : 삼일회계법인, "코로나19로 가속화된 소비자행동 변화", 2020.8.

3.5 사무실 개념의 변화

코로나 바이러스 이전에는 IT 기업을 중심으로 사내 카페, 휴게실, 게임룸, 수면실 등 창의성을 증진시키기 위한 시도가 이루어졌다. 또 기업들은 의사소통의 원활화를 위하여 열린 사무실 개념을 도입하기도 하였다.

그러나 열린 사무실은 직원들 간의 충분한 거리를 보장하지 않고 칸막이가 없어 코로나 바이러스 확산에 취약한 환경이 되었다. 기업들은 코로나 바이러스 유행에 따라 직원들이 독립된 공간에서 흩어져서 일할 수 있는 사무실 구조로 전환하고 있다.

또한 재택근무가 일상화·활성화됨에 따라 기존에 넓은 사무실을 꼭 유지할 필요성이 감소하였다. 따라서 기업들은 거점 오피스 등 유연한 사무실 개념을 도입, 물리적 사무실 공간 축소 등을 시도할 것으로 전망된다.

3.6 재택근무의 일상화

코로나 바이러스가 시작되면서 기업에서는 재택근무를 실시했다. 애플 CEO 팀 쿡은 "과거 일했던 방식으로 돌아가지 않을 것이다. 집에서 해도 정상적으로

그림 12-9 넥스트 뉴노멀 시대 자리잡는 재택근무

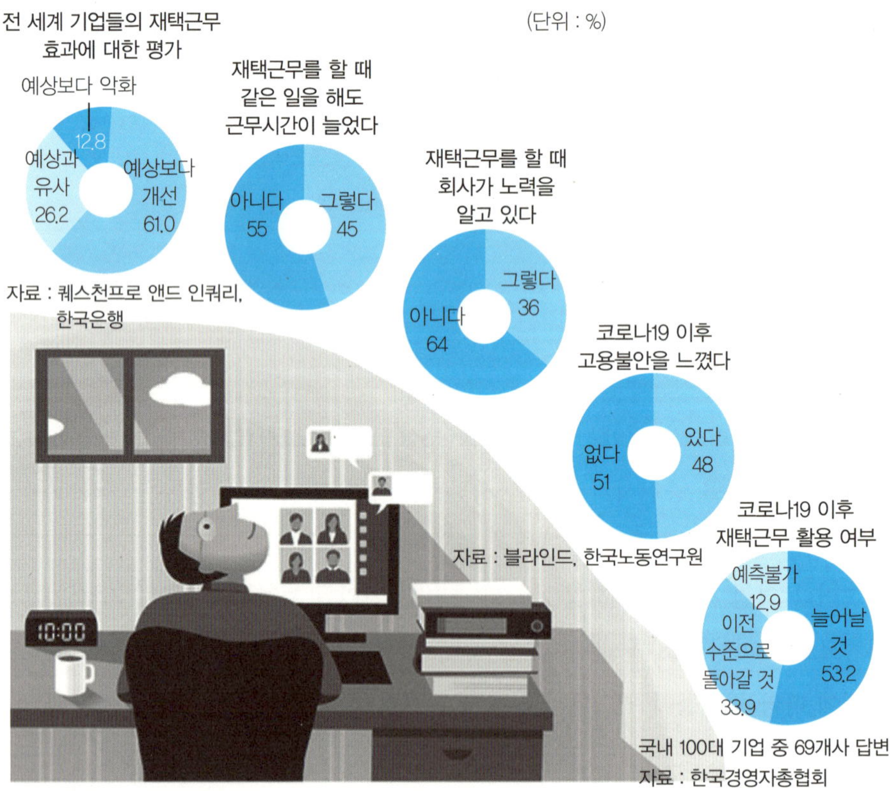

자료 : 동아일보, 2021.1.6.

돌아가는 일이 있다는 걸 알게 됐다." 마크 저커버그 페이스북 CEO는 "5~10년 이내 전 직원의 절반이 원격근무를 하게 될 것이다. 증강현실(AR), 가상현실(VR) 등을 활용한 가상근무도 가능하다"고 했다.

재택근무의 확산은 일하는 방식을 빠르게 변화시키고 있다. 각종 협업용 프로그램은 물론 화상회의, 클라우드 컴퓨팅 등을 도입하는 기업이 빠르게 늘고 있다. 기업들이 차근차근 준비해 오던 일하는 방식의 변화가 단기간에 압축적으로 진행되면서 직장인들은 '적응하지 못하면 생존할 수 없다'는 과제를 안게 됐다.

경영진은 재택근무의 효율성에 대한 의문을 가질 수 있지만 직원들에게 자율성을 부여하고 올바른 업무지표를 수립한다면 성공적인 재택근무를 정착시킬 있을 것이다. 재택근무가 일상화되는 지금, 원격업무에서 생산성을 향상시킬 수 있는 기술을 도입하고 직원 간의 온라인 협업을 촉진하는 새로운 업무방식을 도입해 준비해야 한다.

3.7 성과기반 평가

기업이 업무량과 업무성과를 정확히 측정하는 것은 효과적인 재택근무를 위한 필수사항이다. 개인의 업무성과에 대한 명확한 평가지표가 공유되어야 하며, 목표수준의 달성 정도에 따라 직원의 생산성을 평가할 수 있도록 핵심성과지표(KPI)를 설정해야 한다. 이러한 것들이 갖춰질 때 성공적인 재택근무를 운영할 수 있다.

직장인들은 기업이 자신의 가치를 제대로 인정하지 않을 것을 두려워하고 있다. 동아일보[02]에서 조사한 결과에 따르면 직장인의 64%가 '재택근무시 회사가 자신의 노력을 알아주지 않는다'고 답했다. 특히 업무조율이나 인력관리가 주 업무였던 중간관리자나 인사, 총무 등 실적이 드러나지 않는 분야의 종사자들은 불

02 동아일보, "랜선에 적응하지 못하면, 생존할 수 없다는 걸 알았다", 2021.1.6.

안감이 커지게 된다.

이제 직장인들은 자신의 성과를 적극적으로 드러내는 데 익숙해져야 한다. 상사나 동료에게 자신이 어떤 일을 하고 있으며 결과는 무엇인지 등을 문서나 메신저 등으로 정기적으로 보고할 필요가 있다. 또한 자신만이 할 수 있는 특별한 무기를 갖추는 것도 중요해질 것이다.

일하는 방식이 바뀌면서 직장인의 덕목도 바뀔 것이다. '성실함', '분위기 메이커', '적극성' 등은 재택근무 상황에서는 인정받기 어렵다. 왜냐하면 따로 떨어져 근무하면서 업무분장이 명확해지고 철저하게 성과로만 평가받게 됐기 때문이다. 야근하며 상사의 눈도장을 찍는 것만으론 부족한 상황이 된 것이다. 즉, 디지털화 등 변화에 맞춰 성과를 내고 필요한 인재라는 걸 증명하지 못하면 도태될 수밖에 없을 것이다.

3.8 포퓰리즘 논란 증가

각국 정부는 코로나 바이러스에 대응하기 위해 많은 정책을 시행하고 있다. 이 정책들 중 일부는 포퓰리즘 논란을 가져왔다. 일부 학자들은 기본소득은 시작일 뿐이고 더욱 강력한 포퓰리즘 정책들이 나올 것이라는 전망을 하고 있다.

우리나라도 긴급재난지원금이 전 국민에게 지급되었으며, 각 지자체마다 개별적인 지원을 하고 있다. 이러한 지원은 포퓰리즘에 대한 우려를 가져오고 있다. 이러한 정책들은 대중의 인기를 얻는 것을 목적으로 하는 정치행태, 즉 '포퓰리즘'이라는 비판이 있을지언정 돈을 살포해 국민경제부터 되살려놓겠다는 의지로 해석할 수 있다.

포퓰리즘 정책이 기업에 미치는 영향의 예로는 '이익공유제'를 들 수 있다. 정부는 자발적인 협조를 통한 이익공유를 주장하지만 기업 입장에서는 새로운 '준조세'로 인식할 가능성이 크다.

3.9 기업의 사회적 역할 변화

코로나 바이러스는 기업의 사회적 역할에도 변화를 가져올 것으로 보인다. 기업은 근로자와의 관계를 안정적으로 전환시켜야 하고, 사회적 공헌 요구, 환경보호에 대한 요구 등에 부응하여야 한다. 특히 기업은 친환경을 넘어 필(必)환경, 안전과 위생 등에 관심을 가져 소비자의 요구를 만족시켜야 한다.

'코로나 세대'가 밀레니얼 세대를 이어서 소비의 핵심계층으로 부상하면서 대비가 필요하다. 특히 코로나 세대는 기업의 사회적 책임에 대한 인식, 사회를 보는 시각들이 기존 세대와는 다르다는 점이 강조된다.

따라서 기업이 코로나 세대의 성향을 제대로 파악하면 우수한 인력을 확보할 수 있게 된다. 그리고 조직의 생산성 향상, 고객 대응 등 경영 전반에 걸쳐 경쟁력을 갖게 될 것이다. 한편 기업의 단순업무는 인공지능(AI)이 대신하고 지식생산성을 가진 창의적 인재인 '골드칼라'가 대접받는 시대가 올 것이다.

기업의 사회적 책임뿐만 아니라 사회적 역할에 대한 기대가 코로나 바이러스 전보다 높아지므로, 기업은 소비자를 포함한 모든 이해관계자들과 적극적으로 소통하고 협력해야 한다.

기업의 경영목표는 주주자본주의, 이해관계자자본주의, 생태계자본주의로 변화해 왔다. 코로나 바이러스 이후는 환경과 미래세대까지 고려하여 기업활동을 하여야 한다.

표 12-3 기업경영목표의 변화

구분	Shareholderism (주주자본주의)	Stakeholderism (이해관계자자본주의)	ecoholderism (생태계자본주의)
존재이유	기업 내부자 가치 제고	기업 내부자+외부 이해관계자 가치 제고	생태계 가치 제고
가치제고 대상	주주, 임직원	고객, 협력단체, 지역사회, 정부 등	현세대=미래세대, 인류가 속한 자연환경
경영목표	경제적 목적에 국한	윤리적 목적까지 확대	환경적 목적으로 확대

자료 : 삼일회계법인, "코로나19로 가속화된 소비자 행동 변화", 2020.8.

3.10 ESG(Environment, Social, Governance) 경영

ESG(Environment, Social, Governance)는 환경, 사회, 지배구조의 약자로 기업의 비재무적 성과를 판단하는 기준으로 사용되어 왔다. ESG 경영은 지구온난화, 기업비리, 인권문제 등에 대한 사회적 관심이 증가하면서 기업경영에도 적용되기 시작하였다. ESG 경영의 주요 주제는 다음과 같다.

표 12-4 ESG 주요 주제

환경(E) 이슈	사회(S) 이슈	지배구조(G) 이슈
기후변화 및 탄소배출	고객만족	이사회 구성
대기 및 수질오염	데이터 보호 및 프라이버시	감사위원회 구조
생물의 다양성	성별 및 다양성	뇌물 및 부패
삼림 벌채	직원참여	임원 보상
에너지 효율	지역사회 관계	로비
폐기물 관리	인권	정치 기부금
물 부족	노동기준	내부고발자 제도

자료 : 금융투자협회, 최근 글로벌 ESG 투자 및 정책동향, 2020.6.

ESG 경영은 UN이 2006년 "UN 책임투자원칙"을 제정하여 재무적 분석 외에 기후변화, 인권, 지배구조 등 비재무적 이슈를 강조한 이후 부각되고 있다. UN은 2015년 총회에서 '2030 지속가능발전 의제'로 지속가능발전목표를 채택해 2030년까지 달성을 결의하였다.

코로나 바이러스 이후 ESG 경영이 더욱 중요해질 것으로 보인다. 우리나라 3대 공적 연기금(국민연금, 사학연금, 공무원연금)의 ESG 관련 투자규모는 2018년 기준으로 약 27조 원에 이르고 있다. 전 세계의 ESG 관련 투자 규모는 2018년 기준 약 30조 달러로 연평균 15% 정도씩 증가하고 있다. 우리나라 주요 대기업들이 ESG와 관련해서 추진하고 있는 전략은 다음과 같다.

표 12-5 주요 대기업의 ESG 관련 전략

기업	ESG 관련 전략
SK	• 최태원 회장은 코로나19 확산에 따른 경영환경 변화에 대응하기 위한 '근본적 혁신(Deep Change)'의 일환으로 ESG 강조 • SK E&S와 SK브로드밴드는 새만금 태양광 발전사업 우선협상대상자로 선정, 2조 5,000억 원을 투자하여 태양광 발전, 창업 클러스터, 데이터 센터 유치 사업 추진
SAMSUNG 삼성전자	• 2020년까지 미국, 유럽, 중국 사업장에서 100 재생에너지 사용 추진 • 수원 및 기흥 사업장에 태양광 발전 설비 설치
HYUNDAI	• 클린 모빌리티(Clean Mobility)를 목표로 하이브리드(HEV) · 플러그인 하이브리드(PHEV) 등 모든 친환경 자동차 개발 역량을 확보하여 2025년까지 44종의 친환경차 공개 계획 • 수소연료전기차 포함 전기차 연간 판매 목표 67만 대를 달성하여 세계 3대 전기차 메이커 목표
LG	• LG전자는 2019년 '탄소중립 2030'을 선언, 제품 생산단계에 발생하는 탄소를 2017년 대비 50% 감축 목표 • LG화학은 2021년까지 '중대 환경안전사고 제로화' 추진을 목표로 세계 37개 사업장 대상 안전환경 기준 재정립과 관리 체계제도 강화

자료 : 언론보도 요약

3.11 글로벌 기업의 대응전략

코로나19가 발생한 이후 우리나라 기업들과 경쟁관계에 있는 글로벌 기업들이 취한 대응전략 사례를 알아보면 다음과 같다. 우리나라 기업들도 이러한 사례를 참고하여 코로나19가 가져온 위기를 슬기롭게 헤쳐나갈 수 있는 전략을 구사해야 한다.

표 12-6 글로벌 기업의 코로나19 대응전략

국가기업	코로나19 대응사례	포스트 코로나 신전략
(미국) 월마트	• 특정 고객층을 위한 '특별 쇼핑시간' 운영(의료진 대상 'Hero Hours' 등) • 온 · 오프라인을 연계한 '옴니채널' 서비스(특급배송, Curbside pickkup)	• 특급배송 서비스(Express Delivery) 확대 • 온라인 쇼핑채널 walmart.com으로 단일화, 브랜드 인지도 활용
(미국) 펩시코	• PantryShop.com, Snacks.com 등 D2C 판매 사이트 론칭	• 온라인 판매로 소비자 관리 지속 • 에너지 드링크 시장 진출 통한 포트폴리오 다변화
(일본) 소니	• 서플라이체인별 조업재개 현황, 부품 공급 현황 조기파악 및 대응 • 자사 생산설비 활용한 보호용품 생산 및 VR · AR 활용 진단솔루션 제공	• 사업 포트폴리오 재편 및 그룹 핵심사업 다각화(하드웨어 · 콘텐츠 · 금융 3개 분야로 관리)
(독일) 아우디	• VR기기를 활용한 디지털 라이브 컨설팅을 선보이며 새로운 언택트 서비스 개시 • 틱톡(Tiktok) 등 새로운 온라인 채널 통한 마케팅 시도	• 온라인 판매, 가상 쇼룸, 라이프 컨설팅, 디지털 교육 등을 통해 디지털 전환 가속화
(독일) 지멘스	• 3D 프린팅 신공법 활용한 의료용 부품 생산 • 바이러스 퇴치를 위한 지능형 소독 로봇 개발	• 3D 프린팅 활용한 제품생산 본격 추진 및 디지털화 · 자동화 가속 • 사업구조 조정(에너지사업 분야 분리 상장)
(프랑스) 르노자동차	• 프랑스 4개 공장 폐쇄 및 인력 감원 • 향후 3년간 총 215억 유로 규모 비용 절감 플랜 발표	• 디지털 전환(Digital Transformation)을 통한 생산구조 혁신(전기차 등 친환경차 중심) • 해외 의존도 줄이고 프랑스 내 생산 확대
(싱가포르) DBS	• 디지털 금융 서비스 확대(고객의 디지털 활용 확대 및 중소기업 업무 디지털화 지원 솔루션 개발 등)	• 디지털 인프라 및 인적 투자 확대(AI, 클라우드, 데이터분석 전문인력 2,000여 명 신규 채용 예정)

자료 : KOTRA, "글로벌 기업의 코로나19 대응사례와 포스트 코로나 신전략," 2020.8.

| 마무리 |

대학교 교재에 이런 형식은 아직 못 봤습니다.
착각인가요?
혹 있다고 연락주시면 찾아보고 발전시키도록 노력하겠습니다.
대학교 교재는 보통
마지막 장이 끝나면
참고문헌
색인
저자약력
이런 순으로 대충 끝납니다.
그러면 뭔가가 허전합니다.
그래서 '마무리'라는 형식을 빌렸습니다.
너그럽게 이해해 주시면 고맙겠습니다.

끝났습니다.
홀가분하기도 하고 쑥스럽기도 합니다.
작업을 하면서 느낀 것은
책을 많이 쓰시고
특히 베스트셀러를 기록하시는 분들이 존경스럽다는 겁니다.
저는 언제쯤이나 이런 대열에 동참할 수 있을지…
아마 기회가 없을 가능성이 더 크겠지요.
ㅠㅠㅠ 라고 해야 하나요?

아니면
ㅎㅎㅎ라고 해야 하나요?

책은 처음에 생각했던 것과 약간 달라졌습니다.
이유는 여러 가지가 있겠지만 잘 모르겠습니다.
왜 이렇게 되었는지를?
다 제 책임입니다.
나름 열심히 한다고 했는데 마지막 교정지를 출판사에 넘기고 나니까 기분이 이상해지네요.
이게 저의 한계인가 봅니다.
학교 에어컨 성능이 좋아서 여름 작업도 할만 했는데…

궁금한 것이 많은데
그 중에 하나만 물어본다면,
'경영산책'이 어땠나요?
이게 제일 궁금했습니다.
제목을 무엇으로 할지부터 내용구성까지 엄청 고민했습니다.
여러 가지 제목을 제시해서 다른 교수님들 생각도 들어보고,
출판사 의견도 참고해서 '경영산책'으로 정한 것인데…
처음에는 '우문현답'도 후보였습니다.
'우리의 문제는 현장에 답이 있다'는 뜻입니다.
개인적으로 이것을 가장 쓰고 싶었지만 참았습니다.
다음 개정판에서는 고민해보겠습니다.

'경영산책'은 두 번째 책에서 이용했던 방법입니다.
두 번째 책 〈사회속의 기업? 기업속의 사회!〉를 쓰면서

본문 내용을 보충하고 흥미를 끌기 위해 '경영이야기'라는 형식을 이용했습니다.
그 당시는 약간 드문 형태여서 반응이 나름 있었습니다.
그런데 그 후부터 나오는 책들은 분야를 가리지 않고
이와 비슷한 형식이고 더 발전하고 있습니다.

어떻게 차별화할 수 있을까?
MZ세대의 마음을 어떻게 잡을까?를 고민 고민하다가
설명 없이 그림을 먼저 보여주고
저의 생각을 간단하게 적어서 마무리하면
나머지는 알아서 찾아볼 것으로 생각하고 이런 형식을 선택했습니다.
찾아봤나요?
아니면 실망이고요.
찾아봤다면 좋겠는데…

책을 읽어보고 나서 추가했으면 하는 내용이나
삭제했으면 하는 내용을 알려주시면 충분히 검토해서 반영하도록 하겠습니다.
그리고 최신 자료도 보내주시면 더할 수 없이 좋고요.
물론 오탈자 지적도 환영합니다.
이러면 너무 도둑놈 심보를 가진 사람이 되나요?
본문에 나오는 카네기의 말처럼 여러 사람의 의견을 듣고 새로움을 만드는 것도
능력이니까요.
그러나 너무 디스하지는 말아주세요.

이제 마무리를 하고자 합니다.
머리말에서는 고마움을 마음속 깊이 간직하겠다고 했습니다.
그러나 여기에는 표현하고 싶네요.

이수영 대표님이 묵묵히 기다리고 협박해주신 덕분에 책이 세상에 나오게 되었습니다.
그리고 저가 발견하지 못하는 부분까지 세세하게 체크해주신 편집장님께
진짜로 감사하다는 말씀 꼭 드리고 싶었습니다.
제주오시면 밥 사드려야겠지요?
그리고 이 책을 선택해주신 교수님과 학생들에게 머리 숙여 감사드립니다.
실제로 조금이라도 도움이 되기를…

꾸준히 자료를 축적했다가 시대흐름에 맞게 개정판을 바로 내도록 노력하겠습니다.
옆에서 많이 응원해주시고 도와주시면 고맙겠습니다.

이수영 대표님하고 약속한 책은 이제 3권 남았습니다.
2권은 공동 집필이라 지지부진해서 힘들 것 같고
1권만 더 내고 끝내겠습니다.
조건은 없습니다.
이수영 대표님이 열심히 발품, 손품(마우스 클릭과 문자 전송 등)을 팔아서
많이 팔아줄 것이라는 믿음뿐.
평소에도 이수영 대표님은 1년 동안 열심히 전국을 누빕니다.
믿겠습니다.

밑에 한자는 머리말에 썼던 것처럼 연구실 책상 위에 붙여두고 쳐다보는 단어입니다.
특히 나이가 들어갈수록 더 필요합니다.
이 글자처럼 살아간다면 주변에 사람들이 바글바글하겠지요?

테스형!
저자가 왜 이래?

여러분이 이러지만 않으면 행복합니다.

감사드립니다.

2021년 8월
분부시게 파란 하늘이 보이는 연구실에서
여름 방학을 마무리하며

聽(들을 청)

다른 사람의 말을 듣는 귀(耳)가 으뜸(王)이며,

열(十)개의 눈(目)을 움직여

하나의(一) 마음(心)을 주시하는 것처럼 들어야.

| 참고문헌 |

고완석 · 강효석 · 송연수, 알고 보면 무척 쉬운 회계와 재무의 비밀, 엘도라도, 2008.

교보문고 북캐스트, 온택트 마케팅? 찐소통 예시로 보는 요즘 마케팅, 2020.10.26.

권구혁 외 역, 경영학의 이해, 생능출판사, 2016.

금융투자협회, 최근 글로벌 ESG 투자 및 정책동향, 2020.6.

김계수, 비즈니스 3.0 시대의 사회적 책임활동과 경영성과 간의 구조관계 분석, 2009, 한국고객만족경영학회, 고객만족경영연구, 11권 1호

김군수 · 성영조 · 한영숙, "포스트 코로나19, 뉴노멀 시대의 산업전략," 경기연구원, 2020.5.1.

김은환, 4차 산업혁명 시대 정부의 역할 2, 정부가 산업에 대해 무엇을 아느냐고? 그렇다면 기업은?, 2019.11.6. 여시재.

다니모토 간지 저, 김재현 역, 기업의 사회적 책임, CSR 경영, 시대의 창, 2011.

라젠드라 시소디어, 데이비드 울프, 잭디시 세스 공저, 권영설 · 최리아 역, 위대한 기업을 넘어 사랑받는 기업으로, 럭스미디어, 2008.

마쓰이 타다미쓰 저, 민경욱 역, 무인양품은 90%가 구조다, 모멘텀, 2014.

민트연구소, 소셜임팩트 국민의식 및 사회적 신뢰 브랜드조사결과, 2019.11.14.

박미혜 · 강이주, 2009, 윤리적 소비의 개념치 실태에 대한 고찰, 한국생활과학회지, 2009.

박찬규, 젊은 노인의 탄생, 원앤원북스, 2017.

백강녕 외, 삼성의 CEO들은 무엇을 공부하는가, 알프레드, 2015.

사사쿠치 다이와 저, 김하경 역, 경영학산책, 비즈니스맵, 2008.

사회적기업연구소 · 동아시아연구원, 2014, 한국 기업의 사회적 책임활동 평가와 사회적 기업화 전략.

산업연구원, 포스트 코로나 시대의 비대면 서비스 모델과 정책과제, 2020.5.15.

산업정책연구원, 지속경영의 이론과 실천, 2011.

산업종합저널, 수출 · 투자 기업 '적신호', 아세안 둘러싸고 수입규제 역대 최다, 2021.1.28.

산업통상자원부, 4차 산업혁명 확산을 위한 기업과 정부의 대응방안, 2018.2.

살림 이스마일 외 공저, 이지연 역, 기하급수 시대가 온다, 청림출판, 2016.

삼성경제연구소, 불황기 경영전략, 2009.
삼성경제연구소, 소림사에서 쿵푸만 배우란 법은 없다, 2011.
삼성경제연구소, 창조적 전환, 2009.
삼일회계법인, 코로나19로 가속화된 소비자행동 변화, 2020.8.
삼정KPMG, 밀레니얼 · Z세대 소비 파워 확대, 2019.
삼정KPMG 경제연구원, 리질리언스, 올림, 2016.
삼정KPMG, 플랫폼 비즈니스의 성공 전략 보고서, 2019.
서영미, 주요국 기관투자자 동향 및 주식시장 내 역할, 금융투자협회, 2017.6, 1-6.
세계경영연구원, 차기 CEO 후보 '이렇게 키워라' 3원칙. 2009.4.28.
스콧 갤러웨이 저, 이경식 역, 플랫폼 제국의 미래, 비즈니스북스, 2018.
신세계, 신세계로 향한 윤리경영 오디세이, 2006.
신한FSB 리뷰, 강한 기업에는 강한 기업문화가 있다, 2006.7, 22-25.
언더나부, 언택트? 온택트? 포스트 코로나, 마케팅 신조어, 2020.9.21.
유홍준 · 장준오, 한국 근로자의 직장 절도에 대한 태도 : 경험과 인지, 한국형사정책연구원, 2008.
이기형, 환경오염 리스크관리를 위한 보험제도 활용방안, 2008.2.
자크 아탈리 저, 양영란 역, 생명경제로의 전환, 한국경제신문사, 2020.
정준모, 미술은 사치일 뿐인가?, CNB저널, 2012.2.6.
조영태, 정해진 미래, 북스원, 2016.
존 페버 저, 권오열 역, 사랑받는 기업의 조건, 비즈니스맵, 2008.
지용빈, 안철, 나도 한다! 온택트 마케팅, 크레파스북, 2021.
진 시칠리아노 저, 박종성 역, 팀장을 위한 재무관리기술, 지식공작소, 2008.
최윤정 · 신주연 · 이수진 · 김은선, 넥스트 노멀시대, 새로운 비즈니스 기회를 찾다, 한국과학기술정보연구원, 2020.9.24.
최형광, 코로나19와 뉴노멀 2.0 시대, CIO, 2020.3.19.
피터 피스크 저, 징진영 역, 게임체인저, 인사이트앤뷰, 2015.
한경비지니스, 기업 사회공헌활동의 진화, 사회적 책임 넘어 경제적 가치 창출, 2017.12.12.
한국문화관광연구원, 주52시간 근무제 도입, 여가활동과 소비는 달라졌을까?, 2020.1.30.
함천수, 최신 IR 실무 : 효율적인 IR활동을 위한 가이드, 2007, 34.
현대경제연구원, 4차 산업혁명에 대한 기업 인식과 시사점, 2017.5.15.
환경운동연합, 가정의 달, 선물을 구매한 당신이 꼭 확인해야 할 '이것'? 바로 과대포장!, 2020.4.29.

Archie B. Carroll. The pyramid of corporate social responsibility : Toward the moral management of organizational stakeholders, *Business Horizons*, 1991, Vol. 34, Issue 4, 3-48.

Daumsoft 이슈리포트, 메가트렌드, 소셜임팩트 흐름과 한국사회 시사점, 2019.6.17.

IGM 세계경영연구원, 세상 모든 CEO가 묻고 싶은 질문들, 위즈덤하우 스, 2012.

KB금융지주 경영연구소, 고객관리 진화와 고객여정지도, 2018.10.29.

KOTRA, 글로벌 기업의 코로나19 대응사례와 포스트 코로나 신전략, 2020.8.

Landon & Smith, The use of quality and reputation indicators by consumers: the case of Bordeaux winem, *Journal of Consumer Policy* 20 (3), 289-323.

Margolis et al., Does it pay to be good? A meta-analysis and redirection of research on the relationship between corporate social and financial performance, Academia, July 2007.

Nick Lakin, Veronica Scheubel, Corporate Community Involvement, Greenleaf Publishing, 2011.

Nick Lakin, Veronica Scheubel, Corporate Community Involvement, Greenleaf Publishing, 2011.

Porter & Kramer, Creating Shared Value : How to reinvent capitalism—and unleash a wave of innovation and growth, Harvard Business Review, January-February 2011.

Reidenbach, R. E, & D. P. Robin, A conceptual model of corporate moral developmentt, Journal of Business Ethics, April 1991.

Thomas Kell & Gregory T, Carrot, Culture matters Most, *Harvard Business Review*, May 2005, Vol. 83, 22-24.

〈홈페이지 및 기타〉

Dr. Robert Quinn : How to Live a Purpose-Driven Life

http://sitehomebos.kocca.kr/k_content/vol22/vol22_05.pdf

http://www.sbiz.news/news/articleView.html?idxno=7871

국민권익위원회

대한상공회의소

두산백과

사회적기업진흥원 홈페이지

삼성경제연구소

식품의약품안전처 홈페이지
한국CXO연구소
한국보훈복지재단
한국사회적기업 홈페이지
한국콘텐츠진흥원 홈페이지
협동조합 홈페이지

그 외 많은 신문기사와 잡지의 내용을 참고하였습니다.

| 찾아보기 |

가격전략 258
가동중지 354
가상현실 393
가성비 285
가습기 살균제 349
가심비 285
가잼비 285
가족기업 20
가족형 기업문화 197
가치사슬 179
간접규제 333
감성 264
감시비용 312
개념적 기술 62
개인투자자 294
개인화 플랫폼 382
경영관리과정 41
경영을 보는 관점 32
경제적 책임 160
계속기업 4
고객경험관리 278
고객관계관리 276
고객만족경영 275
고령화 98
고용경영자 53
공급안정성 387
공기업 17
공사합동기업 18
공유가치창출 178
공유경제 292
공정거래제도 327
과업환경 87
관계적 구매 272
관련성 10
교환사채 321
구글러 222
구독경제 292
구미 불산누출사고 350
구체성 10, 264
국제자연보호협회 366
권한위양 222
규제완화 335
그리닝 85
그린 마케팅 359
그린뉴딜 374
극대이윤 8
근로시간 유연화 249
기관투자자 296
기능별 윤리 133
기능적 필요 265
기업가정신과 혁신 37
기업공시제도 319
기업문화 188
기업분위기 191
기업사냥꾼 301
기업시민 161
기업윤리 122
기업의 사회적 책임 151
기업정책윤리 133
기업풍토 189

기업환경 73
기후변화 85
긱 이코노미 226

나홀로족 104
낙동강 페놀오염사고 350
내부고발자 251
내부수익률법 12
내부연결자 58
내부자거래 309
내부환경 79
네오싱글족 104
네트워크문화 200
넥스트 뉴노멀 379
넷플릭스 모델 293
노동조합 240
노동착취 공장 272
누적오염 348
뉴노멀 380

다기능팀 343
다양성 293
다이내믹 프라이싱 전략 260
단순성 264
달성가능성 10
대리인문제 312
대리인비용 312
대변인 59
대응단계 137
대인관계 기술 62
대인접촉윤리 132
대정부활동 340
대주주 297
대표소송권 316
동질성 48
동학개미 295
뒷담화 223

디지털 마케팅 287
디지털혁명 74

라스트 마일 382
라이프사이클 평가 371
라이프스타일 89
로비 341
로빈후드 295
리쇼어링 388

마케팅 255
마케팅믹스 255
만족이윤 8
메세나문화 200
멘토링 236
모방구매 269
무도덕단계 137
무한책임사원 16
무형성 256
물리적 환경 256

바이오테크 382
반소비주의 혹은 지속가능한 소비주의 272
배당소득 300
배치 228
법률적 인격체 4
법률적 책임 160
법인성 5
부의 이동 89
분쟁해결자 60
불매운동 354
브랜드 네이밍 263
블랙컨슈머 282
블록체인 382
블루슈머 103
블루오션 103
비교우위 91

비배타성 40
비분리성 256
비상장법인 297
비윤리 경영 139
비즈니스 1.0 24
비즈니스 2.0 24
비즈니스 3.0 24
비콥 364

사고오염 349
사내모집 225
사단성 5
사무적 기술 63
사외모집 225
사이버레이션 102
사회공헌 정보량 181
사회공헌 책임 162
사회적기업 18
산업혁명 74
생활의 질 경영 8
생태계자본주의 395
선발 228
선택적 근로시간제 249
성과기반 평가 393
세 다리 철학 178
7P 256
소멸성 256
소비자문제 270
소비자주권 274
소비자주의 88, 270
소비자행동 267
소셜임팩트 182
소수주주권 314
소액주주 297
소유경영자 53
소프트자원 38
수습 236
수입할당 329
수출보조금 329
수탁경영 8
순현재가치법 12
순환근무 236
스마슈머 274
스마트 프라이싱 전략 258
스토리 264
스톡옵션 88
신뢰성 264
신주인수권부사채 321
실습장 교육 237
심리적 욕구 265
싱글슈머 105
3M 33
CEO 3.0 세대 65
CEO 2.0 세대 65
CEO 1.0 세대 64
CEO 패러다임 64
CGO 116
씨프린스호 원유유출사고 350

악성민원고객 283
I자형 인재 217
안녕지수 3
RE100 376
애자일 조직 343
애자일 채용 226
양적 완화 381
어번그래니(Urban granny)족 104
언택트 288
업적평가 238
에드엑스 78
S세대 104
AI 채용 226
AR/VR 382
A자형 인재 218

Eighteen club 66
에펠탑 스타일의 기업문화 198
LCA 359
연결자 57
연공서열 247
영업활동 11
온라인 마케팅 288
온택트 288
온택트 마케팅 288
옹호 261
외부연결자 58
외부환경 79
우리사주제도 241
우아한 형제들 212
원격근무제 249
월드와이드웹 74
유도미사일형 기업문화 197
유연근무제 248
유통전략 260
유한책임사원 16
유한회사 17
윤리 경영 139
윤리감사 142
윤리강령 141
윤리관 태동단계 137
윤리적 선진단계 137
윤리적 소비 271
이너서클 103
이념문화 199
ISO9000 368
ISO14000 368
ESG 396
이외성 264
이윤추구 4
이익극대화경영 8
이직 232
이질성 48, 256
이해관계자자본주의 395
인공지능 382
인구통계환경 81
인위적 결과물 191
인재(人在) 219
인재(人材) 219
인재(人財) 219
인재(人災) 219
인재상 216
인지 261
인큐베이터형 기업문화 197
인터넷 마케팅 288
1/N 문화 204
일반환경 81
1인 가구 104

자금조달활동 12
자발적 협약 372
자본이득 300
자선적 책임 161
자원배분자 60
잔여손실 312
잠재고객 291
장부열람청구권 316
재량근로시간제 249
재택근무 249
저리수출금융 329
적정이윤 8
전과정 평가 371
전문경영자 54
전보 232
전통경제 292
전환사채 321
정경유착 322
정기배송 모델 293
정년퇴직 233
정보통신기술 37

정수기 모델 293
제너럴리스트 217
제도문화 199
제로웨이스트 347
제조업 국산화 387
제품수명주기 79
제품전략 257
조세감면 329
조세유예 329
조직몰입 243
종신고용 241
종업원지주제도 88
주식예탁증서 321
주주가치 157
주주관계활동 317
주주의 권리 304
주주의 의무 303
주주자본주의 395
주주제안권 316
주주행동주의 314
주총꾼 306
준거집단 267
준법단계 137
준조세 339
중간경영자 52
증강현실 393
지속가능경영 144
지속가능기업 364
지속가능한 개발 117
지속성 293
지지광고 341
직무현장 교육훈련 235
직무현장외 교육훈련 235
직무활동범위 50
직장절도 128
직접규제 333
진상(進上)고객 282
질문 261
집중투표청구권 316

착한기업 142
창조적 자본주의 24
창조형 CEO 69
채용 224
채용설명회 225
초개인화 382
초윤리 경영 139
촉진전략 262
최고경영자 51
추적가능성 10
충동구매 269
충분한 검증 272
취업박람회 225
측정가능성 10

카네기 56
커스터마이징 293
컨트롤타워 326
컴포넌트형 102
코넥스 297
코세라 78
코스닥 297
코스피 297
클라우드 382
kitchen network 200
킨포크(kinfork)족 104

탄력적 근로시간제 249
탈냉전 시대 110
탈세계화 387
태안 원유유출사고 350
테일러리즘 23
투명성 221
투자신탁회사 301

투자활동 12
T자형 인재 217

편슈머 285
편의성 293
포디즘 23
포미(For me)족 104
4C 256
4R 256
포퓰리즘 394
표현문화 200
푸드테크 108
프로그램 학습 237
프로슈머 103
프로페셔널의 조건 46
프리 에이전트 246
프리랜서 248
프리타족 248
플랫폼 27
플랫폼 이코노미 226
PB상품 263
핀테크 106
π형 217

하드자원 38
합명회사 16
합자회사 16
해고 233
해체 108
행동 261
행태문화 200
허위 · 과대 광고 134
허위정보 389
현장경영자 52
협동조합 20
협상자 60
호감 261
홀로서기족 104
확증비용 312
환경경영 115, 357
환경경영인증 355
환경라벨링 369
환경마크 인증제품 355
환경소비주의 118
환경오염 리스크 354
환경회계 359
회복탄력성 388
효용창출 4

| 저자 소개 |

양성국

제주에서 출생하였으며 서초등, 오현중, 제주제일고를 졸업한 후 건국대학교 경영학과에서 경영학 박사학위를 취득하였다.

1997년 이후 현재까지 제주대학교 경상대학 경영학과 교수로 재직 중이며, 재무관리, 투자론, 경영분석, 금융기관, 금융시장, 기업가정신과 혁신 등의 과목을 강의하고 있다.

4차 산업혁명 시대의 기업과 사회

2021년 10월 10일 1판 1쇄 인쇄
2021년 10월 15일 1판 1쇄 발행

저 자 | 양성국
발행인 | 이수영
발행처 | 도서출판 청람
서울시 마포구 독막로 288(대흥동, 세양상가 109호)
전 화 | 02)3272-2601(대)~2
팩 스 | 02)3272~2603
이메일 | crbooks@daum.net
홈페이지 | http://www.crbooks.co.kr
등 록 | 2000년 8월 26일 제6-0509호

ISBN 978-89-5972-839-8 93320 [정가 29,000원]